严文明文集

（第4卷）

严文明　著

文物出版社

总 目 录

本卷目录

中国史前文化的统一性与多样性

中国史前文化的统一性与多样性

中国史前文化的统一性与多样性[*]

　　现代中国是一个以汉族为主体并结合着五十多个少数民族的统一的多民族国家。这样一个既有主体，又有众多兄弟，既是统一的，又保持各民族特色的社会格局，乃是长期历史发展的结果，它的根基深植于遥远的史前时期。这一历史根基的探索和认识，是近年来中国史前考古学研究的一项重要成果。

　　中国史前考古学研究起始于 20 世纪 20 年代。那时有不少外国学者参加了这一工作，他们中间有些人过分强调了外国史前文化的影响，因而出现了所谓"中国文化西来说"乃至"南来说""北来说"等无视中国自身文化传统的错误倾向。从 50 年代到 60 年代前期，中国史前考古获得了很大的发展。外来说被新发现的许多事实证明不能成立，因而为学术界所抛弃。但那时的田野工作是以中原地区为主的，人们对当地史前文化的研究比较深入而对其他地方的史前文化所知甚少。因此在一个时期内，某些学者又过分强调了中原史前文化的地位和作用。这种倾向到"文化大革命"期间更发展成了所谓中原中心论，把其他地区的文化成就都看成中原文化影响的结果，似乎只有中原地区的文化才是中国远古文化的代表。从 70 年代后期以来，我国考古学者除继续在中原开展田野工作外，对其余广大地区也进行了许多调查发掘工作，有不少新的重要的发现，使我们有可能比较客观地估计各地史前文化发展的水平，它们各自的特点和相互关系。特别是从苏秉琦先生提出要对考古学文化进行区系类型的研究以来，许多考古学者一方面倾注力量对区域性考古学文化进行深入的探索，同时又注意从宏观方面考察各地文化之间的联系和发展轨迹，并力图从理论上加以阐述，从而使我国史前文化的研究提高到了一个新的水平。现在我们初步认识到：

　　（1）中国史前文化基本上是在本土生长和发展起来的，只是在某些边境地区同邻境的史前文化发生过一些联系。这种联系虽然对双方都会有不同程度的影响，

---

　　*　本文为 1986 年 6 月在美国弗吉尼亚州艾尔莱举行的"中国古代史与社会科学一般法则"国际讨论会提交的论文。

但对中国史前文化的主体来说，却从来没影响到它的基本特征和发展方向。

（2）中国史前文化并非出于一源，这在旧石器时代即可窥其端倪，到新石器时代就显得更加明显。不但如此，在漫长的发展过程中有时还会出现新的分化，从而使文化面貌显得十分丰富多彩。

（3）中国史前文化的发展是不平衡的。一般地说，自然条件比较优越的地方，文化也较为发达。在相当长的时期内，中原的文化比较发达，其次是它的周围地区，再次是边境地区。但文化发展是能动的，所以这种差别在不同时期也是有变动的。

（4）由于各史前文化相互邻接，长时期相互影响和渗透，所以在一定范围内和一定程度上存在着一些共同因素，这一情况在中原及其周围文化之间表现得特别明显。

这就是说，中国史前文化既是多样的、不平衡的，又是有内在联系和相对统一的。这个特点是在中国具体的地理环境条件下经过长期的历史发展而逐渐形成的，因此本文拟先从史前文化地理背景的分析谈起。

一　史前文化的地理背景

中国的地形，西高东低，好像三级巨大的阶梯：最高阶梯是青藏高原，平均海拔四五千米，这里也是世界的屋脊；中级阶梯有蒙新高原、黄土高原和云贵高原等，海拔约 1000～1500 米；低级阶梯是广大的东部平原和丘陵地带，除少数山脉外，大部分海拔在 500 米以下。这三级阶梯好像一把巨大的躺椅，背对欧亚大陆腹地，面朝辽阔的太平洋。由于地形和季风的影响，低级阶梯湿润多雨，中级阶梯多属干旱或半干旱气候，高级阶梯则严寒而干燥。因此，在整个史前时代，人类的活动地区主要是在低级阶梯和低级与中级阶梯相交接的地区。这个地区跨越的纬度极大，自然地理条件也不一致。北部寒冷，南部炎热而多瘴疬，人类的活动受到一定限制。只有四季分明的中纬度地区，即大致包括黄河中下游和长江中下游及附近区域，才是最适于人类生存和发展的，后来更成为农业起源的温床。

从地理位置来看，我国史前文化最发达的地区正好位于全国的核心，同邻境文化难得保持经常性的密切联系。加上北部有大片的沙漠、大小兴安岭和黑龙江作为屏障，东北有长白山、乌苏里江和鸭绿江等与今天俄罗斯远东省和朝鲜为界。这些地方对于史前人类来说虽不是不可通过的，但交通毕竟有较大的困难。中国南部有横断山脉地带和十万大山等与东南亚各国为界，交通也十分不便。东部和东南部与日本、菲律宾等隔海相望，在史前时代更不可能有经常的来往。至于同南亚、西亚、中亚和地中海这样一些史前文化最发达的区域和古代文明中心，不但相距遥远，中间还隔着大片高寒地带、高山和沙漠，无法建立起任何直接的联系。后世虽曾开辟出像丝绸之路那样的通道，但是路途漫长而多艰险，史前人类是难以克服这许多障碍的。

由此可见，中国本身乃是一个巨大的地理单元，它同外部世界处于一种相对隔离或半隔离的状态。这就决定了中国史前文化起源的土著性，决定了它在很长时期都基本上走着独立发展的道路，而同邻近地区的史前文化的联系只能保持在较低的水平上。

中国这个巨大的地理单元内部也不是单一的。它的地形复杂，气候多变，各地水文、土壤和植被等差别极大，按照综合自然区划一般要分为七八个基本的大区，每个大区还可分为若干亚区。各区的生态环境和人类的生产、生活与交通条件大不相同。这种情况对于史前人们共同体的形成和发展，他们的经济活动方向和各种文化特征的形成，都会造成巨大的影响。不过自然区划在相当长的时期内是基本稳定的，而人类的活动和文化的发展则是能动的。在不同的生产力水平上，人们对于自然条件的适应、利用和改造的情况也不相同。人们还可以从一个地方迁移到另一个地方，可以随环境条件的改变而自行调整经济活动的方向，还可以在不同的群体间进行物资和文化方面的交流。因此，我们要防止把自然区划简单地套用在史前文化分区的研究上，而必须进行具体的分析。但无论如何，中国各地自然地理条件复杂多变的情况，应是造成史前文化千姿百态、谱系繁复的一个重要原因。

二　旧石器时代文化的谱系

近年来的研究表明，中国旧石器时代的文化至少可以追溯到一百七八十万年以前，分为早中晚三期，自始至终都具有独特的风格。同时不同地区的文化又有明显的差别，首先是华北和华南（均从最广义的意义来说）这两个大区的差别，两区内部又还有较小的差别，从而形成互有联系又相互区别的不同谱系（表一）。

华北地区（泛指秦岭、淮河以北的广大地区）的旧石器时代遗址主要分布于山西、陕西、河南、河北和辽宁等省，甘肃、宁夏、内蒙古、山东、吉林、黑龙江等省区也有发现。其中最早的遗址，要数山西芮城西侯度和河北阳原小长梁两处，地质年代均属更新世早期。

表一　中国旧石器文化的谱系

距今年代（千年）	地质年代	文化分期	华北地区		华南地区	
			周口店系统	匼河系统	西　南	东　南
2000 1500 1000	早更新世	旧石器早期	小长梁石器	西侯度文化	元谋文化	
500 100	中更新世		周口店文化	蓝田文化 匼河文化	观音洞文化	和县龙潭洞
50 15	晚更新世	旧石器中期	许家窑文化	丁村文化	岩灰洞文化	东海大贤庄
		旧石器晚期	峙峪文化 虎头梁文化	下川文化	富林文化 穿洞文化	

西侯度遗址发现于河湖相沉积层中。石器打制方法原始，有锤击法、砸击法和碰砧法。石片石器均为单面加工，很少有砾石石器。石器个体较大，类型不甚固定，大致可分为砍砸器、刮削器和三棱大尖状器等。遗址经古地磁法测定距今约为 180 万年[1]。

小长梁石器发现于华北更新世早期标准地层泥河湾组中，多用锤击法打制，个别有用砸击法的，石片也多为单面加工。多数个体较小，类型稍比西侯度复杂，大致有刮削器、尖状器、砍砸器和石砧等，此外还有许多未经第二步加工而有使用痕迹的石片石器[2]。

两处遗址虽都属更新世早期，但文化面貌显然不同，很可能代表两支不同的文化系统。早在 1972 年，贾兰坡先生就曾指出华北旧石器文化至少可分为两个系统，一个是匼河—丁村系，另一个是周口店第一地点—峙峪系[3]。二者各自包含一大群从早到晚的遗址。西侯度很像是匼河—丁村系的发端，小长梁则有可能是周口店第一地点—峙峪系的始原。

所谓匼河—丁村系又称为大石片砍砸器—三棱大尖状器传统，其基本特征是

---

〔1〕　贾兰坡、王建：《西侯度——山西更新世早期古文化遗址》，文物出版社，1978 年。

〔2〕　尤玉柱：《河北小长梁旧石器遗址的新材料及其时代问题》，《史前研究》1983 年第 1 期。

〔3〕　贾兰坡关于华北存在两个旧石器文化系统的见解首先在《考古学报》1972 年第 1 期《山西峙峪旧石器时代遗址发掘报告》中提出，其后于《考古学报》1976 年第 2 期《阳高许家窑旧石器时代文化遗址》发掘报告和《西侯度——山西更新世早期古文化遗址》《中国大陆上的远古居民》（均 1978 年）两部著作中再次提出并加以修正。

利用宽大石片制造各类型的大砍砸器和三棱大尖状器等，小型石器不多，类型也简单。属于这个系统的遗址主要分布在晋、陕、豫三省的交界地区，包括旧石器早期的陕西蓝田公王岭和陈家窝、山西芮城匼河文化、河南三门峡水沟和会兴沟，旧石器中期的山西襄汾丁村文化、河南灵宝孟村等。这个系统到旧石器时代晚期的面貌不甚清楚。有的著作将内蒙古呼和浩特大窑遗址和已进入新石器早期的山西怀仁鹅毛口遗址都归入这一系统，因为这两处都是大型石器为主，而很少小石器和细石器。但这两处遗址都是石器制作场，所制石器不免要受到原料和某些条件的限制，难以反映所属文化石器工艺的全貌。两处遗址远离匼河—丁村系的传统分布区，反而与另一系统的遗址交织在一起，这也是耐人思索的。因而它们的归属还需商榷。

周口店第一地点—峙峪系又被称为船头状刮削器—雕刻器传统，其基本特征是利用不规则的小石片制造细小石器。这种石器的比例大，类型多，而大型石器则相对较少。属于这个系统的遗址分布甚广，包括河北、山西、陕西三省的北部和宁夏、内蒙古、辽宁三省区的南部。其中属于旧石器时代早期的有北京周口店第一地点、辽宁营口金牛山下层和本溪庙后山等，属于旧石器时代中期的有山西阳高许家窑、辽宁喀左鸽子洞和海城仙人洞等，属于旧石器时代晚期的则有山西朔县峙峪、河北阳原虎头梁、内蒙古伊盟萨拉乌苏等处。从这个系统中可以清楚地看出石器逐渐细化，以致到后来出现真正细石器的过程。它同中石器时代的细石器文化的衔接也比较紧密。

总起来看，华北地区旧石器时代的两个文化系统的特征是明确的，分布上也各有疆域。但是到了旧石器时代晚期，情况发生了一些变化。这时遗址显著增加，分布面一直扩大到东北北部和青藏高原，是一个文化大发展的时期。单从石器工艺看也有很大进步，往往用间接打击法生产小长石片，有些第二步加工已开始用压削法。石器类型比较复杂，以刮削器数量最多，刮削器又可分为圆头刮器、边刃刮器和复刃刮器等多种，其他还有尖状器、雕刻器和镞等。大型石器则有砍砸器、石锤和砺石等。这些都是普遍的倾向，原先两个石器传统的分界已经不太清晰了。

这种石器普遍细化的倾向，应同技术的进步和复合工具的流行有很大关系。刮削器和雕刻器都可以安柄，当然就不必做得那么大了；弓箭是新的发明，它要求箭头也是小型的；甚至某些标枪也可以在木制或骨制头部嵌上小石片来构成。这样原来的匼河—丁村系的大石器传统必然向小石器乃至细石器发展，原来的周口店第一地点—峙峪系的细小石器传统更是顺利地向前发展。在这个总的发展趋势中，当然不排除后者对前者发生较大影响的可能。这大概是两个系统的界线变得不那么清晰的主要原因。

但华北旧石器时代晚期的文化也并非都已融为一个整体而没有任何分际了。例如峙峪和山西南部的下川文化就有不少差别。下川小长石片的比例比峙峪大，细石器中的锥钻亦为峙峪所不见。下川大型石器种类远比峙峪复杂，其中有尖状器、刮削器、砍砸器、石锤、砺石和研磨盘等。从地理位置及文化特征来看，下川文化应是匼河—丁村系的继续发展，只是在发展过程中受到了峙峪文化的若干影响。其他地方的旧石器时代晚期文化也有一些各自的特色，如果仔细比较，很可能划分为好几个文化区。一方面是因文化的发展和相互交流影响而使统一性加强，一方面也是因文化的发展而出现新的分化，统一性和多样性同时得到了发展。

华南地区的旧石器时代遗址分布也相当广泛。按地理位置可以分为两群，一群主要分布于四川、云南、贵州、广西等省区，另一群主要分布于湖北、湖南、安徽、江苏等省。其中最早的要数云南元谋上那蚌遗址。该处出土了两枚人牙化石和几件石器，石器均用锤击法打制，加工粗糙，形制不规整，主要是刮削器，也有尖状器。所属地层用古地磁法测量距今约为 170 ± 10 万年[1]，与华北的西侯度遗址的年代十分接近。

华南旧石器文化既不同于华北的匼河—丁村系，也不同于周口店第一地点—峙峪系。其石器多用锤击法打制，有的地方则有锐棱砸击法，器形多不规则，类型也不如华北的确定。更值得注意的是直到晚期仍没有逐步细化的倾向。依据这些特点足以将它同华北旧石器文化划分开来。

在华南旧石器文化的内部也是有差别的，只是目前还难以排比出明确的谱系。日后在资料越积越多的情况下，这一点也并不是做不到的。现在我们只是能初步看出一些遗址的差别。例如同属旧石器时代早期的湖北大冶石龙头和贵州黔西观音洞就有所不同。前者以砍砸器为主，显得简单一些；后者以刮削器为主，还有砍砸器、尖状器和雕刻器，类型较多，大小悬殊。

直到目前，华南旧石器时代中期遗址仅有贵州桐梓岩灰洞等几处，发现遗物也不甚多。而晚期遗址则十分丰富，面貌亦各不相同。例如四川铜梁张二塘多大型石器，多复向加工的复刃刮削器。而同省汉源富林则多小型石器，多单面反向加工。这种以小型石器为主的遗址在华南是很特殊的。又如贵州兴义猫猫洞和普定穿洞遗址的石器多用锐棱砸击法，这是很特殊的一种打制方法。器类也较复杂，

---

〔1〕　袁振新、林一璞、周国兴等：《云南元谋人化石产地的综合研究》，《古人类论文集》，科学出版社，1978年。

有刮削器、尖状器、砍砸器、雕刻器、石锤和石砧等。两处都有很多骨器，尤以
穿洞骨器为最发达。这都是与其他遗址不同的。因此，华南旧石器晚期文化本身
应可划分为几个小区。

中国旧石器文化的不同谱系并不是相互隔离的，而是具有密切的关系。华南
地区一般说很少有细小石器，但地理位置上接近华北的四川富林文化却有不少细
小石器，说明两大文化区系之间存在着实际的文化影响和交流。至于华北地区两
个文化系统之间的关系更是错综复杂，以至于到旧石器晚期竟达到难以区分的
程度。

中国旧石器文化的共同特征是：

（1）石片石器远多于砾石或石核石器。

（2）各类石器的加工往往是单面的。

（3）石器类型始终以刮削器和尖状器为主，未曾有过以砍砸器为主的时期或
文化区。

这三点既表现了中国旧石器文化的统一性的一面，也是区别于外国旧石器文
化的基本内容。照理来说，旧石器时代人们的活动范围和对外地的知识都是很有
限的，不可能有意识地同千百里外的人群发生关系。但人们迫于生活总会不时地
进行迁徙。每次迁移的距离虽然不长，迁移方向也不大一致，但在几千几万年的
时间长河中，经过无数代人的不自觉的接力，人类文化就可能传播到遥远的地方，
还可能与不同谱系的文化发生交流。这就是为什么旧石器文化不仅呈现出多样性，
而且在相当大的范围内具有明显统一性的缘故。

三　从旧石器到新石器时代过渡的三种途径

距今大约一万二三千年，中国大地进入了全新世阶段，中国的史前文化也进
入了中石器时代和早期新石器时代。

黄河流域，可能属于中石器时代的遗址有山东沂源凤凰岭，河南许昌灵井，
陕西朝邑、大荔间的沙苑和青海共和拉乙亥等多处。这些遗址主要分布在山前坡
地或平原地带，也有在小山岭上的。

在长城以北，可能属于中石器时代的遗址有内蒙古海拉尔松山、满洲里扎赉
诺尔、察右中旗大义发泉和新疆吐鲁番七角井子等处，主要分布在固定沙丘上。

上述遗址的共同特征是细石器十分丰富。这种细石器的发达，是从旧石器晚
期开始，由于狩猎的进步而导致复合工具普遍出现，从而使石器普遍细化的必然
结果。这一进程同欧洲史前文化的发展颇有类似之处，但欧洲乃至西亚、北非等

地的细石器是以几何形（三角形、斜长方形、梯形、半月形等）为特征的，中国细石器则多细长石叶，二者属于不同系统。

从现在掌握的情况来看，我国细石器主要分布在秦岭、淮河以北的地区，华南仅见于个别遗址如广东南海西樵山的个别地点，所以那里的中石器时代遗存也难以辨认。但无论如何，华南也不能没有相应的文化发展阶段。过去发现的许多全新世洞穴遗址中某些未见陶器和磨制石器的，当有可能是中石器时代遗存。

由于对中石器时代文化的探索有了新的线索，特别是对新石器时代早期文化的探索获得了实质性的进展，因而对于从旧石器时代（通过中石器时代）向新石器时代过渡的问题也比过去明朗一些了。

现在看来，我国从旧石器时代向新石器时代的过渡大体有三种不同的途径。南部的长江流域、珠江流域、东南沿海和云贵高原，在中石器时代应多洞穴遗址，也可能有些贝丘和山岗遗址。石器同旧石器时代晚期一样仍多大型打制的，个别的局部磨光。这里向新石器时代过渡之时在经济上产生了分化。相当一部分人仍住山洞或河滨、海岸，以狩猎和采集为生，学会了制陶和养猪，但无农业；另一部分人走入河滨或平原沼地，学会种植水稻，逐步形成一个以稻作农业为特色的文化区。

北方的黄土高原、华北平原、山东丘陵和铁岭以南的东北平原，在中石器时代已是细石器文化区。之后有一个短时期不甚清楚，但到新石器时代早期后段，这里已存在着较发达的旱地农业、家畜饲养业和制陶业。石器有不少是磨制的，但也有大型打制石器和细石器，有些遗址细石器还相当多，暗示其脱胎于当地中石器文化的形迹。

东北北部、蒙新高原和青藏高原，在中石器时代也是细石器文化的分布区。到了新石器时代，由于气候干燥寒冷而难以发展农业，经济上不得不仍以狩猎和采集为主，有些地方也可能发展了养畜业。故石器仍然继承中石器时代的传统，以细石器为主，只是技术更加成熟进步。陶器和磨制石器虽已发生，但始终没有得到充分的发展。这是一个以狩猎和采集为特征的文化区。

很明显，这三条不同的发展途径和三个经济文化区的形成，不但与旧石器时代和中石器时代文化分区的传统有关，也与各区自然地理条件的不同有关。

应当指出，三个经济文化区的划分虽然是明确的，但它们之间的差别并不是绝对的。农业文化区一般同时有采集、狩猎和养畜业，狩猎、采集文化区个别地方也有农业；稻作农业区有时也种点旱地作物，而旱地农业区个别地方也种植水稻。除此之外，各区之间也还存在着不同程度的经济文化交流。因之，三个大区的文化面貌不仅有明显的差异，也还有一定的统一性。这种统一性还特别表现在具有共同的文化分期上，至少在两个农业经济文化区是如此。

四　新石器时代文化的分期

近年来一系列新石器早期文化的发现，地层学和类型学研究的深入发展，以及碳－14断代方法的广泛利用，使得新石器时代文化的分期研究有了长足的进展。除狩猎、采集经济文化区的分期尚不甚清楚外，整个旱地农业文化区和稻作农业文化区都具有基本相同的发展阶段，大致可以分为新石器早期、新石器晚期和铜石并用时期，新石器早期又可分为前后两段（表二）。

属于新石器时代早期前段的遗址有江西万年仙人洞、广西桂林甑皮岩、广东

表二　中国新石器文化的谱系

距今年代	文化分期	旱地农业经济文化区				稻作农业经济文化区					狩猎采集经济文化区		
		甘青文化区	中原文化区	山东文化区	燕辽文化区	江浙文化区	长江中游区	闽台区	粤桂区	云青区	东北区	蒙新区	青藏区
9000	新石器早期						仙人洞遗址		甑皮岩下层				
8000		老官台文化	磁山文化	北辛文化	兴隆洼文化		城背溪文化		甑皮岩上层				
7000	新石器晚期					河姆渡文化		?			新乐下层		
6000		仰韶文化		大汶口文化	红山文化	马家浜文化	大溪文化		金兰寺下层	?	新开流 小珠山中层	细石器遗存	细石器遗存
5000	铜石并用时期	马家窑文化			小河沿文化	崧泽文化	屈家岭文化	昙石山文化	石峡文化		小珠山上层	富河文化	卡若遗址
4000		齐家文化	中原龙山文化	龙山文化	?	良渚文化	石家河文化						

英德青塘等洞穴遗址和广西南宁豹子头等贝丘遗址，全部都在华南地区，其他地方至今还没有发现相应阶段的遗存。这些遗址的绝对年代，根据碳－14 测量的许多数据并经过多方面的校正，大约为距今 9500～8000 年[1]。

这时的石器大多数是打制的，且多数为单面加工，基本上还是旧石器的传统制造方法。磨制石器在各遗址中的比例不一，有些只是局部磨光，但也有通体磨光的，种类主要有穿孔器、锥形器、斧和砺石等。骨角器比较发达，有的地方还有牙器或蚌器。

这时已普遍出现陶器，但数量少，质地粗糙。遗址中发现的陶片一般为红褐色，颜色不均，夹粗细不等的砂粒，火候甚低，质松易碎。陶片外面多饰绳纹，仙人洞不少陶片里外都饰绳纹，则是一个特殊的例子。多数陶片太小，难以识辨其器种，大略能看出器种的主要是圈底罐或釜，显得十分简单。

这时期的生业大概仍以狩猎和采集为主，至少洞穴遗址的居民还是如此。这些遗址中常发现各种野生哺乳动物骨骼和贝类皮壳，又有许多骨镞和骨鱼镖与之共出。贝丘遗址中不但有成片的贝壳堆积，也有野生哺乳动物骨骼；石器中最常见的是取食贝类的蚝蛎啄，这些都是渔猎和采集经济仍较发达的证据。虽然在各类遗址中至今还没有发现一件明确的农业工具，也没有发现其他有关农业的痕迹，但不能因此认为在这一阶段仍未产生农业。因为现在所发现的多属洞穴和贝丘遗址，其自然地理条件决定了不宜于经营农业。如果发现一些平原或河谷遗址，情况可能有所改变。再者，从下一阶段农业已较普遍并已达到较高水平来看，它的前面不能没有一个准备阶段。至于家畜饲养，在这时期是确已存在的，甑皮岩等遗址曾发现较多猪骨，其年龄一般偏小，当是在家养条件下达到一定大小即行宰杀的结果。此后在中国新石器时代的农业文化区，一直都是以猪为主要家畜的。

如果说新石器时代早期前段的遗址至今发现尚少，其分布也仅限于江南地区的话，那么到新石器早期后段情况就有很大的不同了。现在发现的属于这一阶段的遗址已在一百处以上，差不多分布在我国东部的整个低级阶梯和与中级阶梯交界的部分地区。

这个时期的黄河流域，自西向东分布着老官台文化、磁山文化和北辛文化。它们的年代大约为距今八千多年至七千年，个别可晚至 6500 年。黄河流域是我国旱地农业的发源地，我国古代关于农业起源的传说多发生在这个地方，并且把在黄河流域首先栽培的一种谷物稷（可能是黍或粟的一种）奉为农神。现在在磁山文化遗址中已发现有粟，在老官台文化遗址中除粟以外还发现了黍。这两种谷物的特性都是耐旱喜温，生长期短，且有一定的抗碱能力，特别适宜于在黄河流域

〔1〕　北京大学历史系考古专业[14]C 实验室、中国社会科学院考古研究所[14]C 实验室：《石灰岩地区碳－14 样品年代的可靠性与甑皮岩等遗址的年代问题》，《考古学报》1982 年第 2 期。

那种黄土地带的半干旱性气候条件下生长。而且据调查在黄河流域就有这两种谷物的野生祖本野生黍和狗尾草，这类作物在这里首先被种植是很自然的事。

特别值得注意的是，在河北武安磁山一个居址中就曾发现300多个长方形窖穴，其中80个均有大量粮食朽灰，经灰象法分析为粟（Setaria italica），估算其原有储量应在十万斤以上[1]。如此发达的谷物农业当已远离发生时期的形态，可见黄河流域农业的起源还应上溯到更早的时期。

这时的石器较前段已有较大的进步。一是磨制石器比例增大，制作较为精致；二是类型分化，专业化倾向增强。尤其是有了一整套农业工具，如翻地用的舌形石铲，收割用的石镰或石刀，以及碾磨粮食用的石磨盘和石磨棒等。打制石器仍占一定比例，有些遗址中还有少量细石器，暗示着当地早先存在过的中石器文化到这时还遗留着一些陈迹。

磁山文化、老官台文化和北辛文化的制陶业的水平大致相同。都用手制和泥片贴模制成，火候不高，常为不纯正的灰褐色。大多不尚装饰，或为素面，或饰绳纹与其他纹饰，这些纹饰有的是制造工艺过程留下的形迹，有些则有一定的实用价值而较少装饰的意义。彩陶尚未发展起来，仅老官台文化中有某些红色宽带勉强可以看作是彩陶的萌芽。陶器种类虽因文化而异，但各文化共有的仍占较大比例。最常见的有圜底钵、圈足碗、小口壶和罐，其次则为鼎、釜、三足罐、三足钵和支脚等。虽然还是比较简单，但比前一阶段已经是进步多了。

黄河流域以北的海河流域和辽河流域，这时也已发展了旱地农业，而家畜饲养和狩猎的比重则稍大于黄河流域。石器中往往有大量的细石器和大型打制石器，磨制石器相对较少。陶器形制单调，主要是筒形罐、钵和圈足碗等。一些器形和纹饰同磁山文化具有明显的相似之处。

近年在长江中游的大江两岸和洞庭湖滨发现了一系列新石器早期后段的遗址，其年代估计为距今8000～7000年或者略晚。这些遗址中的陶器多褐色，用泥片贴模成形，素面或饰绳纹，器种多釜、罐、钵、圈足盘和支脚，其中有些器形和纹饰接近于磁山文化和老官台文化，可证二者存在着一定的关系。这些陶器的胎壁中往往夹有炭化的稻壳，可见当时已知食用稻米，甚至已知种植水稻了。

长江下游偏南的浙江北部发现的河姆渡文化已经是人们所熟知的了。其年代距今约为七千多年到六千多年，虽比长江中游的文化为晚，但文化面貌基本上还应算是新石器早期后段的。

河姆渡有非常丰富的稻谷遗存。在400多平方米的范围内，稻谷壳和稻草一起

---

〔1〕　佟伟华：《磁山遗址的原始农业遗存及其相关问题》，《农业考古》1984年第1期。

构成一个厚约 20～50 厘米的堆积层，若是换算成稻谷至少也是在十万斤以上[1]。当时用作水田耕作的农具主要是骨耜，形状很像当地现代用于挖泥的铁锹。

长江流域在历史上曾是野生稻的重要产区，现今在江西、安徽、湖南仍不时有发现野生稻的报道。考古发现的稻谷遗存不但年代很早，而且数量巨大，可见其前面还应有一段发展的历史。这样看来，长江流域无疑是稻作农业起源的重要地区之一。

我国新石器时代晚期是一个文化大发展的时期，现今发现的 7000 多处新石器遗址中大部分是属于晚期的，分布遍及全国各地，而以黄河中下游和长江中下游最为发达。这个阶段的绝对年代在各地虽不尽一致，但前后差别并不很大。黄河流域的仰韶文化和大汶口文化等大约为距今 7000～4600 年之间，长江流域的马家浜文化和大溪—屈家岭文化等大约也在距今六千多年到四千五六百年之间。这个时期农业进一步发展，人口显著增加，到处都涌现出较大型的定居村落。

这个时期也可分为前后两段。前段的村落往往围成圆圈，房屋一般是单间的，建筑质量没有明显差别。墓地常有一定布局，流行多人集体合葬，各墓在葬具和随葬品等方面只有很微小的不同。后段在石器制造上出现了管钻法和切割法等技术，并且常常发现玉器。村落布局不甚严格，出现了分间式房屋和十分讲究的大型建筑，还有祭坛等宗教性建筑，墓葬的大小和随葬品的多少都有了比较明显的差别，有的地方已出现规模很大的积石冢。

这个时期的一个重要特征是彩陶的出现。黄河流域的仰韶文化、大汶口文化和马家窑文化，辽河流域的红山文化和小河沿文化，长江流域的大溪文化和屈家岭文化都有比较发达的彩陶，马家浜文化和广东金兰寺下层文化等也有少量彩陶，此外还有一些未经定名的新石器晚期文化遗存中也发现了彩陶。每个地方的彩陶由少到多和由盛到衰的全过程，都差不多是同新石器时代晚期文化相始终的[2]。中国新石器时代晚期的两千多年，可以说是彩陶文化兴盛发达的时期。

彩陶发生的原因可能很多，其中之一可能与陶土质地有些关系。因为从宏观来看，无论是中国还是外国，彩陶最发达的地方是黄土地带，其他地方纵有也比较少。但是最根本的原因应与制陶技术有很大关系。在新石器早期，制陶技术还比较原始，一般没有抽风的陶窑，火候难以控制，陶质欠佳，色泽灰暗而不均匀，

---

〔1〕　浙江省文物管理委员会、浙江省博物馆：《河姆渡遗址第一期发掘报告》，《考古学报》1978 年第 1 期。

〔2〕　甘肃、青海和新疆的彩陶并没有随新石器时代的结束而消失，而是一直延续到整个青铜时代，个别的到了早期铁器时代。

很难在上面画彩，即使画上也不会有好的效果。到新石器时代晚期，各地普遍出现小型窑炉。其结构几乎都是火门低、窑室高、窑壁直立而不封顶，烧窑时形成自然的抽风作用，使得炉温较高且较稳定，陶土能在这种条件下得到充分氧化而变成浅红色。加上这时对陶土的加工也有很大进步，能够做出很好的细泥陶。这种质地细腻、表面光洁的浅红色陶器，乃是勾画各种花纹的良好的素地，几乎所有的彩陶都是在这种红陶上画成的。

既然彩陶的发生是同一定自然条件和文化发展水平相联系的，那么只要具备这种条件就可能出现彩陶，彩陶的发生也就必然是多元的了。这样就能够解释为什么在世界上相距遥远、看来不可能发生什么联系的不同的文化中心，都在差不多的文化发展水平下出现了彩陶这一有趣的事实。这个事实曾吸引许多考古学家去探索东西彩陶文化的联系和传播路线而不得要领。实际上，由于前面讲到的地理阻隔的原因，中国同中亚、南亚、西亚和东南欧等地的彩陶不但不是同源的，就是在往后的发展中，也没有证据表明发生过重要的联系。甚至中国本土的彩陶也未见得只有一个源头。

铜石并用时期主要是指龙山文化及其同时代诸文化。这些文化的绝对年代一般为距今约 4600～4000 年，已经处在中国古代文明产生的前夕。

龙山文化分布在黄河下游，河北、河南、山西、陕西的同时代遗存则被称为中原龙山文化。甘肃、青海有齐家文化，长江中游有石家河文化，长江下游则有良渚文化。这些文化虽然各有特色，但也有不少相同或相似的因素。它们所代表的时代则被称为龙山时代[1]。

这个时代的手工业获得了多方面的突出成就，其中包括冶铜、缫丝、酿酒和快轮制陶等。

早在仰韶文化后期就已出现个别的铜器，到龙山时代便比较普遍了，但多限于小型器物如锥、凿、刀、铃和指环之类。多数器物的质地为红铜，也有用青铜或黄铜做的。制造方法有锻打和熔铸，有的遗址曾发现过炼锅的残片，有的器物上有明显的模铸痕迹。

这时在制陶业中已普遍采用快轮旋坯和密封饮窑等新工艺，尤以东方沿海为最。不但提高了生产效率，还使制造更为精美的器物成为可能。龙山文化中的蛋壳陶高柄杯，每件重不及 50 克，厚不到半毫米，而且有胆有壳，雕镂精细。如此精美的器皿，不但在以前做不出来，龙山文化以后也再没有见到类似的物品。

龙山时代的建筑技术也有新的发展。一是采用土坯即日晒泥砖，二是用石灰

〔1〕　严文明：《龙山文化和龙山时代》，《文物》1981 年第 6 期。

涂抹地面和墙壁，三是夯筑地基和墙壁。这些都是影响深远的成就，在我国历史时期仍被广泛地应用。

生产的发展使得财富的积聚越来越多，贫富的差别越来越显著，人们的社会地位也随之发生分化。这种情况在埋葬习俗中反映得非常清楚。例如山西襄汾陶寺的 700 多座墓葬中，极少数大墓每座都有一二百件随葬品，有些还有龙纹陶盘、鳄鱼皮做的鼓和大石磬等不寻常的物品，墓主人显系贵族。中等墓有木棺和一般性随葬器物，而将近 90% 的小墓既无木棺，又几乎没有随葬品[1]。又如江浙地区有些良渚文化的墓地是在人工筑成的土台上设置的，其中一些大墓随葬许多玉璧、玉琮等代表身份的礼仪性器物，有的墓甚至有棺有椁，而多数小墓则一无所有。

社会的两极分化需要有强制的力量来进行调节，还需要有意识形态方面的保证。我们看到经过改进的石箭头急剧增加，磨制很好的石矛也应时而出。到处都可以看到非正常死亡者的乱葬坑，用夯土构筑的城堡一座座从平地升起，战争显然成了这个时期的突出现象。与此同时，各地都发现用猪、牛或鹿的肩胛骨做的卜骨，说明占卜已有一定制度，甚至已有专司卜事的巫师了。国之大事，在祀与戎，这两件事情在龙山时代已初露端倪。历史很快就要跨入文明时代了。

五　新石器文化的多样性和民族文化区的萌芽

前面我们谈到，中国新石器时代存在着三个经济文化区，同时存在着三个发展阶段，这本身就是多样性和统一性结合的体现。实际上如果按考古学文化的特征进行综合考察，还可以划分为许多较小的文化区，它们的范围虽在不同时期有所变动，但也具有相对的稳定性。特别值得注意的是，这些文化区常常与我国古史传说中的各部落集团的活动区域相联系，实际上是一种民族文化区的萌芽（图一）。

最著名的是中原文化区，它以渭河流域和晋陕豫三省邻接地区为中心，范围几乎遍及陕西、山西、河北、河南全境。根据古史传说，这一带曾是黄帝和炎帝为代表的部落集团活动的地域，以后在这里形成华夏各族。这个地区在新石器早期有老官台文化和磁山文化，到新石器晚期融合为仰韶文化，但在内部仍保持不同的地方类型。此后到铜石并用时代发展为中原龙山文化，其中亦包含许多地方类型。在河南西部的一支以王湾三期为代表，其后发展为早期青铜时代的二里头文化。不少学者认为二里头文化即是夏代夏族的文化，果真如此，王湾三期就当

---

〔1〕　高炜、高天麟、张岱海：《关于陶寺墓地的几个问题》，《考古》1983 年第 6 期。

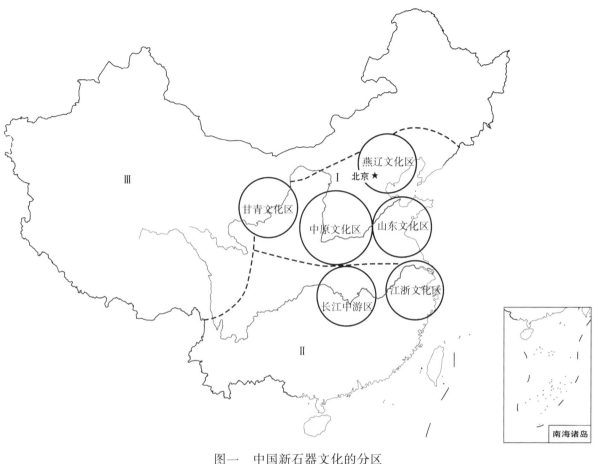

图一　中国新石器文化的分区
Ⅰ. 旱地农业经济文化区　Ⅱ. 稻作农业经济文化区　Ⅲ. 狩猎采集经济文化区

是夏文化的直接前身了。位于河南北部和河北南部的一支以后冈二期为代表，人们认为它可能是商文化的前身。而渭河流域的一支以客省庄二期为代表，它同后来的周文化虽有一段不小的距离，但至少应是它的一个重要源头。

黄土高原西头的甘肃和青海东北部地区，最早是没有陶器的拉乙亥文化，其后在仰韶文化的传入和强烈影响下产生了马家窑文化，到龙山时代又发展为齐家文化。后者也可分为若干地方类型。由于这个地区的新石器文化与中原新石器文化关系十分密切，在某种意义上甚至可视为仰韶文化特异化的产物，故应作为一个亚区。这里的新石器文化应是往后戎羌各族的史前文化。

山东丘陵及其附近的平原地区，是传说中以太昊和少昊为代表的两昊部落集团活动的区域。那里较早为北辛文化，继之而起的大汶口文化在分布范围上有相当的扩大，其中一部分西至河南，与仰韶文化发生交错分布的关系。大汶口文化以后发展为龙山文化，龙山文化的继承者是近年来发现的岳石文化，一般认为是夏代夷人的文化。假如这一说法符合历史实际，那么大汶口文化和龙山文化等就应是东夷诸族的史前文化。

辽河和大凌河流域较早有兴隆洼文化，继之而起的有红山文化和小河沿文化。其后在这个地区兴起的早期青铜文化是夏家店下层文化，一般认为它与燕文化虽有距离，但也有可能是它的一个重要渊源。

中国南方也可分为若干文化区。长江中游即重要的一个。根据古史传说，那里曾是三苗部落活动的地区。该区较早有城背溪文化，其后发展为大溪文化和屈家岭文化。到龙山时代则发展为石家河文化。往后的发展路程虽还有一些不甚清晰的地方，但无论如何，著名的楚文化应是从这里孕育起来的。

长江下游也是一个文化区，那里较早有河姆渡文化，其后有马家浜文化和良渚文化，这些都应是古越族的史前文化。至于薛家岗文化等可能是本文化区的一个亚区。

这五个文化区都紧邻和围绕着中原文化区，很像一个巨大的花朵，五个文化区是花瓣，而中原文化区是花心。各文化区都有自己的特色，同时又有不同程度的联系，中原文化区更起着联系各文化区的核心作用。我们看到在中原地区仰韶文化中发生的那种饰回旋勾连纹或花瓣纹的彩陶盆几乎传遍了整个黄河中下游，长江中下游的同期遗存中也偶尔能见到这类产品。而山东等地大汶口文化中的背水壶、江汉地区屈家岭文化中的蛋壳彩陶杯等也能在中原仰韶文化的遗址中见到。这样的例子实在是举不胜举。它与古史传说中各部落集团经常迁移、相互交往乃至发生战争的记述是相呼应的。

假如我们把中原地区的各文化类型看成第一个层次，它周围的五个文化区是第二个层次，那么最外层也还有许多别的文化区，可以算作第三个层次。它包括福建的昙石山文化、台湾的大坌坑文化、广东的石峡文化，以及云南宾川白羊村、西藏昌都卡若、黑龙江新开流和昂昂溪、从内蒙古到新疆的诸细石器文化等。现在对这些文化遗存还研究得不够深入，有些有明确的边界，可以自成一个文化区，有些则还不大清楚。它们同第二个层次的关系较同第一个层次更为直接也更为密切，好像是第二重的花瓣。而整个中国的新石器文化就像一个巨大的重瓣花朵。

六　余论：中国史前文化的统一性与多样性对早期文明发生的影响

让我们把前面的论述归纳一下。

许多事实说明，中国史前文化的特点与它所处的自然地理条件是密切相联的。中国地理位置的独特和同外界相对隔离的状况，决定了中国史前文化的土著性质。它在漫长的岁月中一直走着独立发展的道路。中国幅员广大和自然条件之复杂，决定了史前文化的多元性和不平衡性，形成相当复杂的谱系。

从旧石器时代开始，中国史前文化就是多元的和不平衡的，大体可分为华北和华南两大谱系，而以华北地区的文化较为发达。到新石器时代，文化发展的内容远比以前复杂，经济活动的方向也有很大差别，逐渐形成了许多地方文化传统，使得文化发展的多样性和不平衡性更加突出。但任何一个文化都不是孤立的，总是在与其他文化相互影响和作用下共同发展的。因此，这个时期的文化并没有因为多样性的突出而削弱了统一性的发展，只是后者在新的条件下具有某些不同于以前的特点。那就是除了在一定范围内具有某些共同因素外，还形成了一个以中原文化为核心，包括不同经济文化类型和不同文化传统的分层次联系的重瓣花朵式的格局。这一发展对于中国早期文明的发生及其特点带来了深刻的影响。

首先，由于中原地区的史前文化发展水平较高，又处在核心的位置，易于受到周围文化的激荡和影响，能够从各方面吸收有利于本身发展的先进因素，因而有条件最早进入文明社会。我国历史上的第一个王朝夏之所以建立在中原地区，并不是偶然的，而是史前文化发展的必然结果。

其次，由于中国史前文化是多元的，中原周围各文化区都已达到较高发展水平，有的甚至已孕育着某些文明的因素。如红山文化中已出现祭坛、塑像群和大型积石冢，并有猪龙等成套玉器；良渚文化中已有专门的贵族墓地，大墓有棺有椁，并有大量的玉琮、玉璧随葬。这些因素有的被中原文化吸收，成为中原早期文明的重要因素；有的在当地继续发展，在其他文化区的影响下发展起当地的早期文明。因此，中国早期文明不是在一个地区一次发生，而是在许多地区先后发生的，是这一广大地区中的许多文化中心相互作用和激发的结果。早期文明的起源地区应包括整个华北和长江中下游。而在文明的发生和形成的整个过程中，中原都起着领先和突出的作用。

第三，由于中国史前文化是一种分层次的向心的结构，而文明首先发生在中原地区，其次是它周围的各文化区，第三层即最外层各文化区进入文明的时间甚晚。因此，在中国早期文明发生和形成过程中，外来文化不可能发挥重要的作用。中国文化同外国文化的大规模的交流，是在古代文明已经完全形成以后的汉代才开始的。因此这种交流的规模无论有多大，也只能在有限的范围内影响中国文化的发展，而不能从根本上改变中国文化的民族特性。

第四，由于中原及周围文化区联系紧密，并且具有一定程度的统一性，所以在往后的历史发展中，不论哪个文化区占了主导地位，都能牢固地保持中国古代文明的特色。正如孔子所说的那样："殷因于夏礼，所损益可知也；周因于殷礼，所损益可知也；其或继周者，虽百世可知也。"（《论语·为政》）他说的是大中原地区，其实再扩大一些也还是适用的。

第五，由于中国史前文化已形成一种重瓣花朵式的向心结构，进入文明时期以后，很自然地发展为以华夏族为主体，同周围许多民族、部族或部落保持不同程度关系的政治格局，奠定了以汉族为主体的、统一的多民族国家的基石。这种格局不但把统一性和多样性很好地结合起来，而且产生出强大的凝聚力量。即使在某些时期政治上发生分裂割据，这种民族的和文化的凝聚力量也毫不减弱，成为中国历史发展的一个鲜明的特色。

（原载《文物》1987 年第 3 期。后收录在《史前考古论集》，科学出版社，1998 年）

中国新石器时代文化发展系统及社会制度的探索

中国新石器时代考古学同整个中国考古学一样，是一门年轻的科学。回想过去，有些外国学者还振振有词地否认中国有石器时代存在的可能[1]。事情过去不过几十年，我们现在所知道的新石器时代以及铜石并用时代的遗址已达三千处以上，经过科学发掘的村落遗址和氏族公共墓地数以百计，而这些工作主要是在中华人民共和国成立以后才得以大规模展开的。

几十年的工作与研究重点主要在两个方面。一个是我国新石器文化的发展系统，即关于它的起源、分布、发展阶段和各文化的相互关系；一个是原始公社制度的发展，即通过考古学文化探索我国原始公社制度怎样产生了发达的母权制，又怎样由母权制向父权制过渡并最终走向解体的过程。

先谈第一个问题。

几十年的工作证明，黄河流域是我国新石器时代文化最发达的地区，其次是长江流域。这两个地区的新石器文化关系极为密切，可以进行统一的编年。至于其他地区的新石器文化虽都各有显著的特点，但都在不同程度上与黄河、长江流域的文化发生关系。

我们知道，黄河流域的旧石器文化已有相当的发展，但在旧石器时代之后的中石器时代到新石器时代早期的文化，至今还不大清楚。有些同志认为，分布于陕西朝邑和大荔的"沙苑文化"可能即这个时期的遗存[2]。沙苑主要出细石器以及较大的打制石器，与当地已知的其他新石器文化的面貌很不相同，很可能有时代区别的意义。但因遗物均系采自地面，没有地层关系的证据，不能确知是否

---

[1]　B. Laufer, 1912. *Jade：A Study in Chinese Archaeology and Religion*（劳弗尔：《中国古玉考》）。

[2]　安志敏、吴汝祚：《陕西朝邑大荔沙苑地区的石器时代遗存》，《考古学报》1957 年第 3 期。

同属一个时期或一个文化。因此，沙苑的发现，至多也只是提供了当地探索较早文化的线索而已。

现在确知为最早的新石器文化遗存，是在陕西地区的华县老官台和元君庙、彬县下孟村、宝鸡北首岭和西乡李家村等处发现的，由于最初发现于老官台，可暂名之曰"老官台文化"。这个文化的遗存在元君庙和北首岭都是被压于早期仰韶文化即半坡类型的地层之下的，证明它的年代确比仰韶文化为早。

在"老官台文化"中，已经孕育着若干仰韶文化的因素，如圜底和平底钵、剔刺纹、宽边彩纹等。从遗址堆积情况和生产工具来看，锄耕农业也已有了一定程度的发展，而这个文化的分布又正好是在早期仰韶文化分布的地区，因此仰韶文化有可能是在"老官台文化"的基础上发展起来的。

仰韶文化的年代，大约是从公元前 4100 ~ 前 2100 年[1]。同时在不同时期和不同地区也有一些特点，因此被划分为若干类型，其中最主要的是半坡类型和庙底沟类型。

关于两个类型的关系一直存在争论，归纳起来不外三种：

（1）半坡类型较早。

（2）庙底沟类型较早。

（3）两者同时，平行发展。

从地层关系和碳 – 14 测定的年代来看，证明第一种看法是正确的。

仰韶文化之后，在中原地区产生了以庙底沟二期文化为代表的早期龙山文化。这类遗存虽已明显地具有龙山文化特征，但仍保持一些仰韶文化遗风，如彩陶和小口尖底瓶等，证明它是直接从仰韶文化发展而来的。

大约从仰韶文化晚期起，到龙山文化的早期结束这段时间内，黄河、长江流域的新石器时代文化有了很大发展。在黄河下游的山东等地出现了大汶口文化，长江下游是青莲岗文化，江汉地区有屈家岭文化，三峡地区有大溪文化。这些文化不仅年代相若，有些文化特征也很相似，说明当时存在着广泛的联系。

往后发展起来的是晚期龙山文化，它本身又分为山东龙山文化、河南龙山文化和陕西龙山文化三个类型。从广义的角度来说，甘肃的齐家文化和江浙地区的良渚文化也可算是晚期龙山文化的地方类型。因为齐家文化同陕西龙山文化的差别以及良渚文化同山东龙山文化的差别，并不比龙山文化三个类型本身之间的差

---

〔1〕 考古研究所实验室用碳 – 14 测定仰韶文化的年代，获得了一系列数据，其中最早的是 4115 ± 110BC，最晚的是 2065 ± 100BC。这是原始数据，如果经过校正，其真实年代还应该提早几百年。

别更大。

以上是黄河流域和长江流域的情况。

东南沿海的新石器文化遗存发现还不够多，文化面貌还不完全清楚，但从已知的一些情况来看，显然与长江流域的新石器文化有一定的关系。如广东贝丘遗址中发现的红衣陶和彩陶，就同青莲岗文化很接近。福建和台湾的磨光黑陶也与良渚文化有关。过去曾视为这一地区新石器文化最大特征的有段石锛，也是在大汶口文化和青莲岗文化中早已出现了的。

北方草原地区的新石器文化尽管都出细石器，但各地文化面貌仍有不同。如内蒙古东部较早的是红山文化，除细石器和篦纹陶外，还有彩陶，显然受仰韶文化影响。较晚的一期富河文化中出卜骨，也许同龙山文化有关。在河套的转龙藏等处除有细石器外，还有篮纹陶等，显然是受龙山文化影响的。

由此可知，我国新石器文化源远流长，有自己的发生和发展的历史。不是某个天才的发明，更不是某个"优秀民族"的赐予。所谓"仰韶文化西来说""黑陶文化西来说""细石器文化西来说、北来说"之类，不但完全违背考古学提供的事实，而且在理论上是宣传形而上学的外因论，在政治上是十分有害的。

关于第二个问题，即关于原始氏族公社制度的研究问题，也取得了很大进展。

一般认为，仰韶文化时期已达到繁荣的母系氏族社会阶段。在这个时候，原始农业已有初步发展。因为农业是妇女通过长期采集活动而发明的，所以初期的农业主要是妇女经营的。仰韶文化的陶器是手制的，据民族学的资料和某些古代陶器的指纹研究，手制陶主要是妇女担当的。妇女在生产中的这种地位正是母系氏族发展到繁荣阶段的经济基础。

在仰韶墓地中，有些女性墓随葬器物稍多于男性墓，甚至有个别女性实行厚葬。合葬墓中，多数骨架为二次葬，只有少数为一次葬，其中男女地位看不出多大差别，而且随葬品也不强调与个人的关系。凡此都是已达到繁荣的母系氏族社会的证据。

一般认为，龙山文化是父系氏族社会，而由仰韶文化发展为龙山文化正是与由母系氏族社会发展为父系氏族社会相适应的。但是从现有的证据来看，这个时间也许还可以稍稍提前。

从仰韶文化晚期起，生产力开始有较显著的发展。石器磨制更精致，个别陶器已是用简单的机械——陶轮制造。到龙山文化时，轮制陶器更普遍，在齐家文化中甚至出现了红铜器。生产力的发展使得男子在生产中的地位日见显著，以至取代妇女而占据主导地位，这便是由母系向父系过渡的经济基础。

从仰韶文化晚期起，埋葬制度已有一些变化。在大体与仰韶晚期和龙山早期同时的大汶口中晚期墓地中，已出现了夫妻合葬，表明当时婚姻关系已相当巩固。许多地方用猪头或猪下颌骨埋葬，少的一两个，多的十几个以至 68 个，表明私有财产已经出现，贫富分化也很显著了。而在某些地方发现的陶祖，更是父系氏族制确立后在意识形态上的反映。

在这个时期的遗址中，常常发现所谓"乱葬坑"，在一个灰坑中横七竖八地扔着几个以至十几个尸体，有的头部有击破的伤痕，有的作挣扎状。这些不幸的牺牲者很可能是战俘或战场上的牺牲者，否则，对本氏族的成员，是不能作这种处置的。

私有财产的出现本身就是对原始共产主义原则的破坏。特别是伴随私有制而来的掠夺战争，以及对战俘的奴役等等，更日益加速原始社会的解体。

通过中国新石器时代考古学的研究，再一次证明了马克思主义关于人类社会发展规律学说的正确性，证明私有制、阶级和国家并不是从来就有的，而是历史发展到一定阶段的产物。不过这些研究还只是初步的，有关资料还需要大力充实，理论性研究也需要更加深入。

（原载《新石器时代考古》，1972 年。后收录在《史前考古论集》，科学出版社，1998 年）

中国史前文化的谱系

一　史前文化的地理与历史背景

中国有 960 万平方千米，西高东低，很像一个巨大的摇篮，背对欧亚大陆腹地而面向太平洋。中国的四周多为高山、沙漠或海洋，形成一圈天然的屏障，外来文化难以传入。中国境内最富饶的地方是黄河中下游与长江中下游，给史前文化的发展提供了十分有利的条件；边境地区多高原或山地，气候条件相对较差，史前文化的发展不能不受到一定的限制。

中国南方有丰富的古猿化石，其中云南境内的禄丰古猿最为重要。它的一些体质特征跟印度次大陆古猿和亚洲大猿接近，又有一些跟南方古猿和非洲大猿接近，而南方古猿乃是人类的近祖。根据这些迹象判断，中国很可能是人类起源的重要地区。中国发现早期人类化石也就是很自然的事了。

二　最早的人类活动的证迹

中国较早的人类化石首推云南元谋上那蚌发现的两颗元谋人的牙齿化石，同出的还有几件石器，经古地磁测定距今约为 170 ± 10 万年。

在山西芮城西侯度一处河湖相沉积中发现了一批打制石器。经古地磁法测定距今约有 180 万年。这些石器已有一定的加工方法和类型，不像刚刚学会制造石器的产品，所以有的学者推测中国还应有更早的人类和他们制造的石器等文化遗物。

前不久在四川巫山县一处洞穴堆积中发现了一个人头骨，被命名为巫山人。古地磁测定达 200 万年。虽然对这年代的可靠性仍有不同看法，但距今 200 万年甚至更早中国就应有人类生活并与大自然作顽强的斗争，则是没有疑问的。

三　中国旧石器文化发展的谱系

元谋人以后，在中国的大地上一直有人类生存和发展，并且留下了许多他们的骨骼化石。这些化石大约可分成三个发展阶段：直立人、早期智人和晚期智人。

直立人又称猿人，有陕西蓝田猿人、安徽和县猿人、北京周口店的北京猿人、湖北郧县猿人、山东沂源猿人等。其体质特征就是又像猿又像人，所以称为猿人。他们能劳动，能制造石器，也会用火。脑部特征的研究证明他们已有简单的语言和思维能力。

早期智人又称古人，有陕西大荔人、辽宁金牛山人、山西许家窑人和丁村人、广东马坝人、安徽银山人、湖北长阳人和贵州桐梓人。他们的脑容量显著增大，体质特征也更接近现代人了。

晚期智人又称新人，已发现的有北京山顶洞人、广西柳江人、四川资阳人、贵州穿洞人、内蒙古河套人、云南丽江人和陕西黄龙人等。他们的体质特征几乎和现代人相同，白、黄、黑三大人种这时也已基本形成，而中国的晚期智人都属蒙古人种即黄种人。

与人类体质发展相适应，旧石器时代文化也可分为三个时期。早期为直立人时期，地质年代属早更新世和中更新世，绝对年代大约距今200万~10万年。以北京周口店文化为代表，石器打制比较粗糙，类型简单且不甚确定。已知用火，除狩猎外，还采集朴树子等野果充饥。

中期为早期智人时期，相当于地质年代的晚更新世前期，绝对年代约距今10万~5万年。以山西丁村为代表，石器加工技术有所进步，大三棱尖状器、砍砸器和石球等最富特征。

晚期为晚期智人时期，相当于地质年代的晚更新世后期，绝对年代约距今5万~1.5万年。此时遗址遍及全国，表明文化有大发展。石器加工更为进步，出现了制作精致的细石器，同时还有各种骨器。有了骨针，知道当时人类已会缝制皮衣。已知人死后应被埋葬，并在死者周围撒赤铁矿粉末，这表示当时已有宗教的萌芽。

由于我国地区辽阔，各地旧石器文化呈现出明显的差别。以秦岭—淮河为界，北方和南方就很不相同。同时北方也还存在着不同的系统。例如中原地区主要是砍砸器—大三棱尖状器传统，而燕山长城地带主要是刮削器—雕刻器传统，另外还有其他的传统。南方也有几种不同的传统。但中国旧石器的主要特征是向背面加工的小型石器组群，它区别于欧洲、非洲及其他国家的旧石器文化，具有鲜明的特色。可见中国的旧石器文化是本土起源和发展的，并已显露多元一体的基本格局。

四　从旧石器时代向新石器时代过渡的三种途径

我国旧石器时代和新石器时代之间是否存在着中石器时代，目前还有不同的看法。但在公元前一万年左右即已进入新石器时代，则是没有疑问的。

我国从旧石器时代向新石器时代过渡大体经过了三种不同的途径。长江流域及其以南很早就栽培水稻，逐步形成以稻作为主的水田农业文化。东南沿海则多洞穴和贝丘遗址，渔猎经济比较发达而农业往往只占次要地位。

黄河、海河、辽河流域为半干旱温带气候，很早就种植粟、黍等旱地作物，逐步形成以粟作为主的旱地农业文化。

东北北部、蒙新高原和青藏高原等地，由于气候干燥，气温较低，不适于农业的发展。故到新石器时代仍以采集、狩猎为主，石器制造也继承旧石器时代晚期的传统而出现大量的细石器。

由此可见，三种不同的过渡途径形成了三个大的经济文化区，并且一直影响到往后的发展。

五　新石器时代文化的谱系

我国的新石器时代文化，包括过渡性的铜石并用时代文化在内，大体可统分为五个时期。

新石器早期以广西柳州大龙潭为代表，年代约公元前 10000～前 7000 年。出现了少量磨制石器和陶器，个别地方养猪，但没有农业痕迹。

新石器中期以中原地区的磁山文化为代表，年代约公元前 7000～前 5000 年。已有比较发达的农业和养畜业，磨制石器和陶器也有很大进步。

新石器晚期以仰韶文化前期为代表，年代约公元前 5000～前 3500 年。出现了较大的农业村落和很大的公共墓地，美丽的彩陶就是在这个时期发展起来的。

铜石并用早期以仰韶文化后期为代表，年代约公元前 3500～前 2600 年。此时出现个别铜器，大量使用玉器，聚落发生明显分化，出现中心聚落和贵族墓地。

铜石并用晚期以龙山文化为代表，年代约公元前 2600～前 2000 年。铜器逐渐多起来，玉石器和陶器制作都更精致，出现了夯土筑成的城，还有水井。有的贵族墓有几重棺椁，等级制显然已经出现。到处都有战争的遗迹，社会已跨上文明时代的门槛了。

在新石器时代，地方性文化区也已经形成。由于每一个文化区都可同古代某个族系的活动地区相联系，所以这种文化区很可能就是民族萌芽的一种体现。

大致说来，黄河中下游和长江中下游的文化比较发达，考古工作也较多，所以文化区的研究也比较准确。现在大体可分为中原文化区、山东文化区、甘青文化区、江浙文化区和长江中下游区等几个区域，分别与古文献记载的华夏、东夷、戎羌、古越和三苗等族系有联系。每个区在不同的时期又发展为不同的考古学文化，形成很复杂的谱系。

六　多元一体格局的初步形成

新石器时代各文化区的形成与自然地理环境有关，也与旧石器时代即已出现的不同文化传统有关，所以新石器文化的起源是多元的。

在新石器时代农业初发展起来时，最适宜的自然地理条件在黄河中下游和长江中下游，所以那里成为新石器文化最发达的区域。越向边境，自然地理条件越差，文化也就越不发达。人类总是向往先进文化，因而在全国范围内形成了一种向心的因而也就是凝聚式的结构，我曾把它形容为一种重瓣花朵式的向心结构。加之各文化区相互影响、相互交流，使许多文化因素相似或接近。发展水平上虽不平衡，发展阶段上在相当大范围内也接近同步。这意味着有一定的统一性或整体性。结合起来就是一种多元一体的格局。它对以后夏、商、周文明和以汉族为主体的多民族统一国家的形成都具有深远的影响。

讲课提纲，1992 年 5 月

（原载《耕耘记——流水年华》，文物出版社，2021 年）

中国新石器时代的分期问题

　　中国新石器时代的考古是从 1921 年仰韶文化的发现开始的。发现者安特生在 1925 年发表的《中华远古之文化》一书中，将仰韶文化定为铜石并用时代。后来他又把在甘肃和青海考古调查的情况发表为《甘肃考古记》一书，其中将齐家、仰韶和马厂三期定为新石器时代晚期和铜石并用时代。中国的考古学者梁思永等在 20 世纪 30 年代发现了一系列仰韶文化和龙山文化的遗存，认为都是属于新石器时代晚期的。50 年代陆续发现了青莲岗文化、屈家岭文化、大溪文化，加上以前发现的红山文化等，一般都认为属于新石器时代晚期。直到 1960 年，贾兰坡先生根据广东地区发现的一些洞穴遗址的资料，认为应属于新石器时代早期，并将其细分为三段[1]。同年安志敏先生谈到仰韶文化和龙山文化的文章中，认为"应该把仰韶文化上提到新石器时代中期"[2]，但没有人赞同他的看法。十多年后，彭适凡根据江西万年仙人洞等新的资料，再次提出划分新石器时代早期的问题，并将其划分为四段[3]。但他和贾先生的意见也没有受到应有的关注。安先生则认为石灰岩洞穴遗址的碳 – 14 年代误差较大，不可轻易置信[4]。直到 1976 年河北武安磁山和河南新郑裴李岗两处重要遗址的发现，并被命名为磁山文化和裴李岗文化或磁山—裴李岗文化。碳 – 14 测定年代距今 7000 多年，明显早于仰韶文化，文化面貌也大不相同。我随即写了一篇短文，认为与早先在陕西发现的老官台文化属于同一时期，应该定为新石器时代早期的较晚阶段[5]，得到一些学者的响应。1981 年我写了一篇《论中国的铜石并用时代》[6]，认为仰韶文化晚期

---

　　[1]　贾兰坡：《广东地区古人类及考古学研究的未来希望》，《理论与实践》1960 年第 3 期。

　　[2]　安志敏：《中国新石器时代的仰韶文化和龙山文化》，《历史教学》1960 年第 8 期。

　　[3]　彭适凡：《试论华南地区新石器时代早期文化——兼论有关的几个问题》，《文物》1976 年第 12 期。

　　[4]　安志敏：《关于华南早期新石器的几个问题》，《文物集刊》(3)，文物出版社，1981 年。

　　[5]　严文明：《黄河流域新石器时代早期文化的新发现》，《考古》1977 年第 1 期。

　　[6]　严文明：《论中国的铜石并用时代》，《史前研究》1981 年第 1 期。

和龙山时代应分别属于铜石并用时代的早期和晚期，但没有受到应有的关注。1984年出版的《新中国的考古发现和研究》一书中，在新石器时代部分首先按地区划分为黄河流域、长江流域、东南沿海和北方地区等，而没有进行通盘的分期，仅在黄河流域部分提到磁山、裴李岗、老官台、李家村等处的遗存，将其列入新石器时代早期[1]。我于1986年6月出席在美国弗吉尼亚州艾尔莱的学术讨论会上发表的《中国史前文化的统一性与多样性》[2]一文中，首次全面梳理了中国旧石器时代和新石器时代文化的谱系，并制成了两个谱系表。其中将新石器时代划分为早期、晚期和铜石并用时代，年代分别为距今10000～7000年、7000～5500年和5500～4000年。其中早期又分为前后两个阶段。1987年我赴德国美因茨出席"国际史前和原史学联盟第11届大会"时，发表《中国新石器时代聚落形态的考察》，进一步将中国新石器时代划分为早中晚三期和铜石并用时代早晚两期[3]。其中早期是指江西万年仙人洞和广西桂林甑皮岩等洞穴和贝丘等遗址，年代约为公元前7500～前6000年。中期是指华北的磁山—裴李岗文化、东北的兴隆洼文化、华中的城背溪文化等，年代约为公元前6000～前5000年。晚期是指仰韶文化、大汶口文化和红山文化等的前期和马家浜文化等，年代约为公元前5000～前3500年。铜石并用时代早期相当于仰韶文化后期，年代约为公元前3500～前2600年。铜石并用时代晚期相当于龙山时代，年代约为公元前2600～前2000年。20世纪90年代，牟永抗和吴汝祚等提出在中国新石器时代之后应该划分一个玉器时代[4]，并引起了热烈的讨论，但也未取得学术界的共识。前不久由中国社会科学院考古研究所编著的《中国考古学·新石器时代卷》，将中国新石器时代划分为早中晚末四期，并制成了一个《中国新石器时代主要考古学文化年代简表》列入附录1。该表将新石器时代早期定为公元前10000～前7500年，中期为公元前7500～前5000年，晚期为公元前5000～前3000年，末期为公元前3000～前2000年[5]。其中的末期大体上相当于铜石并用时代或玉器时代，只是各自强调的重点不同罢

　　[1]　中国社会科学院考古研究所：《新中国的考古发现和研究》，文物出版社，1984年，35～41页。

　　[2]　严文明：《中国史前文化的统一性与多样性》，《文物》1987年第3期。

　　[3]　严文明：《中国新石器时代聚落形态的考察》，《庆祝苏秉琦考古五十五年论文集》，文物出版社，1989年。

　　[4]　牟永抗、吴汝祚：《试论玉器时代——中国文明时代产生的一个重要标志》，《考古学文化论集》（四），文物出版社，1997年。

　　[5]　中国社会科学院考古研究所：《中国考古学·新石器时代卷》附录1，中国社会科学出版社，2010年。

了。这个分期跟我1987年提出的分期方案大致相合，只是具体年代有所调整。原因是有了一些新的发现和新的测年数据。

之所以把新石器时代划分为若干文化期，是为了说明文化发展的阶段性和连续前进性，不是随意分割。每一阶段应该有明确的标志，与其前后应该既有区别又相衔接，一步一步向前发展。

中国新石器时代的文化究竟是怎样发展的呢？根据目前所了解的情况，可以简单地说明如下：

中国新石器时代大约是从公元前12000年开始的，到公元前7000年的漫长时间内都属于新石器时代早期。此时出现了农业和养畜业，但比重很小，经济上仍以采集和渔猎为主。开始磨制石器，但数量少，且多局部磨制。打制石器仍然占绝大多数。发明了陶器，但数量少，造型简单。出现了定居的小型聚落，同时还有不少洞穴遗址。

中期大约为公元前7000～前5000年，农业和养畜业已有较大发展，出现了不同类型的经济文化区。磨制石器增多且已成套，并出现少量玉器。陶器的数量和种类增加，造型和纹饰复杂化，已能基本满足日常生活的各种需要。聚落数量增多，规模也有所扩大。

晚期大约为公元前5000～前3500年，由于农业的进一步发展，黄河流域和长江流域的主体地位进一步确立。石器以磨制为主，较多地方出现玉器。陶器发达，彩陶盛行，普遍出现陶窑。聚落多为向心式结构，且内部略有分化。个别地方出现了较大的中心聚落。

下一步进入铜石并用时代早期，年代约为公元前3500～前2500年。此时出现小件铜器，石器磨制更精。玉器发达，普遍采用切割、管钻和抛光的技术。一些地方出现漆器和丝绸等高档手工业品。农业发达，个别地方已采用犁耕。社会明显分化，到处出现设防的城堡。墓葬的大小和等级分明。普遍出现了文明化的趋势。

铜石并用时代晚期的年代约为公元前2500～前2000年，铜器略有增加，个别地方发现有铜容器的残块。玉器、丝绸、漆器和象牙器等高档手工业品进一步发展。城市有所发展，个别地方出现了都城的迹象。社会文明化进一步加深了。

由于中国的铜器出现得比较晚，在整个铜石并用时代的数量也很少，而玉器特别发达，成为社会复杂化和文明化的重要标志。如果强调中国自身的特点而称为玉器时代，也许是更为恰当的。

2017年10月13日于蓝旗营

（原载《丹霞集——考古学拾零》，文物出版社，2019年）

新石器时代考古三题[*]

主席、各位朋友：

首先我要感谢广东省博物馆和广东省文物考古研究所的邀请，使我比较仔细地看了石峡的资料，还能有机会到省里各个地区走走，学习了不少东西。

广东省我过去也来过好几趟，但是，像这次时间比较长、看的资料比较丰富，还是头一次。1985 年那一次也比较长，跑了粤北和珠江三角洲，对广东的考古有了一个初步的印象。后来几次多半是参加会议，没有更多的工夫来考察和学习。一说就是十几年过去了，广东的考古究竟有多大进步呢？我很想了解一下。这次给我提供了一个非常好的学习机会，实际地领受了一下广东考古这些年的进展情况，也了解、感受了广东改革开放的伟大成绩。所以，我从心底感谢两个单位和接待我们一行的各个市、县的有关同志。本来想看完以后，有关同志坐在一起，交换一下看法，但是，邓馆长和古所长一定要我来作个报告。我谈不上作什么报告，因为学得并不好，看了后面的又把前面的忘了，所以我现在的心情是在应考。很可能讲得不对，如果有错误的地方，请大家不客气地给我指正。讲话要有个题目，我想不出一个合适的题目，只是讲三个方面的问题，就叫新石器时代考古三题吧。这三个题目是：第一，关于早期文化的探索；第二，关于区系类型和考古学文化的问题；第三，对广东新石器时代考古的初步印象。

现在，我先讲第一个题目。

关于新石器时代早期文化的探索，在西亚是最有成绩的，从 20 世纪 50 年代以来一直有比较大的进展。但是，在我们中国，进入实际的探索研究要晚一些，从 70 年代后期才开始，也就是说，我们中国关于早期新石器时代的探索差不多是同我们国家改革开放的进展同步进行的。在这以前，不是说没有一些探索性的意见发表，比如，早在 20 世纪 30 年代，裴文中先生就提出过关于中国中石器时代的问题。一个是指黑龙江和内蒙古东北以细石器为特征的文化；另一个就是广西

＊   本文为 1999 年 1 月 22 日在广东省博物馆和广东省文物考古研究所的发言。

武鸣等地的洞穴遗址。我记得在 60 年代，贾兰坡先生曾经在我们广东办的一个杂志，叫作《理论与实践》吧，上面发表过文章，谈到华南早期新石器时代遗址的问题。但是，那个时候，工作还刚刚开始，他们的一些看法，得不到实际资料的有力支持。尽管是我国很有权威的学者提出的问题，但是在学术界反应并不热烈，也没有成为以后对这类问题研究的很好基础。我从 20 世纪 50 年代末就开始在大学讲课，讲新石器时代考古，讲来讲去都是新石器时代晚期的，不管是仰韶文化、龙山文化，还是细石器文化和以后命名的屈家岭文化等都是属于晚期的，那时候还不可能提出一个中国新石器时代分期的框架性意见。但是，从 70 年代后期开始，随着黄河流域的磁山、裴李岗文化、老官台文化、北辛文化及长江流域的城背溪文化、彭头山文化，这样一系列比过去我们所知道的新石器文化要早的一批新石器时代文化出来以后，学术界就提出了应该把中国新石器时代分成早、晚两段的意见。刚才提到的这几个文化，尽管比仰韶文化还要早一些，但它们已有比较发达的农业、陶器、磨制石器，不太像新石器时代刚刚开始的状态。所以，开始提出时，就认为是新石器时代早期偏晚阶段的遗存。后来，随着华南地区一些更早遗存的确定，其中一个工作是关于石灰岩地区碳 - 14 年代测定方面的研究。在石灰岩地区，由于石灰岩碳酸钙的影响，测量的年代往往偏老，一般人对所测的年代都不敢用，尽管测得年代数据很早，有的人提出来这是新石器时代早期的文化，有人说这不见得，因为石灰岩地区的年代本身靠不住。后来北京大学考古系碳十四实验室与中国社会科学院考古研究所合作，在广西甑皮岩一带进行了各种考察和对比，证明石灰岩地区采集的贝壳，测出的年代确实比真实年代要早，有的要早一两千年。但是也不是一点边儿都没有。如果采集的标本是成系列的，加以一定的按比例缩减，这个年代还是可以用的。在这种情况下，华南地区相当一部分遗址还是比磁山、裴李岗、城背溪、彭头山文化要早，文化发展水平也更原始一些。所以，后来觉得把中国新石器时代划分为三段更好些，早期、中期、晚期。考虑到相当于龙山文化这一阶段，很多文化都出土了铜器，所以，我也曾提出来是不是把新石器时代晚期文化的后一个阶段划分出来，叫铜石并用时代。这样，我们中国传统的新石器时代文化的分期就划成四个阶段：新石器时代早期、新石器时代中期、新石器时代晚期和铜石并用时代。

最近一些年，陆续在一些遗址里边发现了一些比过去我们认为属于新石器时代早期还要早的遗存，其中最早被注意的是广西桂林的庙岩。这是一个洞穴遗址，在这个洞穴遗址里边，发现了一批打制石器，同时发现了一些陶片。这些陶片拿到北京大学碳十四实验室进行测定，为公元前 14000 多年。实验室同志给我看，我说这不能发表，你们还得再重新研究一下。你想，公元前 14000 年是什么意思？

跑到旧石器时代去了。我们中国在旧石器时代发现陶器，如果真是那么个情况，那是很重大的发现，要引起学术界的极大注意。如果你搞错了不是个大笑话吗？所以我就不让他们发表。然后，他们接着进行了一系列的工作：一个工作是把洞穴中的每一个层位都测了一下年代，结果是这些层位的年代顺序跟层位的顺序是一致的，证明它没有因为别的原因而颠倒。第二是把这个陶片进行分解，陶片里面的陶土原本含有炭，年代比陶器要早，这要去掉；陶片里含有腐殖酸，是植物腐烂后产生的东西，比陶片的年代要晚，也把它去掉；只剩下烧陶器的时候渗进去的炭和陶器使用的时候外面挂的烟炱，或者里面装饭菜的残余物，只拿这个来测。这样少量的东西用常规碳 – 14 方法是毫无办法的，好在北大有加速器碳十四实验室，在加速器上进行测试，结果还是比较早。

过了不久，在湖南道县玉蟾岩洞穴遗址中发现了稻谷，也发现了陶器，而石器全部是打制的。如果只看石器的话，很可能认为是个旧石器遗址，但是里面有陶器。这个陶器是现在中国最早的可以复原的陶器。发现的很少，1993 年发现一件，1995 年发现一件，是尖圜底的陶釜。测得年代是公元前 12000 多年。同时出土了稻谷，1993 年出了两粒，1995 年又出了两粒。1993 年出土的稻谷我去看了，一面看一面在脑子里想，把一个公元前 1 万多年的遗址同栽培稻谷联系起来是很困难的，我没想到会有那么早！所以，我叫他们做两件事：就是这个稻谷要请农学家鉴定，到底是野生稻还是栽培稻；第二要在洞穴中采土样，看有没有稻谷的植物硅酸体。不能光凭两粒稻子，人家会问这是怎么回事呢？ 更重要的一条意见我建议他们，你们再挖 下。挖的时候，进洞穴时每个人都要把鞋子脱掉，进洞前要检查每人脚上是否粘有现代稻谷。他们非常仔细地这样做了。而且，我给他们请了一位农学家，北京农业大学专门研究水稻的教授张文绪先生。他在世界最著名的菲律宾国际水稻研究所工作了几年。我不但请他参加这个水稻的研究，而且干脆就请他参加遗址的发掘。他去发掘了，参加了 1995 年的发掘。1995 年的发掘也是在上次发现稻谷的地方，隔了不远发现一件骨锥，取下来时有胶结，敲骨锥时，里面有一粒稻谷，这不可能是后面混进去的。他跳起来了！周围的人都来看，这不可能是假的了，地层上没有任何扰动。后来呢，经过他多次研究，这个稻谷具有野生稻的特点，又有栽培稻的特点。栽培稻里边有籼稻和粳稻两个亚型，它同时具有籼稻的特点也有粳稻的特点。就是说，是野生稻被栽培以后，还没有完全分化，特性已经开始变化，还没有分化成现代的两个亚种。这个发现很重要，如果与现代栽培稻一样，反而不重要了。它跟野生稻很像，又不是野生稻。那就是说在那个时候确实人家已经用野生稻进行了栽培，恐怕还已经栽培了一段时间。如果不是栽培了一段时间，它的特性也不会有些改变。在这么一个洞子里边也出陶器，而且这两个陶器都可以复原，年代又那么早。既然这样，我想庙岩测定的年代那么早也不是不可能的。

也是在这时，有个美国人叫马尼士，他是一个农业考古学家。他在墨西哥工作了 40 年，一直研究玉米的起源，他从地层上证明，玉米是从野生状态栽培演化而来的。最早的野生玉米的穗轴只有 1 个多厘米长，按照他的分期，栽培玉米一期比一期大，演化过程清清楚楚。他也到西亚做过考古工作，也研究过西亚的农业考古，西亚的农业主要是栽培小麦和大麦。他就是没有研究过中国的农业起源，特别是水稻的起源。这次他找到我们，与北京大学和江西省文物考古研究所组成了一个中美农业考古队，我在那儿挂个名。我们挖了两个遗址：一个是江西万年仙人洞；一个是仙人洞旁边的遗址叫吊桶环。仙人洞以前挖过两次，测的碳－14 年代颠倒，就是说上层的早、下层的晚。我们这次挖得很少，因为已剩得不多了，又是个国保单位，不能把那点东西都挖光了，就挖了几十厘米，按照地层一层层挖下去。以前两次发掘，最底下没有挖，我们发现挖到过去最底层，下面还有。这样，可以分两个大阶段，中间那个阶段还有个现象，就是说我们把相当于新石器的东西揭完以后发现底下有很多大石头，有的直径超过 1 米，有的有 30～40 厘米，都以为到底了，结果把这些石头一揭开，底下还有。当时我们考虑，底下会不会到了旧石器时代？哪怕是旧石器末期，因为底下不再见陶片，上面有陶片。我们想找到稻谷，就是没有找到。但是我们进行稻谷的植物硅酸体测定的时候，发现从底到上面都有植物硅酸体，但是仙人洞的很少，这种变化不是太清楚。吊桶环离仙人洞有 800 米，是在一个小山包上，它不是洞穴，是一个岩厦或岩棚遗址，挖的地层跟仙人洞很像。但是它的文化构成不太一样：比如说在吊桶环发现了成千上万动物骨骼，非常密集。这些骨骼多半是骨头碎块，都是不能做工具的部位，一些长骨的头儿啦，牙床啦，有些有砍的痕迹。大石头上有砸的痕迹。当时我们想这个地方会不会是屠宰场和对肉类进行初步加工的地方？仙人洞发现的骨头多是肉比较好的骨头，或者是有一些长骨的地方，可以作骨器的。两个层位又一样，两个遗址恐怕是一个人群，两地方的用途不太一样，从稻谷的角度来看也不一样。也就是说吊桶环发现的稻谷植物硅酸体远比仙人洞要多；变化也清楚，相当于底下没有陶片的层位只有野生稻的植物硅酸体；到了上面与陶片共存的层位，就有栽培稻的植物硅酸体，同时也有野生稻的植物硅酸体；到更上边比较晚一点，大体到了我们划的新石器时代早期这个阶段的，就基本上只有栽培稻的植物硅酸体。可惜的是没有找到稻谷。这两个遗址的发掘期间跟玉蟾岩是一样的，都是 1993 年一次，1995 年一次。我们发掘时相互间也参考过、看过。所以，两边可以相互参证。仙人洞和吊桶环测了很多碳－14 数据，非常遗憾，这些数据不太好用。第一次测的反而还好一点，那都是一万多年前。第二次测的有的到了两万多年了。我们就不敢相信了。我还没有正式跟他们提出来，但是，我十分怀疑，想请实验室重新检查一下仪器，再测一下。最近不是有夏商周断代工程嘛，要求他们的测定误差不超过正负 40 年。把仪器改了又改，作了很多次试验，才发现原来的仪器不稳定，有很多方面的问题。

我去看过加速器实验室的仪器，那是个很大的仪器，有这个博物馆的一半大，标本进去以后要加速，要通过很多道，在通过的过程中要排除这个、排除那个，哪儿出问题，都要影响结果。因为它的量极少，一个指甲盖那么一点儿碳，精度要保持非常高。以后等他们夏商周工程过去之后，我想把那些标本重测一次看看。但是从它的文化面貌来看，跟玉蟾岩也可以互相参证。第一次测的 1 万多年的年代还是有可能的，这样两处三个遗址都在公元前 1 万年以前出了陶器、出了稻谷。仙人洞和吊桶环还有个别的磨制石器，庙岩 1 万多年以前的陶片也不奇怪了，所以我说你发表吧。这样，在中国南方有相当一批遗址，我们可以相信在公元前 1 万多年以前，已经有一些我们平常叫作新石器时代的某些特征：那就是农业、磨制石器、陶器。在广西白莲洞还有更早一些局部磨制的石器。这是在中国南方看到的情况。

那么在中国的北方呢？河北省阳原县的泥河湾可以说是一个中国石器时代的博物馆。它有一系列的遗址，早的超过 100 万年，旧石器时代早、中、晚，一直到后面产生细石器。这个细石器我们也不知道把它搁到哪儿合适。搞旧石器时代的就把它放在旧石器，搞新石器时代的就说这不是旧石器。最近两年，我们北京大学考古系的教师王幼平跟河北省文物研究所合作，在泥河湾的虎头梁发现一个有大量细石器的制作场。发现的细石器在一个平面上数以千计。同时有十几个烧火的遗迹。有一个灶，加工得很好。就是圆圆的，直壁、平底，一看就像是新石器时代的，但是它就是那个地层。我们取了一些碳的标本，给了北京大学实验室，但结果还没出来。给了荷兰莱登大学的碳十四实验室，那个是世界有名的实验室。也让它作了常规的和加速器质谱仪的测定，结果是距今 13080 年，总之是公元前 11000 多年。这个遗址里没有发现陶器，在它的旁边，跟它一样的层位，同样也发现细石器的地层里发现了陶器，有一块是平底钵或罐的残片，旁边还有一些陶器碎片，这是目前我们知道的华北地区最早的陶器。比它晚一点的是河北徐水南庄头，很多同志都知道了。挖了两次，去年还在发掘。出了不少陶片，同时有不少石磨盘、石磨棒，很可能也产生了农业，还有很多猪的骨头，年代是公元前八九千年。华北这几个阶段都有些标本。就是说在磁山、裴李岗以前，也还有那么一个阶段的遗存。

在这以前，关于早期陶器方面在国外已有不少报道，以前在日本发现公元前1万年左右的陶器，许多人不相信。前不久，日本横滨曾经举行过一次绳文草创期的陶器展览，除了北海道和冲绳以外，全国各县都有不少标本参展，年代是公元前1万年上下。在俄罗斯西伯利亚和远东地区也发现过公元前1万多年的陶片。在蒙古国也发现过公元前1万多年的陶片。往南，东南亚的情况不是很清楚。我知道在印度恒河中游地区也发现过公元前9000多年的陶片，到了公元前7000多年的地层里出现了栽培稻的遗存。在最初出陶器的遗址只出野生稻遗存。有意思的是在巴基斯坦印度河流域的陶器产生得晚，而农业、磨制石器产生得早。后来我把这些情况联系起来一想，很有意思。就是如果我们以印度河、恒河之间为界，一直往北画一条线，划到乌拉尔山脉，就是一条文化的分界线。这条分界线在旧石器时代就已经存在，叫作莫维斯线，东西两边的文化很不相同。到新石器时代就更加清楚：在这条线以东是蒙古人种的分布地区，最初被栽培的农作物是小米和大米，这两种农作物以后长期成为当地居民的主要食粮，陶器产生得很早。在这条线以西，主要是欧罗巴人种分布的地方，是小麦和大麦起源和扩散的地方，陶器产生得晚，最早的只有公元前六七千年左右，所以，在西亚提出有前陶新石器阶段。东西方文化的分界非常清楚。这究竟意味着什么，我现在一时说不清楚。

总之，人类文化的发展虽然有共同或相似的规律，具体发展道路却不一定相同。具体到我国1万多年以前的文化，把它叫什么？还叫新石器时代早期？还是叫中石器时代？还是叫一个别的什么名称？在国外，中石器时代的名称主要是在欧洲提出来的，欧洲在旧石器时代之后，发现有一段时期出现了细石器，地质年代进入了全新世，没有农业，也基本上没有磨制石器和陶器。那个时期在考古学上很好区分。所以，欧洲提出来中石器时代文化以后继续沿用到现在。但是在别的地方很难找到一个那样明确的时代界限，特征也不是细石器。有些像旧石器又有些像新石器，各地情况不同，名称也很不统一。有的地方叫后旧石器时代，或者叫续旧石器时代，有的地方叫原新石器时代，有的地方又叫中石器时代。所以这个问题是考古学上非常重要的，既是实际问题，也是理论问题。到现在没有一个普遍能接受的方案，是一个应当继续研究和探讨的问题。我想，在我们中国也是处在这么个状态下。现在这些遗存刚刚发现，我们所知道的文化内涵还不够丰富，涉及的遗址还不太多。比如我们这次在英德看的牛栏洞遗址，究竟叫中石器时代好还是别的什么名称好？我看我们现在不必在这些名词上打转悠，应该多做工作，充实它的内容，然后看看在整个史前文化发展中间究竟应该放在一个什么地位，给它一个什么命名比较合适。至于旧石器时代为什么向新石器时代转变？这个转变的机制是什么？各个地方是怎么转变的？存不存在不同的模式？这种转变对于整个人类历史文化的发展具有什么样的意义？这是更深层次的问题。这些问题当然也需要继续研究，逐步把它提到日程上来。不管怎么样，问题已经提到日程上来了，我们在以后的工作中要加强研究，把田野工作也就是基础打牢，就像湖南发现稻子，我首先想到的这个稻子可靠不可靠，得把疑点排除，如果你不排除，谁都可以怀疑的。然后必要的测试要跟上去，这样我们的工作有进步了，内容越来越深入了，什么问题都比较好谈了。这是我讲的第一个问题。

现在讲第二个问题，关于区系类型和考古学文化的问题。

区系类型这个词是苏秉琦先生提出来的。在 20 世纪 70 年代初，在北京大学和吉林大学请他做报告的时候，提出要把全国的文化划分成十个块块。后来写成文章发表时归并成了六个区系类型。那时候在考古界占统治地位的是"中原中心论"。中原在中国古代文化发展中确实占有重要的位置，在一定时期确实是个中心，谁也不会否认的，但不应该强调得过分了。中原中心论者正是过分夸大了中原的作用，把中国文化的一切重要特质都说成是中原发源的，似乎别的地方的文化都是在中原文化的传播或影响下才出来的。当时最明显的有两个例子：一个例子是河姆渡，那里不是发现有比较早的稻谷吗？有的先生说那是在华北旱作农业的启发下出现的。浙江的同志很反感这个事情。南北的文化差别那么大，北方种小米的农人怎么能启发江南的狩猎采集民种水稻呢？这解释不通。可是要有不同意见，就给你扣帽子，说你不注意文化统一的问题，是一种有害的观点。在黑龙江更尖锐，当时和苏联的关系很紧张，一些同志在那边作考古调查发掘，发现有些东西与江对岸苏联境内的文化相近。觉得不好理解，也不敢发表，怕造成政治上的被动。因为那里有边界问题，弄不好会给人家以口实。我说那是风马牛不相及的两码事，以前没有国界的时候，那里的文化怎么可能跟近处的不同反而跟很远的中原一样呢？而且从理论上来讲考古学文化跟民族有关联，但不是一回事；民族跟国家有联系，也不是一回事。有国家以后，古代的国界和现代的国界有联系，也不完全是一回事。我们中国的国界应该算以前哪个朝代的呀？如果算元代的，莫斯科都得划过来，那行吗？但是在当时的情况下，有些人觉得讲中原中心论保险，讲别的意见要冒风险。苏先生当时就是针对这个提出区系类型问题的，体现了他的学术远见与胆识。再说他看的东西也多，碰到重要的就集中精力研究，在石峡就住了四十几天，写出了一篇《石峡文化初论》，石峡文化成了他划分南方区系的重要根据。不管怎么样，苏先生从理论上和实际工作上提出了对中国新石器到青铜时代这一段的文化应该分区、分系统、分类型来进行研究。他那么一个地位，在全国有很大影响，大家觉得他一下子把这个问题点化了，按照区系类型进行研究，各个地方的考古工作就蓬勃地发展起来。我们只要稍稍回顾一下，在这以前和以后我们中国考古的历史就很清楚。前一段是很单调的，现在讲新石器时代也好，青铜时代也好，内容有多丰富呀！这与实际工作有关系，也与认识的转变有关系。这个认识的转变总的一个纲提出来就是对中国的新石器、青铜时代这段文化要进行区系类型的研究。到现在，我不能说每一个人都会这样认为，绝大部分考古学者恐怕都会认为我们中国的新石器时代文化是多元的，不是一元的，是以黄河流域和长江流域的中下游为主体的一种多元结构。同时，在各个地区之间又有一定程度的联系，也有统一的一面。那么用一种比较简单、概括性的说法，可以叫作多元一体。后来费孝通先生在研究中华民族发展史的时候，也提出来中国的民族民俗文化多元一体这样一个概念，可以说是殊途同归。这样一个多元一体格局的形成，为日后中国形成一个以汉族为主体，同时有几十个少数民族的多民族的统一国家，打下了一定的基础。

从苏先生提出这个概念到现在，已经有 20 多年了，这 20 多年当然又有很多进展，我们现在的一些研究，在区划上就有一些变动，究竟划几个大区好？怎么个划法？究竟如何看待这些文化发展系统？有一些不同的认识，其中多数应该是更深入一层的研究，一种进展。但是，这种总体认识没有变，这是在我们中国新石器时代考古学文化研究中一个非常大的转变。

既然要研究区系类型，当然会涉及很多具体的考古学文化。近年来出现一个倾向，就是把考古学文化越划越细，比如说仰韶文化，有些先生不叫仰韶文化，叫半坡文化、庙底沟文化等等，越划越细。有些地方，发现的东西多少与以前的有点不一样，就抢先叫一个文化；一下子提出了很多的考古学文化。我过去有鉴于这种情况，提出过一个建议：就是说，考古学文化有一个划分的原则，又不是一个严密的概念。它是存在于一定时期、一定地域、具有一定特征的可以观察到的实物遗存的共同体。这种所谓一定特征，看你怎么个一定法。比如说，我用家具来概括这个特征的话，那么这些椅子、沙发、桌子都可以概括进去；但是我要用沙发这个概念，可以包括各种各样的沙发，桌子、椅子就包括不进去了，所以文化应该有不同的层次。我过去经常拿仰韶文化做例子，比如说小口尖底瓶，你只说小口尖底瓶的话，那可以说是仰韶文化的一个特征。但是你要说杯形口尖底瓶那就是半坡类型的特征；双唇口尖底瓶那就是庙底沟类型的特征。这种双唇口尖底瓶它也是在一定地域、一定时期，具有一定特征，就是那个双唇口；你要说小口尖底瓶，它也是一定地域、一定时期，不过那个时期的范围就大了，地域的范围也大了。

在世界各国划考古学文化，只能按照各国的具体情况。比如说日本，日本新石器时代就一个文化——绳文文化；过去我常常举罗马尼亚的例子，罗马尼亚那么一个小国家，新石器时代到铜石并用时代有四十几个文化。是不是说罗马尼亚的文化就比日本的文化复杂得多？不见得是那样，是层次掌握的问题。有点差别就划一个文化，不就划多了吗？虽然日本只划了一个绳文文化，但它里边照样分了期，也分了很多地方性的这个那个式，相当于我们的地方类型。所以根本的问题是要知道考古学文化的层次结构。不管怎么划，大点儿划，里边就得划类型，类型下边甚至还可以分。小点儿划，就得考虑文化上面的文化群，得把它们联系起来。我们中国怎么办？是大点划好还是小点划好？只要看我们过去是怎么划得就清楚了。我们过去划了仰韶文化、龙山文化，后来又划了屈家岭文化、大汶口文化等等，大家已经公认了，教科书上也写了，这大概就是我们中国划考古学文化应该掌握的一个尺度。如果你再提一个文化，应当是跟它们在相当一个层次上的；不是相当于它的下一级，也不是相当于它的上一级。这样做既注意了我们中国考古学发展的历史，也注意了全国的综合平衡。不然的话，都自行其是，这里提个文化，那里提个文化。在地方工作似乎问题不太大，最苦的就是大学这些老师了，你怎么讲呀？大学的老师就得把这些梳理一下子，有的文化是超级大国，有的文化就是梵蒂冈、汤加、斐济这种国家了。国家可以这样，因为有政治、历史发展的原因，自然会有大一些、小一些的。但考古学文化划分最好是不要差得太大，就是说相当一个级别的叫一个文化，再上一个级别我们可以考虑更高的概念，再下一个级别的我们再考虑一个什么概念。

这次在广东，我看了一些新的发现，广东还没怎么提文化，苏先生帮你们提了一个石峡文化。以后资料整理起来了，到一定阶段，还得给一些名字。再给名字的时候希望照顾历史，考虑全局。不至于你一提出来就让人家为难，以后自己也被动。

上面这些都是要注意的问题，总的趋势是对考古学文化的研究越来越深入，越要考虑考古学文化与人们共同体实际的联系的问题，考古学文化的形成与自然环境的关系的问题，与人文环境关系的问题。一系列问题都提出来了，有的考古学文化的形成，可能其中历史文化传统占有相当大的分量；有的文化形成，自然环境的影响占有很大的成分；有的文化的形成很可能与多种文化的交汇有关系。所以，这不是一个非常简单的问题。我想，这是从苏先生提出区系类型之后，在研究具体文化时碰到的问题，这是一个好现象，是对这个问题不断深入研究的结果。

第三个题目，谈谈对广东新石器时代考古的印象。这事完全没把握，可能谈得不对头，希望各位给我提出意见。

广东的新石器时代考古时间也不算短，但是，在 20 世纪五六十年代，就像苏秉琦先生归纳道：你们就是三个字，砂、软、硬。那不够。现在看来砂、软、硬也没有错，大体上也反映广东的史前文化发展的几个大的阶段。但是用这么三个字概括非常丰富的文化现象显然是不够的。所以，苏先生在石峡住了那么长时间，写出像《石峡文化初论》那样的文章，他也是在想还是按照考古学的基本办法，选择典型的遗址进行发掘研究，在这个基础上总结归纳出文化、文化特征和文化关系。一步步来吧，也不能一下子把广东的文化都挖出来。

我这次到各地匆匆忙忙地看了一下，有一个大概的印象。我想广东全省至少可以分成四块：粤北、粤东、珠江三角洲、粤西。

在粤北有两批重要的资料：一批就是以英德青塘和牛栏洞这些洞穴遗址为代表，一批就是石峡。这次我重点看了石峡的材料，省馆、省所的同志在那儿整理石峡报告；同时也看了英德的牛栏洞。1985 年，我曾经看过青塘的洞穴，对这些洞穴该怎么研究？这些洞穴里边的遗存该怎么个看法？我有些很不成熟的想法，提出来跟大家商量。

这些洞穴里边有很多贝壳、螺蛳壳这类的东西，它不会自动地跑进去，肯定是人为弄进去的，这些洞穴里边有很多石制品，比如说在牛栏洞看到许多砾石被打断了，有的还多少有点加工。金志伟跟我介绍，这些石器都统一命名为陡刃石器。刃很陡，都快接近 90°了。我想这是一种什么石器呀？无论从欧洲，或者从东亚，从旧石器到新石器，石器还是有一定发展规律的，如果说到旧石器末了，突然出现从某种意义上比 200 万年前奥都威的石器还原始，这简直不可理解。但说它是人工打的，我想也没有问题。所以，我琢磨，这洞穴算一种什么遗址？是不是人类在里边进行某些活动的遗址，而不是代表某个阶段的全面的文化面貌。能不能拿这些陡刃石器作为这个阶段的文化的代表，恐怕不能。牛栏洞现在不是也有人活动吗？就是养牛，有养牛留下来的一些遗迹，它当然不能代表我们现在的文化水平，而只是其中非常不重要的一个侧面。这个陡刃的东西是不是每件都能叫石器，我打个问号。可能有一部分是石器，有相当一部分不是石器。怎么用的？你们做了一些实验，以后还应当做些实验，看看到底是做什么用的。这是一方面，另一方面要把眼光放宽一点，看看洞穴外面的情况。能不能在周围找一找，看看同一时期还有没有别的类型的遗址，比如说露天遗址，它的内涵是不是与洞穴里面的东西有所不同。对于洞穴本身也还应该找一找活动面。发掘的时候要有一个计划，牛栏洞面积也不算太小了，里面可能有功能上的分区，应该一层一层地挖，挖到一个层面找一找究竟有些什么样的人类活动的遗迹。有没有打制石器的地方？有没有砸贝壳的地方？还有没有进行其他活动的地方？有没有人住的地方？总之应该在一个层面上来寻找各种迹象，寻找各种迹象的联系，才可以对这个洞穴的功能做出一个比较切合实际的判断。发掘这类遗址要花一番功夫，不是简单地分几个层来进行分期。因为这种分期极为困难，下面层位的东西与上面的几乎没有区别。突然之间出一个磨制石斧，出两片陶片，好像跟这些完全不能相容。所以我想除了要注意层位以外，还要注意活动面。而进一步深入地研究，还必须找到其他类型的遗址。研究这些遗址与洞穴遗址之间的联系，恐怕这是最后解决粤北，也包括广西西江流域好多洞穴遗址问题的一个办法。我只是提出一个想法，不知道这样对不对。这也是研究聚落考古的一种办法。研究不同性质的聚落与聚落之间的联系，这样来复原人类的行为，复原人类的社会。只是在洞穴里做工作，恐怕局限性很大，定个时代也很困难。

第二个就是石峡的资料。这次整理把石峡遗址部分分了四个大的阶段，基本上可以代表粤北地区从新石器时代晚期到青铜时代的一个年表。其中的石峡文化，也就是第二阶段的遗存还相当丰富，原来真是不知道，我看了挺兴奋的：因为它北面、西面、南面都有房子，墓地基本是在房子围绕的框子以内，个别的涉及房子一点儿。因为墓葬有早晚，房子只是一定时期的，所以不一定是埋在房子里边。这个格局很有意思。这是一个自成单元的聚落的一部分。这个遗址本身有 3 万多平方米，挖的只有 4000 多平方米，大约只占八分之一。整个聚落是什么样？我们不知道，但现在挖的部分自成单元，这个很好。北面的房子有 45 米长，还不到头；宽大概有 9 米，那是很大的房子，有四五百平方米，分间式的，在中原地区这样大的房子也很少见，显然不是一般的居室，而可能是某种礼制性建筑。墓地里面很明显有大墓和小墓。朱非素告诉我一些值得注意的现象，例如 104、105 号墓挨着，出的箭头都超过 100 个，还有石钺、玉钺和陶器等，这不是一般的墓，其他也还有几个大墓。因此我想，石峡文化这个阶段，也就是石峡遗址的第二阶段，已经不是完全平等的社会，开始有贫富分化和社会地位的分化了。如果把它同周围发现的石峡文化遗址联系起来，它显然是一个中心遗址。而石峡文化的年代也不是很晚，这样我就想到探索广东文明的起源也不能从南越国那个时候起算，前面还有很长一个阶段。石峡文化就开始有分化了，那么相当于石峡第三期、第四期的或者有夔纹的这些遗存，还有浮滨文化这些遗存，恐怕以后会发现更大的遗址，反映社会分化程度会更高。因此在以后工作时，除了要弄清楚文化发展的阶段谱系以外，从聚落的研究来探索广东地区以至整个华南地区文明化的进程，也应该提到日程上来了，这是我看粤北的资料产生的一些想法。

在珠江三角洲地区，我们着重看了珠海宝镜湾的材料。宝镜湾这类遗存过去发现得不太多。这个遗址在海边，地形特别陡，到了山头，挨着著名的珠海岩画，很有意思。我听说，当时发掘就是想找与岩画有关的遗址，尽管是不是有直接关系现在还不明朗，但两个在一起还是很有意思。遗址里边的内容相当丰富，特别是有很多刻划花纹，在广东其他遗址里很少见，年代不太晚，我初步的印象是紧跟在彩陶之后，因为有些刻划纹跟彩陶圈足盘上的刻划纹相近。由于所处地方特别，在一个海港旁边，它的房子看样子很像干栏式建筑；它的文化内容中有一堆堆的网坠，渔业经济非常明显。要做一个居住点，怎么看不像个好的居住点。会不会有些宗教方面的考虑？人们聚到那里举行祭祀，祈求海上安全和渔业丰收。我希望把这个遗址的资料好好整理整理，搞清楚内容，周围再调查一下，看看还有些什么有关的遗存，很可能以后成为特殊的遗址类型的代表。而这个遗址里那么丰富的资料也够得上出版一个专刊。从年代上也足可以代表一个阶段。当然，三角洲还有许多重要的遗址，比如说珠海棠下环遗址和东莞村头遗址等，挖的面积更大，也够得上出专刊的分量。

在深圳着重看了咸头岭和大黄沙的资料，大黄沙有些彩陶，咸头岭没有。两者都有绳纹陶和少量刻划纹陶。这两个到底是什么关系，谁早谁晚？我说这都不用着急，首先是把发掘的资料整理清楚。你可以根据类型学作一个排比，看看怎样排比较顺当。咸头岭的东西也可以跟宝镜湾和石峡一期相比，看跟哪个比较接近。也可以测一测碳－14年代，当然不是测一个、两个，多测一点可以避免偶然的失误。不能把所有的论证都以碳－14的年代为根据，因为它也会游移，你首先应在类型学上作一个比较仔细的分析，所以，我一直提，首先把报告写出来。这几类东西加起来，珠江三角洲的文化内容就很丰富了，完全可以排比出一个年表。也可以与粤北相对应。

最后讲一下粤东的情况，这回我是第一次去，大开眼界。过去那里的考古工作报道过一些，不是太多，所以对粤东的情况不太了解。这次看来粤东也有好几类遗存，可以自成一个系统，排比出好几期来。最早的可以潮州的陈桥村为代表，那里出土彩陶，有比较多的打制石器，也有少量磨制石器，应该与珠江三角洲的大黄沙等彩陶遗址基本同时。潮州池湖凤地出土刻划纹和绳纹陶片，应该与珠海宝镜湾年代接近。第三期可以普宁虎头埔为代表，出矮圈足罐等，常饰篮纹和窄附加堆纹，个别遗址有鼎，年代与石峡文化相当。普宁后山以小方格纹为主的遗存在粤东十分发达，应当已进入青铜时代。下一阶段便是粤东青铜文化的典型代表浮滨文化。这几期也大体上可以同三角洲或者粤北相对应，这种对应在现阶段只能是大概齐的，准确的对应目前还有些困难。如果以后再做点工作，也许可以作出一个更详细的文化分期表或文化年表。

粤西没有去过，那里的文化应该跟广西有比较多的联系，可以自成一个小区。

我总的印象是：广东现在建立全省的从新石器时代到青铜时代的文化发展谱系

的时机已经到了，应该根据现在的资料，抓紧时机把资料整理出来，这些资料里边看看还有什么薄弱环节。就是在建立谱系上还有什么薄弱环节，再找些遗址做点工作。这个工作要及早做，建立文化谱系是一个很重要的工作，又是一个并不需要花太大力气就可以做到的工作。这个做好了，进一步关于聚落形态的研究，关于文明发展的历程，关于广东地区同整个华南地区的关系乃至于同长江流域和东南亚的文化关系等课题就会自然而然地提到日程上来，也有比较好的基础来进行研究了。如果你文化谱系的问题都没有弄清楚，这些问题往往就会在那儿兜圈子，兜来兜去很长时间都解决不了。以上就是我转了一圈以后所得到的粗浅印象。

今天上午跟考古所的同仁座谈，我提了一个建议，就是要在工作部署上加强一下资料的整理，然后，跟着在出版上有一个部署，除了一些专刊性的东西以外，能不能出一个不定期的刊物。我建议叫《华南考古》。你可以联络广西、海南岛各方面的力量，以广东为主。开始可以轮流坐庄，逐步编辑成熟起来以后，就自己编《华南考古》。华南这块地方太重要了，过去苏先生讲石峡文化是一个窗口，从整个中国文化与东南亚来讲它也是一个窗口。华南又是一个独立的大文化区，在生态环境上有非常鲜明的特点，在文化发展上也有它的特点，所以华南考古一定要赶上长江流域、黄河流域的考古研究。我们中国的这一大片是很值得注意的，比如说青铜时代考古我们过去就讲商、周，后面加了一个夏。这很清楚，没有错。但是夏商周就是中国吗？你想一想，这是个明摆着的问题，地图上中国是这么大一块，夏是这么小一块儿，商稍微大一点儿，周再大一点儿，但跟整个中国的版图相比还差得远呢，不能把华南抛开吧！华南这么大一块的历史该怎么写，那不就靠我们的考古工作来写吗？以前我们对华南的了解太少了，我们在教科书上没法写。前几年由苏秉琦先生主编，让我和张忠培写了一本《远古时代》，写到华南就有些坐蜡，写出来以后感到非常不满意，内容太不充实了。如果我们把现在这些资料都整理发表，把文化谱系弄清楚，再重新写华南地区的新石器时代乃至于青铜时代，那会是个很像样子的东西，你甚至可以出一部专著。这个文章谁来作？我们没法作，应该是在座的各位。所以，我的印象回到题目上来：广东考古现在已经有了一个比较好的基础，现在走向 21 世纪，是一个很好的机遇。在大家的努力下，广东新石器时代乃至青铜时代的考古前途是非常光明的。耽误大家很多时间，谢谢！

（原载《农业发生与文明起源》，科学出版社，2000 年）

黄河流域新石器时代早期文化的新发现

一

　　1976 年 11 月至 1977 年 4 月，河北省邯郸市文物保管所等单位在武安磁山进行发掘，发现了一种前所未见的新石器时代文化遗存[1]；1977 年 4 月，河南省开封地区文管会等单位在新郑裴李岗进行发掘，又发现了与磁山相似的新石器时代文化遗存[2]。两处遗存的年代都经过碳 - 14 方法的测定，按半衰期 5730 ± 40 年计算，磁山 H145 的木炭为公元前 5405 ± 100 年，H48 的木炭为公元前 5380 ± 105 年；裴李岗 H1 和 H2 的木炭为公元前 5935 ± 480 年。后者也许是因为标本量较少，只好把两个单位的木炭合起来测试，从而使标准误差的幅度拉大了。这几个数字表现的年代都相当早，当不是一种偶然现象。再者，这几个数字都已超过现今所有树轮校正表可能校正的最高年限，无法进行确切的校正。不过碳 - 14 年代与真实年代的差别具有规律性，已是一个公认的事实。如果制成坐标图，以真实年代为横轴，则碳 - 14 年代沿横轴上下波动，非常接近于一条正弦曲线。其根本原因，可能是地球磁极的运动，影响到宇宙线射向地面的强度，从而使得大气中碳 - 14 的比度发生变化。这个正弦曲线的一个峰值，大约在公元前 4500 年。无论是达曼的校正表（D. E. Daman，1972）、苏埃士的校正曲线（H. E. Suess，1973），还是拉尔夫的校正表和曲线都表现出这一趋向[3]。根据这个情况，目前超出树轮校正表的碳 - 14 年代，便可用延长正弦曲线的方法。大致推算出它的真实年代。达曼校正表的峰值在公元前 4522 年，相应的碳 - 14 年代为公元前 3836

---

〔1〕　邯郸市文物保管所、邯郸地区磁山考古队短训班：《河北磁山新石器遗址试掘》，《考古》1977 年第 6 期。

〔2〕　开封地区文管会、新郑县文管会：《河南新郑裴李岗新石器时代遗址》，《考古》1978 年第 2 期。

〔3〕　Ralph E. K.，Michael H. N.，Hans M. C.，1973. Radiocarbon Dates and Reality. *MASCA Newsletter*，9（1）：p8.

年。磁山的两个碳 – 14 年代与峰值相距分别为 1542 年和 1517 年，裴李岗相距 2072 年。如此，它们在正弦曲线上的相对位置及其校正年代便可推导出来。计算结果分别为公元前 5855 ± 150 年、5875 ± 145 年和 6280 ± 500 年。这就是说两个遗址的真实年代，应当在公元前 6000 年左右。这比仰韶文化早期遗存的年代还早许多年，是迄今测量过的所有黄河流域的新石器时代标本中年代最早的。

磁山遗址的新石器时代文化堆积可分两层，文化面貌虽略有区别，但大部分还是相同或相似的。例如陶器均为手制，火候低，陶质粗糙，以红色为主，但颜色多不纯正。陶器造型已较复杂，有圜底、平底、三足和圈足之分。主要器形有八种：

（1）钵：有平底和圜底两种，有的平底钵有很矮的假圈足。

（2）盂：直壁平底，底径等于或略大于口径。

（3）盘：浅腹大平底，有长方形和圆形两种。

（4）豆：豆盘较深似碗，圈足较矮。

（5）壶：小口细颈，腹部膨大，靠近肩部有双耳。

（6）罐：多数为直口筒形，少数侈口，腹部略向外鼓。

（7）鼎：器身为圜底钵形，足为圆锥形，甚矮。

（8）支脚：形状像倒置的套鞋，有空心和实心两种，而以前者为多。这种器物的形状相当别致，在长江流域的一些年代较早的新石器时代文化，如浙江北部的河姆渡文化、太湖地区的草鞋山文化、四川东部和湖北西部的大溪文化等，都发现过许多支脚；但在黄河流域还很少见，仅在山东大汶口遗址的早期堆积中发现过一些。由于磁山陶支脚的发现，再次证明黄河流域不但也有这种东西，而且出现的年代比长江流域还早。

有些陶器的表面饰乳丁纹、凸线纹、浅细绳纹、划纹、指甲纹或篦纹。在中原地区的新石器时代遗存中发现篦纹，这还是第一次。其形状有连续折弧线形、平行线形和似三角形等，而以前者为多。

石器的制法有两种，一种是打制后经过砥磨的，多数还保持打击时留下的疤痕，如斧和铲都是这样。另一种是琢制的，如石磨盘和石磨棒。此外，还有打制石器，如石锤。这里的石磨盘数量很多，个体比较大，最长的达 59 厘米。形状特殊，平面略如鞋底，下面有三个或四个乳突状足，也有一些是无足的。这种有足的石磨盘，是其他新石器时代文化中从来没有见过的。

磁山发现了直径仅 3 米的半地穴式窝棚，还有许多长方形或圆形窖穴。有些窖穴中有很厚的粮食朽灰，说明已有种植谷物的原始农业。发现的动物骨骼有猪、狗、鹿和牛等，前二者大约已是家畜，牛骨很少，是否家畜还难以确定。

　　裴李岗的发掘面积较小，出土遗物不如磁山那么丰富，但在这里发现了 8 座墓葬，可补磁山遗址资料之不足。这些墓均为长方形土坑，仰身直肢葬，头朝南，随葬少量的石器和陶器等。裴李岗的器物特征与磁山大同小异，陶器的质地、火候、颜色和制法可说基本上与磁山相同，但器形比较简单，有圜底钵、圜底钵形鼎、小口双耳壶和夹砂罐四类，都是磁山遗址中比较普遍的器物，只是在形制上稍有差异。裴李岗也有磁山那样的乳丁纹、划纹、指甲纹和篦纹，包括连续折弧形和平行线形的在内。但磁山有许多因素不见于裴李岗，如盂、豆、盘、支脚和浅细绳纹等。是否裴李岗比磁山更早，因而器物比较简单呢？从碳－14 测定的年代数据来看，这个看法好像是有道理的。但如果将两个遗址的陶器同年代较晚的仰韶文化后冈类型和青莲岗文化青莲岗期相比，裴李岗的某些特征如深腹鼎、小口双耳壶等是比较接近这两个文化的，年代反而可能要晚一些。这好像是一个矛盾，不过，目前这类资料刚刚开始发现，还缺乏可资对比的地层关系，裴李岗的碳－14 年代误差幅度又比较大，对二者年代的早晚做出确切的估计还有困难。除去年代的因素以外，还可能存在一定的地方差别。也还有墓葬同遗址的差别，因为裴李岗的资料大多数出自墓葬。在通常情况下，墓葬中的东西总是比遗址的单纯一些，规格化一些。

　　比较两地的石器，也可看出基本相同或相似的情况。石器制法几乎完全相同，磨制不精，没有穿孔。主要器形也基本相同，都有舌形石铲、剖面椭圆形的石斧和鞋底形底面常有三四个乳突状足的石磨盘等，但裴李岗的镰形石刀是磁山所不见的。

　　鉴于裴李岗的文化面貌与磁山基本相同，而且同一类型的遗址正在不断地被发现，目前已知的有磁山以西不远的南岗、河南新郑唐户、密县西关和峨沟等多处，它们分布在太行山和嵩山东麓巨大的黄河冲积扇的顶端。共同的时期、共同的地域和共同的文化面貌把它们联系在一起，应该划为一个考古学文化，我们建议称为磁山文化。

二

　　磁山文化分布的地区，基本上处在仰韶文化的东部边界；再往东去，是苏北鲁南的青莲岗文化；往东北去，还有辽宁西部的红山文化。现在看来，这三个文化同磁山文化都或多或少存在着一定的联系，它们的若干文化因素，应当是继承磁山文化的同类因素而发展起来的。

　　仰韶文化本身发展的时间长，地区差别也较大，如果泛泛地谈论整个仰韶文化同磁山文化的关系，是不容易说清楚的；如果与仰韶文化中年代较早、分布地区也与磁山文化靠近乃至重合的后冈类型进行比较，那就比较清楚了。

我们首先注意到后冈类型中有不少与磁山文化相近或相似的因素。例如二者陶器都为手制，只是后冈类型有不少器物还经过慢轮修整。都以红陶为主，但后冈类型颜色比较纯正。都有圜底钵和平底钵，但后冈类型往往烧成红边灰腹，而磁山文化未见这种做法。磁山文化有侈口夹砂罐，后冈类型更多，只是前者多素面而后者往往在上腹饰以多道弦纹。磁山文化有小口双耳壶，后冈类型也有这种壶，而且在形制上更接近于裴李岗的某些壶[1]。磁山文化有圜底鼎，后冈类型更多，只是器身由钵形变为盆形，鼎足由短变长，由圆锥形变为圆柱形。磁山文化有乳丁纹，后冈类型有更加高起的鹰嘴状凸纽；磁山文化有划纹、锥刺纹和指甲纹，后冈类型也有这些纹饰。

两者的石器也有相近之处。例如从类别上说，都有较多的石斧、石铲和石刀，也都有无足的石磨盘和石磨棒。只是后冈类型的石铲较大，石刀以两侧带缺口的为主，而磁山文化的石刀是镰形的。

由此可见，后冈类型是在继承了磁山文化的许多因素的基础上发展起来的。

另一方面，磁山文化与后冈类型还有非常明显的差异。从陶器方面来说，后冈类型的陶质、火候都比磁山文化的为高。磁山文化中大量出现的直壁盂、直筒形罐、豆、盘和支脚等完全不见于后冈类型，而后冈类型的盆、口沿下部有一圈凸纽的大口圜底罐、釜、甑、灶和器盖等也不见于磁山文化。磁山文化多浅细绳纹和篦纹，后冈类型基本不见；后冈类型的弦纹和彩陶花纹也基本上不见于磁山文化。

从石器方面来说，磁山文化中很难见到通体磨光的，总是保留了许多打制痕迹，也没有见到一件穿孔的；后冈类型有通体磨制很好的石斧、石锛等，有些石斧是穿孔的。磁山文化的带乳突状足的磨盘不见于后冈类型，而后冈类型的锛、凿等也不见于磁山文化。

所有这些差异，乃是由不同的原因造成的。一个原因是年代不同，文化发展水平不同。一些在磁山文化时期流行的东西到后来被淘汰了，如带乳突状足的石磨盘就是一例；一些因素进步了，发展了，如石器和陶器的制造技术等；还有一些新的因素出现了，如陶甑、陶灶和彩陶花纹等便是这样。第二个原因是磁山文化的影响所及，范围比较广泛，有些因素没有为后冈类型所吸收，而在别的文化

---

[1]   例如可以把磁县下潘汪 T48④：4 双耳壶同裴李岗的双耳壶作一比较。见河北省文物管理处：《磁县下潘汪遗址发掘报告》，《考古学报》1975 年第 1 期，85 页图八，9。

中得到了传播和发展，例如陶支脚和篦纹等，就是属于这类情况。第三个原因是后冈类型在发展中也许还接受了其他文化的某些因素，例如锥刺纹可能更多的是继承老官台文化而发展起来的，细颈壶可能是受到了半坡类型的影响，等等。总之，从磁山文化到后冈类型，文化发展的进程是相当复杂的。其中有继承、有发展、有分化、有融合、有吸收、有影响，并不是简单的一条直线。

　　磁山文化同青莲岗文化的联系，远不如它同后冈类型的联系那么密切。但青莲岗文化的某些因素，显然还是与磁山文化有关。例如在磁山文化中数量较多的陶支脚，在青莲岗文化的遗址中也能见到；青莲岗文化中有许多钵形鼎，其形制与磁山文化的钵形鼎非常接近；有些腹部较深的鼎则与裴李岗 M5：4 号鼎相近。鼎这种器物，在仰韶文化中是很少见的。后冈类型较多一些，但发展到后来的大司空村类型又极罕见了。唯有东方的青莲岗文化及其以后的大汶口文化，却一直保持用鼎的习惯。至于长江流域乃至华南的一些新石器文化也普遍用鼎，则不一定是直接受到磁山文化影响的结果。仰韶文化中也很少有豆，后冈类型中至今只发现个别豆的残片，而青莲岗文化中有较多的豆，看来磁山文化的这一因素主要也是由青莲岗文化继承下来的。青莲岗文化中的圜底钵和小口双耳壶[1]，也很接近于磁山文化的同类器物。至于青莲岗文化的其他因素，可能还另有来源，磁山文化只是其文化渊源之一。

　　磁山文化同辽宁西部的红山文化尽管在地理上还有一定距离，而在文化上却存在着不可忽视的联系。例如红山文化中有大量圜底或近似圜底的钵，其形制和烧制方法几乎和后冈类型的别无二致，正如后冈类型的钵是从磁山文化的同类器物发展而来的一样，红山文化的钵当然也应与磁山文化的钵具有同样性质的联系。红山文化的夹砂褐陶罐，有一部分接近直筒形，饰划纹或篦纹，有些还有乳丁纹[2]，其形制与磁山文化的直筒形罐十分相似，特别是与裴李岗的一件残罐[3]，在形制和花纹方面都基本相同。红山文化有些腹部微鼓，最大腹径偏下的罐，则与裴李

　　〔1〕　南京博物院：《江苏邳县四户镇大墩子遗址探掘报告》，《考古学报》1964 年第 2 期，17 页图七，5。

　　〔2〕　这种罐见于辽宁锦西沙锅屯、赤峰红山后和敖汉旗四棱山等遗址。见安志敏：《细石器文化》，《考古通讯》1957 年第 2 期，46 页图九，4；日本东亚考古学会：《赤峰红山后》，1938 年，第四十二图；辽宁省博物馆、昭乌达盟文物工作站、敖汉旗文化馆：《辽宁敖汉旗小河沿三种原始文化的发现》，《文物》1977 年第 12 期，图十五。

　　〔3〕　开封地区文管会、新郑县文管会：《河南新郑裴李岗新石器时代遗址》，《考古》1978 年第 2 期，77 页图八，9。

岗的侈口罐形制相近。赤峰三道井子曾出土红山文化的小口单耳壶和彩陶豆[1]，也可能与磁山文化的小口双耳壶和豆有联系。红山文化的许多夹砂罐底部有制坯时印下的席纹，磁山文化陶器的底部也有这种席纹。

　　尤其值得注意的是，在红山文化中普遍流行的连续折弧形箆纹，从磁山文化中也能找到它的渊源。这种纹饰过去见于锦西沙锅屯、赤峰红山、敖汉旗三道湾子和四棱山，以及乌尔吉木伦河流域的许多遗址。分布范围主要在辽河流域，特别是辽河的上游地区，时代则从红山文化直到富河文化，跨越的年代相当长[2]。以往人们总是把这种纹饰和具有这种纹饰的陶器看作是北方草原地区细石器文化中特有的东西，认为它是与黄河流域新石器文化没有关系的一种地方因素。现在不但在磁山发现了，裴李岗也发现了，特征完全一样，时代又是那么早，再加上红山文化还有很多方面与磁山文化相近的事实，那就再也不能把这种连续折弧形箆纹看成辽河流域孤立发生的了。是否可以这样说，它本来是发源于黄河流域的磁山文化，后来由它东北部的红山文化所继承，并一直发展到富河文化的阶段。

　　位于我国东北的红山文化在许多方面继承了位于中原地区的磁山文化这一事实，将有助于正确地阐明东北地区远古文化的历史，以及东北古代少数民族同华夏族的联系。而对于苏联某些人一方面否认黄河流域文化对东北原始文化的积极影响，另一方面又别有用心地宣传"贝加尔湖沿岸新石器时代的猎人和渔人的文化影响"直达辽河流域[3]的谬论，是一个有力的驳斥。

三

　　磁山文化的石器大部分是经过磨制的，陶器的形制已比较复杂，农业和家畜饲养也不像是刚刚开始出现的样子，因此，它还不是新石器时代最早时期的文化。

　　但是，如果将磁山文化同新石器时代晚期的仰韶文化相比，发展水平还是比

---

〔1〕　日本东亚考古学会：《赤峰红山后》，1938 年，图版伍贰。

〔2〕　安志敏：《细石器文化》，《考古通讯》1957 年第 2 期；日本东亚考古学会，《赤峰红山后》，1938 年；辽宁省博物馆、昭乌达盟文物工作站、敖汉旗文化馆：《辽宁敖汉旗小河沿三种原始文化的发现》，《文物》1977 年第 12 期；安特生：《奉天锦西县沙锅屯洞穴层》，1923 年；内蒙古自治区文化局文物工作组：《昭乌达盟巴林左旗细石器文化遗址》，《考古学报》1959 年第 2 期；中国科学院考古研究所内蒙古工作队：《内蒙古巴林左旗富河沟门遗址发掘简报》，《考古》1964 年第 1 期。

〔3〕　А. П. 奥克拉德尼可夫：《西伯利亚考古学——昨天今天和明天》，苏联《历史问题》1968 年第 5 期。

较低的。比如石器虽然大多数经过磨制，但磨得并不算好，大多数还保留打制的疤痕，也还不会穿孔。陶器火候低，质地粗糙，颜色也不大均匀。仰韶文化时期盛行的彩陶在磁山文化中很难得见到。磁山文化的农具也不如仰韶文化发达，窖穴的容积也比较小。家畜虽有几种，但数量很少，在一千多平方米的发掘范围内，仅发现猪、狗等共28个个体的骨骼，这些都说明农业与家畜饲养还处在较低的水平。如果我们把黄河流域整个新石器文化划分为早晚两大期，磁山文化无疑应当属于早期。确切些说是属于新石器时代早期的较晚阶段。

在黄河流域，相当于磁山文化发展阶段的还有陕西关中地区的老官台文化。这个文化最初是1958年在陕西华县老官台发现的，遗址面积较小，灰层很薄，出土遗物并不丰富。其中陶器多红色，也有灰色乃至黑色的，火候不高，颜色不纯。主要器形有平底碗、圜底钵、豆、罐、鼎等。碗的口沿往往有锥刺纹。豆形似碗加矮圈足，常饰绳纹。罐饰绳纹或划纹。鼎形似圜底钵，圆锥形矮足，饰绳纹。有些鼎和钵的口沿有红色宽带，可以视为彩陶的萌芽。

类似老官台的文化遗存后来在华县元君庙、宝鸡北首岭、彬县下孟村和西乡李家村等处陆续有所发现，但李家村的鼎多圜底罐形，三足更矮，同老官台稍有区别。这类遗存，在元君庙和北首岭是被压在仰韶文化半坡类型的地层之下的，在元君庙半坡类型墓葬的填土中，也不止一次地发现老官台文化的陶片，说明老官台文化早于半坡类型，从而也就早于整个仰韶文化。

磁山文化的发现，不但以新的资料丰富了黄河流域新石器时代早期文化的内容，而且加深了我们对老官台文化的认识。这两个文化都比仰韶文化为早，文化发展水平也差不多。特别值得注意的是，两者的器物在很多方面十分相似。例如老官台文化的主要器物平底碗、圜底钵、豆和圜底钵形鼎等，都和磁山文化同类器物的形制基本相同[1]。只是老官台文化的碗口沿多锥刺纹，磁山文化的没有这种做法。老官台文化的豆和鼎多饰绳纹，磁山文化的多为素面。老官台文化已有红色宽带纹，磁山文化不见。而磁山文化中的盂、盘、支脚和篦纹等也不见于老官台文化。两者的石器也是相同而又不同，例如都有斧、铲，李家村的一件有肩石铲[2]，和裴

---

〔1〕 关于老官台文化的器物，可参阅苏秉琦：《关于仰韶文化的若干问题》，《考古学报》1965年第1期，55页图六；陕西分院考古研究所：《陕西西乡李家村新石器时代遗址》，《考古》1961年第7期；陕西省社会科学院考古研究所汉水队：《陕西西乡李家村新石器时代遗址——一九六一年发掘简报》，《考古》1962年第6期。

〔2〕 陕西分院考古研究所：《陕西西乡李家村新石器时代遗址》，《考古》1961年第7期，图版伍，11。

李岗 M1∶5 那件有肩石铲[1]就十分相像。但磁山文化中带乳突状足的石磨盘，在老官台文化中是不见的。

两个文化，一个在秦岭和华山脚下的渭河流域，一个在太行山和嵩山东麓的黄河两岸，相距比较遥远，文化面貌有很多差别是必然的，可以理解的。至于二者之间还存在着那么多相似之处，当是由于它们属于同一时代，并发生了互相影响和交流的结果。既然磁山文化属于新石器时代早期的较晚阶段，老官台文化当然也是属于同一阶段的。

老官台文化位于半坡类型分布的中心，文化内容同半坡类型有诸多联系，半坡彩陶中的宽带纹显然就是从老官台文化的红色宽带纹发展而来的。由老官台文化发展为半坡类型，再由半坡类型发展为庙底沟类型以及更晚的一些文化类型，这条线索是比较清楚的。磁山文化的分布，大部分与后冈类型分布范围重合而稍稍偏南，由磁山文化发展为后冈类型，再发展为钓鱼台类型和大司空类型的线索也比较清楚。当然，中间还有许多交叉和相互影响。但冀南豫北在相当长的时期内都自成一个文化区，则是十分明显的事实。过去对这一点虽然注意到了，但不明白为什么会是这样，现在知道其主要原因是来源不同，一开始就不属于一个文化系统。根据这样的认识，冀南豫北的后冈类型、钓鱼台类型和大司空类型应当同以半坡类型、庙底沟类型和其他晚期类型的仰韶文化区别开来，或者将仰韶文化一分为二，或者另外定一个名称，都是可以考虑的。

由于磁山文化和老官台文化的发现，把黄河流域新石器时代早期文化的研究提到日程上来了。除了对这两个文化本身还要做许多工作外，还必须探索它们的起源，进一步寻找新石器时代最早的文化遗存。从黄河流域的地理条件来看，新石器时代的革命必定是伴随着农业的发生而发生的。因此，要寻找新石器时代最早的遗存，就必须研究农业起源的条件。研究环境考古学的巴泽尔曾经指出：世界上农业发生最早的西亚地区，最初的一批农业村落不是建立在两河流域下游的沼泽地带，也不是建立在原生的草地，而是在扎格罗斯山脉南麓和地中海东岸的新月形地带，这是一个接近草地和沼泽地的亚热带森林区。因为在原始技术条件下，开辟树木并不茂密的森林边缘地区，比起开垦草地和沼泽地要容易一些[2]。磁山文化和老官台文化分布的地区与西亚肥沃的新月地带的地理环境虽不完全相同，也还是比较接近

---

〔1〕　开封地区文管会、新郑县文管会：《河南新郑裴李岗新石器时代遗址》，《考古》1978年第2期，75页图五，9。

〔2〕　K. W. Butzer, 1964. *Environment and Archaeology*, ALDINE Publishing Company, Chicago, pp. 416 – 437.

的。特别是磁山文化，正好处在太行山和嵩山东麓，是黄河下游巨大冲积扇的顶端。由于地处山麓，黄河的水不会在这里大量储集，在农业未充分发展以前，那里一定是有森林覆盖的，因而也不会缺乏雨水和泉水。还有，磁山文化和老官台文化所处的纬度与西亚新月地带完全一致，气候也大体相同。竺可桢同志曾经根据物候的研究，推定华北地区仰韶文化时期的年平均温度，大部分时间要比现在高2℃，一月份温度比现在高3～5℃[1]，那也就很接近北亚热带的气候了。这就是说，磁山文化和老官台文化分布的地区，特别是更靠近山麓的地方，都存在着农业起源的条件，今后如在这些地方寻找最早的新石器时代遗址，是大有希望的。

（原载《考古》1979 年第 1 期。后收录在《史前考古论集》，科学出版社，1998 年）

---

〔1〕 竺可桢：《中国近五千年来气候变迁的初步研究》，《考古学报》1972 年第 1 期，35 页。

中国新石器时代早期文化的发现与研究

中国新石器时代早期文化的发现与研究，是近年来中国考古工作的重要收获之一。在黄河流域，自 1977 年底和 1978 年初先后报道了河北武安磁山和河南新郑裴李岗遗址的材料后，引起了学术界的注意，一致认为它们是新石器时代早期的文化，对于探索中国新石器文化的起源具有重要意义，并对它们的时代、文化性质和相互关系等问题展开了热烈的讨论。同时各地考古机构组织了广泛的田野调查和发掘工作，在短短的几年时间里发现的早期遗址已近百处，分别属于几个不同的文化系统。像磁山、裴李岗那样的遗存主要分布在河北南部、河南北部和中部，一般称为磁山文化、裴李岗文化或磁山—裴李岗文化。1982 年发表的关于这一文化的调查发掘资料和研究文章主要有《1979 年裴李岗遗址发掘简报》（《考古》1982 年第 4 期）、《长葛县裴李岗文化遗址调查简报》（《中原文物》1982 年第 1 期）、安志敏的《关于裴李岗文化的性质和年代》（《社会科学战线》1982 年第 1 期）和马洪路的《裴李岗文化并未产生私有财产》（《中原文物》1982 年第 2 期）等。

在陕西中南部和甘肃东部，分布着和磁山文化年代相近的老官台文化，有些人把分布于渭河流域的称老官台文化，而把陕南汉水流域的称李家村文化。1982 年发表的有关这一文化的资料有《一九八〇年秦安大地湾一期文化遗存发掘简报》（《考古与文物》1982 年第 2 期）和《渭南北刘新石器时代早期遗址调查与试掘简报》（《考古与文物》1982 年第 4 期）等，前者报道在大地湾发现了黍和油菜籽遗存，它们是中国所发现的农作物中年代最早的标本之一。有关研究文章主要有张瑞岭的《渭水流域新石器时代早期遗存的文化性质与年代》（《考古与文物》1982 年第 4 期），主张将老官台文化分为北刘类型和北首岭类型，分别代表早晚两个发展阶段。他的这个见解同张朋川和周广济将老官台文化分为大地湾一期类型和北首岭下层类型的观点（《试论大地湾一期和其它类型文化的关系》，《文物》1981 年第 4 期）基本是一致的，只是命名稍有不同。安志敏则主张把以老官台和元君庙下层为代表的老官台文化归入仰韶文化早期，而把大地湾一期和北刘下层等从老官台文化中分离出来，单独命名为大地湾文化。

在山东，过去发现的北辛类型被命名为北辛文化，认为它与"磁山—裴李岗文化在相当长的一段时间内似乎是平行发展的"，只是"下限较晚"（《山东地区史前文化发展序列及相关问题》，《文物》1982 年第 10 期）。8 月下旬召开的山东史前考古学术讨论会上有专门讨论北辛文化的报告，另一些报告则提到在胶东和江苏北部也发现有相当于北辛文化的地方性早期文化遗存。

在长江以南，特别是在广东、广西的石灰岩地区，有许多新石器时代早期的洞穴遗址和贝丘遗址。过去在这些遗址中采集的标本，经放射性碳素测定的年代有时偏高，而不同质地的标本所测年代又相差很大，以致难以正确地估计其绝对年代。《考古学报》1982 年第 2 期发表了北京大学考古专业碳十四实验室和中国社会科学院考古研究所碳十四实验室的《石灰岩地区碳－14 样品年代的可靠性与甑皮岩等遗址的年代问题》一文，系统地研究了石灰岩地区各类含碳物质的碳－14 年代误差及其产生的原因，并考查了某些物质年代误差的大致比率，从而确定了广西桂林甑皮岩、南宁豹子头和江西万年仙人洞等一系列遗址的绝对年代，肯定中国新石器时代的发生至少应在公元前 7000 年以前，而甑皮岩等洞穴遗址乃是中国直到目前为止所发现的最早的新石器文化遗址，在这些遗址中伴出的绳纹陶片是中国现知最早的陶片。

1982 年发表的关于江南新石器早期文化的论文还有《关于万年仙人洞文化几个问题的探讨》（《争鸣》1982 年第 1 期）等。《湖南考古辑刊》（第一集）刊登一篇文章，提到在湖南澧水流域的石门皂市下层发现一种早于大溪文化的遗存，出土泥质红陶，饰篦纹、绳纹和刻划纹等（何介钧：《长江中游原始文化初论》）。北京大学考古专业碳十四实验室测量的初步结果表明，它的年代接近于磁山文化，应是江南地区的不同于甑皮岩和仙人洞等的另一支新石器时代早期文化。

由于上述一系列新石器时代早期文化的发现，把中国远古文化起源的探索推进了一大步。过去一些人主张的所谓"中国文化外来说"（主要是西来说，还有北来说、南来说等）已经完全过时，单纯的中原中心论也越来越站不住脚，因为不但长江以南的早期文化同中原的不属一个系统，就是渭河流域和山东等地的早期文化也同中原的很不相同，只不过相互之间存在着程度不同的联系罢了。

现在发现的黄河流域的新石器时代早期文化都是早期偏晚阶段的，更早阶段的还有待于新的工作。长江以南虽发现有很早的遗存，但因发掘面积很小，资料有限，对于文化内涵的了解和研究都很不够。

（原载《1983 中国百科年鉴》，中国大百科全书出版社，1983 年。后收录在《史前考古论集》，科学出版社，1998 年）

论中国的铜石并用时代

二十年前，我曾写过一篇习作，提出龙山文化、齐家文化和良渚文化都是铜石并用时代的文化，它们所代表的时代，就是中国的铜石并用时代。现在看来，那篇文章的基本论点仍然是站得住脚的。但时间毕竟过去二十年了，在这期间，我国的考古工作已有长足的进展，关于早期铜器的资料又有许多新的发现，对有关铜器的成分和制造工艺也进行了许多研究，特别是北京钢铁学院冶金史组等单位的工作很有成效，提出了一些很好的见解[1]。这里我将以他们的研究为基础，结合其他方面的一些情况，申述一下龙山时代仍然属于铜石并用时代的理由，同时对中国铜石并用时代的开端及其向青铜时代的转变提出一些不成熟的看法；对于我自己过去认识上或提法上的某些欠妥之处，也想借此机会加以澄清和必要的说明。

一　中国最早的铜器

到目前为止，在我国发现的年代最早的铜器要数陕西临潼姜寨第一期文化的残铜片了。那个铜片是 1973 年 11 月发现的，紧贴第 29 号房子的居住面，由于重压而部分地嵌入居住面表层。据发掘该遗址的负责人巩启明说："这座房基属遗址的最下层，距地表 2.30 米，其上叠压有瓮棺葬及其他遗迹，被发现时慎重地检查过地层情况，未发现有被扰乱的迹象。"[2]姜寨一期属于仰韶文化早期的半坡类型，第 29 号房子炭化木椽的碳－14 年代为 4020±110BC，按达曼表校正为公元前 4675±135 年，与一般半坡类型遗存的年代相合。

姜寨铜片呈半圆形，经化验含铜 65%、锌 25%，其余还有少量锡、铅、硫、铁等，是一种杂质较多的黄铜。按照一般的见解，黄铜的冶炼技术要求很高，在

〔1〕　北京钢铁学院冶金史组：《中国早期铜器的初步研究》，《考古学报》1981 年第 3 期。
〔2〕　巩启明：《姜寨遗址考古发掘的主要收获及其意义》，《人文杂志》1981 年第 1 期。

新石器时代是不可能达到的，所以有的同志对它的时代乃至出土地层的可靠性提出怀疑。现在姜寨的正式发掘报告尚未发表，人们无法知道在第 29 号房子中是否有过扰动，是否存在着任何晚期混入物。发掘者既经过慎重检查而没有发现被扰乱的迹象，我们就没有根据对铜片出土的地层表示怀疑。

但是，难道在新石器时代，在公元前四千六七百年的仰韶文化早期，就真的可能制造出黄铜器来吗？钢铁学院冶金史组经过反复实验，认为"早期黄铜的出现是可能的，只要有铜锌矿存在的地方，原始冶炼（可能通过重熔）可以得到黄铜器物"[1]。我国黄河流域的铜锌或铜锌铅共生矿比较丰富，为早期冶炼黄铜提供了客观物质条件。锌的冶炼是很困难的，因为氧化锌被还原的最低温度是904℃，而锌的沸点是 906℃，往往刚一还原就变成气体飞散。但金属铜的存在可使锌蒸气通过扩散作用溶解于铜，并降低铜的熔点，这样就可以得到黄铜。因此，姜寨出土黄铜片并不是不可理解的，不能仅仅因为出现黄铜就怀疑其地层关系和年代的可靠性。

年代上仅次于姜寨铜片的一件铜刀是在甘肃东乡林家马家窑类型的地层中发现的，同刀一起出土的还有其他铜器碎块。刀背略呈弓形，圆头，柄部甚短，系单范铸成。据中国科学院地质矿物研究所激光光谱分析，其中含大量铜和锡，另有少量铁、银杂质，当属青铜。马家窑类型是仰韶文化晚期分布在甘肃、宁夏南部和青海东北部的一个地方类型，比半坡类型要晚一千多年。林家马家窑类型的地层有三个碳 - 14 年代数据，其中 H19 的木炭为 2410±85BC，F21 的木炭为 2725±80BC，F21 陶罐内的炭化粟米为 2280±95BC。若经树轮校正，三者的真实年代当在公元前 3280～前 2740 年之间[2]，比姜寨铜片虽然晚了 1400～1900 多年，却是中国最早的一把青铜刀。

现知在甘肃有丰富的铜矿，有些矿石中偶尔也会含有少量锡石即氧化锡，用木炭加温即可还原。所以林家青铜刀的出现，可能与当地矿产资源的条件有关，不一定是有意识地冶炼青铜合金的结果。

差不多和林家铜刀同时的另一标本出自山西榆次源涡镇，1942 年在那里发现过一块陶片上附有铜渣[3]，后经化验知其含铜 47.67%、硅 26.81%、钙 12.39%、

──────────

〔1〕　北京钢铁学院冶金史组：《中国早期铜器的初步研究》，《考古学报》1981 年第 3 期，293 页。

〔2〕　张学正、张朋川、郭德勇：《谈马家窑、半山、马厂类型的分期和相互关系》，《中国考古学会第一次年会论文集》，文物出版社，1980 年。

〔3〕　和島誠一：《山西省河東平野及び太原盆地北半部に於ける先史学の調査四概要》，《人類学雜誌》第 58 卷第 4 期，1943 年。

铁 8.00% 等，应是冶铜剩下的炼渣[1]，如果这一推测不误，则当时冶炼的应为红铜。过去发掘者曾怀疑它是从上层混入的，后来根据它与彩陶黑陶和灰陶共存的事实而定为龙山文化早期。从过去发表的资料和现存北京大学考古教研室的部分陶片标本来看，源涡镇遗址的文化性质和太原义井遗址基本一致，是仰韶文化晚期分布于晋中地区的一种地方类型，年代当在公元前 3000 年左右。

除此以外，在山东泰安大汶口一号墓随葬的一件小骨凿上附着铜绿，含铜率为 9.9%，也许是铜器加工的遗迹[2]。该墓属大汶口文化晚期，年代约为公元前 3000～前 2600 年。

上述标本的发现向我们提出了一些值得认真思考的问题：中国的铜石并用时代究竟是从什么时候开始的？是否一开始出现铜器就应算是进入了铜石并用时代？过去安特生把仰韶文化定为新石器时代末期或铜石并用时代的见解是否仍然正确？铜石并用时代的铜器是否可以不完全属于红铜？

回顾人类文化发展的历史，往往有一些极重要的发明开始带有偶然性质，如果适应了社会的需要，就会很快推广和不断发展；如果一时并不急需，就将长期停滞甚至中断而失传，等到产生了新的社会需要后才重新发展起来。人类用铜的历史也有类似的情况。现在发现的最早的铜器出自西亚，在伊拉克北部同土耳其相近的扎威·彻米（Zawi Chemi）遗址曾经出土用天然铜做的装饰品，属中石器时代末期或原始新石器时代，其碳－14 年代为 9217±300BC 和 8935±300BC。附近属于同一时代的沙泥达尔（Shanidar）洞穴遗址也出过天然铜饰件。离两地不远的卡约鲁土岗（Cayonu Tepe）以西的一个年代稍晚，但仍属前陶新石器的遗址下层发现过天然铜做的扣针和锥子。到前陶新石器晚期，在伊朗南部的阿里·柯什（Ali Kosh）遗址也发现过用天然铜锻造的器具，年代约在公元前 6500～前 6000 年[3]。所有这些铜器的原料都采自天然铜，并不是从矿石中提炼出来的；制造方法都是锻打，主要是用冷锻而不是铸造；制成的器物都是装饰品，偶尔才有小型工具如铜锥之类；加之数量极少，时断时续，在社会生活中起不了多大作用，自然不能因为有这样几件铜器而改变时代的性质。直到公元前 5600 年以后的哈苏纳文化（Hassuna Culture）时期，使用铜器开始增多，看来人们学会了采矿和冶炼，除制

〔1〕 安志敏：《中国早期铜器的几个问题》，《考古学报》1981 年第 3 期，272 页。

〔2〕 山东省文物管理处、济南市博物馆：《大汶口——新石器时代墓葬发掘报告》，文物出版社，1974 年，43 页图版 32，13。

〔3〕 以上有关西亚出土早期铜器的资料均参见 "Cambridge Ancient History"，Vol. 1，Part 1，1970.

造装饰品外还有若干小型工具，这才进入了早期铜石并用时代。

姜寨的铜片究竟是怎样制成的尚不清楚，林家的铜刀则很清楚是经过冶炼并用单范铸成的，源涡镇的铜渣更是坩埚内残剩的炼渣，这表明当时已会炼铜，和仅知用天然铜锻打而制成小件装饰品的情况有很大的不同。如果说仰韶文化早期的铜器暂时还是孤例，而且制造方法还不明了，那么仰韶文化的晚期显然已知道炼铜，至少进入了早期铜石并用时代。安特生过去把仰韶文化定为新石器时代末期或铜石并用时代，虽然没有什么可靠的证据，但毕竟不能说成是错误的。他当时所称的仰韶文化，绝大部分是属于晚期的，还有不少属于龙山时代，所以基本上都是属于铜石并用时代的遗存。

二 龙山时代属于铜石并用时代

在黄河流域、长江流域及其左近，和龙山文化大体上处在同一时代的有一系列考古学文化。例如在河北南部和河南北部有后冈二期文化，河南中西部有王湾三期文化，陕西渭河流域有客省庄文化，甘肃地区有齐家文化，江浙地区有良渚文化，其他如山东、河南、安徽交界的造律台类型，山西南部的陶寺类型，以及河北北部、内蒙古南部、山西北部、陕西北部、湖北、湖南和江西等处，也都有同时代的遗存。它们所代表的时代称为龙山时代，其绝对年代大约从公元前 26 世纪～前 21 世纪，仅个别文化的年代小有出入[1]。

龙山时代的铜器已比仰韶时代显著增加，发现铜器的遗址遍布整个黄河流域，其中尤以属于齐家文化和龙山文化者为多。

在山东的龙山文化遗址中发现过铜器或铜炼渣的共有五处：1974 年在胶县三里河发现两段铜锥[2]；1978 年在诸城呈子发现了铜片[3]；1981 年在栖霞杨家圈发现一段残铜锥，并在许多探方的龙山层中发现铜炼渣和炼铜原料，主要是孔雀石，即碱式碳酸铜[4]；1982 年在长岛县北长山岛店子遗址的一个灰坑中又发现残铜片[5]；此外在日照尧王城也发现过铜炼渣。

三里河两件铜锥的出土地层是很清楚的，其编号分别为 T21②：11 和 T110

---

〔1〕 严文明：《龙山文化和龙山时代》，《文物》1981 年第 6 期。

〔2〕 昌潍地区艺术馆、考古研究所山东队：《山东胶县三里河遗址发掘简报》，《考古》1977 年第 4 期，266 页。

〔3〕 山东省博物馆发掘资料。

〔4〕 山东省文物考古研究所、北京大学考古实习队：《栖霞杨家圈发掘及其附近遗址的调查》。

〔5〕 中国社会科学院考古研究所山东队采集资料。

②：11，虽然出土时不在一起，但从其粗细、形状、断口、成分和金相组织来看，可能是同一件标本残断所致。该铜锥系铸造而成，金相组织观察有树枝状结晶，组织不均匀，成分也有较大偏析。其中含锌从 20.2% 到 26.4% 不等，平均为 23.2%；其余还有锡 0.35%～2.15%，铅 1.77%～4.26%，硫 0.053%～0.43%，铁 0.585%～0.93%，硅 0.043%～0.11%，都是杂质。所以那两段铜锥都是成分不纯的黄铜。由于其中含硫，并与铅化合形成硫化铅，可见所用原料不纯，冶炼方法原始，可能是用富含铜锌的氧化共生矿在木炭燃烧的还原气氛下合成的[1]。

河北唐山大城山的两块穿孔铜片，形状很像小型的穿孔石斧。据清华大学化工分析组用光谱定性分析，其成分都以铜为主，并含少量银、铅、镁和微量铁、砷等杂质。中国科学院考古研究所化验室用化学分析，得知其含铜率分别为 99.33% 和 97.97%，另含锡 0.17%[2]，可见都是红铜，只是后者杂质稍多而已。两块铜片都很薄，表面很不平整，应是锻造而成，后端的小孔则是像钻石器一样由两面对钻出来的。

河南中西部的龙山时代遗存是王湾三期文化，现有两处发现铜器：一是登封王城岗，在一个灰坑中发现了残铜片[3]；二是郑州董砦，曾出土像指甲大小的一块方铜片[4]。过去在中原地区的龙山遗存中一直没有发现铜器，现在这个空白已经被填补起来了。

在河套地区，属于内蒙古伊克昭盟伊金霍洛旗的朱开沟遗址，曾经在相当于客省庄文化的地层中发现铜锥[5]。

在黄河上游，甘肃永登将家坪马厂类型的地层中发现了一件残铜刀，圆头，前端上翘，含铜、锡和少量铁，是锡青铜。马厂类型的年代，据碳 – 14 测定及适当调整，约为公元前 2330～前 2055 年[6]，基本上与龙山时代相当。

继马厂类型之后的齐家文化在龙山时代中是年代最晚、出土铜器最多的一个，单是武威皇娘娘台先后就已发现 30 件之多，其中有刀、凿、锥、钻头、指环、铜片和铜

〔1〕 北京钢铁学院冶金史组：《中国早期铜器的初步研究》，《考古学报》1981 年第 3 期。

〔2〕 安志敏：《中国早期铜器的几个问题》，《考古学报》1981 年第 3 期，274 页。

〔3〕 中国历史博物馆发掘资料。

〔4〕 河南省文化局文物工作队发掘资料。

〔5〕 内蒙古文物工作队、内蒙古博物馆：《内蒙古文物考古工作三十年》，《文物考古工作三十年》，文物出版社，1979 年，71 页。

〔6〕 严文明：《甘肃彩陶的源流》，《文物》1978 年第 10 期，69 页。

渣等。有的出自白灰面住室，有的出自窖穴，还有在墓葬中随葬的[1]。经化验的一件铜刀（AT5：249）含铜99.63%～99.87%，一件铜锥（T13：1）含铜99.87%，都是红铜。另有两件铜锥经中国科学院地质矿物研究所用激光光谱分析，结果也是红铜。

其他齐家文化遗址发现的铜器还有：

永靖大何庄：在一座房子中出土一件较完整的铜匕，地层中出一铜片[2]。后者经化验含铜96.96%，锡0.02%，铅痕量，证明属红铜。

永靖秦魏家：出土斧形器一件，铜锥一件，铜指环两件，铜装饰品两件[3]。其中斧形器经钢铁学院化学教研组光谱分析和冶金史组、金相教研组鉴定，发现有微量杂质引起的树枝状结晶组织，有少量灰色不溶于铜的金属铅，证明是铸造而成的红铜器。铜锥是锻造的，是青铜；铜环含铜95%、铅5%，是铅青铜。

广河齐家坪：出土空首斧和素面镜各一件[4]。斧长15、刃宽3.2、头宽4、厚3.1厘米，空头中残存木柄断茬，斧头外边有对称的两个半环形耳，一面还有铸成的对称三角形花纹，是用多块范铸成的，两边有合范的铸痕，属红铜。铜镜直径只有6厘米，背面素面无纹，中央有一桥状钮。镜面至今仍然光可鉴人，中央稍稍凸起，形成凸面镜，成像缩小，使得镜面虽小，仍可照见整个人面。

广河西坪：在县城西关，于一座齐家墓葬中出土一把铜刀，通长18.3、柄长7厘米，刃端至今很少生锈并略有光泽[5]。

青海贵南尕马台：是一处齐家文化的墓地，墓中的随葬品中有铜镜、铜指环和铜泡等[6]。铜镜出于第25号墓，死者为俯身葬，该镜即压在人骨胸下。器形完整，直径约9、厚0.3厘米，重109克。镜面均已生锈，背面有两个同心圆圈，两圈之中为七角星形图案，地纹为平行斜线填满。镜钮早期残损，后又在边缘钻两孔以便系绳悬挂。为保持镜体完整，采用了无损伤的快中子活化分析，测得其铜、锡含量之比为1：0.096，如不考虑其他杂质，则含铜为91.2%、锡为8.8%，属锡青铜，但其

〔1〕　甘肃省博物馆：《武威皇娘娘台遗址发掘报告》，《考古学报》1960年第2期；甘肃省博物馆：《武威皇娘娘台遗址第四次发掘》，《考古学报》1978年第4期。

〔2〕　中国科学院考古研究所甘肃工作队：《甘肃永靖大何庄遗址发掘报告》，《考古学报》1974年第2期。

〔3〕　中国科学院考古研究所甘肃工作队：《甘肃永靖秦魏家齐家文化墓地》，《考古学报》1975年第2期。

〔4〕　安志敏：《中国早期铜器的几个问题》，《考古学报》1981年第3期，277、278页。

〔5〕　甘肃省博物馆资料。

〔6〕　青海省文物管理处考古队：《青海省文物考古工作三十年》，《文物考古工作三十年》，文物出版社，1979年，162页。

含锡量不仅远低于后世铜镜，甚至比用作对比研究的商代铜爵、铜戈还要低[1]。

齐家文化的年代，据碳 – 14 测定及适当调整，大约在公元前 2055 ~ 前 1900 年，大部分已进入夏代前期。不过从文化面貌来看，同相邻的客省庄文化有许多相近或相同之处，当是受到了后者的强烈影响所致，所以我们把齐家文化仍然纳入龙山时代，至少它的早期应当如此。

龙山时代铜器发现的情况已如上述，总计出土地点有 16 处，差不多分布在整个黄河流域（图一）。如果说个别地点的铜器出土层位曾经引起某些同志的怀疑，那么其余绝大部分的地层关系是十分明确的；对个别层位关系的怀疑，经过分析也是可以排除的。应该承认在龙山时代普遍发现铜器的事实，承认铜器的应用在当时已不是偶然的、个别的现象，而是一个时代的显著特征。

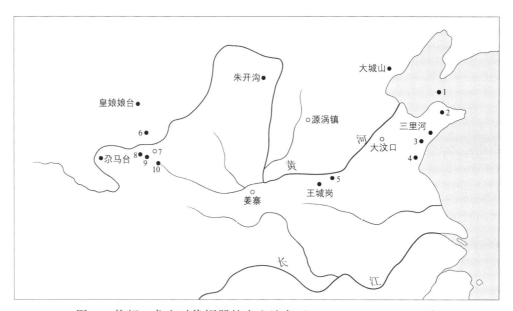

图一　仰韶、龙山时代铜器的出土地点 （ ○ 仰韶时代　● 龙山时代）
1. 长岛店子　2. 栖霞杨家圈　3. 诸城呈子　4. 日照尧王城　5. 郑州董砦　6. 永登蒋家坪
7. 东乡林家　8. 永靖大何庄　9. 永靖秦魏家　10. 广河齐家坪

龙山时代铜器的种类主要是小件的手工工具如斧、刀、凿、钻头等，生活用具如匕、锥、镜等，装饰物品如指环、铜泡等，还有一些不知全形的铜器残片（图二）。由此可见，当时铜器已经进入了人们物质生活的许多领域，但并不是全部或大部分领域。没有用铜来制造容器，除齐家坪的一件铜斧可以兼作战斧（同时还可作手工工具或酋长的权标）以外，也没有发现铜制武器。较大的手工工具

---

[1] 李虎侯：《齐家文化铜镜的非破坏性鉴定》，《考古》1980 年第 4 期。

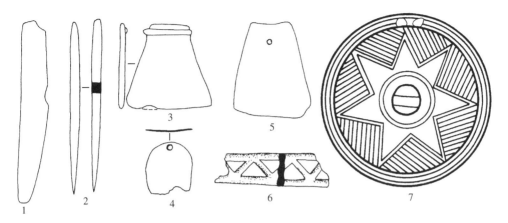

图二　龙山时代的铜器
1. 匕　2. 锥　3、5. 斧形器　4. 坠饰　6. 刀柄　7. 镜
（1. 大何庄，2～4. 秦魏家，5. 大城山，6. 皇娘娘台，7. 尕马台）

如锛等全然未见，更不用说农具了，这和下一阶段向青铜时代转变的情况有很大
不同。

龙山时代铜器的质料有红铜、青铜和黄铜，以红铜器的数量最多，青铜次之，
黄铜最少。有些红铜可能是采自天然铜或浅层铜矿，如氧化铜和孔雀石等。青铜
中有些掺锡，有些掺铅，有些兼有锡、铅和其他杂质。其原料有些可能是采用一
种共生矿，有些则可能是用不同矿石混合冶炼，即有意识地制造合金，如铜镜中
掺锡可能就是如此。但是，即使做得最好的铜镜，其锡的含量不但远低于后世铜
镜，甚至还不及商代的兵器和礼器，而那件铜镜在齐家文化中是最晚的，足证龙
山时代虽有合金，而有意识地制造合金则还处在试验阶段，和青铜时代那种根据
器物的用途而分别采用不同的铜、锡比例的情况不同。至于黄铜器，前面已经分
析过，可能是采用铜锌共生矿在木炭燃烧的还原气氛下冶炼出来的。

龙山时代铜器的制造方法，有锻造（包括红铜和青铜）和铸造（红铜、青
铜、黄铜都有）两种。后者一般使用单范，只有齐家坪一件铜斧是用合范铸成的。

由此可见，龙山时代的铜器制造虽已越出最初的阶段而相对地普遍起来，技
术上也有所进步，但总的看并不发达，许多领域还完全没有使用铜器；制造技术
仍然比较原始，锻造法还占有一定比例；红铜器仍占多数，有些青铜和黄铜的形
成是由于矿石含有两种或两种以上的金属，而不一定是有意识地冶炼合金的结果，
个别晚期青铜虽可能是人工合金，但在铜锡比例的控制上缺乏经验，还是处在试
验阶段。所有这些情况都和青铜时代有明显的区别，因此龙山时代仍然属于铜石
并用时代而不是青铜时代。

过去一般认为，铜石并用时代是已发明和使用红铜器但还不知道制造青铜器

的时代，所以有时也称作红铜时代〔1〕。现在看来，这种理解有些绝对化了。不错，有些地区的铜石并用时代文化中只有红铜器而没有青铜，如东欧的特里波列文化。另一些铜石并用时代的文化则有青铜，如巴勒斯坦的加苏尔文化中就有青铜斧子〔2〕。中国不但在龙山时代有青铜和黄铜，就是仰韶时代也有青铜和黄铜，这当然与所用原料的成分有关，不能因为有这样一些情况而模糊了铜石并用时代和青铜时代的界线，以至于否认中国有一个铜石并用时代。

前一节谈到仰韶时代或者是它的晚期即已进入铜石并用时代，现在又说龙山时代属于铜石并用时代，两者究竟有没有一些区别？中国的铜石并用时代是否可以有一个分期呢？

应该说，原则的区别是没有的，因为都属于铜石并用时代。但仰韶时代铜器极少，种类也少，在社会生活中所起的作用并不显著；龙山时代铜器已经普遍出现，并且进入了人们生活的许多领域，冶炼和铸造技术也已有了一些进步，最后甚至开始了人工冶铸青铜的尝试。因此，可以考虑把中国的铜石并用时代分为两期：仰韶文化的时代或它的晚期属于早期铜石并用时代，而龙山时代属于晚期铜石并用时代。西亚的铜石并用时代是研究得比较好的，现在一般分为三期：哈苏纳文化等属早期铜石并用时代，哈拉夫文化等属中期铜石并用时代，而乌拜特和乌鲁克文化等属晚期铜石并用时代，此后即向青铜时代过渡〔3〕。中国的铜石并用时代不必按西亚模式划分三期，但它本身的发展也具有阶段性，根据具体情况划分为早晚两期应该是可以的。

中国铜石并用时代同新石器时代的衔接也是必须考虑的一个问题。一般认为仰韶文化和龙山文化都是新石器时代晚期的文化，这个传统观念可以有条件地保留。因为铜石并用时代只是一个过渡时代，它有时可以包括在广义的新石器时代之中。如果把中国新石器时代分为两大时期，则磁山文化及其以前的部分可统称为早期新石器时代；仰韶文化和龙山文化的时代可统称为晚期新石器时代，其中包括铜石并用时代。如果要把新石器时代和铜石并用时代加以区别，则仰韶文化可划入晚期新石器时代到早期铜石并用时代，龙山时代则属于晚期铜石并用时代。

〔1〕　A. Л. 蒙盖特：《苏联考古学》，1963 年，81 页。

〔2〕　赫罗兹尼：《西亚细亚、印度和克里特上古史》中译本，生活·读书·新知三联书店，1958 年，24 页。

〔3〕　*Cambridge Ancient History*，Vol. 1，Part 1，1970.

三 铜石并用时代向青铜时代的转变

龙山时代之后，中国历史开始进入文明时代，同时开始了由铜石并用时代向青铜时代的转变。在中原，属于这一阶段的考古学文化被称为二里头文化，它本身又分为二里头和东下冯两个类型。在山东和江苏北部分布着岳石文化，诸城前寨、海阳司马台和长岛北庄等遗址的地层关系证明它晚于龙山文化，而泗水尹家城的地层关系则证明它早于早商文化的二里岗上层[1]。在河北北部、辽宁西部和内蒙古东南部，分布着夏家店下层文化，昌平雪山和唐山大城山等遗址的地层关系证明它晚于龙山时代，蔚县庄窠等遗址的地层关系则证明它早于早商文化的二里岗上层。敖汉旗大甸子夏家店下层文化墓葬中发现有同二里头文化一样的陶鬶、陶爵，它的彩绘陶同岳石文化也有相近之处，说明它的年代同二里头文化和岳石文化相当，而不是一般所认为的同商周时代相当。在甘肃西部，比齐家文化略晚的四坝文化，年代也同上述诸文化接近。在所有这些文化中都发现了不少铜器。

二里头文化出土的铜器至今已达30件以上，主要出于河南偃师二里头遗址的晚期[2]，其次为山西夏县东下冯[3]，洛阳东干沟也曾出土铜刀[4]。这个文化出土铜器的种类比较复杂，其中属于礼器的有爵，属于乐器的有铃，属于武器的有戈、戚和镞，属于工具的有锛、凿、刀、锥和鱼钩等，属于装饰品的有铜泡和镶嵌绿松石的盾形铜牌等（图三）。

铜爵在二里头已先后发现5件，均为素面平底，长流，另在天津市文物组也曾收集到一件大小和形制几乎完全一样的器物[5]。这些爵均为多范拼合铸成，其中的一件（T22③：6）经电子探针分析：含铜92%、锡7%；另一件采集品经化学分析，含铜91.89%、锡2.62%、铅2.34%，都是青铜。

戈有直内和曲内之分，内上铸出美丽的花纹，做工十分讲究。戚有两边突出的阑。镞的形制很多，大部分仿自石镞和骨镞，也有带双翼的。东下冯一件双翼镞（T12④A：14），经鉴定含锡和铅，是铅锡青铜。

〔1〕 于海广：《山东泗水尹家城遗址第三次发掘简介》，《文史哲》1982年第2期。

〔2〕 中国科学院考古研究所洛阳发掘队：《河南偃师二里头遗址发掘简报》，《考古》1965年第5期；中国科学院考古研究所二里头工作队：《偃师二里头遗址新发现的铜器和玉器》，《考古》1976年第4期。

〔3〕 东下冯考古队：《山西夏县东下冯遗址东区、中区发掘简报》，《考古》1980年第2期。

〔4〕 考古研究所洛阳发掘队：《1958年洛阳东干沟遗址发掘简报》，《考古》1959年第10期。

〔5〕 天津市文化局文物组：《天津市新收集的商周铜器》，《文物》1964年第9期。

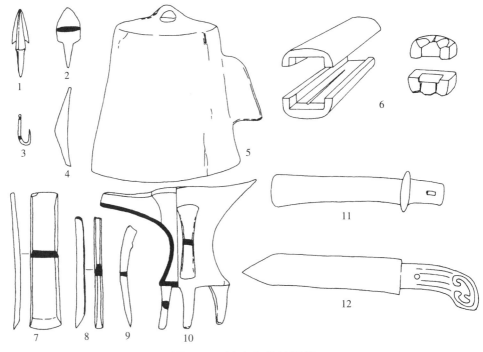

图三　二里头文化的铜器

1、2. 镞　3. 鱼钩　4. 小刀　5. 铃　6. 铸斧石范　7. 锛　8. 凿　9. 锥　10. 爵　11. 戚　12. 戈（6. 东下冯，余为二里头出土）

工具中的锛、凿、刀等多为单范铸成。现在虽然还没有发现铜斧，但在东下冯曾出土四块石质斧范，可见当时已有铜斧，并且是用多范铸造而成的。有些工具的成分经过化验，二里头一件铜锛（T212F2）含铜 91.66% 、锡 7.03% 、铅 1.23% ，是锡青铜；东下冯一件铜凿（H12∶1）则是红铜。

二里头文化的遗址中不但出土了较多的青铜器，还常发现一些铜炼渣和坩埚碎片，有些炼渣和坩埚碎片出于二里头遗址的早期地层，东下冯又有铸斧的石范，所以那些铜器应是二里头文化的工匠自己制造的，二里头文化正是我国的早期青铜文化。

岳石文化中发现铜器的地点至今只有牟平照格庄和泗水尹家城两处。照格庄出土一件三棱铜锥[1]，经激光光谱分析含铜为大量，锡为中等，还有少量铁、银、铬和微量铅，是一种含杂质的锡青铜。尹家城二期出土的铜器有双翼镞、小

---

[1]　北京大学历史系考古专业山东实习队：《山东牟平照格庄遗址发掘实习报告》，1979 年。

刀和鼻环等，还有一些残铜片[1]。镞和小刀的形状同二里头文化者别无二致，鼻环则与后述玉门火烧沟的基本相同，只是通体甚扁。

夏家店下层文化出土的铜器，主要有内蒙古宁城小榆树林子的铜刀[2]；河北唐山小官庄的铜耳环[3]；北京昌平雪山的铜刀和铜镞[4]；房山琉璃河的铜耳环和指环[5]；天津蓟县张家园的铜镞、铜刀和铜耳环[6]，大厂大坨头的铜镞等[7]。此外，在内蒙古赤峰夏家店曾发现铜渣[8]；赤峰四分地出土铸铜陶范，上面刻有合范的符号[9]；唐山雹神庙曾出土 5 件石范，包括 1 件斧范、2 件刀范和 2 件矛范，并且都是合范，说明当时的铸造技术已具有一定水平。

小官庄的铜耳环经北京钢铁学院扫描电镜能谱分析，含锡约为 10%，是锡青铜。昌平雪山除出土铜器外，还在一座墓葬内人骨的耳际发现一对金耳环，说明当时的金属器除铜器外，还已有了黄金制品。

四坝文化的铜器，主要出自玉门火烧沟。1976 年在那里发掘了 312 座墓葬，其中随葬铜器的达 106 座，共出铜器 200 余件，同时出土的还有金、银鼻环和耳环[10]。

火烧沟铜器种类较多，有表示酋长身份和威权的权标；有矛、镞、匕首等兵器；有刀、凿、锥、针等手工工具，铜斧既是工具，也可以作为兵器；还有镢、镰等农具。装饰品的数量最多，有泡、管、鼻环、耳环和圆镜形饰物等，另外还发现有铸镞的石范。

鼻环是一种很别致的装饰品，一般直径 5 厘米左右，用一根金属条（铜的、

〔1〕 于海广：《山东泗水尹家城遗址第三次发掘简介》，《文史哲》1982 年第 2 期。

〔2〕 内蒙古自治区文物工作队：《内蒙古宁城县小榆树林子遗址试掘报告》，《考古》1965 年第 12 期。

〔3〕 安志敏：《唐山石棺墓及其有关遗物》，《考古学报》第七册，1954 年。

〔4〕 北京大学考古专业 1961 年发掘实习资料。

〔5〕 琉璃河考古工作队：《北京琉璃河夏家店下层文化墓葬》，《考古》1976 年第 1 期。

〔6〕 天津市文物管理处：《天津蓟县张家园遗址试掘简报》，《文物资料丛刊》第一册，1977 年。

〔7〕 天津市文化局考古发掘队：《河北大厂回族自治县大坨头遗址发掘简报》，《考古》1966 年第 1 期。

〔8〕 中国科学院考古研究所内蒙古发掘队：《内蒙古赤峰药王庙、夏家店遗址试掘简报》，《考古》1961 年第 2 期。

〔9〕 辽宁省文物干部培训班：《辽宁北票县丰下遗址 1972 年春发掘简报》，《考古》1976 年第 3 期。

〔10〕 甘肃省博物馆：《甘肃省文物考古工作三十年》，《文物考古工作三十年》，文物出版社，1979 年。

金的、银的都有）弯曲而成，接头的地方稍稍锤扁，形状与山东泗水尹家城岳石文化的鼻环十分相似。如果不是发现在人骨鼻下，是很难判断它的用途的。耳环也用铜、金或银条弯曲而成，一头甚尖，一头齐平并经过锤扁，其形状和北京昌平雪山一座夏家店下层文化墓葬中随葬的金耳环几乎完全一样。

火烧沟的铜器已有 45 件经过鉴定，其中红铜器 13、锡青铜 7、铅青铜 19、铅锡青铜 6 件。一般均为铸造而成，铸造的方法有单范也有合范，有一件铸着四个羊头、分别面向四方的权标头，是用多范合铸而成的，无论从造型艺术或工艺制造的角度来看，都是一件十分罕见的珍品。火烧沟地处河西走廊的西头，在这样早的时代竟有如此发达的青铜器工艺，看来中国的青铜文化，是不会只有一个起源的。

二里头文化、岳石文化、夏家店下层文化和四坝文化基本上属于同一时代，除了前面谈到的地层关系和某些器物的类同以外，还可以从碳 - 14 年代得到说明。

现在已测量二里头文化的碳 - 14 数据 20 个，除个别的明显偏高应予舍弃外，绝大部分都落在 1750 ± 100BC ~ 1350 ± 100BC 之间，用树轮校正当在约公元前 2080 ~ 前 1580 年。岳石文化的 9 个碳 - 14 数据都在 1600 ± 90BC ~ 1420 ± 100BC 之间，校正年代当在公元前 1890 ~ 前 1670 年左右。夏家店下层文化的 4 个碳 - 14 标本的年代除一个明显偏高外，其余三个分别为 1600 ± 80BC、1470 ± 85BC、1440 ± 90BC，校正年代约为公元前 1890 ~ 前 1695 年。火烧沟两个碳 - 14 年代数据分别为 1500 ± 100BC 和 1390 ± 100BC，树轮校正年代应为约公元前 1770 ~ 前 1630 年。这几个文化的碳 - 14 年代，大体上都落在历史记载的夏代纪年范围以内。如果说二里头文化可能是夏王朝时期的中心统治区域的话，那么其余几个文化的居民就应是夏王朝的四邻；岳石文化属于东夷，夏家店下层文化可能是肃慎，四坝文化则应属西羌。

这个时期的铜器同龙山时代比较数量已经显著地增加了，已发现的即多达五六倍；种类更加复杂，新出现了礼器、乐器、武器和农具，手工工具也更加多样化；特别是铜镞和镞范、矛范、斧范、刀范的发现，表明这时的铜器已可批量生产，并可应用于消耗性的远射武器了。

这个时期铜器的另一个特点是青铜器显著增加，包括锡青铜、铅青铜和铅锡青铜，其总比率将近 80%，而红铜仅占 20% 稍多一些。这绝不是偶然的，而是有意识地进行人工合金的结果。这是区别青铜时代和铜石并用时代的最重要的一个标志。

比较各地铜器的种类和具体形制，可以明显看出它们之间的差异，其中尤以甘肃西部同中原的差别最为显著，夏家店下层文化的某些铜泡和耳环等也带有明显的地方特点，这说明我国青铜文化的起源不单是在一个地方，而应该是多元性的。另一方面，各地都有一些器物形制酷似，如岳石文化同四坝文化的鼻环，夏家店下层文化同四坝文化的耳环，二里头文化和岳石文化的三角形小刀，二里头文化、岳石文化和夏家店下层文化的双翼铜镞等都是，这又说明各地青铜文化之间存在着一定的联系。

这个时期除铜器外，还出现了一些金、银制品。金属品种的多样化，也是区别于龙山时代的一个特点。

另一方面也还要看到这一时期对于龙山时代铜器工艺的继承，有些锥、刀等与龙山时代并无多大区别，某些铜镞基本上仿照龙山石镞或骨镞的形制。再者，这个时期除青铜外毕竟还有20%以上的红铜器；像礼器、乐器那种要求多范合铸、工艺难度较高的产品，还仅仅出现在个别的中心遗址，大件的容器还没有出现，说明这时还没有进入发达的青铜时代，只不过刚刚跨出了铜石并用时代的门槛。因此我们认为，以二里头文化为代表的整个时代，应是中国的早期青铜时代。

（原载《史前研究》1984年第1期。后收录在《史前考古论集》，科学出版社，1998年）

中国铜石并用时代考古新发现的初步思考[*]

　　今天能够同各位关心中国考古学发展的日本朋友见面，向大家讨教，感到非常高兴。我讲的题目是"中国铜石并用时代考古新发现的初步思考"，这个题目需要解释一下。以往在有关中国史前考古的著作中，只有旧石器时代和新石器时代的称谓而很少提到铜石并用时代这个概念。鉴于在龙山文化和与它同一时代的考古学文化中不时发现一些小件铜器，所以我在十年前发表《龙山文化和龙山时代》一文时，首次提出龙山时代应该属于铜石并用时代。1984 年我又发表了一篇《论中国的铜石并用时代》，进一步把仰韶文化后期和同一时代的考古学文化定为铜石并用时代早期，而龙山时代则属于铜石并用时代晚期。现在这种观点已被越来越多的学者所接受。因此我这里讲的中国铜石并用时代即指大约在公元前 3500 ~ 前 2000 年的一段时期，即大致相当于仰韶文化后期和龙山文化的一段时期，分布于黄河中下游、长江中下游、海河流域和辽河流域的诸考古学文化所代表的一个时代。最近一些年，在这个时代的诸考古学文化中有一些重要的新发现，引起了中国考古学界的普遍关注和深深的思考。思考的中心问题便是中国文明的起源问题，包括什么是文明时代？龙山时代是文明时代吗？中国古代文明到底是什么时候起源的？除了中原以外还有没有别的起源中心？换句话说，中国文明的起源是单中心还是多中心？是一元还是多元？中国古代文明具有什么样的特点？为了把中国文明起源的研究切实推进一步，当前和今后一个时期考古工作应该注意哪些问题？需要做什么样的改进？凡此等等，现在都是中国考古学界谈论的热门话题。

　　为了把问题说清楚，我想先把近年的考古新发现做一个简单的介绍。

　　让我们先从北方讲起。大家知道在内蒙古东南部和辽宁西部分布着一个红山文化。这个文化是因为内蒙古赤峰市红山遗址的发现而得名的。20 世纪 30 年代日本学者滨田耕作等曾经在那里进行了发掘，发现了一个新石器时代文化和一个青铜时代文化，并且出版了很大一本发掘报告《赤峰红山后》。报告中把这两个文化

---

　　[*]　　本文为 1991 年 11 月 6 日于日本早稻田大学的演讲。

分别命名为赤峰第一期文化和赤峰第二期文化。后来我们把赤峰第一期文化改称为红山文化。这个文化虽然发现得很早，却在很长时期没有发现重要的居住遗迹或墓葬。因而对它的基本面貌和发展水平都不太清楚。这种情况直到 70 年代末才开始改变。1979 年在辽宁省喀左县东山嘴发现了一处重要的祭祀遗址，引起了学术界的注意。接着在 1981 年又开始发掘凌源和建平两县交界处的牛河梁遗址，更是引起了巨大的反响。那里发现的遗址包括大型祭坛、一座被称为"女神庙"的遗迹和许多积石冢。那祭坛为方形，每边长超过 100 米，周围用石头护坡，像是供许多人举行祭典的场所。"女神庙"中有许多泥塑人像，小的同真人一般大，大的则比真人大两三倍。积石冢的规模也很大，一般是十七八米见方，用加工的石块镶边，中间挖一个很深的墓穴，并用较大的石板砌成椁室，墓主人即埋在椁室内，并随葬若干玉器。椁室填满后，上面堆放许多石块形成石冢。墓冢上及其南边还往往有一些小型石椁墓，其中有的也随葬玉器。死者应当是身份较低而与大墓主人有密切关系者。这些发现使我们大致了解到红山文化后期已经有明显的贫富分化和社会地位的分化，出现了与原始共产制所不相容的对立的社会力量。

在中国西北的甘肃地区，秦安县大地湾仰韶文化后期遗址的发掘也是十分引人注目的。那遗址在一个面向北边的山坡上。从生活条件看似乎是不相宜的，但从军事防御上看则是合理的。那个遗址有 110 万平方米，从暴露的遗迹现象看至少有几百座房址。其中最大的 901 号房址面积达 290 平方米，有前堂、后室和东西两厢。地面和墙壁用一种类似水泥的材料筑成，十分坚固。房屋中间有一个直径达 2.5 米的火塘，那应该是点燃圣火的地方。房前还有两排柱子洞和一排石板，用途不详但气魄很大。这个遗址的规模远远超出同时期的其他遗址，901 号房子的规模和建筑质量也远远超出同时期的其他房屋。应是中心聚落内的中心建筑，或可称为原始殿堂。它的出现，当是社会分化的一种表现。

在上述两个地点之间的内蒙古中南部，相当于仰韶文化后期到龙山文化前期的一段时间内，发现有许多石头围墙或称之为城堡，还有许多石砌房屋或祭坛，有的地方还有大量窑洞式房屋，洞内用白灰抹平地面和墙壁，显得十分讲究。

这几处发现之所以引人注意，一是年代较早，大抵在公元前 3500～前 3000 年之间，至少是公元前 3000 年前后，比一般认为是早期王朝的夏代要早得多。二是在地理上都离中原甚远，过去以为是文化发展的边缘地带，而实际上的文化发展水平并不比中原低，这就给中原中心论一个很大的冲击。

南方的情况也是如此。我这里所说的南方主要是指长江流域，是中原的南方。大家知道在长江下游的太湖流域有一个良渚文化，它也是在 20 世纪 30 年代就被发现了的。因为有很多黑陶，曾经被称为黑陶文化，又因为那些黑陶像龙山文化的黑陶，所以又被划归龙山文化，名之曰龙山文化的杭州湾区。后来我们觉得它的文化有许多自己的特点，它的起源也明显不同于龙山文化，所以就改以首先发现的典型遗址浙江余杭良渚镇命名，称之为良渚文化。

长期以来，在良渚文化的遗存中没有特别引人注目的发现。直到 20 世纪 80 年代中期，在良渚镇附近的反山和瑶山相继发现了贵族墓地和祭坛，特别是在贵族墓葬中发现了成千件精美的玉器，其种类之复杂和工艺之精湛，今天的玉器工匠看了也会为之折服，从而再一次在学术界引起了轰动。人们在赞叹之余不禁进一步思考，既然当时遗迹存在脱离一般人群的贵族集团，他们能够聚敛大量的财富，包括玉器、漆器等，可能还有丝绸。他们还能够把持重大的宗教仪典，这从祭坛上只埋葬贵族而没有平民墓葬就可以看出。贵族们还能够驱使大量的劳力为自己建造坟地，单是反山就用人工堆筑了两万立方米泥土。那么这些贵族居住的地方一定更有气派，工程规模一定更加浩大。

1987 年，由于扩建公路，在反山东南的大观山果园南边发现了大量被火烧过的土坯，说明那里应该有重要的房屋建筑。浙江省文物考古研究所的同行对此十分重视，随即报告了国家文物局。国家文物局委托我去处理这件事。我注意到那被烧过的土坯秩序凌乱，但有层次，似乎被有意平整和夯筑过，可见是把烧毁的土坯房清理的废料垫地，甚至筑墙。我沿边走看到近 160 米长，宽度不详。每个夯层的厚度约 20 厘米，整个夯层厚约 2 米。我们知道中国发明用土坯盖房最早也就是在良渚文化这个时候，这意味着当时用了最先进的方法在莫角山上盖起了高等级的建筑。只是由于还没有进行正式的发掘，一时还不知道具体结构和规模。省考古所的牟永抗和王明达带我绕大观山果园所在的莫角山转了一圈。才知道那是一个长方形的土台子。东西长约 700 米，南北宽约 450 米，面积约 30 万平方米。我想自然条件不大可能形成如此规整的土台子，但在当时的条件下，完全由人工筑成如此巨大的土台也是难以想象的。很可能是利用自然土岗加以修平补齐才形成现在这个样子。这土台子上面还有三个小土台子，上面发现有红烧土，推测也是有建筑的。

莫角山周围方圆几平方千米范围内有大约三四十处遗址，今年发现的汇观山遗址即与瑶山十分相似的一处祭坛加贵族墓地。可见莫角山应该是良渚遗址群的中心。而整个良渚文化分布在江苏南部和浙江北部的整个太湖流域，在这么大的范围内似乎有几个中心，良渚镇附近的遗址群则是最大的一个中心。各地出土的良渚文化玉器和陶器等器物，在类别、形制和纹饰等方面都有很大的一致性，这种情况同原始社会部落之间相对独立并各有特点的情况是不大相同的。有的学者认为良渚文化时期已经出现了社会的分化，产生了最初的城邦国家，并不是没有道理的。

在长江中游，最值得注意的是湖北天门石家河遗址的发掘。那里也有一个中心遗址群。早在20世纪50年代就因为配合修筑水渠进行过初步的发掘。从1987年起，北京大学考古学系、湖北省文物考古研究所和荆州地区博物馆合作连续多年进行了大规模的考古发掘和调查。早稻田大学派往北京大学考古系的两名留学生内田恂子和小泽正人都参加过发掘实习。在座的稻田耕一郎先生也去看过。现在已经初步查明，那里有一座从屈家岭文化晚期到石家河文化早期的城址，而且规模相当大，南北有1000多米，东西也将近1000米，大致呈长方形，城垣外还有护城河。

这城的中心部分是谭家岭遗址。试掘了几个地点全都碰到了房屋基址，说明那里应该是主要的居住区或"政治中心"。西北部的邓家湾发现了许多塔形陶器，估计是宗教性用品，旁边还出土了几千件陶塑人像和各种动物像，包括猪、狗、羊、象、猴、鸡、长尾鸟、鱼和龟鳖等。西南部的三房湾发现有大量红陶杯，保守估计也有几十万个。这些杯子极为粗糙，容积很小，完全不像是实用器，可能也是宗教仪式用品。说明当时可能有一种持续进行的大规模宗教活动。除石家河外，湖北的江汉平原和湖南的洞庭湖平原还发现了不少较小的城址，包括石首的走马岭、江陵的阴湘城、澧县的城头山和南岳等等。据说荆门市也有同样的城址。这时候的社会显然已经有明显的分化，战争成为严重的社会问题，否则就不会花那么大的力量去筑造城池了。

在长江上游的四川盆地，曾经发现了广汉三星堆青铜文化，年代相当于中原的商文化，发展水平也不低于商文化，但具有自己鲜明的特色。而更早的三星堆一期文化属龙山时代，也是很值得注意的。

从上面的情况来看，长江流域史前文化的发展水平也不比中原地区低。

至于与中原地区同属黄河流域的山东地区，本来是东夷的老家而不是华夏的发源地，所以在中国文明起源问题的研究中往往另眼看待。不过山东史前文化比较发达是很多人都知道的事实，最近又有一些重要的发现。首先要指出的是城子崖龙山文化城址的发现。城子崖是龙山文化中首先发现的典型遗址，1930～1931年发掘时即发现了一个城墙的基址，当时判断属龙山文化，后来一些学者觉得那么早不应该有城，可能是属于遗址的上层文化即周代的。最近的发掘表明那里存在着龙山、岳石和西周三个时代的城址，20世纪30年代初发现的城址应该属岳石文化，年代相当于夏代。而龙山文化的城址则是一个新发现。这个城大体呈方形，每边长400多米，城内面积约20万平方米。出土的陶器制作精美，我们推测这个城可能是某个小邦国的都邑。在此之前，在山东临朐西朱封发现过3座龙山文化的大墓，墓坑平面有 26~27 平方米，葬具有两椁一棺，还有脚箱和边箱。中国古代棺椁的重数是表示死者身份等级的，西朱封的发现说明龙山文化时期已经有初步的等级制度。

以上的考古发现表明，在中国的铜石并用时代，即大约在公元前 3500~前 2000 年之际，在中原周围的许多文化区都已经有相当程度的发展，社会已经出现了明显的分化，有的地方可能出现了国家的雏形。而这些变化却发生在夏王朝以前和以外的地区！

可不可以只是根据这些重要的发现就断定当时中原地区的文化反而比周围落后呢？我认为不可以。近些年中原地区的考古工作做得比较少，没有在大型遗址上下功夫。中原也发现了不少龙山文化时期的城址，尽管规模都不大，其中有的还很讲究，例如河南淮阳平粮台的正门就设有门卫房和地下陶水管道。在山西南部的陶寺遗址有城墙，还有一个很大的墓地。已经发掘了 1000 多座，其中百分之八九十是小墓，没有任何葬具和随葬品。为数不多的几座大墓则有成百件高级的随葬品，包括有石质的特磬，用鳄鱼皮蒙的鼍鼓和绘有龙纹的陶盆，还有许多木制器皿，表明墓主人的身份不同一般。陶寺墓葬曾被划分为早中晚三期，大墓都属于早期，年代接近于公元前 3000 年。如果发现晚期的大墓，规模肯定会更大也更讲究。况且根据我们多年考古的经验，河南地区的文化水平绝不会比山西低，更说明中原地区的文化绝不会比周围低。在铜石并用时代也应该走到了文明的门槛，甚至进入了初级的文明。

上述各种新近的考古发现，有些是预料中的，有些则超出了我们的想象。不管是哪一种情况，都大大加深了我们对中国铜石并用时代社会性质的认识，引发我们进行更深入的思考。

首先想到的一个问题是，中国铜石并用时代的社会到底发展到了一个什么阶段？现在中国考古学界讨论文明起源问题非常热烈，有的人认为大汶口文化时期便已进入文明时代，有的人则举牛河梁遗址为例，认为那时已进入原始文明时期，有的认为良渚文化已经是早期文明社会，有的说龙山时代已属早期青铜时代，且已进入文明时代。不少学者认为真正的文明时代还是应该从夏代算起，最能代表这个时期的考古学文化就是二里头文化。

我个人认为，这个问题现在还不到下结论的时候，各种观点尽可以自由讨论，在讨论中寻求解决问题的方法，并且身体力行地去做。我认为文明起源有一个过程，铜石并用时代早期至少是已经迈开了走向文明的步伐，到晚期既已普遍出现城址，很可能是早期城邦国家出现的标志，而夏代则已出现了比较成熟的文明。

在中国古代文献中往往把夏代以前的一个时代称为五帝时代。五帝中为首的就是黄帝。中国人往往把他描述为一个划时代的英雄，是许多事物的发明者和典章制度的奠立者，甚至在血统上也成了中华民族的共同祖先，我们这些人便都成了黄帝的子孙。按照《史记·五帝本纪》的说法，黄帝以后是颛顼、帝喾，他们好像代表一个时期，以后的尧、舜又代表一个时期。《尚书》的开篇就是《尧典》。儒家常常把尧舜的时代称为唐虞时代，墨家则经常以虞夏商周连称，认为有虞时代同夏商周一样也是一个历史的朝代，而尧舜则都是当时的圣王。如果把这些传说同考古学文化相比照，似乎黄帝到帝喾的时代有点像铜石并用时代早期，尧舜的时代则像铜石并用时代晚期。传说禹继承舜位，并且"会诸侯于涂山，执玉帛者万国"。古代城就是国，城里的居民称为国人。万国之万，只是形容其多，并不就是一万国。这种国自然只可能是一种城邦小国。尧舜禹的国家只不过是众多城邦小国中的较大和较有影响的。其政治体制颇带民主色彩，即所谓禅让选举的制度。其时当然也有斗争和权力的争夺，但总是与夏代开始的父死子继、兄终弟及的家天下大不相同的。我们如果能把这个问题研究清楚，就是对于整个东方乃至全世界文明史的研究，也是有很大理论意义的。

第二个问题是中国文明起源的模式，是一元还是多元？前面讲的那些新的考古发现，足以证明中国文明起源是多元而不是一元，即使到夏商周的时代，中国文明也仍然是多元的。例如夏代的东方是夷人的天下，夷人建立了一个有穷国，其国君后羿在夏王朝建立不久时，就从太康手里夺取了政权，即所谓"因夏民以代夏政"。直到少康中兴才恢复夏朝的统治。可见东方有夷人的文明。同时期燕山南北的夏家店下层文化也可能已经进入了文明。到商代在大邑商之外还有许多方国，各方国可能都有自己的文明。最近在四川广汉三星堆发现的青铜文化和在江西新干大洋洲发现的青铜文化都有很高的水平和鲜明的特色，可见那时就有多种文明。总之，中国文明的起源是多元的，起源以后的很长时期也还是多元的。

不过我还要特别指出的是，中国古代的各个文明并不是各自孤立而是紧密相连的。在发展过程中虽然有不平衡的现象，步调还大致是相近的。由于中原处于中间的核心位置，所以在文明起源和发展中也起着比较特殊的作用。由此可见，中国文明起源的模式应该是多元一体的，我把它形容为一种重瓣花朵式的格局。

第三个问题是，为了把探索文明起源的工作更加健康地推进，我们的考古工作有必要做些改进。最近一些年，我们开始注意聚落形态的考古研究。我们既然发现了一些中心聚落遗址和城址，就应该选择重点进行全面而深入的考古研究。弄清楚其结构、布局和各部分的功能等等，还有城外的情况也要探明。这涉及城乡关系以及各城邦之间的关系等等。这需要有一个长远的规划，更需要相关部门和单位之间的合作与协调。

最后还要大力提倡多学科的协作，这本来是近代考古学发展的一个优良传统，但在前一个时期被削弱了，现在要大力推进。现在自然科学和技术的广泛应用已经被越来越多的学者所理解。而某些社会科学如文化人类学、民族学、社会学、人文地理学等的应用也应该提倡。如果我们把这方面的工作做好了，我们的研究水平就会有很大的提高。相信在若干年以后，我们再来讨论这个课题就不会只是初步的思考，而会有许多扎实的研究成果。其中不但有中国学者的努力，也会有许多外国同行的真知灼见。我期待着这一天的早日到来！

（日文版原载《日本中国考古学会会报》第 2 号，1992 年 9 月。后收录在《耕耘记——流水年华》，文物出版社，2021 年）

龙山文化和龙山时代

自从 1930 年秋第一次发掘山东历城县龙山镇对河的城子崖遗址，确认在我国新石器时代末期存在着一个以黑陶为特征的龙山文化以来，已经整整五十年了。在这期间，田野工作有了很大发展，对于龙山文化和同它有关系的其他原始文化的认识也发生过许多变化，总的说来是大大地前进和深化了。

在龙山文化发现之初，人们相信它是从山东发源，而后传到河南北部，成为商文化的重要来源[1]。到了 20 世纪 30 年代末期，发现的遗址逐渐增加到了七十多处，并且"显示出不可忽视的确定的地域差异"，所以梁思永先生将其分为山东沿海区、豫北区和杭州湾区，指出豫北区才是商文化的直接前驱[2]。这是对龙山文化认识的一个重要变化。50 年代以后，由于有关的遗址发现得越来越多，龙山文化的范围也越划越大，又因观点的不同而产生了不同的划法。有的同志相信龙山文化"是中国东海海滨文化"，其特征就是黑陶特别发达，所以北起辽宁、河北，南到福建、台湾，凡属黑陶发达的滨海遗址都被纳入龙山文化的范畴[3]。有的同志则认为龙山文化是继仰韶文化之后的一个发展阶段，其分布范围基本上在黄河流域，周围的若干文化则可视为它的变体[4]。这是对龙山文化认识的又一重要变化。

很多同志都曾指出，黑陶固然是龙山文化的显著特征，但却不是唯一的特征，不能仅仅根据有无黑陶这一点，而不问究竟是什么样的黑陶，也不问其他特征如何，就贸然划入龙山文化，否则就必定越划越大，越划越杂。那些曾因有黑陶而

〔1〕　傅斯年、李济、董作宾等：《城子崖——山东历城县龙山镇之黑陶文化遗址》，中央研究院历史语言研究所，1934 年。

〔2〕　梁思永：《龙山文化——中国文明的史前期之一》，原以英文于 1939 年发表在《第六届太平洋学术会议会志》第 4 册，译文见《考古学报》第 7 册，1954 年。

〔3〕　尹焕章：《华东新石器时代遗址》，学习生活出版社，1955 年，58～64 页。

〔4〕　安志敏：《试论黄河流域新石器时代文化》，《考古》1959 年第 10 期；安志敏：《略论三十年来我国的新石器时代考古》，《考古》1979 年第 5 期。

被划入龙山文化的遗存，只要其黑陶的质地、形制和花纹具有其独特的风格，其他方面也基本上与龙山文化不同，就应该分划出来。人们根据这一认识，把原本定为龙山文化杭州湾区的遗存单独命名为良渚文化，已经获得了考古界的公认[1]。至于福建和台湾的黑陶遗存，现在已经知道分别属于昙石山文化和凤鼻头文化，再也没有人相信它们属于龙山文化了。

把龙山文化看成仰韶文化的直接继承者的观点，首先是由于 1956～1957 年河南陕县庙底沟二期文化的发现而提出来的，继之又因 1959～1960 年洛阳王湾二期文化的发现而加强了。在庙底沟二期文化中有彩陶，有釜、灶和小口尖底瓶等类似仰韶文化的特征，同时又出现大量灰陶、篮纹陶，还有斝和细柄豆等这样一些接近"河南龙山文化"的因素，从而被认为是一种从仰韶到龙山之间的过渡性质的文化[2]。王湾二期压着一期的即仰韶文化庙底沟期的遗存，又被三期的所谓"河南龙山文化"所叠压，它本身又可分为三至四个小期。前面几小期属仰韶晚期的秦王寨类型，后一小期的年代约与庙底沟二期相当。这样一期一期地衔接起来，依次继承和演变的过程非常清楚[3]。因此，如果我们说相当于王湾三期那样的遗存是从仰韶文化的某个类型发展而来，那当然是符合实际的。问题在于王湾三期并不等于整个的"河南龙山文化"，而"河南龙山文化"同山东等地的龙山文化又不是一回事。如果不考虑这些情况，笼统地把龙山文化看成仰韶文化的继承者，或者把所有继承仰韶文化发展起来的都划进龙山文化，那就值得商榷了。

现在人们所说的龙山文化，实际上是一个非常庞杂的复合体，其中包含着许多具有自己的特征、文化传统和分布领域的考古学文化，这差不多已成为许多人的共同认识。例如杨子范和王思礼同志早就指出：中原地区的所谓"龙山文化"和山东地区的龙山文化"可能是两支独立发生和发展的不同的文化体系"，"所谓陕西'龙山文化'不应作为龙山文化的一支"[4]。安志敏同志也曾说过：分布于"广阔地区内的所谓龙山文化，可能分别属于不同的文化系统，甚至具有不同的来源……应根据具体的文化特征分别命名，以便区别和研究"[5]。这些意见无疑是正确的。因此，当前的任务应该是根据大量资料所提供的各种信息来划分出个别的文化，并给予适当的名称，然后在此基础上探讨它们之间的关系。

---

〔1〕　中国科学院考古研究所：《新中国的考古收获》，文物出版社，1961 年，31 页。

〔2〕　中国科学院考古研究所：《庙底沟与三里桥》，科学出版社，1959 年，118 页。

〔3〕　北京大学考古实习队：《洛阳王湾遗址发掘简报》，《考古》1961 年第 4 期。

〔4〕　杨子范、王思礼：《试谈龙山文化》，《考古》1963 年第 7 期。

〔5〕　安志敏：《略论我国新石器时代文化的年代问题》，《考古》1972 年第 6 期。

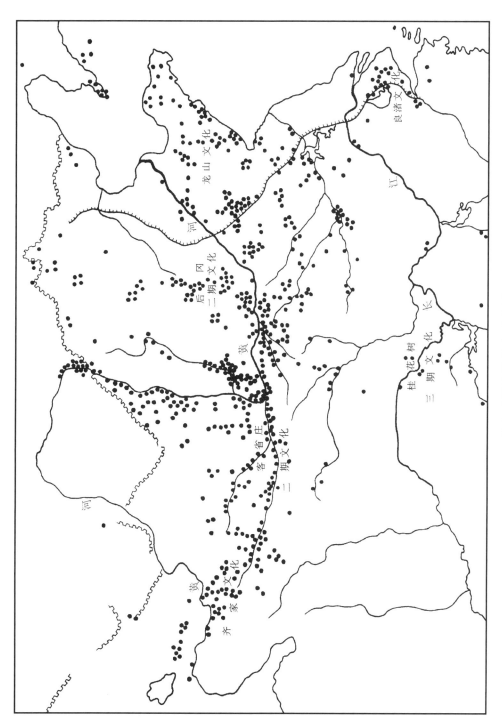

龙山时代遗址分布示意图

　　山东是龙山文化的故乡。尽管借以命名的龙山镇城子崖遗址由于位置偏西而受到后冈二期文化的影响，但从整体来看，山东省运河以东的全部和江苏北部仍然构成一个比较统一的文化区。这里在新石器时代早期便有北辛类型，到新石器晚期发展为青莲岗、大汶口文化，龙山文化就是在大汶口文化的基础上成长起来的。同大汶口文化一样，龙山文化的陶器绝大部分素面无纹，显得朴素雅致；炊器中多鬶和鼎，饮器中多薄胎的黑陶高柄杯；居民生前有拔牙风俗等等，清楚地表明龙山文化是大汶口文化的继承者。两个文化当然也有许多不同之处：龙山文化的陶器绝大部分为黑色，大汶口文化只是晚期才有较多的黑陶，同时还有相当数量的红陶、灰陶和彩陶。而且前者绝大部分为轮制，后者仅仅在晚期才开始有少量轮制；在器形上也不相同，前者有甗而无背壶，后者反是；前者有铜器，后者只在晚期墓中发现过铜锈；前者有石镰和卜骨，后者没有。诸如此类的情况还可以举出一些。就是同类的器物，其形制亦莫不具有明显的差异，表明二者确实应划分为两个文化。值得注意的是，在所有这些差别中，凡属大汶口文化所有而后被淘汰了的，一般找不出明显的外部原因；凡属到龙山文化时新产生的，在其他文化中一般也找不到渊源，可见两个文化本属一个系统，仅仅是代表不同的发展阶段而已。

　　继龙山文化之后发展起来的，在鲁中南不甚清楚，在胶东则是以平度东岳石遗址为代表的一类遗存[1]，不妨称之为岳石文化。去年我们在烟台地区调查时，曾发现了十几处那样的遗址。昌潍地区也不止一次地见到过这种文化遗存，诸城前寨甚至发现岳石文化压在龙山文化之上的地层关系。它的陶器胎壁很厚，有较多的灰陶和红褐陶，黑陶多系黑皮灰胎，没有龙山文化中那样精美的蛋壳黑陶。器形主要有甗、尊形器（平底、圈足或三足）、豆、双腹盆、罐和器盖等，有些陶器上有朱绘或用朱红勾边的白色彩绘。石器中最富特征的是半月形石刀，一面稍凹，一面微鼓，略如一扇蚌壳。我们推测这种文化的居民应是夏代前后的夷人。

　　河南北部和河北南部，在龙山文化的时代分布着后冈二期文化的许多遗址。它们最初曾被纳入"龙山黑陶文化"之中，因为在当时可资对比的只有以彩陶为特征的仰韶文化和以灰陶为特征的小屯文化。相形之下，后冈二期的陶器要黑得多，所以归入了龙山文化的系统。后来发现它与山东沿海的龙山文化并不相同，遂将其划分为龙山文化的豫北区。现在看来这还是不够的，应该单独成立为一个考古学文化。

---

　　〔1〕　中国科学院考古研究所山东发掘队：《山东平度东岳石村新石器时代遗址与战国墓》，《考古》1962 年第 10 期。

后冈二期文化的陶器以深灰色为主，黑陶的比例很少，更没有龙山文化中那样精美的蛋壳黑陶，轮制陶的比例也不及龙山文化那样多。大部分陶器有绳纹和篮纹，还有少量的方格纹，素面和磨光的相对较少，因而不像龙山文化的那样素净雅致。炊器以鬲为主，鼎、甗都很少见。其他常见器物有甗、甑、高领篮纹瓮、侈口绳纹罐、敞口碗、大平底盆、大圈足盘等，不见龙山文化中那样精美的薄胎高柄杯。

在后冈二期文化的遗存中，除一般的磨制石器外，还往往有少量的细石器共出。房屋多为圆形，地面抹一层洁白的石灰，俗称"白灰面"，龙山文化中至今没有发现这样的建筑。

后冈二期文化所在的地区，从新石器时代早期开始即已形成一个相对独立的文化系统，即磁山文化—后冈类型—钓鱼台类型（？）—大司空类型，然后通过像永年台口一期[1]那样的遗存演变为后冈二期文化。此后在考古发现上似乎还存在一段空白，然后才是早商文化。尽管如此，后冈二期和早商文化的因袭关系还是相当清楚，如都有大量的绳纹陶，特别是绳纹鬲和侈口绳纹罐等。因之后冈二期文化有可能就是商族祖先的文化。

与后冈二期文化比较接近但并不完全相同的，还有造律台类型和王湾三期文化等。造律台位于河南东部的永城县，是一个长 75、宽 46、高 7.3 米的土台子，早年曾进行小规模发掘[2]。同一类型的遗址在河南东部、山东西南部和安徽西北部为数甚多。当地地势比较平坦，河流纵横交错，容易发生水患，人们不得不居住在一些较高的土堆子上，即所谓"堌堆"遗址，造律台是其中之一。

造律台类型的陶器也以深灰色为主，并有绳纹、篮纹和方格纹，这一点与后冈二期相同。不同的是三种纹饰所占的总比例数不及后冈二期文化的一半；再者，后冈二期以绳纹为主，方格纹很少，造律台类型恰恰相反，因而总体面貌仍然有较大的差别。兹将邯郸龟台 H56（属后冈二期文化）和梁山青堌堆 H4（属造律台类型）的陶片作一对比，从中即可看出二者的差别和联系。

出土单位	陶片总数	绳纹		篮纹		方格纹	
		数目	%	数目	%	数目	%
龟台 H56	2272	751	33.1	419	18.4	109	4.8
青堌堆 H4	865	15	1.7	109	12.6	91	10.5

[1] 河北省文化局文物工作队：《河北永年县台口村遗址发掘简报》，《考古》1962 年第 12 期。

[2] 李景聃：《豫东商丘永城调查及造律台黑孤堆曹桥三处小发掘》，《中国考古学报》第 2 册，1947 年。

造律台类型陶器的形制同后冈二期文化也是既相同而又不同，如两者都有方格纹或绳纹侈口罐、大圈足盘、敞口碗、大平底盆和直筒形杯等。但二者的炊器显著不同，造律台类型多肥袋足鬶和侧装三角形扁足鼎，基本上没有鬲，而后冈二期正是以鬲为主，很少鼎、鬶。还有，前者有横耳敛口瓮而后者主要是高领篮纹瓮，前者的鬶略多于后者，而后者的双腹盆于前者少见。看来二者都与龙山文化发生了密切的关系，但所受影响的内容并不全同，这也是二者不同的一个方面。

王湾三期文化主要分布于洛阳、郑州和伊河、洛河流域。陶器也以深灰为主，绳纹、篮纹和方格纹的总和所占比例接近于后冈二期，而三种纹饰之间的比例关系则接近于造律台类型。炊器中以斝和侈口罐较多，鼎、鬲都很少，鬶、鬶更少。有一种大平底带乳形足的斝形器，为它处所不见。高领篮纹瓮和双腹盆为数甚多，其他则有豆、大圈足盘、大平底盆、瓦足盆、乳钵（澄滤器）、甑、直筒形杯、单把杯和敞口碗等。

王湾三期文化分布的范围正是仰韶文化晚期秦王寨类型分布的范围，在王湾等地有清楚的地层关系，证明它就是由秦王寨类型通过一种相当于庙底沟二期文化的遗存逐步演化出来的。在洛阳矬李等地又有清楚的地层关系，证明它的直接继承者就是二里头文化。它的文化内容可以分析为以下几个部分：

一是具有时代的普遍性的因素，如敞口碗、大平底盆、直筒形或单把的杯、素面侈口罐、长方形石刀和三棱形箭头等，它们在后冈二期文化、龙山文化以及同一时代的许多文化中都是相当普遍的。

二是在后冈二期文化或造律台类型中常见的因素，如罐形甑、大圈足盘、浅盘豆、绳纹或方格纹侈口罐等，还有少量的鬲和鼎等，当是反映了后冈二期文化和造律台类型的影响。

三是本地发生或是本身所特有的，如方格纹侈口罐和篮纹高领瓮在仰韶文化的秦王寨类型即已发生，只是形制和后来的稍有不同；后来这两种器物在后冈二期和造律台类型都有一些发展，但数量仍不及王湾三期那样多。斝最先见于庙底沟二期，到王湾三期时已成为主要炊器之一，其上身多为泥质磨光黑陶，形如双腹盆，与其他文化的形制不同。双腹盆虽也见于后冈二期，但不及王湾三期那样多。乳钵也是王湾三期较多，瓦足盆、平底鬶和有肩石铲则几乎是王湾三期所特有的。

王湾三期文化在分布范围和文化内容上都同二里头文化有密切关系，实际上就是二里头文化的直接前身。而二里头文化的年代、地理位置和文化特点，都同古史传说中夏王朝的活动有关，因而王湾三期文化有可能是先夏文化。再者，王湾三期文化同后冈二期和造律台类型的联系，明显地多于它同其他文化的联系。

它们或许是一个统一的考古学文化中的三个地方类型，或许竟是三个独立的亲属文化，目前虽还难以确定，但它们都不属于龙山文化则是很清楚的。

分布于陕西渭河流域的客省庄二期文化有时又被称为陕西龙山文化，但很多人觉得把它纳入龙山文化之中实在过于勉强。它的灰陶占 80% 以上，红陶为数也不少（约18%）。在与龙山文化同一时代而又或多或少发生过一些关系的各文化中，它的红陶之多仅次于齐家文化，而黑陶只占 1% 多些。大多数陶器为手制和模制，轮制陶器只限于少数小罐。绝大多数陶器都有纹饰，单是绳纹和篮纹陶就占了总数的 75% 以上，而方格纹仅见于一件陶鼎和几块陶片。它的陶器群主要由鬲、斝、盆、碗、罐、瓮等组成，其他器物很少。鬲的上身如圜底罐，均有一把，与后冈二期文化的很不相同。斝的上身如圜底缸，有两耳，与王湾三期文化的差别显著。盆、碗之类常饰篮纹，形制上除大小深浅的变化外并无严格区别。小罐甚多，有无耳、单耳、双耳和三耳等各种。有些绳纹罐和双耳罐同齐家文化的十分相像，可能是受到齐家文化影响的产物。总起来看，上述各种因素都和龙山文化很不相同，只有个别的鬶、鼎等可以认为是受到龙山文化的间接影响而发生的，就是这些器物的形制也和龙山文化的很不相同。客省庄二期文化的建筑遗迹也具有鲜明的特色，如半地穴式双间房屋和瓶颈大窖穴等不但在龙山文化中没有，就是在后冈二期文化等遗存中也是未曾发现过的。凡此都说明它应是一个单独的考古学文化，而不应算作龙山文化的一个部分。

客省庄二期文化的前身是大体上与庙底沟二期文化同时的泉护二期文化，后者又是仰韶文化半坡晚期类型的继承者，所以它的发展系列同后冈二期文化等也是不相同的。至于它往后的发展，理应同先周文化发生关系，但目前因考古发现仍然存在缺环，这个问题还不容易看得清楚。

桂花树三期文化是因湖北松滋桂花树遗址的发掘而得名的[1]，同类遗存主要分布于长江三峡以东和古云梦泽的西岸。现在田野工作还做得不多，因此我们的认识也还是很肤浅的。这个文化的陶器以灰色为主，也有一些红陶，篮纹和方格纹相当发达而基本上没有绳纹。器形有鼎、鬶、碗、盆、圈足盘、高柄杯、壶、乳钵、侈口罐、小口高领瓮和缸等。碗作弧壁，平底或加矮圈足，与龙山文化等的敞口碗形制不同。盆的轮廓略如仰韶文化庙底沟期的卷缘曲腹盆，但为轮制灰陶或黑陶。高柄杯多系红陶，柄部有些是实心的。壶有的折腹，有的有矮圈足。以上各种器物除鬶以外都同屈家岭文化有较多的联系。在桂花树和宜都红花套，这种文化的遗存都是叠压在屈家岭文化地层之上的，有理由相信它就是屈家岭文

---

〔1〕　湖北省荆州地区博物馆：《湖北松滋县桂花树新石器时代遗址》，《考古》1976 年第 3 期。

化的继承者。

在汉水中游地区，相当于桂花树三期文化的遗存有湖北郧县大寺三期、均县乱石滩二期和河南淅川下王岗晚二期等。比它们稍早一些的，则有郧县青龙泉三期和下王岗晚一期。这些文化遗存也是由屈家岭文化发展而来的，所以基本的文化面貌和桂花树三期相同。但由于它们北面紧临王湾三期文化，故受到后者的强烈影响。同样相距不远的客省庄二期文化则因为秦岭山脉的阻隔，文化关系比较疏远。

以上是和龙山文化同一时代并同龙山文化发生过不同程度联系的一些考古学文化。在辽东半岛、河北北部、山西、内蒙古河套地区、陕西北部、湖南北部和江西北部等地还有许多同一时代的遗存，它们或者属于附近的某个文化。或者应单独成立为新的文化，只是现在尚难确定。至于江苏南部和浙江北部的良渚文化同龙山文化的密切关系，那是大家早就知道的。甘肃和青海东北部的齐家文化年代略晚，但至少在它的早期还是相当于龙山文化的年代，而且也同龙山文化有着间接的联系。

鉴于以上叙述的各个文化彼此连成一片，又基本上属于同一时代，而且除齐家文化外，都曾被称为龙山文化。现在按照实际情况把它们区分为许多考古学文化是完全必要的，但绝不能因此而对它们的共同特征和相互联系有任何的忽视。因此我还是主张应有一个共同的名称，并且建议称之为龙山时代。

关于龙山时代各文化的绝对年代，可由一系列碳－14 年代获得启示。现知后冈二期文化有六个已测的标本，其碳－14 年代（按半衰期为 5730 ± 40 年计算，下同）分别如下：

安阳后冈 H2 木炭（ZK133）：1960 ± 90BC

磁县上潘旺三层蚌刀（ZK200）：2100 ± 95BC

汤阴白营 H31 木炭（ZK441）：1870 ± 100BC

汤阴白营 T49 木炭（ZK442）：1865 ± 90BC

汤阴白营 F42 下边木炭（ZK443）：1885 ± 100BC

汤阴白营 F5 木炭（ZK570）：2160 ± 80BC

这些数据彼此接近，最大差距不超过 350 年，应该说都是可信的。如按达曼校正表予以校正，其年代将落在公元前 2590 ± 135 年至前 2155 ± 120 年之间，这可以说是后冈二期文化的真实年代。

造律台类型有七个数据：

永城黑堌堆 T1③木炭（ZK456）：2015 ± 10BC

永城王油坊 T8③b 木炭（ZK457）：2090 ± 100BC

永城王油坊 H16 木炭（ZK458）：2000 ± 90BC

永城王油坊 H2 木炭（ZK459）：2045 ± 120BC

永城王油坊 H40 木炭（ZK538）：2050±150BC

永城王油坊 H46 木炭（ZK539）：2450±160BC

永城王油坊 T29③木炭（ZK541）：2030±150BC

其中六个数据非常接近，只有 ZK539 偏高，可能有误，应予排除。其余六个经校正应是公元前 2505±150 年至前 2390±140 年。

王湾三期文化有四个数据：

洛阳王湾 H79 木炭（ZK126）：2000±95BC

临汝煤山 F6（上）木炭（ZK349）：1690±100BC

临汝煤山 T13③b 木炭（ZK386）：1920±115BC

登封告成西区 T48 奠基坑木炭（ZK581）：2050±65BC

其真实年代经校正当为公元前 2450±130 年至前 2005±120 年。

龙山文化有四个数据：

潍县鲁家口 T5④木炭（ZK321）：1705±95BC

胶县三里河 M134 人骨（ZK364－0）：1530±100BC

胶县三里河 M214 人骨（ZK390－0）：2010±140BC

胶县三里河 M2124 人骨（ZK363－0）：1710±80BC

其中 ZK364－0 年代明显偏低，可能有误。其余三个的校正年代当为公元前 2405±170 年至前 2035±115 年。

综合来看，这几个文化的年代大体上落在公元前 26～前 21 世纪之间，山西和辽东半岛的一些标本的年代基本也落在这个范围之内。现在定为良渚文化的某些偏早的标本（如钱山漾的部分标本）可能属于越城期，真正良渚文化的年代还是同上述几个文化相同或接近。齐家文化的年代有一部分偏晚，多数也还是属于这个时代。假如历史学家们根据古本《竹书纪年》等所推定的夏朝年代（约为公元前 2033～前 1562 年）大体可信，那么龙山时代诸文化正好都在夏朝以前，相当于古史传说中唐尧虞舜的时代。孔子说过："唐虞禅，夏后殷周继，其义一也"（《孟子·万章》）。他把两个时代的区别和联系看得很清楚。一个是"选贤与能"的禅让制度，属于原始社会末期的军事民主制；一个是世袭的家天下，是为中国的第一个阶级社会。但是唐虞时代究竟有哪些具体内容，我国的历史究竟是怎样由原始社会发展为阶级社会的，历史文献给我们提供的消息实在太少，人们不得不转而依靠考古的发现，因而对于龙山时代的研究就显得特别重要了。

我们注意到在龙山时代有许多重大发明和成就，使生产力获得了前所未有的发展，社会面貌亦随之有很大改变。

首先是学会了制造铜器。根据某些迹象，我国发明铜器的时间也许比龙山时代还要早些，但比较普及恐怕要到龙山时代。属于这个时代的一些铜器，如河北唐山大城山的两件穿孔小铲，含铜率分别为 99.33% 和 97.97%[1]；甘肃武威皇娘娘台的铜刀和铜锥，含铜率分别为 99.63% ~ 99.87% 和 99.87%[2]；永靖大何庄的一件残铜片的含铜量也达 96.96%[3]。这些器物所含杂质都很少，可以算是标准的红铜器了。山东胶县三里河出土铜锥含锌较多，还有铅锡等成分，是一种很不纯净的黄铜[4]。至于齐家文化中的铜镜，虽已属于青铜范围，但其含锡量不仅大大低于一般铜镜，甚至比商代的铜爵和铜戈都低[5]，可见当时制造青铜还只是处在试验的阶段。考虑到齐家文化的年代较晚，其晚期基本上与中原地区的二里头文化同时，出现青铜也不足怪。而齐家文化中多数铜器仍属红铜，所以龙山时代仍应算是铜石并用时代。现在的问题是，西、北、东三个方面都出铜器，唯独中原地区至今没有发现一件。但中原在紧接龙山时代之后的二里头文化中已多次发现了青铜器，包括某些青铜容器，显然已经进入青铜时代，不能设想在它以前没有一个使用红铜器的准备时期。所以中原地区龙山时代铜器的发现，也只是时间早晚的问题了。

　　龙山时代的制陶业中已经普遍地使用陶轮，只是各地情况不同。一般地说，东方诸文化远比西方应用得广泛，技艺也更加精湛。轮制技术不但大大提高了生产力，而且使制作体形匀称、厚薄均等的精美陶器成为可能。龙山文化中的蛋壳黑陶高柄杯，质地细腻，薄如蛋壳（一般厚 0.5 ~ 1 毫米，个别的仅 0.3 毫米），漆黑发亮，造型优美，不但是前所未见，就是在龙山时代以后也再没有出现过如此精美的作品了。

　　这个时代在纺织业中也有极大的进步。仰韶时代的麻布每平方厘米的经纬线一般为 6 根 × 9 根至 12 根 × 15 根，而齐家文化者可达 30 根 × 30 根[6]。良渚文化中最细的麻布是 20 根 × 30 根，而且还有丝织物的发现，其密度竟达到 47 根 × 47

〔1〕　河北省文物管理处：《河北省三十年来的考古工作》，《文物考古工作三十年》，文物出版社，1979 年。

〔2〕　甘肃省博物馆：《甘肃武威皇娘娘台遗址发掘报告》，《考古学报》1960 年第 2 期。

〔3〕　中国科学院考古研究所甘肃工作队：《甘肃永靖大何庄遗址发掘报告》，《考古学报》1974 年第 2 期。

〔4〕　昌潍地区艺术馆、考古研究所山东队：《山东胶县三里河遗址发掘简报》，《考古》1977 年第 4 期。

〔5〕　李虎侯：《齐家文化铜镜的非破坏鉴定》，《考古》1980 年第 4 期。

〔6〕　中国科学院考古研究所甘肃工作队：《甘肃永靖大何庄遗址发掘报告》，《考古学报》1974 年第 2 期，图版陆，1。

根（即每英寸 120 根）〔1〕。传说"西陵氏始劝蚕"（《路史》引《蚕经》），虽不一定实有其事，但养蚕的历史的确是可能追溯到那样古远的。

龙山时代的人们已经学会打井，在河南洛阳矬李（属王湾三期文化）、河北邯郸涧沟（属后冈二期文化）和江苏吴县澄湖（属良渚文化）等遗址中都曾发现了土井，河南汤阴白营更发现了深达 11 米的木结构水井，有些井中有许多破碎的汲水罐子。这些水井的用途之一可能是提供饮水和烧陶用水，倘使能做到这一点，当然就不能排除用于农业上小片地块的灌溉的可能性。何炳棣在谈及中国原始农业的特点时，指出在黄河流域不像尼罗河和两河流域那样依靠季节性洪水漫灌的方法，而是设法避开洪水的泛滥，这观点是很精辟的。但他由此引申出中国古代直到春秋以前都不知道灌溉为何物，在新旧世界的所有高度发展的文明中，中国人是最晚才知道灌溉技术的〔2〕，那就很难令人信服了。

龙山时代的房屋建筑也有很大发展，开始用夯土筑房基（山东日照东海峪、河南永城王油坊、汤阴白营和孟津小潘沟等处），用土坯砌墙（永城王油坊、安阳后冈、汤阴白营、淮阳平粮台等处），并用石灰抹地面和墙壁（以后冈二期文化为多）。宁夏固原麻黄剪子的一座齐家文化的方形房屋的墙壁上，更有用红色画成的几何形壁画。所有这些，在以后的中国古代建筑中都被长期采用，成为一种民族的传统。

现在已经确知龙山时代已有城防设施。早年在历城城子崖和安阳后冈就发现过夯土筑的城墙，但人们对其时代性有所怀疑；近年在河南登封王城岗和淮阳平粮台又连续发现城墙，均系夯土筑成。王城岗的城墙上有些部分叠压着王湾三期的地层和灰坑，城墙的夯土中又包含有部分王湾三期里较早一些的陶片，故其时代是可以确定的〔3〕。城防的出现绝不是一种偶然现象，它是残酷的掠夺性战争的产物，是阶级社会行将从原始社会的母胎中分娩出来的一个标志。不过现在这些工作还刚刚开始，城内的规划和建筑都不甚清楚。而且这些发现过城墙的遗址在龙山时代的许多遗址中并不是很大的，如果选择较大的遗址进行大面积的揭露，将有可能发现更大的城防工程和更为讲究的房屋建筑，那时我们对于龙山时代在文化发展史上的成就必将获得许多新的和更加充分的认识。

五十年过去了，从龙山文化的发现开始到整个龙山时代的认识，已经走过了

---

〔1〕　浙江省文物管理委员会：《吴兴钱山漾遗址第一、二次发掘报告》，《考古学报》1960年第 2 期。

〔2〕　Ho Pingti，1975. *The Cradle of the East.* Chicago，pp. 44－48.

〔3〕　河南省博物馆登封工作站：《一九七七年下半年登封告成遗址的调查发掘》，《河南文博通讯》1978 年第 1 期。

很长的一段历程，今后还将有更多的工作要做。对于各考古学文化的具体划分及其族属问题的探讨有待深入；对于当时生产力发展水平和社会性质的研究也还刚刚开始。由于墓葬资料积累得不多，我们至今对当时氏族制度的演变、贫富分化的程度乃至阶级的发生等一系列问题很难进行恰如其分的估计；探索城市的起源也缺乏应有的资料。我们知道龙山时代已经普遍出现卜骨，这种占卜的形式同后来的二里头文化和商文化有着一脉相承的关系。但整个龙山时代的宗教信仰如何，文化艺术有哪些重要成就，至今也还是所知甚微。仰韶文化和大汶口文化都已有了许多记事的符号或原始文字，龙山时代应该有更加进步、更加成体系的文字资料，但现在只发现了零星的几个刻划记号。这些都是急需填补的空白和研究中的薄弱环节，把握住这些情况，将使我们今后的工作更具有目的性和计划性。在伟大祖国的科学的春天里，龙山时代的考古研究必将开出美丽的花朵！

（原载《文物》1981 年第 6 期。后收录在《史前考古论集》，科学出版社，1998 年）

1957 年邯郸发掘简报

1957 年秋，北京大学为历史系考古专业五年级同学进行生产实习，与河北省文化局联合组成考古发掘队，在邯郸地区进行了一个季度的考古工作。这次工作，发掘了涧沟村附近的龙山、殷代遗址，龟台寺的龙山、殷代、西周遗址和齐村、百家村一带的战国墓葬；以后又分组在邯郸市郊、平山水库、峰峰矿区、南北响堂石窟等地区进行考古调查。现在把涧沟遗址、龟台遗址和齐村、百家村一带的战国墓葬的发掘情况，分为三部分简单介绍于下。

一　涧沟

涧沟村位于邯（郸）和（村）铁路林村车站之北 0. 25 千米，东去邯郸市约 9 千米，隶属邯郸县。遗址分布在村之正北，面积约为 2000 米 × 1500 米。遗址的东、北二面为沁河环抱，因而常被河水泛滥侵蚀。我们在遗址的北部开掘了探沟 42 条、探方 4 个，共揭露面积 1420 平方米。

（一）文化的堆积与分类、分期

涧沟的古代遗址包括龙山文化、商文化和东周—汉代三种文化堆积。

龙山文化的堆积分布最广，在它的上面一般都压有东周—汉代的文化堆积，有的覆盖商文化层；龙山文化堆积本身也有叠压现象。根据地层关系和对文化遗物的比较研究，我们把涧沟的龙山文化堆积分为 3 类：第 1 类出陶鬲、斝而不出陶鼎、鬶，出的陶壶、瓶、罐等大都有两竖耳，双腹盆、中口素面夹砂罐、尊、粗柄豆等多见，细石器出土数量很多；第 2 类出陶鼎、鬶而不出陶鬲、斝，只有较少量的双耳瓶、罐等，出多量的绳纹夹砂罐、深腹盆和细柄豆等，少见或不见尊、双腹盆、粗柄豆等，细石器较少。以上第 1、2 两类的文化堆积中都出有比较多的泥质黑陶，纹饰以篮纹最多，绳纹次之，方格纹极为少见；第 3 类出的鬲、豆、方格纹及素面罐等的形制与以上两类的不同，无泥质黑陶与细石器，纹饰中绳纹与方格纹的数量显著地增多，篮纹相对地减少。依地层关系，知道第 1、2 两类都早于第 3 类，而第 3 类与龟台寺的龙山文化很相近。由此可见，涧沟的第 1、2 两类的龙山文化堆积早于龟台寺的龙山文化堆积。至于第 1、2 两类彼此之间的关系还不能从堆积现象直接断定。

商代文化堆积的分布不如龙山文化堆积分布普遍，但其本身亦有层叠现象。根据灰坑打破关系和文化内容的变化，可以把涧沟的商代文化分为两期：早期以细绳纹卷缘陶鬲、甗、平底素面陶盆、细绳纹陶盆、细柄陶豆等为其主要特征；晚期以粗绳纹翻缘方唇陶鬲、甗、粗绳纹平底陶盆、假腹豆等为主要特征。

东周、汉代的文化堆积不能进行分期。

（二）文化遗迹

龙山文化的文化遗迹发现有灰坑 7 个、房基 1 处、陶窑 2 座、水井 2 口、埋葬 4 处。灰坑一般作不规则状的锅底形，形制很大，坑口约 15 米×9 米。房基下陷，略近圆形；有台阶出入口；有灶坑。在房基内发现人头骨 4 具，有砍伤痕与剥皮痕，显系砍死后又经剥皮的。陶窑的窑箅呈长圆形，箅上火孔呈长槽形，主孔二道平行；从主孔两旁各分出支孔三道；火道呈斜坡状上通窑箅火孔。水井都近陶窑，形制似竖井窖穴，深 7 米余，口径约 2 米。在一个水井的底部发现半完整的陶壶、瓶、罐等器 50 余件，残破者将近百件。这些陶器，多有残其领者，很像是因汲水而沉落井底。埋葬主要是丛葬坑。有两种情况：其一，为一圆坑，内有大小男女人骨架 10 副，有相互枕压的，但头均靠近坑壁。其二，为水井被废弃后而埋有 5 层人骨架，其中也有男有女，有老有少，或者身首分离，或作挣扎状。由此推测：死者可能有被杀死，或被活埋的。这些现象都有待深入研究。

商代的文化遗迹，发现灰坑 8 个、陶窑 1 座。灰坑多作略近长圆形的锅底状，其中只有 1 个为椭圆形竖井窖穴。陶窑属于商代早期，窑箅呈圆形，箅上有火孔七个，一孔居中，六孔等距排列在周围。火门略近长方形，发现时有 9 块封门土坯密封着。

关于东周—汉代的文化遗迹，发现了沟道 5 条，均通向河边。

（三）文化遗物

1. 龙山文化遗物

陶器　有泥质黑陶、泥质灰陶、泥质黄陶、泥质红陶、夹砂灰陶、夹砂黑陶、夹砂红陶和夹砂黄陶 8 种。其中特别值得一提的是泥质黑陶。这种黑陶与其他地区龙山文化中所谓"蛋壳黑陶"不同。这种黑陶的陶胎较厚，火候不高，质地不坚，颜色易退；但表面光亮亦有如"蛋壳黑陶"者。有的在器表上涂朱，有的并绘有朱、黑、黄、白四色的彩绘，图案比较简单；但未发现完整器。

龙山文化的陶器器形比较复杂，大体分容器与非容器两种：容器有鬲（图一，7；出自第 1 类文化堆积）、甗、甑、鼎、鬶、斝、罐（图二，3）、碗、敛口钵（图二，4）、浅腹盆、深腹盆（图二，6）、双腹盆（图一，2）、尊（图一，1）、豆、盘、杯、壶、瓶（图二，5）、双耳瓶（图二，1）、瓮、器盖等。非容器有纺轮、打磨器、环等。

石器　一般都经磨光，器形有斧、锛、刀、大型环状器、小型环状器、环、凿、镞、纺轮、砺石等。还有一些细石器，有镞、锥、刮削器等。

蚌器　有刀、环状器、环、镞、凿、匕等。

骨、角、牙器　有凿、刀、斧、锥、镞、匕、簪、针、钩等。

其他　有卜骨、穿孔龟甲等。

此外并发现有牛、羊、猪、鹿、狗、獾、豪猪、豹、鳖、蚌、蛤蜊等动物遗骸。

2. 商代文化遗物

陶器　主要有泥质灰陶和夹砂灰陶两种，此外有少量的泥质黑陶、泥质红陶、泥质黄陶和夹砂红陶等。纹饰以绳纹为主，也有少量的楔形纹等。容器中有细绳纹卷缘鬲（图二，8）、甗（图一，8），粗绳纹翻缘方唇鬲、甑、鼎、细柄豆（图二，7）、假腹豆、爵、素面盆、细绳纹盆、大口尊、夹砂罐、小口瓮、平口瓮等。非容器有纺轮、打磨器等。

石器　有铲、斧、镰、短镰、刀、凿、枪头、镞、弹丸、纺轮、砺石以及绿松石饰物等。

蚌器　极为少见，器形有镰、饰物等。

骨器　有刀、枪头、镞、锥、针、匕、簪等。

其他　有贝、卜骨、卜甲等。

此外，动物遗骸中有牛、羊、猪、鹿、狗、鳖、马、獾等。

3. 东周—汉代的文化遗物

东周时代的文化遗物有陶豆、盂、盆等，全属于战国时代的形制。

汉代的文化遗物发现有铁铲、铁犁尖、铁镞、陶盆、陶瓮以及大量的砖瓦等。

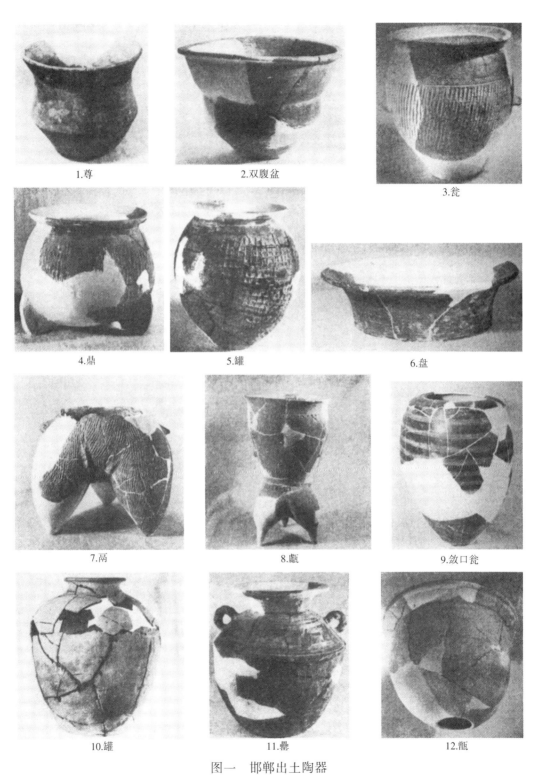

图一　邯郸出土陶器

1、2、7、8. 涧沟　3～6、9～12. 龟台；1～7. 龙山，8. 早商，9. 殷代，10～12. 西周

（四）小结

以上三类的龙山文化遗物中，第 3 类的比较贫乏，但可参考龟台寺的龙山文化。第 1、2 两类比较接近，文化遗物比较丰富，应属于这里比较早期的龙山文化遗存。其所包含的文化遗物中，如像彩绘黑陶与细石器等是很值得研究的。在遗迹方面，水井是一项比较重要的发现；这是我国已发现的最早的水井。特别值得注意的是从葬坑和人头骨的发现；关于这些现象的研究也许有助于解决龙山文化的社会性质问题。

商文化可以分为早晚两期：早期大体与郑州二里岗下层的商代文化层相当，或者稍早。晚期约与安阳小屯殷墟文化的早期近似。

图二　邯郸出土陶器

1. 双耳瓶　2、7、11. 豆　3. 双耳小口罐　4. 敛口钵　5. 瓶
6、9. 盆　8、10、12. 鬲（1、3~8. 涧沟，2、9~12. 龟台；
1~5. 龙山，6~8. 早商，9、10. 殷代，11、12. 西周）

二　龟台

龟台是紧靠沁河南岸的一个黄土台子，在涧沟西北，台顶平坦，面积 3000 余平方米。东部和北部有很高的陡崖，断面上暴露出灰层和各时代的陶片等物。

这次发掘的地方集中在台顶的东北部，共开探沟、探方 20 个，面积 674 平方米。发掘到龙山文化、早殷、西周及元以后的文化遗存。其中早殷和西周各可分为两期，它们的早晚关系都有明显的地层根据。

这里的地层，可以探沟 10A、B 为代表：1 层为耕土，2 层为元以后文化遗存，3~5 层属西周，6~8 层属早商，9 层则为龙山文化遗存。这种叠压关系在探沟 11D 和探方 1 也都找到。各时代遗存的分布状况，就发掘的部分来说，北面主要是早商灰层，也有少数龙山和西周堆积，中部主要是西周灰坑，南部几乎全为早商灰坑。

（一）龙山文化

龙山文化遗存仅 4 个灰坑和两处地层，分布零散。出土遗物以灰坑 H56 为最丰富。生产工具有石斧、石凿、骨凿、蚌锯、陶纺轮和网坠等。遗物的主要部分是日用陶器皿，有泥质灰陶和夹砂灰陶两种，黑陶、黄陶和白陶都很少见。纹饰以绳纹最多，篮纹次之，方格纹较少。器形有鬲、甑、甗、鬶、斝、鼎、豆、盘、碗、钵、盉、杯、盆、罐、瓮等十余种（图一，3~6）。平底器为最多，圈足器和三足器次之，没有圜底器。

鬲片极多，形式多属直领高裆，个别的颈部微折。鬲足可分为两种，一种足里呈漏斗形，一种足里因填泥而变成圆凹。豆和盘均常见，豆为细把浅盘（图二，2）。罐类最多，主要是中口鼓腹夹砂罐，颈部圆缓或起棱，腹膨鼓，有小平底，除绝大多数为绳纹外，也有方格纹的。瓮类也不少，以直领折颈篮纹瓮最普遍。另外还出有 1 件卜骨和大量的陶环，许多猪、牛、鹿骨和蚌壳等。

探沟 11D 等出土遗物不多，基本上和灰坑 H56 一样，但中口鼓腹夹砂罐腹部较瘦，多绳状唇和尖唇，只饰绳纹，且较细而匀。鬲口缘微卷，绳纹较细，是与灰坑 56 不同的地方。

龟台的龙山文化与涧沟的区别较大，如陶器火候较高，器壁一般较薄，黑陶少见，有典型的方格纹，未见朱绘、彩绘等。在许多最重要的器形上差别也是很大的。

（二）早殷

根据地层和器物的排比，龟台早殷遗存可以分为两期。探沟 3B 的 5～8 层出土陶片中可辨器形的有粗绳纹方唇高足鬲（图二，10）、敛口罍、方唇折缘盆、大口瓶等；9～13 层出土陶片中可辨器形的有卷缘高足鬲、卷缘圆唇盆（图二，9）或折缘尖唇盆、敛口瓮（图一，9）等，显然有所不同。在 T8、T8A 也可见到同样的情形，因此下面诸层可定为龟台早殷第一期，上面诸层则属于第二期。

全部早殷遗迹包括 38 个灰坑，两座墓葬和一座牛葬，除牛葬外，都属于第一期。

灰坑依形状可分圆形、椭圆形、近长方形和不规则形等几种。圆形坑中的灰坑 H4 和 H96 都有"壁灶"，灰坑 H4 口径 2 米×1.8 米，圆而略椭，坑壁直立，高 0.67 米。西南壁靠底处掏成壁洞，被火烧得通红，旁有木炭和灰烬。

出土石器非常丰富，仅灰坑 H66、H67、H81 就出 115 件，其中铲和镰占 65% 以上，是当时的主要生产工具。铲以长形为多，也有不少有肩石铲，其中一部分可能为锄。石镰有的较窄，刃微弯；有的较宽而直刃。

日用陶器皿的质料主要为夹砂灰陶和泥质灰陶，夹砂红陶和泥质黑陶甚少，尚有少量釉陶片。器形有鬲、甗、鼎、罍、爵、盆、豆、罐、瓮、缸等，以平底器居多，三足器次之，圈足器绝少。

在器形上两期有显著的不同。第一期出卷缘高足、薄壁细绳纹的鬲，平裆空足斝，长流带短柱的爵，卷缘圆唇或折缘薄唇的平底盆，中口方唇或方唇微翻的平底罐等。其中鬲、甗、爵等的型式与郑州二里岗下层出的相同，时代应差不多。

第二期的鬲、甗绳纹很粗，鬲为斜缘方唇高足，有敛口斝，近似假腹的豆，折缘方唇盆，中口罐唇部变宽等。上述鬲、甗、斝、豆的形制都与郑州二里岗上层的相同，时代也应相当。

（三）西周

西周遗存也可分为两期，有灰坑的打破关系作为根据。灰坑 H84 打破 H83，灰坑 H84 出土陶器多为平底，泥质陶有灰色与砖红色两种，器形有宽缘折颈较急的圆足鬲、折颈甗、折颈折缘盆、红陶平底瓮、红陶浅盘豆、平底罐等；灰坑 H83 出土陶器未见平底和砖红色的，器形有宽缘折颈较缓的鬲、直口圜底瓮、圆颈盆、深盘豆等。灰坑 H14 打破 H5 的关系也是如此。因而可以把灰坑 H5、H83 定为龟台西周第一期，灰坑 H14、H84 为第二期（图三）。

发现 31 个灰坑，包括袋形、圆形、方形、不规则形等各种，两期相同。袋形

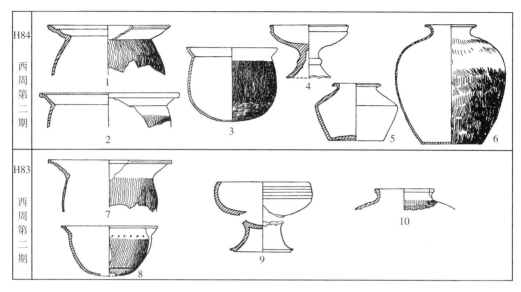

图三　龟台西周陶器分期

坑最多，口径一般1.7～1.8米，深1米上下，坑底平整。有的坑中有用石头或红烧土做成的"灶"。

出土生产工具中最具特色的是数十件蚌镰，都以淡水厚壳蚌的唇部为背，交合处为安柄的地方，从反面开刃，刻整齐的齿。过去在城子崖发现不少，在龟台和涧沟的龙山文化和早殷遗存中均不得见，是一个值得注意的现象。

日用陶器皿有鬲、豆、盆、甑、瓮、罍、瓶、罐、盂（图一，10～12；图二，11、12）等。鬲片占全部陶片的32%，形式上全器粗矮，宽缘折颈、低裆圆袋足。与此相似的鬲在晚殷遗存中常有发现，而和西周特有的折足鬲不同。

第一期的直口圜底瓮与晚殷的是差不多的。

同时第一期的圜底罍与洛阳中州路西周墓M816所出相同。龟台所见浅盘、把上有节的豆和圈足瓶等，都在西周遗址或墓葬中见过。

这一切说明，龟台的西周文化遗存是具有显著的殷文化性质的，同时又带着鲜明的西周时代的色彩。

三　齐村、百家村

邯郸市区以西5千米左右的百家村、齐村、酒务楼一带是战国时期邯郸西部的一片墓地。我们选择了32座战国墓进行发掘；另外还发掘了1座东汉墓和3座时代不明的墓。

所有战国墓都是竖穴木椁墓。圹限从2.18米×2米至5.8米×4.8米不等。

在墓葬分布的情况中，有 6 座墓特别引人注意，它们是很整齐的两两成对地排列在一起，这似乎是一种夫妇并穴合葬的现象。

墓内的随葬器物一般有陶鼎、深腹陶豆、陶壶各 2 件，陶盘、陶匜、陶碗、小陶壶各 1 件，另外，石圭也常常成堆地被发现。有的墓中还被放置了瓿、尊、罐、鉴、提梁三足壶、双耳三足罐、凫尊、鸟柱盘与筒形器等陶器。比较大的墓中则往往有青铜兵器（戈、剑、镞）、车马器和成套的玉石佩饰出土。

这些战国墓根据鼎、深腹豆、壶、盘、匜、碗 6 种陶器，大体上可以分为三期。第一、第二期又可分为甲、乙两类，甲类是墓坑较大，随葬品比较多和讲究的墓；至于第三期，则只发掘到相当于乙类的墓。

第一期甲类墓的陶器，有如下特征：陶壶的最大径在腹下部，壶盖上带着莲瓣，浑身用朱色画满了单兽、对兽和各种云纹的图案；陶鼎和深腹陶豆的器盖都较矮，外壁有朱绘或墨绘的各种云纹；陶盘较扁，高度在口外径的 1/5 以内；陶匜有的是圜底箕形流的形式，有的略似桃形；陶碗的口部稍内敛，或近似垂直。器形高大，广泛地使用朱绘和墨绘可以说是甲类墓的陶器的共同特征（图四，3、6、7）。

第一期乙类墓的陶器，器形和甲类墓同，但是没有花纹，特别是壶盖不饰莲瓣，比较简陋。

第二期甲类墓的陶器，其装饰情况和第一期甲类墓同，发生了变化的是：陶壶的最大径挪到了腹中部（图四，1）；陶盘的高度比例略大，在口外径的 1/4 左右；陶匜都成了桃形。

发达的暗纹，成为第二期乙类墓的陶器的特色。至于器形，则除了陶匜出现了尾部稍凹入的变化以及陶壶盖上没有莲瓣外，都和同期甲类墓同（图四，2、4、5）。

第三期墓的 6 种陶器，在形态上都和第二期不同：陶壶的最大径又向上移，挪到了腹上部；陶鼎和深腹陶豆的盖部明显地变高了；陶碗成了口、壁向外斜侈的形式；陶盘的高度与口外径的比例，加大到了 1/3 以内；陶匜则变成和同出陶碗差不多的形状。这些陶器的表面，仍然常常可以见到暗纹，但是都十分潦草，甚至不容易看出来（图四，8～12）。

陶壶是这些器物中最易识别的。第一期甲类墓的莲瓣陶壶和传世的赵孟庎壶（或名禹邘王壶）十分接近，不同处仅仅是后者有一对兽耳。赵孟庎壶据考证作于黄池之会（公元前 482 年）后不久，第一期墓的时代可大体上把它定为公元前 5 世纪中叶左右。第二期甲类墓的莲瓣陶壶和传世的令狐君嗣子壶形状相同。嗣子壶据考证是公元前 5 世纪后半叶的作品，第二期墓的年代也就可以定为公元前 5

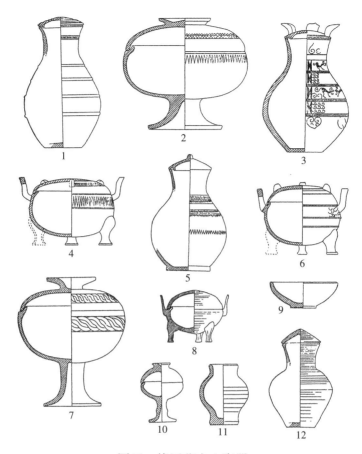

图四　战国墓出土陶器

1、3、5、11、12. 壶　2、7、10. 豆　4、6、8. 鼎　9. 碗
（1~7 百家村，8~12 齐村）

世纪后半叶至前 4 世纪上叶。至于第三期，由于器形变化较大，似与第二期并不衔接。根据近年来发掘，战国末年的墓葬出土物诸特征来比较，第三期墓可能还不到战国末，我们把它暂定为公元前 3 世纪上半叶左右。

［署名邯郸考古发掘队，分别由邹衡（涧沟）、严文明（龟台）、俞伟超（齐村、百家村）执笔。原载《考古》1959 年第 10 期］

《磁山文化》序

　　磁山文化因河北武安磁山遗址的发掘而得名。这个遗址是 1976 年 11 月开始发掘的，不久在河南新郑裴李岗又发现了一个文化面貌相近的遗址。《考古》杂志于 1977 年第 6 期和 1978 年第 2 期分别报道了两个遗址的主要发现，引起了学术界的极大关注。当时我敏锐地觉察到这两个遗址发现的重要意义，立即写了一篇短文《黄河流域新石器时代早期文化的新发现》，发表在《考古》1979 年第 1 期。文章首先提出了磁山文化的命名；指出磁山文化的年代应在公元前 6000 年左右，属于新石器时代早期偏晚阶段，早于新石器时代晚期的仰韶文化；而且由于磁山文化的发现，加深了此前发现的老官台文化的认识，确认它也是属于新石器时代早期偏晚阶段的文化，从而把黄河流域新石器时代考古的研究推进到了一个新的阶段，寻找更早新石器文化和探寻粟、黍旱地农业起源的任务从此正式提到日程上来了。我冒昧地推测这样的遗存应该就在磁山文化和老官台文化的范围内，特别是靠近山麓的地带去寻找。

　　将近 30 年过去了，类似磁山遗址的发现增加不多，而类似裴李岗遗址的发现却大批涌现。人们看出以磁山遗址为代表的文化遗存和以裴李岗遗址为代表的文化遗存确有不少差别。夏鼐先生采用磁山—裴李岗文化一名，虽然还认为属于一个文化，但也注意到两者的不同。有的学者将其明确划分为两个类型，有的学者干脆划分为两个文化。这问题其实还没有最后解决，还要看以后更多的发现来进行斟酌，并且要放到黄河流域新石器时代整个格局中去衡量。

　　关于磁山文化的时代，我在一开始之所以划到新石器时代早期的偏晚阶段，是以把黄河流域新石器文化初步分为早晚两大期为前提的。后来因为发现了更早的新石器文化，再加以更晚的铜石并用时期的确定，所以我在 1987 年提出了一个新的方案，即将全国新石器时代分为早、中、晚三期和铜石并用时期。磁山文化同老官台文化、兴隆洼文化和彭头山文化等一起划归到新石器时代中期。这一方案也已经为许多学者所接受。

　　关于更早新石器时代遗存和农业起源地的探寻问题，由于其后发现的河北徐水南庄头和北京东胡林等新石器时代早期的遗址都比较靠近山麓地带，说明以前的推测还不是不着边际。希望今后还会有更多的发现。

磁山文化的内容是很丰富的，除了上述专业性较强的问题以外，举凡当时的农业、养畜业、渔猎与采集业，制造石器、骨器、陶器、木器以及编织、纺织和谷物加工等各种手工业，还有家庭生活、文化艺术、风俗习惯和宗教信仰等等，都有不少资料可供研究。而一些学术性较强的问题，往往在学者中存在不同的看法。如何解读那些没有文字说明的资料，以及如何理解学术界不同的看法，并不是容易办得到的。而对于广大热爱祖国历史的非专业人员来说又是迫切需要的。为了满足这种需要，一些非专业的作者利用考古资料写了一些通俗性读物。我们看了总觉得过于外行，把一些片鳞只爪有关系没关系的资料串联起来，看起来很圆满，实际是错误百出。这不怪别人，只怪考古专业人员自己不努力。乔登云是一位考古学家，是磁山遗址的发掘者和研究者。他写的《磁山文化》力求用通俗语言来解读非常难懂的考古资料，表达实事求是，很有分寸。清楚的就讲清楚，不太清楚或存在争议的也把事情的原委交代得明明白白，是一本既有学术水平又适合大众阅读的难得的好书，如果插图再弄得漂亮一些就更好了。

（原为乔登云著《磁山文化》序，花山文艺出版社，2006年。后收录在《丹霞集——考古学拾零》，文物出版社，2019年）

环渤海考古的几个问题[*]

一　环渤海考古研究课题的提出与实行

环渤海地区在中国历史文化发展中的地位和作用问题很早就受到学术界的关注，环渤海地区的考古工作也已进行了许多年头。但是把环渤海考古作为一个学术课题提出来并且加以组织和实行，却是从 20 世纪 80 年代才开始的。它是苏秉琦先生提倡的文化区系类型研究的组成部分，是燕山南北、长城内外考古研究课题的自然延伸。这事应追溯到 1978 年，当年苏秉琦先生在山东半岛和庙岛群岛一带考察时，提出那里无论从地理位置还是历史文化背景来说都是很值得注意而尚未充分研究的一个地区，他把渤海形象地比喻为东方的地中海，要我们有计划地在那里开展一些工作。

根据苏先生的这个意见，我从 1979 年起便组织北京大学考古专业的师生会同中国社会科学院考古研究所山东队、山东省文物考古研究所、烟台地区文管会、昌潍地区博物馆和济南市博物馆的有关考古人员对山东半岛北半部即渤海南岸进行了广泛的考古调查和发掘，其中包括对长岛北庄一座史前村落遗址连续多年的大规模发掘，取得了相当的成果。

为了让有关学者及时地了解这些工作的情况，共同研究切磋，交流经验，为进一步的工作提出建议和设想，我们于 1986 年 5 月在烟台和长岛召开了胶东古代文化学术座谈会，苏秉琦先生、张忠培先生以及山东、北京、辽宁等地的许多学者都参加了会议。会上第一次正式提出环渤海考古研究的课题，要求大家有计划地开展工作，并尽量做到相互协调。在此基础上要召开一系列区域性的学术座谈会，烟台的会就算是第一次环渤海考古会议。

此后山东、辽宁、河北、天津等省市都做了很多工作，都有更加重要的收获。所以 1988 年在临淄开了第二次环渤海考古会议，1990 年在大连召开了第三次环渤

---

[*]　本文为 1992 年 8 月 25 日在石家庄举行的第四次环渤海考古会议上的发言。

海考古会议，现在我们召开的应是第四次环渤海考古会议。会议的规模越开越大，讨论的问题也越来越广泛，而且从大连会议开始邀请了外国学者参加，影响也越来越大。证明这个课题抓得好，有力地推动了环渤海地区考古工作的发展。

二　环渤海考古的主要成果

20 世纪 80 年代以来的研究自然是在以前的考古工作的基础上进行的，但是又有许多新的特点：

第一，我们按照区系类型的理论考察了渤海周围的史前和古代文化，认为至少可以分为四个大系统，即渤海南岸的后李、北辛、大汶口、龙山、岳石文化系统，西南岸的磁山、仰韶、龙山和商文化系统，西北岸的兴隆洼、赵宝沟、红山、夏家店下层和上层文化的系统，北岸的小珠山下、中、上到双砣子一、二、三期的系统。每个大系统中又还有小的系统，各系统之间又还有影响、交流乃至替代等关系，形成非常错综复杂的关系。要搞清楚环渤海的民族文化关系史，这种考察是完全必要的。

第二，渤海的存在，对史前文化的交流带来一定困难，但也促进了海上交通的发展。现在看来，山东半岛通过庙岛群岛同辽东半岛的海上交通是发展得比较早的，其他口岸之间则开展得比较晚。这种通过海上交通发展起来的文化交流网络，不仅在渤海范围内，并且延伸到了朝鲜和日本，对东北亚文化的发展造成了很大的影响。

第三，环渤海的特殊的自然地理条件，对开展环境考古学研究是特别有利的，尤其是通过研究海进海退在文化上的影响，已经取得了明显的成果。如果从考古学文化的不同时期进行分析，例如从旧石器时代、新石器时代、青铜时代乃至以后各时期的研究来看也都取得了相当的成绩。大家想一下都很清楚，这里就不展开谈了。由此可见，这个课题的提出确实大大促进了学科的发展，促进了多学科的协作，促进了中外学者间的交流，这是显而易见的事实。

三　对今后工作的一些期望

环渤海的考古工作今后还要做下去。要更加有计划地协同工作。因为这是有许多单位和人员参加的，协调得好可以互相促进，协调不好就可能产生许多矛盾。在工作中有重要发现要及时通报，随时组织参观。过一段时期开个小会，轮流坐庄。人不要太多，只邀请相关的业务人员参加。把发现的考古标本包括全部陶片都摆出来，共同切磋琢磨，分析研究，交流心得，共同提高。不一定发表什么文章和成体系的讲话，会后作个学术总结就行了。这样的会是苏秉琦先生提倡的，过去开过很多，大家感到比较实惠，有收获。如果取得了重大的阶段性成果，可以召开较大的国际学术研讨会。因环渤海考古的问题不但中国学者要研究，外国学者也有兴趣，朝鲜、韩国和日本的不少学者都表示愿意参加，我们应该热情欢迎。必要时有些小型交流会也可邀请他们参加。有些田野考古调查与发掘也可以采取中外合作的方式来进行。

其次是在考古工作中要不断提高田野发掘的水平，积极运用现代科学技术成果。环渤海地区的贝丘遗址特别多，应研究其形成和发展的规律，应努力开展环境考古研究。又如渤海中往往发现一些史前陶器，应开展水下考古和海上交通的研究。还有有史以来的海进海退与生态环境的变化对人类活动的影响等，也需要引用海洋地质学和古生态学的研究成果。相信在努力开展多学科研究的条件下，今后的环渤海考古研究会取得更大的进展。

（原载《农业发生与文明起源》，科学出版社，2000 年）

《内蒙古自治区发现的细石器
文化遗址》读后

几十年来，中国细石器文化的遗址已经发现了好几百处，但是确知为细石器文化的居住址及葬地却发现极少，特别是因为缺乏科学的发掘工作，我们对这个文化的层位关系几乎是一无所知的。正是因为这些问题没有得到解决，使得对中国细石器文化的研究不能取得很大的进展。

我是怀着很大的希望来阅读《内蒙古自治区发现的细石器文化遗址》的，这篇由汪宇平先生执笔而发表在 1957 年第 1 期《考古学报》上的文章，乃是中华人民共和国成立后关于中国细石器文化的第一篇正式报告。它为我们提供了许多新的遗址和线索，有几件比较完整的陶器特别使人感兴趣，且插图很多，这是许多考古报告所不及的。但这个报告仍有一些不能令人满意的地方。

在报告的第 9 页和第 10 页写道："锅撑子山遗址，可分为东西两部：东部的遗址，在山的西北坡的台地上……西部的遗址，是从小河的西岸起，到锅撑子山的南坡和东北坡为止……"这给人一种矛盾的印象：似乎东部遗址反在西部遗址的西北边。因为报告上明明写着"东部的遗址，在山的西北坡的台地上"，人们从行文上来看，只能把这个"山"理解为"锅撑子山"。但实际上这个"山"是指锅撑子山东面的小沙丘；而且这里并不是什么台地，而是由定向的季候风刮成的大致为南北向的许多沙窝。由此我想起，如果在报告中能附上一幅简单的地图该是多么好！

许多地方的叙述未免太简略了。如第 15 页说到土城子村，在那里只采集到罐、鬲及彩陶残片、红陶四耳罐和灰陶碗等，从这些东西中读者无论如何也得不出是细石器文化遗址的结论来。又说遗址内有灰坑和墓葬，究竟它们是什么样子，怎样葬法，随葬品是否只是一个红陶四耳罐，都不清楚。如果它们真是属于细石器文化的，就应当着重地描述，要知道中国细石器文化的墓葬，保存较好且研究也比较清楚的还只有昂昂溪发现的两个，而灰坑在以前是还不知道的事。

又如第 15 页和第 16 页叙述包头转龙藏细石器文化遗址的第八坑时，说从上到下可分为表土、灰层、大砾石层、碎石层及黄沙层，上四层都有文化遗物出土。但在进一步描写遗物时却没有按层次分开，接着提到的陶器、骨器等又不知道出自坑中还是采自地面，抑或两方面都有。研究中国细石器文化的人，在试图分期和推测年代的时候，最感棘手的是没有任何层位对比关系可作依据；现在既然有如此清晰的地层，又为什么不分别详细描述呢？

此外，许多插图画得不够正确，我没有见到实物，只见过部分器物的照片，但有些即使不见照片，只要与图版对照一下就可看出其差别了。

汪先生跑的地方很多，对许多遗址是非常熟悉的，他完全有可能把报告写得更清楚更详细些。作为一个正式考古报告，他应当把全部资料正确而清楚地提供出来，好让没有条件实地调查而又有志于该方面研究的人们能够方便地加以利用。从这个观点来看，我觉得这个报告是不能令人满意的。

（原载《考古》1958 年第 4 期。后收录在《史前考古论集》，科学出版社，1998 年）

在燕山南北长城地带考古专题
座谈会上的发言[*]

　　朝阳地区我是第一次来，来的任务首先是学习，老老实实地向同志们学习。苏先生提出的这个课题，大家都觉得很重要，我也有同感。但是这个课题所研究的范围，燕山南北也好，长城内外也好，我都没有做过工作。不过我对这个地区的考古工作还是很注意的。有关的考古资料，不管是发表过的还是没有发表过的，我都接触过一些。河北省文物研究所和吉林大学考古专业在张家口地区的蔚县一带工作，我去过两次。去年这个时候，也是苏先生召集，在蔚县三关开了一个学术讨论会，我参加了，感到收获不少。这次讨论会应该是上次会议的继续，是同一大课题中的不同方面，资料新鲜，问题也可以讨论得更深入一些。可讲的话很多，我不想占大家太多的时间，后头别的同志还有精彩的发言，我主要谈几点看法，也提一点建议。

　　先说一下东山嘴遗址。我比较早就知道有这么一个遗址，大顺过去有些照片给我看过，具体情况也给我讲过一些，所以多少了解一点。但是百闻不如一见，这次在现场亲自看了以后，感受就大不相同，深刻得多了。我和大家一样还从来没有见过这样性质的遗址，这是第一次，感到新鲜。因为是第一次，在我脑子里自然要首先捉摸两个问题，一个是它的年代问题，另一个是它的性质问题。两个问题是有关联的。如果确定是祭坛而年代并不很早，它的重要性就要降低很多；如果年代虽早而不过是一个一般性遗址，那意义也就不大了。

　　我想，要把东山嘴遗址的性质确定下来，除作一些必要的比较研究以外，首先得把它本身的布局和共出的遗物搞清楚，而要把布局搞清楚，又不能不首先考虑地层关系。因为，如果不从地层关系入手，把不同时期的东西都掺和在一起，就很难说得清楚了。大家一定已经注意到，在遗址后半部分有一个由长方形石头

---

　　*　本文为 1983 年 7 月 27 日在燕山南北长城地带考古专题座谈会上的发言。

砌成的大方框，方框的西边有一个被火烧成红烧土的方形地面，那很像一所房子，但已不大完整，因为它的东部被石头方框打破了。据说房子里面仅仅出土了三块属于红山文化的陶片，这倒是比较正常的情况。一般地说，凡属房屋基址，如果不是屋顶突然塌毁，里面的东西都不会太多。当房子不能再用时，人们会把东西搬走。平常使用时如果不慎打坏了陶器，他（她）会把碎片扔到外边。所以我觉得，那个房子和周围一些含红山文化陶片的地层如果联系在一起考虑，可能是代表这个遗址的比较早期的遗存。

在石头方框子的南面偏东还发现有一座墓葬，尽管没有随葬品，因为是压在含红山文化陶片的地层之下，也应该是比较早的，不能把它同石头方框联系在一起来解释它的意义。例如，假定石头方框内代表祭坛，是否可以认为那座墓葬的死者就是祭祀的牺牲者呢？显然不行，因为墓葬的年代比石头方框还要早些。

对于石头方框子本身也还要从地层上分析一下。方框有两个，外边一个大的，中间还套着一个小的，都用长方形石头砌成。看那些长方形石头都是五面琢平，唯独向方框子里面的那一面不平，可见不是墙，不是单独竖立的墙，倒好像是一个土台子的镶边或者护墙。如果是那样，方框子中间应该填满土，成为一个用石头镶边的方形土台子。有的同志说是祭坛，如果仅是用石头摆放成一个方框就不怎么像，如果是用石头镶边的土台子，那就真有点像了。现在方框子中间的土已经清除，不知道原来是个什么样子，是不是有一个台面，不好随便去猜，还是请直接参加工作的同志去判断。

现在有一个问题，就是中间用石头砌的小方框，假如也是一个小土台镶边的话，那么小土台就应该筑在大土台上，形成一个两个阶梯的台子。就是说，小方框要比大方框高些。但看样子是差不多高，把它说成是另一级台子的镶边就有些不好理解。所以我想，是不是可以从另外一个角度来分析，不是把两个方框看成一个整体，而是看成先后相继的两个台子。早先只有一个小的，后来小的坏了，或者并没有坏，只是觉得太小，要扩大，就在它的周围扩展，做成一个大方土台，把原先的小台子包在里面了。这样不论小的还是大的，都只是一级的用石头镶边的方形矮土台。是不是有这个可能，请大家考虑。我想，如果单是根据两个石头框子基本上处在同一高度就做这种推测，似乎有些勉强。但考虑到南半部的圆形台子很明显有早晚，并且发生了打破关系，那么说北半部的方台子（它跟南半部的圆台子应该是有联系的）也有早晚之分，就不是毫无道理的了。

再说方框子中间的许多大石头，那也是很值得注意的。有两部分，一部分是立着的，另一部分在立石的南边，是倒着的。它们是分属于两个台子，还是共同属于某一个台子的，已经不大好分辨了。

方石头框子（也就是用石头镶边的方土台子）的周围，主要是东西两边，铺了许多小石头，外边似乎有个弧度，而且两边对称，究竟是做散水用还是有什么特殊的意义，不大容易说清楚。但既是在方台子外面，并且东西对称，自然是同方台子有联系的，是整个建筑的有机组成部分。那些小石头里边也有两部分，一部分是原先铺垫的，另一部分是搬动过的。考虑它的形状或边界，应该把搬动过的撒开才行，否则就不容易搞清楚。

遗址北半部的情况大概就是这样。再说遗址南半部的情况。那里主要是一些用石头排列的小圆圈。从北往南数先有一个单个的圆圈，从它往南一点儿，好像是三个圆圈套在一起了，其中只有一个比较完整，另外两个都只剩下半圆形弧，很像是发生了打破关系。几个圆圈的大小都差不多，石头也都没有经过特别的加工。其所以排成圆圈，大概与石头方框的作用一样，是作为一个很矮小的圆土台镶边的。只是这个圆台子比北边的方台子小得多，做得也没有那么讲究就是了。

圆圈或圆形台子既然相互打破，很明显不是一个时期的。也就是说，在同一时期并没有那么多圆台子，而只有一个或两个，最大的可能是只有一个。因为那个单独的圆圈在大小和结构上都和那三个互相打破的圆圈没有显著的差别，位置隔得又近，在不同时期稍微挪点位置是可能的，这并不影响整个建筑的格局。相反如果我们设想同时存在两个圆台子，就很难解释为什么一个圆台一修再修而另一个根本未见重新修造的迹象。

这样分析以后，我们对东山嘴遗址中建筑遗存的发展历史和基本布局就可以有一个大致的轮廓了。最初在北半部只有方形的泥土房子或地面，它本身不大像个祭坛，也不大像一所普通的住宅，当时的人们不大可能在那个小山头上单独盖一所住宅，住在那里是很不方便的。因此它很可能是一座宗教性建筑，人们只是在举行宗教活动时才到那里去一次，但具体怎样使用还是不太清楚。那座墓葬也应该是属于这一时期的。

下一个时期出现石头镶边的小型方土台子，土台子中间立了一些石头。那些石头究竟是什么意思需要研究，不宜于随便同那些不相干的民族志资料相比附。在考虑它的意义的时候要注意它本身的特点：第一，它是用没有加工的自然石头立在台子上的；第二，台子上立的石头不是一块而是有许多块。只有一点大致上可以肯定，就是不论它具体包含着什么样的意义，应当都是与祭祀有关的。遗址南半部的圆形台子此时也应出现了，圆台子周围发现的一些妇女塑像，原来应该是放在台子上的，如果不是全部的话，至少也应包括主要的或者最大型的那一种。

后来祭坛又有相当的扩大。北半部筑起了大方形台子，周围还铺了外边呈弧形的散水，南边仍然是圆形台子。大方形台子周围发现的彩陶筒形器、绿松石猫头鹰形牌饰、猪龙形玉雕等，也都可能是与祭祀有关的。这样一个具有相当规模的祭祀场所，在我国新石器时代考古工作中还是头一次发现，的确是十分重要的。它将启发我们在其他地方寻找类似的宗教性遗迹。

其次，我想谈一下建筑遗存的年代问题，这得从与建筑有关的遗物讲起。遗址里出土的陶片和其他遗物是很丰富的，我们大家都看到了。可以肯定其中绝大部分属于红山文化，但是不是全部都属于红山文化，就还需要分析。比如有四块方格纹陶片，我感到很奇怪。昨天看水泉的陶片，我就想了解一下夏家店下层文化有没有这种陶片，一看基本上也没有。后来在第五层找到几块。这一层可能属夏家店下层文化的早期，里面有一块是大方格纹，东山嘴有一块也是大方格纹，样子很像，上面都没有弦纹。水泉的小方格纹陶片也和东山嘴的接近，只是水泉的上面还有弦纹，东山嘴的没有。依我看，东山嘴的这几块方格纹陶片即使不是夏家店下层文化的，至少也应是本地相当于龙山时代的东西，不大可能是红山文化的。

另外在东山嘴遗址中还有不少黑陶，有些豆形器或圈足盘，也有点像龙山时代的东西，似乎跟一般红山文化的东西不大协调。但过去红山文化的遗址经过大规模发掘的不多，对它的文化特征的认识还很有限。像东山嘴这种遗址出点新鲜东西并不奇怪。所以我也不敢断定那种黑陶豆形器一定不属于红山文化。这个问题似乎可以存疑。

还有，在前半部的圆形台子旁边发现了一件很小的鼎，或者说是鼎的模型，陶质是泥的，灰褐色，我看见后立刻联想到大甸子的小鼎。我这回从承德来，正好在那里看了大甸子的东西，两个小鼎几乎是一样的，但是大甸子属夏家店下层文化。更值得注意的是圆台子旁出的一些小型妇女塑像，陶质陶色也和小鼎一样。当然，不同文化期的遗物中也可以有一些陶质陶色一样的东西，只是形制和花纹不同，不可以单从这一点就断定那些陶塑像也是夏家店下层文化的。

东山嘴还有一些打制的亚腰形石锄，那东西在夏家店下层文化中也是常见的。

我说到这些东西，是想提醒大家注意，东山嘴这个遗址在红山文化以后也还可能有人上去过，并且留下了少量遗物。并不是说东山嘴这个遗址整个儿都是夏家店下层文化时期的。因为这些东西在整个遗址中还不到1%；其余99%以上的遗物如果不同建筑遗迹联系起来考虑，便很难解释人们为什么要把那么多陶器搬到一个不适于平时居住的小山头上。所以那建筑多半还是属于红山文化的。现在的困难是某些似属较晚的遗物，发掘时未曾注意，当然也未能从地层上区分开来。不知是后来偶尔带上去的，还是到那时山上的宗教性建筑还在使用，已经很难判断了。

关于东山嘴遗址，我还想从保护的角度说几句话。遗址上的遗迹比较完整，性质特殊，为国内所少见，应该坚决加以保护，这一点在座的各位都有同感。由于遗址离村子较远，又在小山头上，不会因为取土垫圈或农田水利建设而遭受破坏，保护起来比较容易。我想保护可以有不同的方法，最简单的方法是埋起来，那是不得已的。积极的方法应该是有利于参观和进一步地研究。最好让石头保持原样不动，见土的地方都栽草皮，这花不了几个钱。遗迹周围现在是耕地，水土流失严重，人员和牲畜也常上去，如果围一个铁丝网或者铁栏杆之类的东西，就完全破坏了应有的气氛。听说现在已经把山头买下来了。我看单是保护山头是不够的，最好是把整个小山都买下来，满山栽种树木，郁郁葱葱，把山顶的宗教性遗迹衬托起来，更接近于原始社会那时的环境和气氛。

为了弄清楚东山嘴遗迹的意义和地位，在保护本遗址的同时，要在周围多做点工作，看看各类遗址的分布状况如何，相互间可能是一种什么样的关系。这些资料，以及本遗址的一些资料和器物，不妨在山头下搞个文物保护点陈列起来，搞一个详细的分布图，最好还搞个沙盘，这和孤零零地看一个遗址的感受就会大不一样。

关于东山嘴遗址就讲这么一点看法，下面再谈一点感受。

我觉得，苏先生把辽宁西部、内蒙古东南部和河北北部，包括北京和天津两市的地方划成一个文化区，把它作为一个大的课题来考虑，是很有道理的。因为在这个区域内确实有很多共同的因素，从新石器时代到青铜时代都是如此，到后来出现了一个燕国，这当然都不是偶然的。要把这个地区的考古工作搞出个眉目，真正弄清楚它在我国古代文化发展史上的地位和作用，还需要做很多工作。但这种文化区的分界不要绝对化了，大区中还可以有分区，比如张家口地区和朝阳地区就不大一样，新石器不一样，青铜文化也不一样。虽然都叫夏家店下层文化，具体因素并不完全相同，至少应该再划分为两个或者更多的地方类型。这是一个方面。另一方面，还要考虑这一文化区同其他大文化区之间的关系，辽西同豫西相隔虽然很远，但敖汉旗大甸子出土的一些属夏家店下层文化的鬶、爵等就同偃师二里头文化的东西十分相似，不能说没有一点联系。新石器时代的红山文化同河北南部和河南北部的后冈类型也是有联系的。

这几年，我到山东去得比较多，感到山东的新石器文化和早期青铜文化同辽宁、河北等地也有不少相似的地方。比如红山文化和小河沿文化中的某些彩陶器的器形和花纹母题，就可以从大汶口文化中找到或多或少有些相似的标本。山东新近发现的岳石文化在许多方面同夏家店下层文化相似。例如陶器都以灰黑色为主，胎壁较厚，都有较发达的彩绘，某些彩绘母题也很相像。有些器形也像。还有卜骨都较多，具体做法基本相同，青铜器的种类和样式也差不多。由此可以看出，夏家店下层文化不仅与中原的二里头文化有交往，同山东的岳石文化也是有一定联系的。至于这种联系是直接的还是间接的，密切的还是一般的，相互的还是由一方向另一方传播的，那都是需要做很多研究工作才能说得清楚的。我注意到岳石文化中有许多半月形石刀，而在朝阳地区则产生较晚，是到水泉上层才普遍起来的，好像是接受了岳石文化的影响。夏家店下层文化的显著特征之一是筒形素面鬲，岳石文化中没有鬲，晚于岳石文化的珍珠门类型中有许多筒形素面鬲，只是筒身较粗且多为红陶，夏家店下层文化的是灰黑陶。从这一方面看又好像是辽宁和河北北部影响了山东。

总起来说，划分文化区系类型的问题，看你从哪个角度看，从哪些方面来进行抽象和概括，如果把眼光放大一点，从全局看，可以划分成几个大文化区；如果仔细分析，一个文化区内又可以划分成几个文化或文化类型。文化区或文化类型之间可能有各种不同情况和不同性质的联系。而这种文化分区，不论是大区还是小区，虽有一定的或者说是相对的稳定性，但又不是永远一成不变的；各文化区之间的联系的情况也是经常在变动的。因为社会在发展，考古学文化也在不断发展。在文化的发展过程中有本身的新陈代谢，也有传播，有吸收，有时候会有迁移。如果我们在研究考古资料时充分考虑到这些情况，就可以写出一部丰富多彩的活生生的历史，不是刻板的社会发展史的公式，也不是孤立的考古学文化特征的描述，而是一种能动的、不断发展和变化的、谱系清晰的历史。我想研究考古学文化的区系类型的根本任务就在这里，也许我的体会肤浅甚至有不对的地方，请各位不吝指正。

（原载辽宁省博物馆、辽宁省文物考古研究所编：《燕山南北长城地带考古专题座谈会文集》，沈阳，1986 年。后收录在《史前考古论集》，科学出版社，1998 年）

谱写北方考古的新篇章

内蒙古位于我国北部边疆，幅员广大，宜农宜牧，历史上曾经是许多少数民族聚居活动的地方。从更加广阔的范围来看，内蒙古处在欧亚北方大草原的东端，既是这个极其辽阔的大草原的一部分，又是与南方农业文化区关系最为密切的地带。"天苍苍，野茫茫，风吹草低见牛羊"的迷人景色和草原民族神秘莫测的历史，曾经吸引着许多国家的学者到这个地区探险考察，但是收获甚少。五十年前内蒙古自治区的成立，揭开了这片土地历史的新篇章，从而为正确阐明这个地区的历史及其在中国乃至世界历史上的地位开辟了广阔的前景。

根据历史记载，在内蒙古地区有匈奴、东胡、鲜卑、乌桓、突厥、柔然、契丹、女真、党项、蒙古和汉人等许多民族活动，他们都不同程度地影响了中国历史的进程。但历史记载大多语焉不详，年代越古老，就越显得扑朔迷离。要恢复历史的真实面貌，只有依靠考古学家的小铲。20 世纪五六十年代内蒙古正式成立文物考古机构，开展了有组织的考古调查与发掘。筚路蓝缕的艰辛是可以想见的，其后又受到"文化大革命"的破坏。不论怎样，这时期的工作还是为往后的发展打下了初步的基础。改革开放以来，内蒙古的考古工作一步一个脚印，扎扎实实地发展起来了。同其他地方的考古工作一样，内蒙古的考古研究也是从发现和识别考古学文化，研究各文化的分期、年代、来龙去脉和相互关系开始的。在这一工作稍有头绪之后，紧接着就开展了环境考古和聚落形态研究，很快取得了丰硕的成果，使内蒙古的考古工作在不少方面走到了全国的前列。

现在知道，远在旧石器时代早期就有人生活在内蒙古地区。经过几十万年，发展到新石器时代，这里出现了三个系统的文化。一个是东南部地区的兴隆洼—红山文化系统，以筒形罐为主要特征。由于距海较近，雨量相对较多，所以旱作农业传入较早，文化发展较快，是全国最早孕育文明因素的地区之一。一个是中南部地区，仰韶文化早期的居民在公元前 5000 年左右分两路进入，带来了旱地农业，后来发展为海生不浪—老虎山文化系统。还有一个在从东北、北部到西部的弧形地带，以细石器为基本特征，人口稀少，估计以狩猎为生。进入青铜时代，中南部和东南部分别出现了朱开沟文化和夏家店下层文化，两地的关系也逐渐密切起来，甚至同中原地区的二里头文化也有一定联系。此后气候向干冷期转变，其中尤以西部地区的变化最为明显。人们不得不缩小农业的比重而逐渐向畜牧业转化，一些具有畜牧民族特征的器物开始出现。类似的情况也发生在内蒙古以西的宁夏和甘肃等地。由于气候继续干冷，后来一些民族不得不向南迁移，给中原农业区造成巨大的压力。而另一些居民则向游牧经济转化，其活动领域除向东延伸外，还向北扩展到蒙古国和外贝加尔湖一带，所以这一大片地区的陶器和青铜器的风格十分相近。由于这些从半农半牧状态中分化出来的游牧民族大批进入欧亚北方大草原，当地原有居民也便迅速由狩猎转变为游牧经济。这个地区从此便成了游牧民族纵横驰骋的天下。

游牧民族的特点是逐水草而居，流动性极大，对文化的远距离传播有积极作用。但长期的游牧生活容易养成纵情豪放的性格和勇武善战的本领，一旦气候变恶，水草不丰，便会纷纷南下，对农业民族地区造成巨大的冲击和破坏。因此从战国时代起，中原王朝就不断修筑长城，想把这种破坏性减少到最低限度。不过长城并不会隔断两边的来往，中国历史上仍然有一些游牧民族或半农半牧的民族入住中原或黄河以北的地区，也不断有汉族戍边、和亲或以其他方式进入草原地区。游牧民族通过这种关系不断地从农业民族那里得到经济上的补充和文化上的提高。这些事情很多是在两大经济文化区接壤的地带进行的，内蒙古正是处在这一地带，可见其地位的重要。过去研究游牧民族的历史，总想到他们活动的腹地去探险。由于草原民族居无常处，留下的遗迹极少，很不容易找到；偶尔碰到了，也不容易进行科学的解释。像内蒙古这样的接触地带，原来是游牧民族的祖居地和日后经常与农业民族发生关系的地区，因而留下了丰富的考古遗迹。由于人口相对较少，开发程度远不如农业文化区，所以考古遗迹的保存状态也特别好。在这里进行考古，有得天独厚的条件。内蒙古的考古学家们正是看到了这一特点而紧紧把握不放，从而找到了一把解读北方草原游牧民族历史的金钥匙，取得了一个又一个重要的成果。本书收集的文章有关于史前考古的谱系和岩画等专题研究的，有关于青铜文化研究的，还有关于匈奴、鲜卑、辽、金、元、西夏以及中原王朝设置的郡县和边防的遗迹遗物的发现与研究方面的，内容十分丰富。读者可以从中了解北方考古的新成就和新进展。我借此机会向内蒙古的同行们表示祝贺，祝愿他们在今后的工作中不断取得新的成就，不断谱写北方考古的新篇章。

［原载《内蒙古文物考古文集》（第二辑），中国大百科全书出版社，1997 年。后收录在《农业发生与文明起源》，科学出版社，2000 年］

红山文化五十年[*]

　　让我在这里发言，实在是勉为其难，因为我对红山文化没什么研究。在座的有很多学者对红山文化都有很深入的研究，做过很多工作。比如说在座的郭大顺先生，主持过东山嘴和牛河梁遗址的发掘工作，对红山文化有很深刻的见解。刘国祥先生是后起之秀，也有很多独到的研究。让我发言大概是因为在座的各位中，我是最早到红山遗址做考古发掘的。那是 1956 年暑期的事，我还是北京大学历史系考古专业的学生，跟着著名的考古学家裴文中先生到内蒙古进行考古实习。我的发掘很有限，但是让我第一次懂得了什么是红山文化，什么是田野考古。可以说，赤峰是我学习田野考古和新石器时代考古的发蒙的地方。所以我每次来赤峰，总是有一种特别亲切的感觉。

　　今天这个会是第三届北方文化学术研讨会。第一届开会时我来了，主持人是苏赫先生，他是我的老朋友，长期负责赤峰地区的文物考古工作，可是今天见不到他了。参加第一次会议的还有中国社会科学院考古研究所的刘观民先生，他作为内蒙古考古队的负责人在赤峰地区从事田野考古发掘工作多年，成就卓著，可惜也已经作古。今天开这个会很自然地想到他们，音容宛在，难以割舍。讲这些不是伤感，而是不要忘记过去，不要忘记已故学者的贡献。学术是有传承的，今天的研究是在以前研究的基础上进行的。今天条件改善了，资料积累多了，方法也改进了，可以研究得更好，水平更高，但毕竟还是以前工作的继续。这次会议来了这么多代表，我没想到，原来通知说是 35 人的规模，现在是 80 多人，济济一堂，说明我们的事业兴旺，相信会有很多精彩的高水平的报告。我的讲话就当是一个开场白吧。

　　红山文化命名的正式提出至今已经整整五十年了，至于红山遗址和红山文化遗存最初发现的时间更长，到现在已将近一个世纪。在这么长的时期里，对红山文化的研究经历了几次大的变化和发展，大致可以分为三个阶段：

　　第一个阶段可以叫作探索期或摸索期，大约从赤峰红山遗址的发现到 20 世纪 50 年代初，有一些零星的调查和发掘，也出了一些报告，但一直没有把它作为一

---

　　*　　本文为 2004 年 7 月 24 日在内蒙古赤峰学院红山文化国际学术研讨会上的发言。

个考古学文化来理解。日本学者提出了赤峰第一期文化，只是就遗址来讲。他们把红山后遗址分为第一期、第二期，我们现在讲的红山文化相当于第一期。比红山遗址发掘还早的锦西沙锅屯遗址中也有与红山第一期相同的遗存，可是发掘者不恰当地把它划归到仰韶文化的范围了。梁思永在林西西山也发现过同类遗存。有的学者把它划归细石器文化的一期，或者说是细石器文化与仰韶文化的混合文化。总之还没有把它当作一个有自身特征的、有一定分布区域和自身演变过程的独立的考古学文化对待。人们对这个文化有些接触，有些认识，但是认识不到位，所以把这一阶段叫作红山文化研究的探索期。

第二个阶段是确立期。1954 年尹达根据梁思永先生的意见，提出了红山文化的命名。此后一直到 20 世纪 80 年代之前，把这个文化确立下来，对这个文化的基本特征有了比较准确的认识；由于早于红山文化的兴隆洼文化和赵宝沟文化以及晚于红山文化的小河沿文化的发现，还有碳-14 年代的测定，相对年代和绝对年代都明确了；多年的调查把分布范围基本上弄清楚了；同周围文化的关系也大体上知道了。这样作为一个考古学文化的一些基本要素都确立起来了。所以把这个阶段叫作红山文化的确立期。

第三个阶段是发展期或转变期。从 20 世纪 80 年代开始，有一个重大的转变，这个转变可以从东山嘴的发掘开始算起。辽宁省文物考古研究所在喀左东山嘴的一个小山头上发现了成组的祭祀性遗迹。1983 年 7 月，在苏秉琦先生倡导下，在朝阳开了个小型研讨会。郭大顺介绍了东山嘴发掘的情况，并且带我们到遗址上进行了实地考察。大家都感到很惊讶，红山文化怎么会有这么大的祭祀遗址？中原地区做了那么多工作，怎么就没有发现这样的遗址呢？会上大家分析中原地区之所以没有发现，大概是因为人太多了，开发、破坏太厉害，所以保存不了。在内蒙古地区人口不是太多，农田水利等建设工程相对较少，这类遗址就可能保存下来。大家对内蒙古考古的期望值一下子提得很高，觉得有些重要问题在中原难以解决的，也许在内蒙古可以解决。我们还想，既然东山嘴有这样祭祀性的遗址，那么它的主人的住地就不一般，应该好好去找。结果是与东山嘴相应的住地没有找到，却有了更加重要的发现。就在那次会后不久，也就是在同年的 10 月，辽宁省文物考古所的业务人员在凌源、建平两县交界处的牛河梁遗址发现了包括女神庙、祭坛和多处大型的积石冢等，不但前所未见，而且规模之大和规格之高几乎超出了人们的想象。随之在考古界兴起了探讨中国文明起源的热潮。其实牛河梁遗址早在 1942 年佟柱臣先生就调查过，只是不知道有那么大，不知道有那么多重要的内容，也弄不清楚它的文化性质。1981 年的调查虽然有所进展，也还没有引起足够的注意。由于东山嘴的发掘和朝阳研讨会的召开，才启发对牛河梁遗址的详细考察和重新认识，进而导致对红山文化认识的重大转变和飞跃。从那以后直到现在，可以叫作红山文化研究的发展期。

现在我们认识到，红山文化主要分布在燕山地区的老哈河中上游和大凌河中上游，即内蒙古的赤峰地区和辽宁的朝阳地区，其边界北过西拉木伦河，东到下辽河西岸，南到渤海之滨，西达河北省的围场，面积约 15 万平方千米。它是继承当地的赵宝沟文化而发展起来的，大约也继承了富河文化和西寨文化（它是分布于河北省滦河流域，与赵宝沟文化大略同时并且有密切关系的，或可以视为赵宝沟文化的一个地方类型）的部分因素，在发展过程中又受到了仰韶文化的强烈影响。其年代经过碳-14 测定和适当调整，大约在距今 6500 年至 5000 年之间，一般可分为早晚两期或早中晚三期。

红山文化的陶器明显分为两大类，一类是夹砂灰褐陶，一类是泥质红陶。还有少量泥质黑陶，那大概是继承赵宝沟文化的泥质黑陶而发展下来的。夹砂灰褐陶多筒形罐，多饰压印之字纹和划纹。而筒形罐和压印之字纹从兴隆洼文化开始，经赵宝沟文化到红山文化，还有富河文化和西寨文化等，都是普遍流行的特征，是燕辽地区史前陶器的传统形式。只不过红山文化的筒形罐多口大底小，腹部较浅，之字纹也稍有变化。其他器形和纹饰则跟赵宝沟文化有较大差别。泥质红陶中多盆、钵、罐，且多饰黑彩，这些器形和某些花纹分别与仰韶文化的半坡期晚段、庙底沟期和内蒙古中南部的海生不浪类型等相似，明显是受到了仰韶文化的影响。但是有些泥质红陶和彩陶上也饰篦点之字纹的情况，仍然反映了本地传统的风格。至于在祭坛和积石冢等处发现的大量彩陶筒形器，则是红山文化独有的最具特色的器物。

红山文化的石器跟赵宝沟文化一样，也可以分为磨制石器、打制石器和细石器三大类，只是磨制石器更为发达，特别是翻地的石耜（过去称为石犁）和磨谷的石磨盘、石磨棒远比赵宝沟文化为多，说明农业有比较大的发展。而细石器的多见则是长城以北新石器文化的普遍现象，说明那时狩猎经济仍然占有重要的地位。红山文化中已发现个别小型的铜器，说明至少在它的晚期已经进入铜石并用时代。

红山文化的玉器早有发现，但是长期被误认为是所谓周汉玉器。20 世纪 80 年代初孙守道、郭大顺首先确认红山文化有玉器，并且与辽河流域的原始文明联系起来，在学术界引起很大反响。这一论断后来被大量考古发现所证实，从此关于红山文化玉器的研究，便成为探索中国早期玉文化的发展乃至中国文明起源的区域性特征等方面不可或缺的重要内容。

红山文化时期文化的发展，可以从聚落遗址的大幅度增加及其规模的变化窥其端倪。过去在敖汉旗的调查，发现年代最早的是小河西文化，遗址只有少数几处，兴隆洼文化和赵宝沟文化的遗址各有 60 余处，红山文化遗址一下子增加到

500 多处。20 世纪七八十年代之交在辽宁朝阳地区一带普查时，也发现红山文化遗址近百处。最近中美合作在赤峰西部展开拉网式的调查，在 765 平方千米的范围内发现兴隆洼文化遗址 14 处，赵宝沟文化遗址 29 处，红山文化遗址达 160 处，小河沿文化遗址只有几处。显然红山文化时期出现了一次飞跃式的发展，到小河沿文化时期就走下坡路了。由于各地考古调查的方法和深入程度不同，发掘的面积又十分有限，没有一个遗址是经过比较全面地发掘的，因而整个红山文化聚落的情况并不十分清楚。只知道不少地方的遗址有聚集成群的现象，有的似乎是围绕一个祭祀遗址形成聚落遗址群。一般遗址只有几千平方米，较大的有几万平方米以至几十万平方米。内蒙古巴林右旗的那斯台遗址有 150 万平方米，有许多房屋基址，有多达七八座陶窑的制陶作坊遗址，地面上还采集到许多石雕人像和成百件玉器，显然是一个中心聚落，可惜遭到了严重的破坏。敖汉旗的西台遗址有两个互相连接的环壕聚落，是唯一经过大面积发掘的遗址，详细资料至今没有发表，具体情况不明。中国社会科学院考古研究所内蒙队发掘的兴隆沟遗址第二地点，我去看过，保存得很好，地面上的一个个黑圈都是房子的遗迹，有将近 100 个，外面有环壕，至少是一个中型聚落。赤峰市以东的毡家地遗址有双重环壕，地面暴露的房址有 200 座以上，显然也是一个中心聚落。调查的材料虽然有限，不足以反映红山文化聚落形态的全貌，但至少可以看出与兴隆洼文化和赵宝沟文化的明显区别，说明红山文化的社会已经有了明显的发展和内部的分化。

红山文化的墓葬虽然时有发现，但都很零散，至今没有发现像黄河流域和长江流域新石器文化中常见的大型墓地。较早的墓葬见于林西白音长汗和巴林右旗洪格力图等处，都在山坡顶上。前者有 7 座积石冢，后者也有几座积石冢，其中个别墓有石椁，随葬器物很少。较晚的墓见于阜新胡头沟、喀左东山嘴、敖汉四家子、朝阳市郊、北票和河北平泉等地，也都是积石冢，一个冢子有一座墓或几座墓。把这些墓葬加起来也不过百座左右，同红山文化数以千计的聚落遗址，一个遗址有数十上百座房址的情况相比较，简直太不相称了。推测当时还应该有较多较大的墓地，而埋葬方式也不一定是积石冢，因而比较难于发现。

在红山文化的墓地中最突出的要数凌源和建平交界的牛河梁墓葬群。这个墓葬群分布在牛河梁的各个山梁和山坡上，覆盖面积达 50 平方千米。单是中心区约 10 平方千米的范围内就有 12 处之多。每一处有一座或多座积石冢，以一座者为多。而第二地点则可能有十多座积石冢。从第二地点和十六地点的情况看，明显有相互叠压和打破的关系，说明是在先后不同时期埋葬的。最早的积石冢应该是第二地点的"筒形器墓"，共有 6 座，每冢一墓，埋一人。有的墓有石椁，周围砌石头和筒形彩陶器，冢上积土积石，直径约 6～7 米，规模较小。这种墓仅见于第二地点。晚期的积石冢规模明显扩大，有圆形、方形和长方形等各种。按照逻辑应该以圆形冢较早。第二地点的四号冢实际上不止一个冢，可能先后有五个冢相互叠压打破，较早的是位于东北部的圆形冢，其次是西北部的圆形冢，再次是西部的长方形冢，该冢分南北两格；东部有两个长方形冢，因为没有发掘，相互关系不明。从这些情况来看也是圆形冢比长方形冢较早。长方形冢有横长方形的如第二地点的一号冢，有竖长方形的如第二地点四号冢和五号冢。一号冢有两个中心墓东西并列，四号、五号的长方形冢南北分格，也可能是为两个中心墓而设计的，因为没有发掘完毕，情况不明。晚期圆形冢的直径多在 17～20 米，中间有一个大型石椁墓，有的还附带若干小墓。外围砌石圆圈，紧贴石圆圈有一圈或两圈彩陶筒形器。有的冢有两三层石圈内收成台阶状，上面垫土积石，十分壮观。方形或长方形冢的筑法与圆形冢相同，方形冢约 18～20 米见方，长方形冢宽约 20 米，长 30～50 米不等。除中心大墓外，有的还有若干中小墓葬。例如第二地点一号冢南部就有四排 20 多座墓葬。

所有积石冢都有中心墓，说明积石冢本身就是为中心墓的死者而建造的。其余中小墓多是在积石冢建成以后陆续埋葬而形成的。中心墓一般随葬玉器，其余中小墓有些也随葬玉器，个别的甚至比中心墓的玉器还多。说明其死者的地位并不很低，也许与中心墓的死者是属于同一家族的成员。但为什么有的家族的死者继续埋在牛河梁，有的家族没有，这个问题暂时还说不清楚。还有那些中小墓的情况也多有不同，如何解释也还是个问题。

我们之所以要特别注意牛河梁，是因为在 50 多平方千米范围内至今没有发现居住遗址，即使在 50 平方千米范围以外，也没有发现一处大型居住遗址可以与牛河梁墓葬群相匹配。在整个红山文化中有如此高规格的葬地者至今只发现牛河梁一处；从多次调查的情况来看，大概也不大可能发现第二处。因此牛河梁应该是红山文化中各个部落首领及其家族的共同墓地。这里的积石冢有很多一致的地方。比如说，它大体上都有一个中心大墓，周围用石头砌成圆形的或方形的边框，有几个台阶，然后上面垫土铺石头，周围摆放一圈或两圈筒形的彩陶器。每座积石冢的营建都要动员大量人力，还要有专门的石工（砌边框的石头往往经过琢制，砌椁室的石块也经过一定加工，有的中心墓还要开凿基岩）、陶工（做彩陶筒形器），修成后从外观看非常气派，充分显示墓主人的权威。但一般中心墓只随葬不多的玉器，不像黄河流域和长江流域一些贵族墓那样随葬大量显示财富的珍贵物品。假如一个积石冢内的各墓属于一个家族，那些中小墓不但没有许多显示财富的随葬品，也没有显示个人威权的特殊冢墓，只是从属于为中心墓主人所建的大积石冢。那么这个家族就很难说是一个人人都很尊贵而富有的家族。当然，玉器和大量彩陶筒形器也可以视为一种财富，不是任何人可以拥有的。但彩陶筒形器是专门为积石冢而造的，是无法同他人交换的。玉器是否可以交换也难以确定。它们同积石冢一起更多地表现为一种支配他人的权力，而不是具有交换价值的财富。这似乎说明红山文化还没有显著的而只有非常初步的贫富分化，还没有形成一个拥有大量财富的贵族阶层，却发生了权力的高度分化与集中。这是红山文化社会的一个明显的特点。红山文化的玉器种类较多，其中最有代表性的有三样：一样就是叫猪龙或熊龙的器物，造型抽象而模式化，可能是红山文化人们共同信仰和崇拜的圣物；第二样是箍形器；第三样是勾云形器。但是并不是每个中心大墓都有这三种玉器，有的完全没有。其他玉器多是佩饰，各墓也不大一样，出土位置也不固定。考虑到有些居住遗址也出玉器，特别是北部的遗址出土较多。从这些情况来看，红山文化中谁应该拥有玉器，应该有什么样的玉器，似乎还没有一定的制度，这也反映出红山文化社会特点的一个侧面。

牛河梁除有许多墓葬外，还有所谓女神庙和巨大的祭祀平台等宗教性建筑。女神庙的规模并不很大，但规格甚高，形状奇特。半地穴的房子墙壁上有压印的花纹和紫红色与白色的彩绘。发掘工作只开了个头，只有局部挖到底了，大部分仅是浮面做了清理，就发现有属于七个个体的泥塑"女神像"残块。如果发掘完毕可能会有更多的发现。这些塑像的个体很大，大的有一个人的三倍，小的也和真人差不多大，一般是坐像，背部粘贴在墙壁上。此外还有很大的动物塑像，包括"熊龙"的吻部和鸟翅鸟爪，鸟爪比我的手还大。那么多巨大的个体放在一个庙里面，剩下的空间一定不多，只能有极少的宗教领袖或法师进去参拜祈祷和接受"神谕"。这女神庙便成了牛河梁乃至整个红山文化中最庄严和神秘的处所。而那些法师或宗教领袖便由此获得了无上的权威。

紧靠女神庙的北边有人工修筑的大方台，已经残缺不全，看起来像是东西两个并列，西边一个的北边似乎还有一个，总面积约 4 万平方米。方台子的边缘都用大石块砌筑，工程量相当大。台上有一些似与祭祀有关的坑穴。方台子的北边发现有红烧土堆积，其中有建筑构件和人形神像的残块，还有不少陶祭器。推测附近应该有另一座庙。两座庙和方台连在一起便构成了一个宗教活动的中心。在这个中心的周围还有一些似乎与祭祀有关的坑穴，里面发现有许多特殊的陶器和兽骨。整个中心的位置居高临下，所有积石冢应该都是围绕它而安排的。前面说过，这些积石冢的死者应该是分布在各个地方的部落首领及其家族的部分成员。可是这种大型的积石冢不光牛河梁有，其他地方也有，不过每个地方多只有一座。胡头沟经过第二次发掘，知道也是一个方形积石冢，规模不次于牛河梁的方形冢。是不是离牛河梁比较近的，而且关系比较密切的部落首领才可以埋在牛河梁，而其他没有这种关系的部落则不可以？如果是这样，那就是以牛河梁为中心的各部落共同建设了一个巨大的宗教圣地和显贵人物的坟山。他们显然结成了一个更高级别的组织，这组织至少是一个颇大的部落联盟乃至酋邦，即所谓建立于公社基础之上而又高于公社组织的社会结构。至于其他地方以积石冢或大型中心聚落（如那斯台）为代表的各个部落，从其对首领的埋葬方式和所用玉器的样式等方面来看，应该与牛河梁有同样的宗教信仰和崇拜方式，只是没有形成这么大和这么高级的社会组织。即使有较小的部落联盟或酋邦，也没有达到牛河梁的发展水平。这说明红山文化本身的社会发展也是不平衡的。

由此看来，红山文化的社会跟东部沿海的大汶口文化或良渚文化的模式显然不同，仰韶文化究竟是个什么样的组织结构虽然说不清楚，反正跟红山文化也不一样。过去一般都以为燕辽一带是北方地区，生态环境不如黄河流域和长江流域，经济文化和社会发展水平应该稍微低些或滞后一些，现在看来似乎有点估计不足，所以苏秉琦先生说红山文化是一个建于公社基础上而又高于公社组织的社会结构。有些人接受不了这个观点，认为你说的女神庙不就是母系氏族社会吗，你又说建立在公社基础上，又高于公社，那不就是国家了吗，母系社会怎么会有国家？拿这些老的框子去套，当然是套不上。但是我想，我们研究考古学，依据考古资料来研究古代社会，应该根据实际情况，不应该拿框子去套。不用说中国的情况跟外国不大相同，就是中国不同地区的情况也有差别。中国文明的起源也不只发生在一个地方，各地在文明起源的进程中虽有不同程度的联系，但因各自的文化传统不同，所处自然环境与人文环境不同，总是带有自己的特色。经过相互碰撞、交流与融合，最后才汇总在一个中华文明的大熔炉里，成为中华文明的重要组成部分。牛河梁虽然是在红山文化的晚期，距今只有 5500~5000 年，这年代其实并不很晚。即使从世界范围最早的文明起源这个角度来看，它也是相当于埃及、西亚古文明的前夜，这很不简单。我记得过去联合国教科文组织派了英国剑桥大学的两位教授看了牛河梁遗址以后，就说在人类文明起源阶段，像这样大规模和高规格的遗迹应该算得上是世界级的。因此我们要很好地保护它、研究它，研究它本身的特点和发展演变的机制，研究它对往后中国文明的发展所起的作用，以及它对整个东北和东北亚文化发展的深远影响，从而把对红山文化的研究提高到一个新的水平。

（原载《红山文化研究——2004 年红山文化国际学术研讨会论文集》，文物出版社，2006 年。后收录在《中华文明的始原》，文物出版社，2011 年）

拓展视野，继往开来[*]

大会要我做学术总结，我这个发言谈不上总结，谈点感想。记得第一次红山文化学术研讨会是 1993 年 8 月 12 日在赤峰召开的，到现在整整过了二十年。我应苏赫先生的邀请有幸参加了那次会，今天在会上还特别把我在那次会上发言的情况放映出来了，非常感谢。那个会开得很不错，是一个很好的开头。我感触很深的是赤峰把这件事情坚持下来，连续开了八次会议，这次是第八届红山文化学术研讨会，一次比一次有新的内容，有新的发现和新的研究成果。在全国来讲，没有第二个考古学文化能做到这样。这首先是因为红山文化的考古工作不断有新的进展，与红山文化相关的考古学文化也有不少新的发现，使我们的研究材料越来越丰富，思路越来越宽广，研究方法也有不少改进。赤峰市政府和赤峰学院把这件事情坚持下来，花了很多力量来组织，实在是很不容易的。外面的反响也很好，不但国内很多单位的学者来参加，国外也有很多学者来参加，进行广泛的学术交流，同时还出版了不少学术著作。所以这是一个非常成功的连续性的学术会议。

任何一个方面的学术研究，往往不是一次完成，总是要有传承的。学术研究又必须不断地有新的研究内容、新的研究方法和研究成果，也就是说要不断创新。前不久，有两位中国社会科学报记者到我家采访。我当时谈了一些从事学术研究的情况和体会，他们觉得很好，最后还一定要我题词，我就提笔写了这么几句话："学术有传承，发展靠创新。传承知根脉，创新是生命。"我是有感而发，因为现在有一些所谓研究根本不注意传承。人家过去都讲过了，他又来一次，而且讲得还没有人家讲得好。学术浮躁是当前的一大病根，所以我特别强调学术研究是要有传承的。红山文化几十年，每一个阶段都有一些新的研究成果，我们应该在那个基础上前进，不是从空地上前进。学术有传承就能知根脉，知道这些说法是怎么来的。哪些是正确的，要肯定；哪些还有问题，要继续研究。传承不是吃老本，

---

* 本文为 2013 年 8 月 13 日在第八届红山文化国际学术研讨会上的总结发言。

总该有点新的发现、新的创造、新的研究成果。要发展就得靠创新，创新才有生命。我觉得红山文化的研究历史就是这样，既注意了学术的传承，也注意了学术的创新。这次会，原来想邀请更多国外的学者。我知道有一些以前来过的外国朋友这次也是想来参加的，不知道为什么没有来，他们可能有他们的一些事，这没有什么关系。我更高兴的是每一次会都看到了一些新的面孔。要发展就不能只靠那些老先生，总是那么几位老先生唱老调不行。一定要有一些新的面孔、新的学者参加进来。年青一代不断地成长，我们的学术才有前途。就这方面来讲，我觉得这次会还是很不错的，在组织上也做得很不错。当然，任何学术讨论会或者学术研讨会，总会有不同的观点，不同的学术见解。中国在战国时期就出现了百家争鸣，思想活跃，学术昌明。这是非常好的一个传统。虽然并不是什么时候都能做得很好，但是我们还是应该发扬这个优良传统。这次学术讨论会有很多学者参加，当然水平也不一样。有的确实有很高的水平，大家很受教育；有的水平不一定很高，也有自己的见解。但是我们会议的组织者和参与者都是非常尊重每一位学者的。大家都是虚心地听、认真地听、认真地提意见。这一点做得很好，我也很欣赏。

红山文化的研究今后还要继续下去，我们应该朝着什么样的方向前进呢？红山文化到底在中国的史前文化中处在一个什么样的地位，自己有些什么样的特点？它对周围的文化，对全国文化的发展乃至于周边别的相关邻国文化的发展起过什么样的作用、有什么贡献？都是我们应该继续研究的课题。总之要有全局观点，又要做比较研究。我第一次参加讨论会的时候，就提出了一个中国史前文化发展三系统说，把中国史前文化划了三个系统，一个是鼎文化系统，大体上是在中国的华中和华东地区，以长江流域为主。那是最早出现陶鼎的地方，以后鼎也长期作为最主要的炊器。第二个是鬲文化系统，主要分布在华北地区。那里在仰韶文化以后就出现了陶鬲，到商周时期更成为一个非常流行的标准器物。但有意思的是，再发展下去，鼎鬲合流。原来的鼎文化区也出现了很多陶鬲，鬲文化区也出现了很多陶鼎乃至青铜鼎，而且在青铜礼器中最尊贵的就是鼎。我当时提出这个问题，我们中国文化怎么会这么发展呢？因为我们追溯先商文化或者是先周文化的时候，基本上都是用陶鬲做炊器，很少有陶鼎。但是，到了他们建立王朝成为统治阶级之后，就把铜鼎拿过来当作礼器、当作最高等级的代表。他们把鼎捧得那么高，而自己传统的鬲仍旧做一般的炊器，这个现象很值得注意。著名历史学家翦伯赞先生过去专门写过中国的鼎鬲文化的文章，他认为中国商周实际是不同文化的融合，主体就是鼎鬲文化。我在赤峰开会时谈到这个问题，想到中国不止有两个文化系统，还应该有个大的文化系统，可以叫作罐文化系统。为什么我想到要有一个罐文化系统？因为从小河西文化起，经过兴隆洼文化到赵宝沟文化，然后到红山文化，都是以筒形罐为主要炊器。在那么长的时期，传承的都是那种直筒形罐，这是非常清楚的。你如果把眼光再放大一点，整个东北地区，乃至俄罗斯的东西伯利亚和远东区、朝鲜半岛和日本全都是这种陶罐，只是底部的形制有所不同。这是很大的一个文化区，而这个文化区的中心可能就在赤峰地区。赤峰地区的这个文化系统继续发展，到后面就出现了东胡、鲜卑，它们在中国历史上扮演了非常重要的角色。当然，研究一个所谓系统的时候总会有不周全的地方。不是说这样三个圈一划，就把中国的文化整个包括进来了，但是有些地方即使包括不进去，也跟这三个系统存在或多或少的联系，所以说这是主要的三个文化系统。三个文化系统的竞争、融合与发展，构成了中国古代历史的主要内容。

我现在为什么又提到这件事呢？我们在研究红山文化的时候，注意了红山文化的传承，它有个前红山文化、后红山文化，我们也应该注意红山文化的周边，也就是它跟周边文化的关系。在这次会上注意到一些什么事情呢？一个，注意小米、糜子怎么样在敖汉旗最早发生，然后又怎么传到欧洲去了。过去我们总是注意小麦怎么样东传，没有注意中国有什么谷类作物向西传，还能传到欧洲去？这是根据现在的一些线索做的一种设想。是不是那样？以后恐怕还得要多找一点证据。但是，欧亚北方，这是一个大的文化区，它有很多的文化交流，我已经注意到在这一地区各个考古学文化的石人、陶人、玉人中，红山文化聚落的人在所有的文化里做的人像是最好的。形态逼真，材料用得也很多，而且接近人本身大小。别的文化也有人的造像，比如说仰韶文化、良渚文化，湖北石家河文化也有，但他们都把它模式化、神化，好像离真实的人比较远。我就想到当时在东山嘴发现陶塑人，俞伟超先生很兴奋，说我们等了三十年啦。这种人像欧洲把它叫作妇女雕像，其实绝大部分不是雕而是塑。如果我们把目光放得再远一些，整个北方，比如最近陕北发现了很多的人的雕塑。郭物写了一篇文章，把它跟整个欧亚北方文化联系在一起，他认为不是一个局部现象。我想，红山文化的这些人体造像可以把这个连在一块。我还想到另外一点：西亚和埃及在陶器产生以前和陶器产生以后的一段时期，曾经用很多的石容器，包括石罐和石钵等。其实中国也有石容器，在赤峰周围的地区，兴隆洼文化就开始有了，红山文化也有。从这个角度来讲，也可以把红山文化跟欧亚北方地区的文化联系在一起。什么意思呢？就像郭大顺先生讲的，要从世界的视野来研究中国的红山文化，看待红山文化的研究。我们要打开这个窗口。这样我们以后的研究会更加深入，对于红山文化在历史上的地位及意义，我们会看得更加清楚。

关于现代科学技术的应用，在这次会上也有相当的反映。不管是研究玉器还是研究别的文化因素，都应用了现代的科学技术。农业的研究也是这样，农业过去的研究非得找出什么种子来，现在还可以研究淀粉粒或植物硅酸体等，可以有很多新的手段。这是我们学术发展有新的生命力的表现。选择这么一条路走下去，我想，我们对红山文化的研究会越来越深入，越来越清晰地了解它的重要地位。这是我的一些感受。

最后，我希望这次会议后能够把大家的发言和提交的论文整理出来，编成文集正式出版，让学术界有更多的人了解红山文化。参加这次会议的学者也有研究历史的，研究世界史的，不完全是研究考古的，这是好现象，我们的文集中当然要包括他们的文章。除了出版会议文集，还应该出一些综合性和通俗性的著作。过去也做过一些，我们的于建设先生就写过红山文化研究的著作，受到学术界的好评。今后希望再坚持下去。

（原载《丹霞集——考古学拾零》，文物出版社，2019年）

在内蒙古西部原始文化座谈会上的发言[*]

　　我到内蒙古有三次，到呼和浩特连这次才是第二次。上次是 1963 年，整整 21 年了。记得当时我在这儿看到的一些材料，主要是在托克托、清水河那些地区调查的一些材料。在那个时候尽可能地分，也就是把仰韶这个阶段的，能分一个类似半坡的，类似庙底沟的，另外有一个晚期的。当时我们想，海生不浪那个地方好像比较集中一点，能不能叫一个海生不浪类型？最后好像还有一点，那就分不太清楚了，估计是龙山，或者比龙山再晚一点的东西。那都是些调查材料。这次来一看，情况有很大的变化，特别是在相当于龙山和龙山以后的这一个阶段，工作做了很多，有的也分得很细致，我应该很好地学习，可惜看的时间很短，来不及消化，有的东西自己也还没有看到。没有学好，今天下午的答卷也不可能答好，只能谈一点粗浅的印象。我声明谈的只是印象，如果有错误，谈得不对的地方，具体做工作的同志也好，同来开会的一些很有学识的来宾也好，都希望能给我纠正。

　　先讲一下我对仰韶这个阶段的一些粗浅的看法。在这里摆得相当于仰韶文化阶段的东西不是很多，我个人看法主要有这么几类：

　　第一类主要是阿善第一期。陶片很少，主要有几种有特征的东西。第一种是小口壶，它的口部像尖底瓶的口，但下面膨得很大，明显不是尖底瓶。这种器物若是复原的话，可以是平底的，也可以是圜底的。第二种是宽带纹彩陶钵，宽带的彩色有红的，也有黑的。第三种就是盆，浅腹，窄缘，这种盆和仰韶文化的半坡类型，或者在东边的所谓后冈类型这个阶段的器物都较接近。第四种是夹砂罐，夹砂罐的口沿翻得很小，整个上腹部都是弦纹。基本上就是这几样东西。这几样东西如果跟别的地方相比，最接近的是河北，或者山西的中部到北部的相当于后冈类型这个阶段的遗存。它跟半坡类型不一样，因为半坡类型是有小口尖底瓶的，而这里却没有小口尖底瓶。半坡类型钵的宽带纹都是黑色的，没有红色的，这里

---

　　*　　本文为 1984 年 8 月 6 日在内蒙古西部原始文化座谈会上的发言。

却有红色的。所以我考虑它的年代，相当于仰韶文化半坡类型这个阶段，但文化性质不是属于半坡类型的。主要影响它的方面，恐怕是在河北北部，或者是山西北部这个方向，而在河北、山西这个阶段已经有文化遗存了。现在这类东西很多人都叫它仰韶文化，但仰韶文化这个概念是很复杂的，不能笼而统之。因此我们讲到仰韶文化，就要讲指的是什么样的仰韶文化。我认为阿善一期是属于仰韶文化早期分布于河套地区的一类遗存，年代与半坡类型相当，文化性质与河北北部、山西中部、北部这一带比较接近。我想名称问题是可以讨论的，年代和文化性质应不超出这个范围。

第二类遗存是白泥窑子 F1，出了不少器物，都出在房屋的居住面上，被房子倒塌的堆积所压，所以应该是一个共存单位的东西。其中有宽带纹的圜底钵，宽带全部都是黑彩，这种宽带纹如果在仰韶文化里面讲，很像是半坡类型的。但是在河北一带稍微晚一些的遗存中也可见到，比如说河北曲阳钓鱼台，从别的陶器来讲，它已经是属于庙底沟阶段的了，但它还是有宽带纹，不过那个宽带纹比较窄一点。看来宽带纹可能在一个地方（比如在渭河流域）是比较早地消失，在另外一些地方，则可能稍微消失得晚一些，我估计这个地方也是消失得较晚的。这是一种东西，这种钵还相当多。第二种是夹砂罐。口沿很显然跟庙底沟类型的所谓铁轨式口沿的剖面不一样，但是也跟典型的半坡类型的夹砂罐的口沿不太一样。它的纹饰是一种很像弦纹的绳纹，这种纹饰是半坡类型中常见的，而不是庙底沟类型的。第三种就是小口尖底瓶，瓶的整个体形是庙底沟类型的，比较瘦长，脖子比较短，腹部没有耳朵。半坡类型的一般都有耳朵，腹部膨得很大。口部比较接近庙底沟类型，因为半坡类型的口部像个杯子，庙底沟类型的口部像是两个陶环套在一起，比较早的叫作双唇，稍微晚一点的就剩一个唇了，就像一陶环，叫单唇。F1 的瓶口，就像半坡类型的杯形口压扁了一样，但还没有压成双环形，总体来讲比较接近于庙底沟类型，但是又有点不一样。可是上面的纹饰是比较整齐的绳纹，跟庙底沟类型那种比较乱的细线纹显然不一样，所以纹饰是半坡类型的。还有一些特征，我一下想不起来，不一一列举了。总之，这个房子所出的器物，表现出来由半坡类型向庙底沟类型过渡的状态，如果一定要把它归到哪一个大阶段的话，我看还是归到庙底沟最早的阶段为好。在仰韶文化中由半坡类型发展为庙底沟类型这个问题，我跟忠培同志 1964 年曾经发表一篇小文章谈到这个问题。当时就谈到有一些证据表明由半坡类型向庙底沟类型过渡，但到现在为止还没有找到一个像这么清楚的材料。所以，我们对那个房子特别感兴趣，非常清楚，确确实实是由半坡类型向庙底沟类型过渡的那种状态。当然，在这个地方的所谓半坡类型也罢，庙底沟类型也罢，我想还是应该同关中地区的半坡或庙底沟类型有一些区别的。比如我讲的宽带纹钵，在这一地区就可能稍微晚一些，它可以晚到庙底沟的最早阶段。因为只有一个房子，里面出的陶器，不一定完全表现了这一阶段的全部遗存。所以，除了年代上的问题以外，它的总体文化面貌，究竟同关中或河南等地的有多少共同点，有多少区别，各占多少分量？还不那么好权衡，但是，它的时代性是表现得十分强烈的。这可以算作我看的遗存中的第二期。在第二期还可以包括一些东西，就是有一件彩陶盆。它的器形是半坡类型最晚的，现在陕西省的同志喜欢叫作史家类型的那种盆的形态，但是上面的花纹是庙底沟类型的。半坡类型晚期的这种盆，简单地说，缘面比较直，不是很卷，腹部为折腹，而不是曲腹。庙底沟类型的形态是卷缘、曲腹。因此，这件盆据其形态和花纹，也应归到庙底沟类型的最早阶段，跟那座房子所表现的年代十分接近，也许比那座房子稍晚点。我看也不必划那么细，可以划到一个阶段。这是我讲的在这个地区仰韶文化的第二个阶段。

第三类遗存就是白泥窑子地层中出土的一些彩陶片，尖底瓶口片，还有一些夹砂罐残片。彩陶片中的盆就是卷缘曲腹盆的形态，它的彩陶花纹也开始复杂起来，关于彩陶花纹的变化规律因太复杂，我就不细说了。尖底瓶很明显是双唇口的，和由双唇口向单唇口转变的，快要到单唇的形态，有好几种。这批遗物主要是属于庙底沟类型的。当然就要比刚才说的由半坡向庙底沟过渡的 F1 晚一个阶段。

前面的我想至少可以分为三个阶段。在这三个阶段以后，是白泥窑子的第二类遗存，也就是同志们习惯讲的海生不浪类型遗存。这种遗存同一般的仰韶文化的面貌很不一样，它的彩陶常常有两种颜色，就是在同一件器物上，有红色和黑色两种花纹，以黑色为主。花纹样式也比较复杂，有的像鱼鳞，有的像网格，有一些像波浪，各种曲线、直线的都有，而且有比较发达的内彩，这在前面讲的三类中是没有的。所以，这种彩陶表现出来相当大的地方性，跟别的地方类型比哪一个也不像。与它共存的其他遗物开始出现篮纹，在口沿外的绳纹上有附加堆纹的罐子也多起来。如果没有彩陶，一看有点像龙山文化的味道。所以在 1963 年我来看到这些遗存时，认为这肯定是仰韶晚期的东西。这类遗存原来是在清水河、托克托一带有发现，这次又在阿善的第二期看到了有接近的遗存。但是，阿善的第二期跟白泥窑子的第二类又有一些不一样，因为阿善二期的彩陶主要是红彩，而且以棋盘格纹饰为主，有一些接近山西中部的太原义井的那种彩陶。其实类似的东西，我们在河北平山也见过，所以，这一带的文化肯定是有联系的，但它的年代应该比刚才说的白泥窑子的第二类遗存稍微晚一些。这样，我们就把仰韶阶段的遗存分了五期。

对这五期文化怎么看？我有一个想法，我考虑到这些遗存分布的范围都在河套地区，是在一定条件下可以从事农业生产，但不大可能是农业起源的地区。因为这个地方的纬度比较高，气候比较干燥寒冷，农业在这里发生的条件不是那么具备的。很多人认为我国的旱地农业应当起源于渭河流域以及晋南、冀南和河南一带。那里新石器早期的磁山文化和老官台文化即已种植小米，其后仰韶文化的居民基本也是农业居民。原始农业的特点是必须不断开辟土地，在一个地方种植若干年后，地力耗费了，又不会施肥，需自然更新，就要抛荒，另外找一块地方。这样，农业居民就必然要迁移。对迁移的人来讲是盲目性的，但在一个总的历史长河中，它又不是盲目的，必然会沿着一些河谷或交通的孔道，朝一些可以从事农业的地方伸展。在生产力十分低下，人口十分稀少的情况下，是不一定往高寒的地方去的。到了人口比较发达的时候，才会往这些地方去。所以，我考虑到仰韶文化这个阶段，会有一些人沿着汾河河谷北上，或从张家口通往口外的孔道，或陕北这样的孔道，到河套这地方来。仰韶文化的居民初次带来了仰韶文化的因素，自然其文化特点还跟仰韶文化差不多。所以，第一期的遗存跟河北北部、山西北部这一带的遗存看不出太大的差别。我想应该从这个角度来理解。我看不出第一期的特点应该单独划一个圈，看出来的，是跟别的地方一模一样。到了第二阶段，就是由半坡类型向庙底沟类型过渡，以至第三个阶段，庙底沟类型阶段，几乎跟山西、陕西这一带的遗存一模一样。当然这类遗存搞得多一些以后，也会看出一些特点来的，但基本面貌是一样的。特别是彩陶盆，陶质、器形、纹饰都看不出什么差别来。所以我想还应该这样理解，农业居民向北迁移的浪潮还在继续着，这些农业居民同当地土著居民的融合，在这个时期还没有发生。我想当地还是应该有土著居民的，不过这些土著居民还是不怎么搞农业的，或者也还不怎么使用陶器。在庙底沟类型阶段以后，有相当一个空白，这一段我想不是因为文化的中断，而是我们工作还不够，还应该发现几期的文化，才能到白泥窑子第二期，或海生不浪这样的遗存。可是，一到海生不浪这样的遗存，地方特征就非常明显了，这一类完全可以划个圈，这个圈不能太大，看样子就是河套或河套的东部地区，因为西部还没有发现同一时期的遗存，西部究竟和它一样不一样，现在还不清楚。至少河套东部这一块，这个圈可以划定。因为再往南去，尽管可以看出一些因素和影响，但是基本面貌还是不一样的。所以，海生不浪如果称得上一个类型的话，基本上是河套的一个类型。为什么会发生这样一个变化呢？我想可能有两个因素：一个因素是由南面迁来的农业居民在这里安营扎寨有相当长一段时间了。他们跟中原地区老家的居民相距遥远，很难保持经常性的联系，促使它逐步发展出自己的一些特点。第二个因素是可能和土著的居民结合了。土著居民必然有一些自己的文化特点、艺术特点，这些文化和艺术特点，会反映在陶器的造型上，也会反映在陶器的花纹上。所以，这个时期陶器的形态和花纹，就跟仰韶文化的其他类型有了非常显著的差别了。同样的过程在甘肃也进行着，也是一个与此类似的过程。那里的仰韶文化可以分为几个阶段，早些的阶段跟陕西关中的文化比较接近，而到晚期阶段，差别一下子变得非常突出，非常大，以至成了一个新的文化即马家窑文化。

再晚一个阶段，就是白泥窑子第三期。这一期究竟划在仰韶文化的大阶段中，还是划在龙山文化的大阶段中？我还拿不稳。它基本上相当于由仰韶向龙山转化的这一阶段，跟常山下层比较接近。再下面可能就是我们前天看到的遗址——老虎山。再往下接着就是朱开沟了。老虎山和朱开沟的一部分都应属龙山阶段。还有一个黑岱沟，我看到主要有两类东西，一类是相当于海生不浪的张家圪旦 H1 那类遗存，一类就是出鬲的龙山的遗存。大口遗址不越出这一个系列中间。

下面我想讲一下后面这一段。大体上我跟俞伟超、张忠培的意见差不多，但是坦率地讲，我没有学懂，有一些疑问。我先说一下老虎山遗址。老虎山遗址的器物我没怎么看，大体上晃了一眼，表现为早期的遗存。我个人看它的第一期可能到不了龙山阶段，第二期勉强可以到龙山阶段。我第一次看这样的遗址，感到很新鲜。在这样一个山坡上，周围有一道石头垒的墙，有相当大的规模。我和贾洲杰同志从墙的最下端一直走到顶端，绕着圈走。一边走，一边注意墙的地层关系，考虑它的年代。我们从很多探方中看到的地层，大体上第一层是耕土，第二层是灰色的土，第二层以下的土就比较黄了。据说所有房子都是压在第二层土以下的，有的还可以分出更多的层。可是，我们看到的凡是石头墙下面压着的地层的土，都是黑灰色的，就是说，这个墙的年代是不是一定那么早。还有东边的中段地方，有一座房子，一半在墙内，一半在墙外，上面有石头墙经过，也就是说，石头墙压着房子。但是那段墙可能是后来修整了一下，石头看起来摆得特别整齐。我们看完后有一个想法：这里还应该做一点工作，把墙的年代研究一下，我想这个墙与村落还应该是有关系的，要不然绝大多数的房子都在墙以内，墙外没有什么房子。如果说以前有这么一个村落，村落毁了以后，再有人垒一堵墙把这个村落围起来，这简直不可理解。所以从这个角度来讲，它还应是和村落有联系的。但是，这墙在以后还是可能修过的，要不然它就不会压着一个房子。有一些地层的灰土究竟能早到什么时候，我觉得这也值得研究。如果进一步工作的话，我建议：第一，打一些探沟，把村落里的地层和墙上的地层联系起来，解剖几个地方，看一下石头墙修筑的历史。再就是石头墙的结构，它的外侧是找齐的，里面看不出找齐的边，是不是有可能这个墙是石头护托的土墙。即里面是土，外面是石头，里面的土有些已经垮掉了，不完全是一个石头墙。因为，若完全是一个石头墙的话，应该里外都有一个齐边。现在不但是里边没有齐边，而且墙的宽度也很窄，这么窄的墙垒不高，当然也就起不到防卫的作用。这种窄墙基本上是个寨子，这个寨子之所以在半山腰里，我想可能首先不是出于生产需要，而是出于防卫的需要。因为出于生产的需要，完全可以再低一些，不必放在半山腰上。那么，如果是出于防卫的需要，这个墙还应当是高一些。所以，我考虑里边是不是还应有一段土墙。这也需要解剖。这是我看了遗址后，有这么一点看法。第二，遗址里挖了一些房子出来，可能是想了解村落里的布局，所以挖的点比较分散，比较乱。假如进一步工作，是不是规划一下，成片地挖。挖出来的房子，有的是很好的，白灰面墙壁，有的可达七八十厘米高，这样的房子暴露在外，很快就会破坏掉，现在有些已经看不出是房子了。是不是挖完后填一下，因为一个遗址它的学术价值是永存的，不能说挖完后，整理报告就算完事，遗址还是有值得保存的价值。所以，我看了这个遗址后有这样一些建议。对于这个遗址的文化性质，我说不了太多。

下面我说一下朱开沟。田广金给我们介绍朱开沟时，分了五段，把墓葬和遗址的材料都对应起来。但是，上午张忠培同志讲了，墓葬有些器物的作风和器物组合，都和遗址有一些差别。我想可能有几个原因。一个是墓葬的每一段和遗址的每一段并不是完全对应的关系。比如说，最早的两个墓是打破遗址第五层的，那就意味着遗址的第五层是在墓葬以前，遗址的最早期应比墓葬稍早。以后是不是也有类似的情况呢？墓葬对于一些地层来讲，无非就是叠压打破这些关系，即每一段的墓葬和每一段的遗址是不是完全吻合，这里还有一些问题。第二个是墓地里的器物作为明器和遗址里的生活用具可能有一些区别，这表现得最明显的就是鬲。墓葬里的鬲绝大部分是单把鬲，遗址里几乎就没有怎么看到这样的鬲，遗址里的鬲无非就是带两个鸡冠耳的鬲，或什么錾手也没有。作风显然不一样，这究竟是什么原因？是属不同的文化系统呢，还是埋葬的明器跟实用器就是有些区别？在多数情况下，明器和实用器就是大、小的区别和火候的区别，作风上的区别较少见。有时候也会分化，比如安阳殷墟的觚和爵。遗址里的铜觚和铜爵或是大型的仿铜陶觚和爵是一个发展序列，而陶明器的觚和爵是另外一个序列，二者差别很大，它们在有些墓里共存，所以，明器在形态上向另外一个方向发展，跟生活用器不完全走一条路子的例子还是有的。那么，这里是不是一定是那样呢？我不敢打保票。那么，另外一个可能性，就可能是如张忠培同志讲的，有不同的来源，属于不同的文化系统，如果这种情况出现在一个遗址中，活人是一个文化系统，死人是另一个文化系统。这就非常奇怪了。

　　从早期鬲发展的大系统来看，单把鬲出现得比较早、比较多的是在渭河流域及以西地区。河南西部和山西中南部一带也有。再往东，比如说河北和河南北部这一带的鬲，多半是带两个鸡冠形把手。这显然是属于两个发展系统。如果从一个宏观的角度看，两者不是在一个地域产生的。那么是不是在这里就汇合到一块，构成一个文化当中的两个不同因素，这个我不好讲。另外，仔细看一下这里的单把鬲，跟河南西部、山西或陕西地区的一些单把鬲比较，也还是有一些不一样的。一个区别是，这里的把贴得很紧，把是直的，把的上部高出口沿许多。而在中原地区的鬲的把，则是比较弯，上部一般也不高出口沿。另一个区别是袋足部分，这里的袋足比较瘦削，而像陕西关中地区，山西、河南西部地区的鬲的足尖，则不那么瘦削。再有领部的比例也没有像这里的那样表现为高领。所以我想也不能把这儿的单把鬲完全看成南面传播过来的，它还是具有地方的本身特点。这是我从鬲上看到的一些情况。好像这儿的单把鬲还基本上是本地的一个特点，而不完全是外面派生的一个文化因素。这里墓中出土的大量单把鬲上，绝大部分表现为方格纹，这更是地方特点。别的地方的鬲一般都是绳纹，有的有少量篮纹，很少像这个地方基本上表现为方格纹。一方面我们要看到外面的文化因素对这里的影响，再一方面，应该充分地注意到这个地方的文化因素自身的特点。特别是表现在貌似外地因素的情况下，还应该仔细分析一下，哪些是表现地方特点的。至于年代，我的估计跟他们基本相同，但是也还有点不一样。我考虑一、二、三段间的联系比较紧密，应算作一个文化序列的东西。但是在第三段出现了一些新的器形，这往往可以从外面找到原因。比如说第三段的双大耳罐，跟齐家文化的相比，陶质、器形都一模一样，很显然是受齐家文化的影响。第三段出现的高领罐，在形态上也跟齐家文化比较接近。除了这些因素外，大部分因素还是从第一段、第二段继续下来的，看不出太大的差别。差别仅仅表现为阶段性的变化，所以，是一个分期的关系。那么，这个年代至少第一段应该属于龙山这个阶段，第二段很可能还是在龙山的最末了；第三段也许进入了二里头这个阶段。因为，并没有很明显的因素能看得出来和二里头完全相当的东西。而跟龙山有关系的东西还不少，跟齐家有关的东西有一些。我想即便到第三段，它也最多只能到二里头阶段，因为二里头实际上跟龙山也很接近。究竟到二里头的哪一段？能不能一直到了二里头的最后一段？我还觉得是一个问题，它不一定有那么晚。但在第三段以后，是一个大空档。第三段以后的年代，我同意张忠培同志的意见，基本上相当于二里岗上层或者再晚一点，到了殷墟的最早期这个阶段。因为第四段和第五段能否算作一段，现在因材料较少，还看不很准。从文化关系上看，我考虑南边、西边、东边的因素都有，并不只限于一个因素，而更主要的是本地因素的发展，这要充分注意。因为我们从外地来的同志，常常喜欢拿外地的一些东西来比较，哪儿跟哪儿像，就是哪儿的文化。有的东西假如跟别的地方像，那不一定是谁影响谁。比如我刚才讲的单把鬲，在这儿数量是相当多的，它本身表现的特征也相当明显，那么，在开始产生时会不会受到外地因素的影响，这不好说，但是，至少在它已经发展到现在这个样子后，我们应当把它当作一个本地的突出的、区别于其他文化的一个因素，而不要把它都看作是外来的。

（原载《内蒙古文物与考古》1986 年第 4 期。后收录在《史前考古论集》，科学出版社，1998 年）

内蒙古中南部原始文化的有关问题 *

　　这几天我们看了一些遗址和出土器物，听了几位同志的介绍，又抽空翻了一下大家为会议提交的论文、考古发掘简报和其他资料，内容非常丰富，我和其他到会的同志一样，对这里考古工作取得的成绩留下了深刻的印象。可惜时间太短，这么多的资料一下子不容易消化。我去年来过一趟，看了许多材料。现在虽然是第二次见面，不那么陌生，也还是没有完全看懂，有些问题还捉摸不透，很想同大家讨论讨论。

　　话得从 1984 年说起。那年 8 月内蒙古考古学会和内蒙古文物工作队，在呼和浩特召开了内蒙古西部原始文化座谈会。那时所谓内蒙古西部是相对于内蒙古东部而言，实际涉及的范围主要在中南部。这次会议讨论的课题和地区范围都和上次会议差不多，叫作内蒙古中南部原始文化研究和园子沟遗址保护科学论证会，应该说是很贴切的。

　　1984 年座谈会上，我们主要是看了老虎山和朱开沟两批材料，其他遗址的资料较少；涉及的时代主要是在龙山和夏商时期的，仰韶资料比较零散。加以那时遗迹做得不多，所以讨论的内容集中在文化分期、文化特征以及同邻境文化的关系几个方面。那次会大家都认为开得很成功，对内蒙古中南部的原始文化以及早期青铜文化有了较系统的认识，对以后内蒙古考古工作的进一步开展也提出了不少建设性意见。五年过去了，内蒙古的文物考古工作者，主要是在座的各位又做了许多扎扎实实的工作，取得了长足的进展。仰韶晚期的遗存是大大丰富了，它本身的分期和文化特征是我们这几天谈论的热门话题。察右前旗庙子沟是一个仰韶晚期的聚落遗址，几十座房子中差不多都发现有大量器物，不用说在内蒙古，在全国也很少见。龙山阶段的考古工作也有重大的突破，特别是对龙山早期文化有了较细微的分期。凉城园子沟龙山早期的窑洞，数量之多和保存之好，在全国

　　*　本文为 1989 年 8 月 16 日在内蒙古凉城县老虎山考古工作站举行的内蒙古中南部原始文化研究暨园子沟遗址保护科学论证会上发言的记录稿。

都是独一无二的。由于有这样重大的发现，同志们不但对这个地区原始文化的谱系、特征有了更加深刻的认识，而且开始从聚落考古的角度来考虑问题，开始研究环境变迁与文化发展的关系。这些新领域的开辟，会使我们有可能探讨各原始文化居民的社会组织和社会经济形态。所以我说这五年的工作取得了长足的进展。现在开这个会，把这几年的工作回顾和总结一下，对涉及的学术问题充分交换看法，是很必要也很及时的。

我前面说了，由于资料太丰富，一下子消化不了，所以只能谈一些肤浅的看法。

一　仰韶文化的问题

（一）关于仰韶文化的发展谱系

在 1984 年那次会上，我曾把内蒙古中南部的仰韶文化遗存分为五期。第一期以阿善第一期为代表，文化面貌比较接近于后冈类型而又不同于后冈类型；第二期仅见白泥窑子 F1，表现为由半坡类型向庙底沟类型的过渡，或相当于庙底沟类型早期；第三期见于白泥窑子某些地层的出土物，大体相当于庙底沟类型的中晚期；第四期以白泥窑子第二类遗存为代表，即一般称为海生不浪类型的东西；第五期以阿善第二期为代表，也属海生不浪类型，但从类型学分析应比白泥窑子第二类为晚。此外白泥窑子第三类遗存明显具有由仰韶到龙山过渡的性质，如也归入仰韶文化，那么就应算是第六期了。这六期代表了仰韶义化发展的全过程，其中一至三期可称为仰韶前期，四至六期则应称为仰韶后期。现在看来，这个分期除局部需稍作调整外仍然是基本可行的。

仰韶前期的遗址至今发掘得不多。其中第一期除过去已知的一些遗址外，又发现了一些新遗址，最值得注意的是凉城红台坡下遗址。因为它位置偏东，而过去发现的第一期遗址主要分布在河套拐弯处和包头一带。红台坡下的发现在位置上填补了一个空白。

这一期的遗存有较多的因素像后冈类型，如圆柱形足鼎、小口壶等；有些则接近半坡类型，如黑色宽带纹彩陶钵、粗绳纹罐等；有些因素既同于后冈类型，也同于半坡类型，如红顶钵、弦纹罐和某些陶器上的锥刺纹饰。但它也有自身的特点。例如红台坡下便有较多的敛口或平口绳纹罐。这类罐在本地仰韶文化的以后各期中仍然占有重要的位置，而在后冈类型和半坡类型中是基本不见的。再如红台坡下某些罐口部往往有小舌形泥突，别的地方还没有见过。伊克昭盟的坟墕遗址中的石板墓，也为它处所不见。鉴于这种情况，我们不能把第一期遗存随便归入现已确定的任何类型，而应单立为一个地方类型。这个类型的范围除内蒙古中南部外，可能还包括河北北部和山西北部。现在的问题是缺乏一个经过较大面积发掘、有较丰富文化内涵的典型遗址，难以提出一个大家容易接受的命名。听说你们打算发掘坟塿，这是很有见地的安排。如果我们能集中地挖一两个遗址，就可以对它的文化内涵有较全面的理解，有多少是自身特点，又有多少是受外界影响的，才能有比较恰当的估计。

第二期仍然只见到白泥窑子 F1 和凉城狐子山少数几处，是一种由半坡期向庙底沟期过渡，或是庙底沟早期的遗存。这期陶器中有少量很像半坡类型晚期的，如黑色宽带纹钵；有较多的因素像庙底沟类型的，例如双唇口亚腰的尖底瓶和绳纹罐等；也有一些是本地特点，如敛口或平口绳纹罐和火种罐等。在中原地区，半坡类型早于庙底沟类型，两者的陶器是从不共存的。但在内蒙古中南部情况却略有不同，在白泥窑子 F1 里面，两种陶器很清楚是共存了。怎样解释这个现象呢？我想，文化的发展往往是不平衡的。当中原地区已经进入庙底沟期，黑色宽带纹钵已经消失的时候，在内蒙古中南部还在使用。而仰韶文化的庙底沟期是一个非常繁荣发达的时期，当时有些农人沿着黄河河谷北上开拓新的农田，正好遇着原有的仰韶居民，于是他们的文化有一个短时期的混合或共存状况，这大概就是白泥窑子 F1 和狐子山所表现的那种情况。过不多久，到了本地仰韶文化的第三期，即相当于庙底沟类型的中晚期，分布于山西南部、河南西部的庙底沟类型以及分布于陕西关中地区的泉护类型的居民，继续沿着黄河河谷北上，在富饶的河套地区安营扎寨。所以在紧靠黄河两岸的准格尔、清水河、托克托等地，属于这一时期的遗址特别多，文化特征也最接近于庙底沟类型和泉护类型的。本地原有的仰韶文化受到这种冲击也发生了相应的变化，双唇口尖底瓶和饰回旋勾连纹的卷缘曲腹盆已成为这一时期仰韶遗存的共同特征。而在本地仰韶文化第一期即已存在的敛口或平口绳纹罐则一直延续下来，只是略有变化而已。

仰韶后期的遗存这几年发现得比较多，不少遗址经过了发掘，有的还进行了大规模的发掘，比如庙子沟发掘的面积就很可观。因此，我们现在对这一部分遗存的内涵和文化特征就比较清楚，对它本身的分期也可以做得比较细致。

从现在看到的一些材料来看，红台坡上遗址显然是比较早的，稍晚一点是东滩，大坝沟下层也许和东滩差不多，再往后是大坝沟上层和庙子沟，庙子沟本身又可分早晚，王墓山可能和庙子沟晚期相当，这是岱海附近的情况。在河套附近，朱开沟Ⅶ区早段可能相当于红台坡上，而朱开沟Ⅶ区晚段则可能晚到庙子沟，海生不浪似乎可包括这一全过程，至于白泥窑子第三类遗存则应比王墓山更晚。在包头地区，阿善二期可能只相当于庙子沟，而西园三期则与白泥窑子第三类遗存接近。

红台坡上和白泥窑子第二类遗存年代虽然比较早，但与庙底沟期之间仍有缺环，大部分文化因素不相连续。此后一直到王墓山，究竟分成几期为好还需要仔细斟酌，但文化的发展是连绵不断的，前后的共同特征比较突出。

这几期在陶器上的共同特征有以下几点，一是灰陶与灰褐陶居多，而且从早到晚越来越多；红陶甚少，而且越来越少，这同仰韶前期以红陶为主的情况形成鲜明的对比。二是彩陶由盛而衰，开始时有较多的内彩和红、黑二色的复彩，以后逐步演变为黑色或红色的单色彩。彩纹母题多鱼鳞纹、网格纹、棋盘格纹和带状勾连纹等。三是素陶除有大量绳纹外，还有较多的附加堆纹、少量篮纹和个别方格纹。四是器物类别主要有敛口钵、折腹钵、曲腹盆、小口双耳鼓腹罐、侈口鼓腹罐、平口直筒罐等。除少量尖底瓶和个别豆外，均为平底器，少数器物有嘴或流。这些特点同仰韶前期的陶器是大不相同的，而同中原地区仰韶后期某些地方类型陶器的演变趋势相似。有些器形与纹饰也很接近。例如彩陶由多到少、由复彩到单彩的变化趋势就很相似。这里的敛口钵和折腹钵在形制上就和大司空类型的两种钵非常接近。中原仰韶陶器也是到后期才出现嘴、流和方格纹的。

我觉得要特别提出来的是，这里仰韶后期遗存中有些因素明显地受到了内蒙古东南部和辽宁西部的红山文化的影响。一是平口直筒罐，形制与红山文化晚期的十分相似，只是这里不饰之字纹而饰绳纹。二是彩陶中的带状勾连纹。如红台坡上的彩陶盆与红山文化的喀左东山嘴盆形盖、阜新胡头沟的筒形器上的这种纹饰就几乎完全相同，而在别的文化或类型中是从来不见这种纹饰的。

至于白泥窑子第三类遗存那样的东西这次看到的很少。它的重要特点是篮纹大量出现而彩陶已近于消失。我估计它的年代已接近中原地区的庙底沟二期文化，是从仰韶向龙山过渡时期的一种遗存。

（二）关于内蒙古中南部仰韶文化遗存的命名问题

这个提法本身好像有些矛盾，你已经叫它仰韶文化遗存了，还讨论什么命名问题呢？其实命名不只是文化一级，类型一级也有个命名问题。而且这个问题应该包括两个方面。一是达到什么程度才可称得上是文化或类型，内蒙古中南部的仰韶遗存是不是够得上单独命名为一个考古学文化，或者还只够定为一个类型。二是以哪个遗址所在的小地名命名比较合适，学术界容易接受。

关于内蒙古中南部仰韶文化的前期遗存，谁也没有提出要另立新的文化名称，都认为属于仰韶文化。第一期遗存前面讨论过了，它有相当一部分因素像后冈类型，一少部分因素像半坡类型，同时也有明显的自身特征。假如选择典型遗址进行较大规模的发掘，它自身的特点可能表现得更清楚和突出一些。这些特征的分布范围可能不限于内蒙古中南部，河北北部和山西北部也应是连在一起的。后冈类型不能包括它，半坡类型更不能包括它，因而有必要划分出一个新的类型。只是因为至今还没有一处经过较大面积发掘的遗址，难以选择一个合适的名称。以后作个计划，搞点发掘，这个问题是容易解决的。

第二期和第三期在文化面貌上很接近，基本上属于同一个类型。只是第二期还有点前一类型个别因素的孑遗罢了。从遗址分布来看，以黄河前套以南为多，往东的岱海地区和往西的包头地区都比较少。从文化内涵来看，有许多因素是同庙底沟类型和泉护一期相同或相近的。所以，我们断定在这个时期有不少庙底沟类型和泉护一期的农人沿黄河河谷北上，到河套的肥沃地带开发农田，建立居民点。他们到来后必定同当地原有居民发生关系，接受他们的文化影响；原有居民也会接受他们的文化影响，从而形成一股新的文化融合的浪潮。

不过这一次文化融合主要发生在仰韶文化内部的不同类型之间，而不是与其他考古学文化之间。因这种融合而产生的新的实体仍然具有明显的仰韶文化性质，因而不可能划分为新的考古学文化，最多划分为一个新的类型。这个类型的名称，同样因为缺乏经过较大规模发掘的典型遗址而难以确定。白泥窑子发现的器物稍多一些，但也不能充分地反映这个类型的特点。能不能就叫白泥窑子类型，我个人是没有把握的。

前面讲过，这里仰韶后期的文化面貌与前期相比有很大的差别，乍看起来好像是另一种文化。同志们在下面讨论，大多倾向于另立一种文化，不要笼统地划到仰韶文化范围之内，划到仰韶时代就可以了。究竟怎么处理好，要作一点分析。

首先从渊源来看，这里仰韶后期的文化遗存主要是从本地仰韶前期遗存发展起来的。当然，在发展过程中也接受了邻近文化的影响。但这种影响主要来自南方，即仰韶文化后期的其他地方类型；其次才是东方的红山文化。

其次，从文化特征来看，这里仰韶后期的文化遗存同中原地区的仰韶后期遗存固然有不少差别，但同时也还有许多共同因素，发展演变的趋势也大致相同，这在前面已经讲过了。

第三，这里仰韶后期遗存同中原地区仰韶后期遗存的差别，主要是两个原因造成的：一是本地的自然环境和人文环境同中原地区有较大的不同，因而在发展过程中容易发生较大的差别；二是仰韶后期普遍存在着分化趋势越来越明显的情况，这种情况自然也会影响到内蒙古中南部一带。

关于仰韶后期的分化趋势越来越明显这一点，可能并不是每个人都认识到了。从现在的情况来看，仰韶后期至少应划分为 5 个类型，即关中地区的半坡晚期类型、山西南部和河南西部的西王类型、河南中西部的秦王寨类型或大河村类型、河南北部和河北南部的大司空类型，河南西南部和湖北西北部以朱家台和下王岗三期为代表的遗存也是一个类型，只是还没有给予一个适当的名称。这些类型之间的差别是很大的，就说彩陶吧，半坡晚期类型几乎没有了，偶尔发现几片也是潦草几笔，十分草率。而秦王寨类型和大司空类型的彩陶都很发达，形成了鲜明的对比。再说尖底瓶，半坡晚期类型和西王类型都很发达，秦王寨类型就很少了，大司空类型至今还没有发现。除此以外，别的方面也都有很大的差别，这就是分化的结果。从这个角度来看，内蒙古中南部仰韶后期遗存同大司空类型之间的差别，绝对不会比半坡晚期类型同大司空类型或秦王寨类型之间的差别更大，所以它也不过是仰韶文化后期的一个地方类型。

也许有人会说，甘肃、青海地区的马家窑文化，以前曾被称为甘肃仰韶文化的，也是由仰韶文化的前期遗存即庙底沟期的遗存发展而来，实质上相当于仰韶文化后期的一个地方类型，为什么又称为马家窑文化而不称为仰韶文化的某某类型呢？两相比照，内蒙古中南部的仰韶后期遗存不是也可以成立为一个考古学文化吗？依我看，内蒙古中南部同甘肃、青海地区的确有很相似的情况：一是两地都处在仰韶文化分布的边缘地带，仰韶文化中心地区的变化不能立即反映到这些地区，而相邻的别的考古学文化倒可以给予直接的影响，因而容易形成较大的地方差别；二是两地自然地理条件相似，地势较高，雨量稀少，平均气温较低，这对于早期农业文化的发展不能不带来重大的影响。两地也还有一些不同：甘青地区从仰韶前期到后期是一个从东向西波浪式推进的过程，在半坡期时只分布到陇东，庙底沟期才到甘青边界，以后再逐步往西，直到河西走廊的西头。内蒙古中南部早在半坡期就已为仰韶居民全部占据了，只是聚落小，分布比较稀疏。因此，仰韶文化在甘青地区的发展中有一个逐步同当地无陶文化的接触、融合问题，从而加剧了文化的特化过程。而在内蒙古中南部，这个过程可能是在仰韶前期乃至前仰韶时期完成的，所以文化特化的程度不如甘青地区那么显著。大概就是因为这个缘故，把甘青地区仰韶后期的遗存单独划分为一个考古学文化即马家窑文化，学术界几乎没有不同的意见；而内蒙古中南部的仰韶后期遗存究竟单独划分为一个考古学文化，还是仅仅划分为仰韶文化的一个地方类型，就还需要一番讨论。

这里还涉及如何划分考古学文化的理论问题。我们知道，考古学文化是从过去人类遗留下来的实物遗存中所能观察出来的具有一定特征的共同体，它一般存在于一定时间和一定地区。所谓一定特征，当然是相比较而言的。这个地区有别的地区没有，就是这个地区的特征；这个时期有别的时期没有，就是这个时期的特征；这个共同体有别的共同体没有，就是这个共同体的特征。范围和特征又有不同的级别或层次。比如小口尖底瓶是仰韶文化的特征，因为仰韶文化有，别的文化没有。但如果说双唇或环形口尖底瓶，那就是庙底沟期的特征，不是整个仰韶文化的特征。如果说环形口长身亚腰尖底瓶，那就是闫村类型的特征，不是整个庙底沟期的特征。因为考古学文化的范围和特征实际上存在着不同的层次，考古学文化本身自然也就有不同的层次。类型不过是文化下面的一个层次，所以划分类型的原则同划分文化的原则并没有什么不同，也是在一定时间、一定地区、具有一定特征的从实物遗存中所能观察出来的共同体。不同国家和地区的考古学发展历史不同，划分考古学文化的尺度也不相同。有的国家划分了成百的史前文化，按照考古学文化的层次分析，未尝不可以归纳为若干较大的文化，而把现已称为文化的改称为某某文化的某某类型。日本新石器时代只有一个文化即绳文文化，但认真分析，它的草创期和早前中后晚各期的差别还是相当大的。日本九州地区同本州、北海道等地的差别也很明显，也未尝不可以划分为若干考古学文化。我们国家从20世纪20年代提出仰韶文化、30年代提出龙山文化的命名以来，一直为考古界所沿用。以后发现了许多新的考古学文化，也是比照仰韶文化和龙山文化的划分方式而逐步为学术界采纳的。如果抛开历史上已经形成的情况而提出许多新的文化名称，很难得到学术界的普遍承认；如果把不同层次的共同体都冠以考古学文化的名称，无异于把儿子和老子都拉到同辈的板凳上，那显然也是不适当的。所以我提出划分考古学文化除考虑一般性原则外，还要尊重历史，照顾全局。如果在这个前提下还有不同意见，可以通过学术讨论求得一致。暂时不一致也不要紧，以后通过深入的研究也会一致起来。回到内蒙古中南部仰韶后期文化遗存的性质和命名问题，我认为现阶段可以划为仰韶文化后期的一个地方类型，也可以划分为一个独立的考古学文化。作为一个类型，它是有一定程度特化并具有一定的独立性；作为一个文化，它是由当地仰韶前期遗存发展而来，并且同仰韶后期遗存保持密切联系的。这样处理是不是恰当，请在座各位指正。

关于以哪个遗址所在的小地名命名的问题，现在似乎没有一个特别合适的小地名。实在要提，可以考虑海生不浪。因为这个遗址发现得比较早，位置比较适中，过去又有人提出海生不浪类型的名称，学术界比较熟悉。唯一的缺陷是没有正式发掘，作为命名的典型遗址，容易发生特征不明确的毛病。所以我建议组织一次科学发掘，在对其文化内容获得准确的认识以后再确定命名也不迟。

（三）关于庙子沟遗址所反映的社会经济形态问题

按照我们前面的讨论，庙子沟应属仰韶后期较晚的聚落遗址。在这里发现了50多座房址和大量的窖穴。由于长年水土流失，有些房址只剩了灶坑底部和柱洞痕迹，北半部有些地方露出了基岩，原有遗迹已荡然无存。东南部又因烧砖取土而遭到破坏。作为一个聚落，现存遗迹已经不完整了，因此很难从整体布局来全面复原当时的社会组织。不过，庙子沟遗址资料还有它特殊可贵的地方，我们可以归纳为以下两点。

第一，现存房址比较密集，排列有序，而没有发现一处打破或叠压关系，证明聚落持续的时间不长，我们可以从现存房址的布局了解原先实际的布局，这在别的遗址中是很难做到的。

第二，几乎所有的房址中都发现有遗物，包括生产工具和生活用具等，大部分房址还发现有数目不等的人骨，许多窖穴中发现成组的陶器或其他器物，有些窖穴中也有人骨。这种情况很清楚地说明这个聚落是一次性毁灭的。同志们对这个聚落毁灭的原因做过一些推测，我觉得不无道理，但要最后敲定又还嫌证据不足。退一步来说，即使我们不能最后确定毁灭的原因，那也无关宏旨。关键是能否断定这个聚落是因为一场突然的灾害而毁灭的，还是因为居民的搬迁而主动放弃的。现有证据已经足以证明是前者而不是后者。尽管这对于当时的居民来说十分悲惨，但对我们了解当时的社会来说却是十分难得的宝贵资料。

大家知道公元79年维苏威火山爆发，把一个古罗马的庞培城给埋没了，当时自然是一件十分悲惨的事情。但后来经过考古发掘，相当真实而完整地复原了古罗马的城市生活，为历史研究提供了非常宝贵的资料。庙子沟遗存虽然不是火山灰埋没的，但也是一次性毁灭的，所以同庞培有类似的价值。差别只在于庙子沟毁灭后并没有全部掩埋起来，难免还有一些后来的破坏。即使这样也已经是很难得的了。我们以前发掘的新石器时代聚落遗址，包括临潼姜寨在内，绝大多数是一些空房子，只有个别的因火毁倒塌，里面能保留一些日用器物。一般的窖穴也是陆续废弃的，里面堆满垃圾和渣土，很少见到原来的储藏物。庙子沟不但每个房子里有东西，很多窖穴里也有东西，这实在是非常难得的。因此我建议编写发掘报告时，要把每一所房子和每一个窖穴的情况都充分反映出来。根据这些资料来分析每一所房子的居民所组成的生活单位的性质，也就是庙子沟仰韶后期居民的家庭的性质。我们知道家庭是一个历史范畴，不同的历史阶段往往具有不同的家庭形态。过去我们根据考古资料对仰韶前期半坡类型的家庭形态做过一些探讨，至于仰韶后期的家庭形态，则了解甚少。虽然根据郑州大河村等少数资料也能够看出发生了一些变化，但对这种变化的程度和性质仍感认识不甚深刻。庙子沟的资料正好弥补这一不足。从各个房子中都有窖穴和许多生活用器来看，每个家庭在生活上的独立性显然比半坡、姜寨等处所表现得要强得多了；从许多房子中还发现不少生产工具来看，这些家庭在生产上显然也起到一定的作用。这是一个具有普遍历史意义的变化。这一变化在不同地区虽然都会发生，但具体表现形式则往往不完全相同。单从房屋结构来看，大河村有单间、双间和多间之别，淅川下王岗是由单间、单套间和双套间组成的长屋，庙子沟则全部是单间房。所以仔细研究庙子沟的资料，不但能更深刻地认识仰韶时期家庭形态变化发展的一般规律，还可以了解这种变化在内蒙古中南部的具体表现形式，它的重要价值就在于此。

除了把每所房子的情况弄清楚外，还应注意房子与室外窖穴的联系。因为每个窖穴总是有主人的，不是归某家所有，就是公共所有。而公共也得有一个范围，要了解是大公还是小公，换句话说，就是要了解它是属于全聚落的，还是聚落中一部分人的。这比分析单个房子要困难得多。再进一步，就要分析房屋与房屋间的联系，也就是家庭与家庭间的联系，看看是不是还有比聚落小又比家庭大的集体。庙子沟房子大体上依等高线分成南北若干排，是不是每一排房子的居民就代表这样一种集体。或者不完全按排来分，又按什么原则来分。要搞清这个问题当然非常困难，但我们总不能不作努力。因为这对于恢复当时的各级社会组织，实在是一件关键性的工作。

二　龙山时代的问题

1984 年我到内蒙古，主要看了老虎山和朱开沟的东西，也看了一点大口的东西。这几年早期的工作做得多了，除老虎山外，还有园子沟和西白玉等地的资料，使我们对文化的内涵和特征有了更清楚的认识。下面对此谈两点意见。

（一）内蒙古中南部龙山遗存的发展谱系和文化性质问题

田广金同志曾将老虎山遗址分为两期，这次又将老虎山及园子沟、西白玉等同类遗存细分为四期，代表内蒙古中南部特别是凉城地区龙山早期文化遗存发展的四个阶段。晚期阶段，主要还是大口和朱开沟一、二段，其他还有一些零散材料。

我过去说过，像老虎山第一期那样的遗存可能到不了龙山阶段，这是一部分人的看法。现在学术界关于龙山时代开始的时间基本上有两种看法，一种是以斝的出现为标志，因而庙底沟二期一类遗存就可算是龙山早期。但这有一个矛盾，就是在山东不出斝，与中原等地出斝的同时出现了细颈袋足鬶，大家都还把这个阶段叫作大汶口文化，只是到出现粗颈袋足鬶时才叫龙山文化。这时中原等地出现了鬲，因此第二种看法就是以鬲的出现为标志。老虎山第二期出现了斝式鬲，因此还可归入龙山阶段。有斝无鬲的阶段即使不归入龙山，也是从仰韶到龙山的过渡期。因此像老虎山第一期那样的遗存，既然已经出斝，可以归入龙山早期，也可以归入从仰韶到龙山的过渡期。

以老虎山和园子沟为代表的这类遗存经历的时间并不很长，现在分成了四期，已经很细致了。因为分得细，一些主要器物的发展脉络可以看得比较清楚。比如斝，现在看来可以分好多型，每一型又可分好多式，可以列出一个相当完整的谱系。老虎山一期的那件残斝，为泥条盘筑的钝尖底，外饰篮纹，很像仰韶后期尖底瓶的底。尖底瓶固然无从演变成斝，但因为最早出斝的时候还存在着尖底瓶，局部地方可以采取统一的做法。这种情况在许多器物中都可见到，并不奇怪。而尖底瓶最晚的形态是底部没有尖的，叫作钝尖底或近似圜底。由此可见这件斝的年代相当早，很可能是最早的斝了。尽管我们现在还是不知道斝是怎样产生的，或者换一个说法，还不知道当时的人为什么忽然想到要做斝，它产生的机制到底是什么，这是更深一层的问题，我们现在还无法做出圆满的解释。但斝确是在这个时候出现了，而且一出现就五花八门，延绵不断。其中有一种斝的足部越来越大，底部越来越小，终至演变成斝式鬲，以后又逐步演变为完整形态的鬲。这个过程，在内蒙古中南部的一些遗址中看得比较清楚。

鬲这种器物在中国古代文化中占有非常特殊的地位，鬲的谱系在很大程度上反映了我国青铜时代的文化谱系。过去有人说中国古代文化是鼎鬲文化，这有一定道理。但在新石器时代，鼎文化和鬲文化是明显分开的。鼎的前身是釜和支脚，分布范围主要在华北平原和长江中下游平原。大约在公元前 6000 年，山东及其附近的居民把釜和支脚对接起来，这就是最早的鼎。以后这种做法迅速传递到原先釜和支脚分布的地区，直到新石器时代结束，这些地方的主要炊器都还是鼎而不用鬲、斝。鬲的前身主要是斝，斝的前身现在说不清楚，但从功能上说主要是夹砂罐，分布地区主要在黄土高原。这两大文化系统的分际，历时几千年一直都很清楚。两大文化系统的交流虽因时间地点的不同而多有变化，但主要趋势是釜鼎文化对罐斝鬲文化的渗透，终至青铜时代逐步合流。合流以后又产生新的分际，鼎逐步变成上流社会代表等级身份的礼器，而鬲则变成广大人民群众的基本生活用器。

现在看来，从斝演变为鬲有两个中心，并发展为两个系统的鬲。一个中心在陕西关中地区，外及晋南和豫西。那里在庙底沟二期文化时多斝和釜灶，关中还多单把绳纹罐，早期的斝式鬲很像是吸收这三种器物特点而创造出来的。这个系统鬲的特点是单把，一般足较小，胴部较高。另一个在内蒙古中南部、晋北、陕北和河北省张家口地区。正如我前面已经说过的较早阶段多斝，到老虎山二期出现斝式鬲，此后鬲得到广泛的发展，形成另一个系统。这个系统鬲的特点是双鋬，一般足部肥大，显得较矮胖。两个系统的交接地区往往两种形制互见，到青铜时代才逐步融合成一种无把无錾的鬲。

内蒙古中南部与斝、鬲密切相关的还有盉和甗，这两种器物出现的年代几乎同斝一样早。它们的形制演变也大致和斝、鬲的演变同步，开始是斝式甗和斝式盉，后来是鬲式甗和鬲式盉。斝、鬲、甗、盉后来都成为商周时代的典型器物，单是这一点就可以看出内蒙古中南部在中国古代文明起源中的地位和作用。我在《中国史前文化的统一性与多样性》这篇文章中谈到中国古代民族文化区的萌芽时，曾经画了几个圈圈，处在中心地位是中原文化区，它的东部是山东文化区，东北是燕辽文化区，西边是甘青文化区，南部是长江中游区，东南是江浙文化区。画完后我说它像一个花朵，但是西南和北部缺了两瓣。西南一瓣是留给四川的，我相信那里会有非常发达又富于地方特色的新石器文化，广汉三星堆青铜文化的发现使我更增添了这个信心。但是因为至今还没有发现，不得不暂时空缺起来。北部一瓣究竟画到哪里我有点把握不住，原因是当时我对内蒙古中南部史前文化的认识还不深，拿不定主意。我说中原文化区的范围几乎遍及陕西、山西、河北、河南全境，就是不敢把内蒙古中南部划进去，现在看来是应该划进去的，那空缺的一个花瓣只能更往北划了。

把内蒙古中南部的史前文化划到广义的中原文化区，并不意味着这里的文化面貌与中原核心地区完全相同而没有自己的地方色彩。仰韶文化阶段的情况，我在前面已经讲过了，就龙山时代而言，除前面说过的以外，还有许多显而易见的地方特色。例如各种各样的蛋形瓮、素面夹砂陶罐、直筒形缸等差不多都是这里和陕北、晋北、冀西北这个文化区的特有器物，这里一般不用甑而用甗来代替，晋南、豫西和关中常见的釜灶也不见于这个地区。因此我考虑在中原文化区下还应划分出几个亚区，内蒙古中南部、晋北、陕北和冀西北应是其中的一个亚区。

（二）老虎山和园子沟等遗址的聚落形态研究问题

以前看老虎山，只注意到了它的石砌围墙和陡峻的地势。这次看了园子沟再看老虎山，同时再联系到附近的西白玉和板城等遗址的情况，才算看懂了一点点。这些遗址差不多都在蛮汗山的东南坡，面向岱海盆地，背风向阳，生活、交通都比较便利。从生态环境来看，这里是山林生态系统、平原生态系统和湖泊生态系统三者辐集的地带，是新石器时代聚落定位的最佳选择。特别有意思的是这些遗址每隔几里就有一处，形成从西南到东北的一个长串，并且都属于同一文化期，很像是有意安排的，可能是由某一个人们共同体（例如部落联盟之类）建立的一个聚落群体。这是聚落考古研究的绝好的场所。

在这些遗址中，有的有石砌围墙，有的现在还没有发现，园子沟就没有发现。这有两种可能，一是有别的围墙，比如栅栏或土围子之类，现在不易发现；二是原来就没有围墙，这反而更值得注意。为什么有的有围墙而有的没有？当然是聚落本身有了分化。有围墙的应该是更重要些，军事上更险要些，否则就不会花那么大的力气去修围墙。拿老虎山和园子沟来比，显然老虎山比园子沟更重要。一是老虎山遗址比园子沟遗址大，还有园子沟所没有发现的大房子，陶窑的规模也比园子沟大；二是地势更险要，有大规模的石砌围墙，所以老虎山是更值得注意的。但是老虎山遗址的保存状况远不如园子沟，这就增加了进一步研究的困难。

在考古学研究中有一个重要的方法，就是由已知推未知，用比较清楚的去甄别那些比较不清楚的。在我们第一次看到老虎山的白灰面房屋遗迹时，以为都是些半地穴式的房屋。以后看了园子沟的窑洞式房屋，平面形状、使用材料和建造方式同老虎山的房屋遗迹几乎完全相同，可见老虎山的原先也应该是窑洞式房屋，只是后来因为水土流失而受到严重破坏，只剩下一个浅底了。

据我所知，园子沟的窑洞式房屋是目前已经发现窑洞的遗址中规模最大、保存窑洞数目最多并且是最完好的一处。据郭素新同志提供的情况，从 1986 年到 1988 年一共清理和发掘了 87 座房子，已经探明的还有好几十座，还有一些正在探查，它们本身又分为三个小区，每小区依据高程又大致分为五排左右。这种聚落内部的分划，反映当时的居民存在着不同层次的社会组织结构。

每座窑洞式房屋大致都分为前后两个部分，前室是半地穴式的，有灶和若干陶器，有时也有生产工具，是炊事、就餐和其他家事活动的场所；后室是窑洞，地面抹白灰，中设火塘，洞壁也用白灰抹成约一米高的墙裙，显得非常光洁而舒适，是专供寝卧用的。这种结构可以说是中国古建筑中前堂后室的原型。参观的时候，发现有的窑洞前的建筑不大完善，有的则是两组建筑在前面连在一起，是不是反映有不同的家庭结构形式，很值得研究。

园子沟的窑洞式房屋的结构和布局形式对老虎山有十分重要的参考价值。老虎山的坡度比园子沟还要陡得多，是构筑窑洞的理想地形，也是依高程分排布局的理想地形。以前发掘清理的 57 座房子，多是已经暴露行将破坏的房子，当然比较残破，结构不大完整。我想如果有可能的话，可以参照园子沟的情况再做一点工作，至少可以在局部范围内搞清房屋的结构和布局的规律。再从整体布局来看哪些地方有大房子，哪里有宗教性建筑，山顶的石头建筑是不是就是宗教性建筑，还是一种防御工事，烧陶窑场同整个聚落布局的关系又怎样等等，都有进一步研究的必要。不要以为老虎山遗址太残破了就不去作进一步的研究，毕竟像这样的遗址在我国也并不是太多的。

　　我来内蒙古之前，曾经去看望了苏秉琦先生。他说他很想再到内蒙古，但是年纪大了，来也不方便。他要我同各位商量，第一个问题是区系类型的研究如何在内蒙古落实，这几天我们已经谈得很多了。第二个问题就是像老虎山、园子沟这样的遗址，如何把它们的研究深入一步。园子沟挖了那么多窑洞，到底是一个什么布局？附近还有那么多遗址，是不是也有窑洞，具体结构是不是一样？如果还有早晚的差别，在形态结构上是不是也有一些变化？这些问题如果不清楚就进行远地对比，跟山西石楼对比，跟宁夏菜园对比，说它们如何如何，没有不出差错的。所以首先要把本地的窑洞搞清楚，遗址的布局搞清楚，再来进行不同地区间的对比，说话才会靠谱，才能掌握分寸。我认为这个意见是非常对的。要搞清楚本地聚落的基本情况并不一定要把所有遗址全部挖开，这在短期内是不可能做到的，但可以重点解剖典型遗址。老虎山和园子沟是两个不完全相同的典型，应该更深入地进行研究。然后以此为基础对其他遗址进行扎扎实实的调查，必要时也可做点试掘。不要太长的时间，就会对这一地区从仰韶到龙山这一转变的关键时期的聚落形态研究打下坚实的基础，为进一步研究当时的社会经济形态创造更好的条件。

　　　　（原载《内蒙古中南部原始文化研究文集》，海洋出版社，1991 年。后收录在《农业发生与文明起源》，科学出版社，2000 年）

内蒙古史前考古的新阶段 *

　　这次内蒙古中南部原始文化研究暨园子沟遗址保护科学论证会安排在老虎山召开，大家就近参观，现场讨论，会议开得生动活泼又扎扎实实，时间也安排得非常紧。我们外地来的人员感到这几天过得很充实，不但在业务上得到很多收获，而且对自治区的同志们为发展文物考古事业而艰苦奋斗的精神留下了深刻的印象。我们为这次会议已经取得圆满成功，谨向自治区的各位领导、文物考古战线的各位朋友和为这次会议操劳的各位同志致以热烈的祝贺和衷心的感谢！

　　这次会议按照苏厅长的安排，主要讨论以下几个问题：第一是内蒙古中南部原始文化的发展谱系和文化定名问题；第二是有关文化遗存的社会经济形态问题；第三是本地原始文化在全国的地位和它在中国文明起源中的作用问题；第四是园子沟遗址的科学保护问题。会议自始至终都是围绕着这几个问题展开讨论的，尤其是对第一个问题讨论得比较充分。

　　关于内蒙古中南部原始文化发展的谱系，虽然也是 1984 年内蒙古西部原始文化座谈会讨论的主要问题，但现在我们能看到的资料比那时丰富多了，认识自然也深化多了。现在至少可以肯定，大约从距今 7000 年的时候起，在中原地区的强大影响下，内蒙古中南部就已经有了比较发达的原始农业文化，就是平常所说的仰韶文化。在这以前还有没有更早的具有本地特色的新石器文化，田广金同志在一篇研究古环境的文章中说应该有，这为下一步的田野工作提出了新的课题。从 7000 年起到距今大约 4000 年止，这里的原始文化同整个黄河流域一样经历了两大发展阶段，每个大阶段中又还可以分出许多小的发展阶段。

　　第一个大发展阶段属仰韶时代，前期的遗存同山西、陕西与河北的仰韶文化关系密切，同时也有一些地方特色；后期的文化则有相当大的发展。大家着重讨论了后期或晚期阶段仰韶遗存的分期、特征和命名问题，我们觉得自治区的同志

---

　　*　本文为 1989 年 8 月 18 日在内蒙古凉城县老虎山考古工作站举行的"内蒙古中南部原始文化研究暨园子沟遗址保护科学论证会"闭幕式上的讲话。

们对这类遗存的编年的研究是做得相当精细的，在文化特征的分析、本身的分区及各区关系的比较研究也做得相当深入。大家注意到东起察右前旗，西到包头，北抵大青山，南到准格尔旗一带，即我们现在叫作内蒙古中南部的这一块地方，在仰韶后期已经形成了一个比较清楚的文化区。区内的文化遗存，除了一部分与中原同时期的仰韶文化有若干相同或相似的因素以外，还有相当浓厚的地方色彩，又有相当高的发展水平。大家觉得这类遗存虽然就整个仰韶文化来说还只相当于一个地方类型，但因文化内容特殊性较大，也可以考虑单独划分为一个考古学文化。在考古学研究中，划分文化是一件郑重的事，不是随便一说就可以定一个文化的；即使提出来了也还要为学术界所接受，否则提了也等于白提。不过根据这次会上的讨论，大家还是倾向于定一个文化。至于命名的问题，可以叫海生不浪文化，也可以再做一些工作后仔细敲定。在这个文化内，东部、西部和中南部又有明显的地方差别，看来可以划分为三个地方类型，在每个地方类型里面也还可以分出更细的层次。这种考古学文化的层次分析，对于复原原始社会的部落组织和部落之间的文化关系是具有重要意义的。

第二个大的发展阶段属龙山时代。前期的遗址像老虎山、园子沟、板城、西白玉等，在岱海地区特别发达。有石头围墙，有双间式窑洞，出土器物也更丰富，种类更加多样化了。这一阶段的文化遗存带有过渡性质，即由仰韶到龙山的过渡阶段。但讨论中大家觉得它同仰韶晚期的庙子沟等遗址差别较大，似乎还有一点缺环，还是放在龙山早期比较好。这个时期的一些文化因素如斝、甗等与中原地区关系密切，但同时有浓厚的地方特色。例如这里有相当多的素面夹砂罐，造型的风格是别的地方所不见的。因此大家议论是否也划一个文化，或至少划一个亚文化。至于具体命名还可以进一步斟酌。

这里龙山后期的遗址以黄河河套部分较多，有大口和朱开沟一期等遗存。这时出现了大量双鋬鬲，显示出与中原地区的密切关系，同时也有明显的地方色彩。这一时期应是探索文明起源的重要一环，以后还要多做些工作。

关于这个地方的原始文化在整个中国原始文化中的地位，以及在中国文明起源中的作用问题，大家也进行了一些探讨。大家注意到从仰韶到龙山的整个时期，这里的原始文化都同陕西、山西、河北等地保持着密切的关系，这同内蒙古东南和辽西的情况是很不相同的。例如这里很早就出现了斝，数量很多，型式复杂；斝以后又演变为鬲，成为日常生活中主要的炊器。与斝和鬲相适应的还有甗，这几种器物都是中国古代文明时期的重要因素，单是这一点就足以说明内蒙古中南部在中国古代文明因素形成中的重要作用。过去一些没有到过内蒙古的，或者对这里的工作不甚了解的人，往往有一个不正确的观念，以为这里已经到了边境，蛮荒之地的游牧地区。其实这里从仰韶早期开始一直以农业为主，发展水平也不低。举个例子，这里龙山早期已经大量使用白灰装饰房屋，像老虎山和园子沟那样的窑洞和半地穴式房屋差不多都用白灰抹地和用白灰抹墙裙，做工非常讲究。中原地区虽然龙山早期也已用了白灰，但大量推广还是龙山晚期。再说陶器制造，这里龙山陶器很少有轮制，好像技术水平不如其他地区。但这里的陶器一般比较大，陶窑也特别大。陶器很多是装东西的，容积大说明东西装得多，本身就是经济比较发达的反映。陶窑大烧的陶器就多，也使烧大型陶器成为可能，这不是说明制陶业比较发达吗？

关于园子沟窑洞式房屋的保护问题，自治区的同志们很关心，全国文物考古界的同志们也很关心。因为这里的窑洞不但数目多，结构完整，而且成组、成排、成片，别的地方至今还没有发现这样的情况。这样珍贵的遗迹如果保护不好，就有点不好交账。可是要保护好也真不容易。黄土地带最怕的是水土流失和反碱。局部范围的水土流失还比较容易解决，最伤脑筋的是反碱。韩伟同志谈到了陕西的情况，很值得参考。陕西盖了一个中国最早的遗址博物馆，就是半坡博物馆；又盖了一个中国最大的遗址博物馆，就是秦俑坑博物馆。但是半坡遗址的那些房屋遗迹，原来都是很结实的，后来由于反碱就起酥皮，等酥皮进一步粉末化，就彻底损坏了。秦俑挖出来的时候也挺结实，有的还有鲜艳的色彩，可是一回潮、一反碱，彩色就起皮脱落，陶俑下半截慢慢软化，有的就坐下去了。这是个教训。当然也可以用化学方法进行加固，但耗资巨大，也不能保证不老化。现在园子沟盖的一些棚子，只能是一种临时性措施，永久保护是不行的，要彻底保护，唯一的办法是用土回填起来。而且要填得结实，不能渗水。否则一下雨，就会发生渗漏，慢慢也就会被冲毁。回填得好，几千年也坏不了，缺点是再也看不到了。所以我们建议绝大部分回填，留几个典型的加以保护。这要请有经验的专家，要先做试验，否则修坏了不好挽回。除了保护窑洞本身，还应当注意保护周围环境，附近不能再搞砖窑生产和其他土建工程。在不妨碍窑洞的情况下适当栽点树。这样来解决保护和参观、研究的矛盾，是不是可行，供同志们参考。

最后我想谈一点感想和对内蒙古考古工作的期望。我们外地来的人员差不多有一个共同的感觉，就是内蒙古的考古工作在最近十年有相当大的发展，最近五年更取得了长足的进展。自治区面积那么大，文物古迹那么多，能够在不太长的时期内取得这样大的成绩是很不容易的。我们考虑了一下，大致有这么几个原因：第一条是我们的专业工作者有为考古事业献身的精神。记得前几年我们到朱开沟的时候，坐吉普车从东胜出发，走山路和卵石的河滩，颠簸好几个小时才到。一看那里是荒山秃岭，杳无人烟，劳力要从外地招，没有房子自己挖窑洞住，没有吃的从呼和浩特运粮食和咸菜。就这么长年累月地搞了好多年，朱开沟的东西一出来，引起学术界的普遍关注，但大多数人并不知道这些东西是怎么弄出来的。老虎山开始发掘的时候也很艰难，也是自己挖窑洞住，自己搞吃的。周围一片荒凉，晚上住在那里怪害怕的，如果没有坚强的毅力和为事业献身的精神，是很难坚持下去的，我在学校经常拿这些例子教育我们的学生。以后条件即使改善了，这种艰苦奋斗的作风还是需要提倡和发扬的。第二条是领导的重视和措施得力。今天自治区各位领导跟我们一道到这个偏僻的山坡上来开会本身就是一个有力的证明。如果没有区里、厅里、处里以及旗、县等各级领导的努力，为专业工作者创造必要的条件，好多工作就办不成。别的不说，我们在这里开会的房子都不会有。现在各重要工地都有工作站或工作室、文物库房，专业工作者也可以一心一意地进行业务活动。相信随着经济的发展，这些条件还将有所改善。第三条是各方面关系处理得比较好。从考古研究所来讲，包括原来的文物工作队，由于历史的原因积累了一些矛盾，但大家都以事业为重，正视矛盾，解决矛盾，老年和中青年同志配合得比较好。区里和盟里的关系也处理得比较好。内蒙古那么大，从呼伦贝尔盟到阿拉善盟，离得好远，只靠自治区的几位同志是很难应付的。经常性的调查、清理和文物保护要靠盟里的同志去做。为了让他们做得更好，文物处和考古研究所经常组织他们参加一些重点遗址的发掘，有时还集中办培训班，这样上下一致共同发展自治区的考古事业，这个经验值得总结和推广。以上三点做得比较好，使内蒙古的考古工作发展得比较快、比较健康。今后要使内蒙古的史前考古发展得更好，除了要继续发扬这些优点以外，我想还需要有战略的眼光和切实可行的规划。

内蒙古处在我国的北方和东北方，年平均气温比黄河流域稍低，雨量也比较稀少。这两个因素虽然在任何地方都会对农牧业的发展有一定的影响，在内蒙古却表现得特别敏感。因为这里的农业是处在临界线的边沿，气温稍高，雨量稍多，农业就能得到发展；反之就无法从事农耕。历史上的气候是有变化的，因此这条农业和畜牧业的边界也有所变化，从而也影响这个地区农业民族和游牧民族的关系。在马克思主义的社会发展理论中，曾经提出农业和畜牧业的分离是人类历史上的第一次社会大分工，但迄今没有得到考古资料的证明。我想象内蒙古这种农牧业区的分界线，应该是探索这一问题的理想场所。为此，要得到实质性的进展，除了要加强考古调查和发掘外，还必须有地理学和古生态环境的研究。换句话说，就是要开展环境考古的研究。这项工作现在已经着手进行了一些，希望坚持下去，并且要有一个切实的规划。这是我要讲的第一点。

其次是要尽快地填补薄弱环节。仰韶以前是否还有农业，是否还有新石器时代文化。这问题要尽快找到答案。龙山晚期应是文明起源的重要时期，现在的资料还比较单薄。现在全国不少地方在探索文明的起源方面取得了很大的进展，我们可以借鉴他们的经验把本地的工作尽快赶上。

第三，内蒙古这个地方，包括中南部在内，历史上农业不很发达，人口也远不如中原那样稠密。因此许多古代遗迹不像中原那样破坏严重，而是比较完好地保存了下来。例如，凉城一带的许多石头围墙，包头一带的许多史前祭坛、石砌房基和围墙等，也都保存比较好，有助于我们对古代遗址进行全面的研究。近年来，全国已有一些地方在开展聚落考古研究，内蒙古也在开展这方面的工作。所谓聚落考古就是要研究一个聚落遗址内各种遗迹和遗物的联系，以及不同聚落之间的比较分析，来复原当时人类的社会组织，和每一社群内或各社群间的经济、文化、宗教活动及其相互关系。这种研究从原则上来讲任何地方都可以做，但内蒙古的条件比较好。特别是像岱海和黄旗海周边的一系列遗址，都是进行聚落考古的理想场所。只要我们的目标明确，方法得当，就一定会在不久的将来，把聚落考古搞上去，把内蒙古中南部的史前考古再提高到一个新的水平！

（原载《内蒙古中南部原始文化研究文集》，海洋出版社，1991年。后收录在《农业发生与文明起源》，科学出版社，2000年）

岱海考古的启示

一　事情的缘起

在内蒙古，岱海地区的史前考古是最有成绩的。从 20 世纪 80 年代初发掘老虎山遗址以来，经过不懈地调查、勘探和发掘，对于岱海周围的新石器时代遗址已经有比较深入的了解，包括那里的文化特征与谱系、与周围文化的关系、聚落形态的演变和人地关系等诸多方面都进行了有益的探索，取得了十分可喜的成果。这期间先后发表了不少发掘简报和研究文章，还不止一次地开过不同范围的学术研讨会。由于田野工作十分繁忙，许多遗址的资料整理工作难以在短期内完成，正式发掘报告无从编写。这些考古工作的主持人田广金和郭素新夫妇曾经多次向我提出，希望我派研究生协助整理资料和编写发掘报告，这反映他们对母校的信任与期望。前些年在拟订北京大学新石器时代考古博士生韩建业的学位论文计划时，我建议他以华北北部的新石器时代考古为课题，结合着整理岱海地区的有关资料。他可以从这些资料的整理中得到许多新的知识和启示，对于岱海考古报告的完成也可以助一臂之力。这个计划得到田、郭二人的热情支持。1997 年夏天，韩建业到内蒙古老虎山工作站，在田、郭二人的指导下整理了老虎山、园子沟、西白玉、面坡和大庙坡的资料，还参加了西白玉遗址的勘探与试掘工作，接着便编写报告，于 1999 年暑期完成了初稿。关于这本考古报告的名称，他们征求我的意见。我说就叫《岱海考古》吧！在这个总名称下可以出版若干考古报告集。现在，厚厚的一本《岱海考古》第一集文稿摆在我的面前。翻开稿子，不禁浮想联翩，思绪万千——这成果得来不易啊！

记得 16 年以前的 1984 年 8 月上旬，我和几位朋友应邀到呼和浩特参加内蒙古西部原始文化讨论会，会议期间特地到岱海附近的老虎山遗址参观考察。岱海属于乌兰察布盟的凉城县，在呼和浩特市东部偏南，距离虽然只有 100 多千米，但是道路崎岖，汽车开了好几个钟头。到了老虎山下，远远望去，在高高的山腰间隐约可见一圈石砌的围墙，那便是老虎山石城遗址。我们从山脚往上爬，到城址脚下已经很费力了。可是城址本身是依山坡而建的，像个簸箕形，上下高差 100

多米。沿着石砌围墙往上爬，再越过围墙里面的沟沟壑壑，大家都气喘吁吁了。开始我们只是看地形和各种遗迹，想着当时人们为什么要住在这样一个生活很不方便的地方，还要花那么多的工夫去修筑石砌围墙，设想一定是战争成了严重的问题。再想在这里考古实在是太艰难了，交通不便，附近没有一户人家，上不着店下不着村，问田广金你们是怎么想到在这里进行考古的？田广金看出了我们的意思，没有直接回答我们的问题，带领我们下了两道坡，指着几个破窑给我们看，告诉我们这是他带领内蒙古文物干部培训班十几名学员发掘老虎山遗址时住的地方，虽然简陋一点，但工作还是比较方便。因为那时没有帐篷，发掘时一阵雨来都没有地方躲。再说住在人家村子里太远，上下工很麻烦，所以决定自己挖窑洞。只要有利于工作，生活上差一点没有什么关系。我们看到那几个窑洞已经有一部分塌坏了，窑壁还留着挖掘工具的痕迹，地上铺着草，顶上横着几根木头。没有电也没有水，吃水要到山底下去挑。粮食是从呼和浩特运来的，没有蔬菜，只能吃咸菜，那也是从呼和浩特运来的。老虎山遗址是 1980 年发现的，1982 年和 1983 年进行了较大规模的发掘。在此以前，田广金等还对鄂尔多斯地区的朱开沟遗址进行了发掘。那里条件更加艰苦，除了自力更生以外别无选择，那一套就地挖窑洞进行考古工作的办法就是在朱开沟创造出来的。我们在那次会议结束后即去伊克昭盟的首府东胜，再从东胜出发去朱开沟。我们乘吉普车沿着满是砾石的小河滩前进，车子颠颠簸簸左拐右拐走得十分困难。好不容易到达目的地，一看是漫无边际的荒原，老远都望不到一个人影。我们带了些干粮跟驻守窑洞的朋友们一道就餐。我看他们满身是上，都高高兴兴的，实在是以苦为乐。此情此景，使我的心灵受到了极大的震撼。它最充分地体现了我们的考古学者不避艰苦、筚路蓝缕的开拓精神！正是在这种精神的支持下，锲而不舍地开展工作，才使内蒙古的史前考古出现了崭新的局面，岱海周围的区域性考古就是其中的一个突出的例子。

二　地理位置的特殊性

岱海位于蒙古高原的南部边缘，南接黄土高原和华北平原，是南北两大地理区域的交接地带或过渡地带。那里的气候和植被等也带有过渡性质。一般地说，那里属于温带半干旱大陆性气候，冬季严寒，夏季较热，冬夏温差甚大而日照比较充分。雨量较少而变率很大，年降水量一般在 250～450 毫米之间，且多集中在七八月间。植被为温带丛生禾草草原，即典型的干草原，间有少量森林。这种过渡性质的环境使得历史上一直处在旱地农业和畜牧业两种经济交错分布的状态。

气温稍高、雨量稍多，农业的比重就大一些，反之畜牧业的比重就大一些。如果这种变化超过一定限度，就会引起农人的北进或者牧民的南下。这一点同别的地方很不一样。比如北部典型的内蒙古草原，气温和雨量怎么变化还是草原，只不过是草长得茂盛些还是差一些；华北南部的旱地农业区也是一样，不论气温和雨量怎样变化，都可以种植粟、黍等旱地作物，只不过收成的好坏会受到一些影响。而岱海地区则是可不可以从事农业的问题，因为这里是一个重要的气候敏感带。整个长城地带都是我国北部的气候敏感带，是农业和畜牧业的重要分界带。只是有的地方带域较宽，有的地方带域很窄，而岱海地区是比较宽的。鉴于这里特殊的地理位置和特殊的自然环境，使得这里的考古学文化的变迁同周围文化的关系都呈现出十分活跃的状态。例如在仰韶文化前期，气候比较温暖湿润，华北南部的农人便沿着黄河河谷、汾河河谷以及太行山东麓的一些河谷和山口纷纷北上，其中就有一些人到了岱海盆地东南的小山坡上，在石虎山和王墓山等地安营扎寨。石虎山上的两个聚落遗址年代比较接近，可是一个像后冈类型而另一个却像半坡类型，说明他们分别是从太行山东麓和汾河河谷迁移过来的。这种迁移当然不应理解为某个部落的远道跋涉，而只是表明某个时期内人群流动的方向。其中有的部落迁得很近，有的则迁得比较远。气候适宜的时候往北迁，气候变坏的时候往南迁。在往后的发展中，岱海地区的史前文化几经变迁，甚至发生过几次断档的现象，我想都是与气候的变化有关系的。还应该指出的是，这里所谓断档只是现在看到的现象，也许以后会有新的发现来填补某些空缺，也许从北边迁来了一些狩猎采集者而他们的遗址不容易发现。不论怎样，这里的气候变化会明显地影响到文化的兴衰和变迁，应该是没有疑问的。这种变化的进一步发展，必然会导致畜牧业从农业中分化出来，一部分原先的农人变成了牧人，并且会逐渐形成北方草原的游牧民族，从而对世界历史产生重大的影响。这个课题的重要性是不言而喻的，研究的范围决不应限于岱海地区，甚至也不应限于内蒙古中南部地区。但内蒙古中南部地区无疑是最重要的地区之一，岱海地区自然也不例外。岱海考古的主持者很早就意识到这个问题的重要性，很早就同历史地理等有关学科的学者合作，研究岱海地区史前时期的环境及人地关系的演变，而且把这种研究扩大到整个内蒙古中南部地区，取得了相当的成绩，这对于有相似自然环境地区的考古工作来说是有一定启示作用的。

三　锲而不舍的小区考古精神

岱海周围的史前考古是从老虎山遗址的发掘开始的，那时的条件十分艰苦已于前述。在取得初步成果后要不要坚持下去，如何坚持下去，并且不断地扩大已有的成果，非常现实地摆在面前。如果坚持下去，就不但要有艰苦奋斗的精神，而且要有学术上的预见和胆识，只有同时具备这两个条件，才可能锲而不舍地长期坚持小区域的考古工作。岱海地区的史前考古工作正是体现了这一可贵的精神。发掘者认识到岱海地区除了有过渡地带的一般特点，还有它本身的特殊条件。岱海虽然是内陆湖，但湖水不咸，水生食物资源相当丰富。周围有一个小盆地，可以开发出来种植农作物。西北部的蛮汗山相对较高，在一定程度上可以阻挡来自西北的风沙，形成一个较好的生活环境，因此周围聚集的史前遗址相对较多，跨越的时间也比较长，不论进行文化谱系的研究还是进行聚落形态的研究都是一处难得的好地方。所以在考古工作进行到一定阶段，就开始在老虎山建工作站，下决心在岱海周围长期抗战。工作站建成后我去看过几次，标本一次比一次充实，工作条件也一次比一次改善。特别是培养了一支比较稳定的民工队伍，其中还产生了一批技术工人。他们不但承担了几乎全部的考古发掘与调查任务，而且因为他们对本地情况熟悉，往往能够提供不少可贵的信息。与此同时还先后举办了几届文物干部培训班，其中不少人成了考古工作的骨干力量，并且成为推动整个自治区考古工作的生力军。随着考古工作的开展，岱海的名气也越来越大，先后开过几次有关岱海考古的学术研讨会，国内外有不少学者到现场参观考察，后来发展到与日本考古学者联合组队进行发掘，路子越走越宽了，研究的问题也越来越广泛而深入了。现在已经有不少人认识到进行小区考古的重要性，岱海考古正是进行小区考古的一个成功的范例，其中的许多经验都是带有启示作用的。

四　事半功倍的收获

岱海考古的收获是多方面的，单说老虎山发现的烧陶窑址，其规模之大和保存之完善，在全国龙山时代的窑址中是仅见的。不过从研究课题的角度来看，首先是建立了当地史前文化的发展谱系，按照田广金的研究，从仰韶到龙山可以分为不下10个小期，虽然总体特征跟中原史前文化比较接近，但同时跟其他地方的史前文化有不同程度的联系，并且具有明显的地方特色。大致的趋势是开始跟山西与河北的仰韶文化比较接近，反映了那里的农人北上开发岱海地区的历史图景。往后本地特色越来越突出。与外界联系的渠道也多样化起来，并且为北方青铜文化的发生奠定了坚实的基础。其次是通过聚落形态的研究，对各时期的社会形态和人地关系的演变进行了探索。大致的情况是，早期的聚落规模很小，房屋的布局是凝聚式的，反映当时社群的人口较少，强调血缘关系和集体精神。聚落外围有的设不大的围壕，有的完全没有防卫设施。反映社群之间很少有冲突，某些围壕的设置也许只是防止野兽的侵入。后来聚落规模明显扩大，像老虎山达到 13 万平方米，园子沟更达 30 万平方米，有 150 多处窑洞，并且分成三个大小相近的居住区。每个居住区中还可以分成不同级别的排、群和院落，大致反映了不同级别的社会与家庭组织。从西白玉、老虎山到园子沟、大庙坡，一字排开有十多个聚落遗址，绵延长达二三十千米，差不多都是以黄土窑洞居室为主，实在是蔚为壮观。其规模比起山西石楼、宁夏海原和甘肃宁县等地发现的史前窑洞群不知要大多少倍。它是人类居住史上的一大壮举，在世界范围来说也是十分罕见的。这样的布局绝不会是偶而为之，一定是有一个超聚落的社会组织在起作用，是史前社会开始出现本质变化的一个重要信号。聚落本身的结构也反映了同样的情形，其中除园子沟有天然的屏障以外，大多数聚落都设置在地形险要的半山腰，并且用石头砌筑围墙。反映当时的社会经济有所发展，内部的分化虽然还不十分明显，而外族的入侵则已成为必须严重关注的事情。这一演变规律同全国其他地方有相似的一面，也有一些本地的特点。至于人地关系，大致是仰韶早期环境比较适宜，岱海水面较高，附近小山上的树木也比较多，所以聚落多半设置在比较高的小山坡上，房屋基址中有许多柱洞，说明那时建造房子用了许多木头。后来随着岱海水面的下降，聚落的选址也随之逐渐下降。但到老虎山文化时期集体搬到岱海对岸相对较高的山坡上，则不是因为气候变好、岱海水位重新升高。恰恰相反，这个时期因为长年开发而使得水土流失严重，森林资源枯竭，以至于不得不大量地建造窑洞式居室以节省木材。当然，建造窑洞是一个重大的发明，反映人们对黄土特性有了充分了解，而窑洞冬暖夏凉的优点也逐渐为人们所认识。但是它能够节省大量木材也是不争的事实。这样就把岱海地区人地关系演变的基本线索理清楚了。像上面这样一些重大问题，在一个小区内都取得重要进展的，据我所知在全国还是头一处。这是坚持小区考古，并且实行开放式的工作方法，争取各方面的援助，才取得了事半功倍的效果。这个经验是值得其他地区的考古学者们借鉴的。

五　永恒的追求

岱海考古虽然取得了很大的成绩，但是由于经验不足，也由于开创时期各方面条件的限制，不免有一些不能尽如人意的地方。例如有些资料的记录不够详细，有些标本的采集不够完备。有些做法从一般的考古工作来看是不错的，从聚落考古的角度来要求就还有某些不足之处。因此有必要总结已有的经验，以便不断地改进工作，力求达到最佳的效果。考古学是不断发展的，包括田野考古方法和室内研究方法都是在不断改进和完善的，考古学的观念也时有更新。作为有成就的考古学者应该精益求精，应该有永恒的追求。现在《岱海考古》第一集就要出版了，这一集集中发表岱海西北边即蛮汗山东南坡一组属于老虎山文化的聚落遗址的资料，编写者除严格掌握考古报告的基本要求外，还尽量做了一些创新的尝试，值得推荐。其他的资料将陆续出版第二集、第三集以至更多集。我希望今后的岱海考古会取得更大的成绩，相信《岱海考古》的报告也会一集比一集出得更好，从而对我国的史前考古做出更大的贡献。

（原载《岱海考古（一）——老虎山文化遗址发掘报告集》，科学出版社，2000年。后收录在《农业发生与文明起源》，科学出版社，2000年）

北方新石器时代考古研究

　　中国的北方地区通常指长城以北的广大草原地区，在新石器时代，那里是以出土大量细石器为显著特征的，与本书（《中国北方地区新石器时代文化研究》）所指的北方地区不是一个概念。该书所指的北方地区基本上是在北方草原地区以南、中原地区以北，并且受到中原文化强烈影响的地区。苏秉琦先生在谈晋文化考古时曾经对于这一文化区的范围作了明确的概括，他说："'北方古文化'一词，这里专指和山西北部古文化密切联系的地区……它的界定范围大致是：西以包头市—东胜（不清晰界线），南以太原—榆次地区（不清晰界线），东以张家口（地区）—锡林郭勒（盟）（不清晰界线）为限，大体与习惯上称作'三北'中的'北方'相当（包括内蒙古中南部一部分，晋北、陕北和冀西北一部分）"[1]。从自然地理区划的角度来看，它是跨越华北区和内蒙古区之间的过渡地带。从更大的范围来看，它是处在东部季风区和西北干旱区之间的过渡地带。不过由于阴山山脉耸立于本区的北方，黄河又向北流经阴山脚下，使得内蒙古中南部局部地方的气候与自然环境接近于其南部的晋北和冀西北一带，而与阴山以北的草原地带大不相同。这大概是为什么在两大自然区划之间能够形成一个文化区的缘故吧。

　　这个地区的考古工作虽然开始较早，但长期限于零星的地面调查或小面积的发掘，对其文化面貌缺乏深入的整体的了解。自从苏秉琦先生提出要按照区系类型的方法来研究考古学文化以来，这个地区的田野考古工作有了很大的进展。大约从 20 世纪 80 年代起，在内蒙古中南部、河北的张家口地区和山西中部开展了大规模的考古调查与发掘工作，对于当地的新石器时代文化的特征和发展阶段有了基本的了解。特别是在内蒙古的岱海地区开展的以聚落考古和环境考古为主要内容的小区考古研究取得了丰硕的成果，把本地区的田野考古水平一下子提高到全国先进的行列。在这种情况下，把北方地区的考古成果进行一次全面的梳理和

---

〔1〕　苏秉琦：《谈"晋文化"考古》，《华人·龙的传人·中国人——考古寻根记》，辽宁大学出版社，1994 年，24 页。

总结，不但已经具备了初步的条件，而且是非常必要的。

内蒙古文物考古研究所前所长田广金和郭素新夫妇长期主持岱海地区的考古工作，积累了十分丰富的资料。由于整理研究的工作量太大而他们自己又过于繁忙，希望我派一两位得力的研究生协助。本书作者韩建业对长江中游和中原地区的新石器时代考古素有研究，对北方地区的考古也颇有兴趣。所以在攻读博士学位期间，我就同他商量并确定以北方地区的新石器时代考古研究作为学位论文的主题。为了能够尽可能多地掌握原始资料以便进行深入的研究，首先便去内蒙古凉城县老虎山工作站，在田、郭两位先生的热情支持和指导下整理岱海考古资料。田、郭两位先生和老虎山工作站的人员给予建业极大的方便和尽可能多的帮助。而建业不但业务基础好，更是一位十分认真和不知疲劳的人，所以工作效率极高。在不太长的时间里完成了岱海地区老虎山和园子沟等遗址的资料整理工作，并且写出了约70万字的正式报告[1]。其间还参加了板城遗址的发掘勘探、资料整理和报告的编写工作[2]，以及岱海地区仰韶文化时期若干遗址的资料整理和报告编写，后者将集结为《岱海考古（三）——仰韶文化遗址发掘报告集》由科学出版社出版。在这样扎实工作的基础上，他又广泛收集了其他地区的考古资料并加以梳理，对发表资料最少因而情况不大明了的陕北地区亲自进行了野外调查。最后撰写的学位论文自然得到了答辩委员的好评。

本书是在博士论文的基础上经过认真修改而完成的。书中着重论述了两个问题，一是文化分期与发展谱系，二是聚落形态与社会发展。而这两个问题又都跟人地关系的演变息息相关。从现有的资料来看，北方地区的新石器文化是发展得比较晚的。属于新石器时代早期和中期的遗存至今只有极个别而难以确定的发现。可以想见，在那样好几千年的漫长时间里，那里的居民一定是非常稀少的。可是到公元前5000年或稍晚一些时候，这里突然出现了一批又一批的农民。在冀西北蔚县的四十里坡，在内蒙古岱海地区的石虎山，包头地区的阿善和准格尔旗的坟墉等地，都有他们留下的足迹。从所有遗迹和遗物的特征来看，毫无疑问是属于仰韶文化的，证明这些农民是从南边的中原地区及其附近迁移过来的。记得在1997年8月下旬，当中日合作的考古队在岱海地区的石虎山遗址发掘行将结束的时候，我到那里去看了看。在小山头上有两个同属于仰韶文化的聚落遗址，二者

---

〔1〕　内蒙古文物考古研究所：《岱海考古（一）——老虎山文化遗址发掘报告集》，科学出版社，2000年。

〔2〕　岱海地区考察队：《板城遗址勘查与发掘报告》，《岱海考古（二）——中日岱海地区考察研究报告集》，科学出版社，2001年。

相距不过 300 米，文化面貌却有明显的差别[1]。石虎山Ⅱ没有围壕，整个聚落在东南缓坡上，房屋全部朝向东南坡下；出土陶器与仰韶文化的后冈类型十分相似，而后冈类型主要分布在河北中南部和河南北部，它的早期形态或祖源当为北京房山的镇江营一期文化。可见这些农民应该是从华北平原北部沿着永定河及其主要支流桑干河上溯到达岱海地区的。而石虎山Ⅰ有围壕，出土陶器除了与后冈类型相似的部分以外，还有不少绳纹罐，表现了仰韶文化半坡类型的强烈影响。而半坡类型主要分布在陕西渭河流域，在山西也有许多类似的遗存。他们的影响显然是通过黄河和汾河河谷北上而到达岱海地区的。不过在晋中北和黄河前套地区，遗址的数量远多于岱海地区，文化特征又特别接近于半坡类型，可见北上的移民主要来自关中和晋南地区。为什么恰恰在这个时候有那么多仰韶文化的农民迁移到北方地区呢？这与仰韶文化本身的发展有关，也与全新世的气候演变有关，更与北方地区的地理位置和自然环境有关。

公元前 6500～前 2000 年大体上相当于全新世中期的气候最适宜期，华北和北方地区的气温和雨量都比现代为高。据崔海亭等学者的研究，内蒙古中东部的年降水量要比现在高 100 毫米，岱海地区的降水量则比现在高 40%。内蒙古中南部一些条件较好的地方已经可以发展旱地农业。但毕竟那里纬度较高，气候和土壤条件都不如关中和华北平原，后者才是旱地农业起源的温床。在新石器时代中期的磁山—裴李岗文化和老官台文化中，以种植粟、黍为主的旱地农业已经有较大的发展。在当时种植技术和经验都还比较低下的情况下，能够开发的地方只限于河旁阶地等比较狭小的地带，难以向大平原拓展。开发出的农田种植几年以后肥力大减以至于不得不抛荒，这样单位面积上的人口载荷量就十分有限。进入仰韶文化时期，我们看到遗址数量大增，每个遗址的规模也有所扩大，说明那时的人口已有显著增加。农人需要开辟新的耕地，最方便的途径便是沿着河谷北上，一直到达大青山的南麓。其中大部分是沿着黄河和汾河河谷北上的，少部分是从华北平原北部沿永定河和桑干河向西北进发的。不同地方的人相互接触后必然会发生交往，从而使文化面貌发生一定的变化，以至于难以简单地按照原来的文化类型来划分。到仰韶文化的第二期即庙底沟期，气候更加适宜，文化也有更大的发展。于是又有更多的农人北上，北方地区的遗址数量大为增加，单个遗址的规模也有所扩大。到仰韶文化的第三期发生了一个转折，北方地区的文化面貌与中原地区发生了很大的差别。这是因为几次移民浪潮使北方地区的居民已经有相当的

────────

〔1〕　岱海地区考察队：《石虎山遗址发掘报告》，《岱海考古（二）——中日岱海地区考察研究报告集》，科学出版社，2001 年。

密度，生活基本稳定下来，外来移民不能说没有，至少已不很显著，这有利于本地特色的发展。其实，从整个仰韶文化来说，这时正是文化内容复杂化、分化趋势和地方色彩加强的时期，北方地区自然也不例外。同时这个时期开始与东北方的红山文化晚期和小河沿文化接触并且受到一定的影响，还受到华北平原较大的影响，这也是与前一个时期很不相同的。到仰韶文化末期即相当于庙底沟二期文化的时期，也许是由于气候发生波动的原因，农业文化分布的范围有些向南退缩。岱海地区、晋北和冀西北的人口急剧减少，其余地方则沿着仰韶文化三期的轨迹继续发展。龙山时代北方地区的经济文化已经有了一定的基础，长期的开发已经使环境面临较大的压力。人们大量地开凿窑洞，固然是因为窑洞具有冬暖夏凉而又节省材料等优点，另一方面大概也是因为树木减少情况下的一种不得已的对策。这时候的气候有向凉干转化的趋势，农业生产势必受到一定的影响。已经较大的人口规模使得北方地区不但不能接纳外地的移民，反而需要向南方气候较好的地方迁移一部分居民，这可以从许多原本产自北方的器物向南和向东传播的事实中看出一些端倪。归纳起来说，仰韶文化前期（第一、二期）是南方移民进入北方地区开发的时期，仰韶文化后期（第三、四期）是这些居民稳定发展的时期，龙山时代则是因为气候等原因造成部分居民反向南迁的时期。从文化的角度来看，北方地区显然是中原文化区的派生区而不是一个自成系统的独立文化区，可以称之为亚文化区或亚文化系统[1]。

北方地区新石器时代聚落形态演变的情况以岱海地区研究得比较清楚，其他地区的资料比较零散，但是也可以看出一些基本的特点和演变的趋势。在仰韶文化前期，开始聚落数量少，规模也小，后来数量增加，单个聚落的规模也有所扩大。有的聚落有围壕，但不普遍，房屋多为长方形半地穴式，总体面貌与中原地区仰韶文化的聚落十分相像，只是规模小，也不见像姜寨或泉护那样的大型房屋。迁居地不如本土发达也是很自然的。仰韶文化后期聚落规模略有分化，但还没有形成明显的中心聚落。聚落形态的地方性差异有所增加，首先在晋中出现简单的窑洞，稍后在包头一带出现石砌房屋，有些聚落外也有石砌围墙，说明已开始关心防护问题了。龙山时代许多聚落设置在陡峻的山坡上，并且建设石砌围墙，聚落的安全防御显然成了必须解决的重要问题。这时普遍居住窑洞，通常是利用山坡挖一个簸箕形房屋，立柱盖顶并设置火塘，是为起居室；再在高坡一面掏一个

---

〔1〕　严文明：《东方文明的摇篮》，《农业发生与文明起源》，科学出版社，2000 年，148～174 页及 157 页图二。在这篇文章中划分的雁北区大体相当于本书的北方地区，而雁北区只能是一个亚文化系统。

窑洞，挖出来的土在外面垫出一个小坪。窑洞地面和墙裙都抹白灰，是为卧室。卧室、起居室和户外活动的地坪构成一个相对独立的单元，说明这时家庭的独立性有所加强。一个聚落有成百座窑洞，可以居住几百人。这样的聚落在紧靠岱海西北的蛮汗山的东南坡上一字排开有好多座，聚落的大小和内部分化并不十分明显，很难说哪一座是高出于其他聚落的中心聚落。通观北方地区聚落演变的情况，可以看出经济文化有所发展，有些方面跟中原地区也基本是同步的，有些因素对中原地区的文化构成甚至文明化的进程都有明显的影响。但北方地区的自然环境毕竟不如中原地区，自然资源有限，经济发展速度稍慢，社会变动不大，直到龙山时代还没有特别明显的分化，没有形成贵族集团，走向文明的进程显然慢了一步。这大概就是北方地区史前文化发展的特点吧，本书作者称之为"北方模式"，以区别于黄河中下游和长江中下游文明化进程较快的情况，也是不无道理的。

本书资料新颖而丰富，分析条理清晰，思路开阔。无论是关于文化谱系的研究还是关于聚落形态的研究都是放在整个黄河流域甚至全国的大背景下来展开的，这样问题才看得清，分寸把握得准。由于北方地区大部分处在气候敏感带上，所以人地关系的考察十分重要，这是环境考古的课题，也是作者颇为用心的地方。不论是文化的发展变迁还是聚落形态的演化，都提到人地关系的高度来观察和认识，也是本书的一大特色。

2003 年 4 月 1 日于北京阜外医院

（原为韩建业著《中国北方地区新石器时代文化研究》序，文物出版社，2003 年。后收录在《中华文明的始原》，文物出版社，2011 年）

从史前文化的演变看8000~4000年前黄土高原的自然环境*

关于黄土高原全新世的自然环境，地质学家已经有许多研究。我想，假如换一个视角，从史前文化发展演变的情况来进行分析，或许也能够在一定程度上反映当时自然环境的特点和变化的趋势。

在史前文化的发展中，农业的发生和发展是一件具有划时代意义的重大事情。全世界农业起源的中心，农学家虽然有不同的说法，但是经过考古证明了的最重要中心只有三个，中国是其中之一。根据近年来的研究，中国实际上有两个起源地，分别在黄河中下游和长江中下游。农业起源固然有人类文化自身发展的原因，也有自然环境的因素。究竟采取什么样的农作方式，种植什么样的作物，都必须考虑自然环境的情况。黄土高原最早的农业见于白家文化（或称为老官台文化）。这个文化属于新石器时代中期，年代大约距今8000~7000年，分布范围主要在渭河流域。在白家文化的遗址中发现有石铲、石刀和石磨盘等掘地、收割和加工谷物的农具，有的遗址中还发现有粟、黍、大麻和菜籽等农作物，可以断定当时已经有旱地农业，种植的作物主要是粟和黍。

粟和黍都是耐旱作物，在以黄土为母质的微带碱性的土壤中能够顺利地生长。黄土高原春季干旱，一般作物种子难以发芽生长。粟和黍种子发芽所需的水分比麦类作物低得多，一般情况下可以顺利发芽，幼苗期遇干风也不至于枯死。到夏季雨量集中的时候，也正是它快速生长的时候。可见在没有灌溉的情况下，粟和黍是最适合于在黄河流域种植的农作物。反过来说，在8000~7000年以前，黄河流域主要种植粟、黍类农作物，证明那时的气候应该是半干旱的季风气候，并且是以黄土为母质的土壤。同现在的情况差别不大。

不过在黄河流域，黄土高原和华北平原的情况还有所不同。同是在新石器时代中期，华北平原分布着磁山文化和裴李岗文化。这两个文化的聚落遗址比

---

*　本文为2001年12月13日在中国工程院全新世环境课题组第一次会议上的发言。

白家文化的大得多，文化堆积也更加丰富。石器的制作比较精致，其中的舌形石铲、齿刃石镰和有乳状足的石磨盘的制作都很考究，形制规范，是当时最先进的农具。特别是在河北武安的磁山遗址，发现有数百座储藏粮食的窖穴，其中 80 多个窖穴中还有剩余的粮食朽灰，如果换算成新鲜粮食至少在 10 万斤以上[1]。可见那里的农业生产已经越出了起源时期的初级阶段。河北徐水南庄头发现有一万年左右的石磨盘、石磨棒等磨谷器，同出的还有许多猪骨和一些陶片，可能已经有农业的萌芽。可见华北平原的旱地农业发展水平远比黄土高原南部农业的发展水平要高。说明华北平原的气候、土壤等自然环境比黄土高原更加适合于旱地农业的发展。何况这时黄土高原仅仅在南部的渭河流域才有不甚发达的旱地农业，真正的高原上还完全没有农业，居民稀少。值得注意的是，在陕西临潼白家村遗址中，除了少量农具和家猪骨骼遗存外，还有比较多的水牛骨骼，占可以鉴定骨骼标本的 22% 强[2]。水牛喜气候温暖和水草丰富的环境，既然白家村有比较多的水牛骨骼出土，证明当时渭河流域至少有部分地区适合于水牛生存的环境。

距今 7000～5000 年的黄土高原，是仰韶文化发生和发展的时期。这时已经属于新石器时代晚期，地史上进入了全新世的大暖期。气候条件进一步的好转促进了人类文化的发展。仰韶文化主要是在白家文化的基础上发展起来的，但是分布范围比白家文化大得多，农业生产和整个文化也比白家文化发达得多。仰韶文化本身又可以分为前后两大阶段，或者分为早中晚三期。

仰韶文化早期又称为半坡期，主要是向北发展，最北到达内蒙古自治区的大青山南麓，而西边仅到甘肃的天水。此时黄土高原的绝大部分都有聚落遗址的分布，尤以黄河和汾河谷地为多，山西和陕西北部则十分稀少。这时的农业仍然是以种植粟、黍等旱地作物为主，规模较白家文化时期有所扩大。西安半坡遗址的孢粉分析，"说明当时气候和环境属半干旱性气候，与今日该处之气候相仿"[3]。遗址中的动物骨骼多数属于华北动物群，同时有属于南方动物群的獐和竹鼠，表明温暖湿润气候也能够波及这个地区。在内蒙古凉城县的石虎山遗址中发现有不少水牛遗骨，说明那里也有水牛生活的条件。

---

〔1〕 佟伟华：《磁山遗址的农业遗存及相关问题》，《农业考古》1984 年第 1 期。

〔2〕 周本雄：《白家村遗址动物遗骸鉴定报告》，《临潼白家村》，巴蜀书社，1994 年，123～126 页附录二。

〔3〕 周昆叔：《半坡新石器时代遗址的孢粉分析》，《西安半坡》，文物出版社，1963 年，272 页附录三。

仰韶文化中期又称为庙底沟期，是文化大发展的时期，文化遗址多，堆积丰厚，规模也较大。例如陕西华阴西关堡和华县泉护村都是百万平方米左右的大型遗址。为了开辟新的农田，不少人向外迁移，迁移的方向主要朝西，前锋直达青海省的边界。仅据 20 世纪 50 年代的调查，单是甘肃境内的遗址就有 152 处之多。同时也有不少人向北迁移，个别的甚至到达大青山东端以北现在已经沦为沙漠的地区。在黄土高原中心地区的山西和陕西北部的聚落遗址虽然比早期多了几倍，但是相对于南部地区来说仍然很少，规模也比较小。这时农具数量大增，储藏粮食的窖穴容积增大，数量增加，说明这时的农业已有比较大的发展。种植的作物仍然以粟和黍为主，但是在渭河流域已经有个别地方种植水稻。例如华县泉护村、户县丈八寺等处就都发现有稻谷遗存。这时的房屋多是木骨泥墙，用大量木料做柱子和椽子。泉护村一所大房子周围有数十根大柱子，柱洞的直径达 40～50 厘米。西关堡和河南灵宝西坡遗址也多有类似的大房子，说明那时河谷和山坡地带还是有较多森林的。总之，在我们研究的时段内，仰韶文化中期的气候条件可能是最好的，只是各地的情况有所不同。

仰韶文化晚期在分布范围上基本上稳定下来，只有西部继续向河西走廊扩展。与此同时地方特性突显出来，其中分布于陕西关中地区的称为半坡晚期类型，山西南部称为西王类型，中部称为义井类型，内蒙古中南部称为海生不浪类型，宁夏南部称为菜园类型，而甘肃、青海因为变化更大则称为马家窑文化。在发展水平上，山西和陕西同仰韶文化中期相比似乎没有多大进展，而边缘地带的内蒙古中南部和甘肃东部则有相当大的变化。例如甘肃东部的秦安大地湾遗址有将近 100 万平方米，有成百座房屋，其中 901 号房子面积达 290 平方米，地面用三合土建造，分前堂、后室和东西两厢，其规模在仰韶文化中是仅见的，表明那里是一处重要的中心聚落遗址。这可能不完全是自然环境变化的原因而是人文因素的作用所致。

仰韶文化之后进入了铜石并用时代，年代大约为距今 5000～4000 年。这时手工业有较大的发展，出现了小型铜器、漆器和玉器等高档手工业品。社会已经明显地分化，战争日益频繁和激烈。为了组织有效的防御，一些重要的聚落开始建筑防护的城墙。这个时代又可以分为前后两个时期，前期在山西、陕西南部为庙底沟二期文化，甘肃东部为常山下层文化，再往西便是半山—马厂文化。这时期文化的发展似乎出现了一个低潮，各地发现的聚落遗址相对较少，规模也不太大。一些地方出现了窑洞，这是人们对黄土特性认识的一个飞跃。窑洞居室冬暖夏凉，又可以节约建筑材料，的确是一项重大的发明。不过从环境的角度来看，窑洞恰巧在这个时候出现，也许与气候变凉和树木减少不无关系。一些遗址中出现了过去在长城以北才有的细石器，表明狩猎小动物成了人们关注的事情，这也可能是树木变得比较稀少的一种反映。

铜石并用时代后期在考古学上相当于龙山时代，在山西有陶寺类型，在陕西有客省庄文化，在内蒙古中南部有老虎山文化，在甘肃和青海东北部有齐家文化。这时在黄土高原普遍出现窑洞，内蒙古、山西、陕西、宁夏和甘肃的许多地方都有发现。有些窑洞的聚落规模很大，例如内蒙古凉城县园子沟遗址就发现有 132 座之多，并且明确分成相邻的三区，分别有 40、45 和 47 座窑洞[1]。多数窑洞有前后两室，后室为卧室，用白灰涂抹地面和墙壁，颇为讲究。这时普遍出现了石头建筑的围墙，即所谓石城，且主要集中在黄土高原的北部边缘，与后来的长城相近的一带。很可能这时游牧人已经初步分化出来，这些石城是为了防止游牧人的袭扰而建筑起来的。可能与这种防御性设施发挥了效能有关的是，过去一向不甚发达的陕北等地方现在也发展起来了，那里聚落遗址的总数一下子增加到 1000 处以上，只是多数规模不大。与此同时也出现了一些较大的中心聚落遗址，例如陕西神木县的石峁和新华遗址不但面积较大，遗物丰富，而且出土了不少玉器，应该是当地的中心聚落遗址。而最大的中心聚落遗址在山西南部的陶寺[2]。

陶寺遗址位于襄汾县，经过多年发掘和勘探，发现有一座巨大的夯土城墙，城内面积达 280 万平方米以上，是迄今为止在我国发现的数十座史前城址中规模最大的一座。城内有夯土台基多处，应该是高等级的房屋建筑所在。从发现的一些建筑残块来看，可知墙壁抹白灰，上面有彩画或刻划的花纹，显得富丽堂皇。遗址中的墓地有 1 万多座墓葬，也是我国史前墓地中规模最大的一处，由此可见城里必定有相当多居民。墓葬中大、中、小墓呈金字塔式结构，反映当时的社会大约也已经分化为贵族与平民的金字塔结构。大墓中随葬龙纹盘、鼍鼓和特磬等可能是王者用器，陶寺这座城就可能是一个早期国家的都城。支持这样的都城需要有发达的农业作为基础，可见当时的农业发展到了一个新的阶段，可以提供剩余的粮食给城里人享用了。蔡莲珍和仇士华用碳-13 方法测定古代人们的食谱，发现仰韶文化时期的半坡、北首岭等处食谱中约有 48% 的 C_4 植物，龙山时期的浒

〔1〕　内蒙古文物考古研究所：《岱海考古（一）——老虎山文化遗址发掘报告集》，科学出版社，2000 年，10~198 页。

〔2〕　何驽、严志斌：《黄河流域史前最大城址进一步探明》，《中国文物报》2002 年 2 月 8 日第一版。

西庄也大略相等，而陶寺则占 70% 左右〔1〕。小米是 C_4 植物，这个数据说明从仰韶到龙山，黄土高原的居民一直以小米为重要食物，同时还要通过狩猎和采集获取其他食物。而像陶寺这种都城里的居民则更多地以小米为食，说明他们的生活质量比乡村的居民为高，而整个农业生产水平自然也比以前有所提高。

要根据经济文化的发展来估计龙山时代的气候和整个自然环境的状况是困难的。因为社会发展到这个阶段，人类已经具备比以前更高的能力来进行生产，例如经验的积累，生产工具的改进，都会提高农业生产率。特别是这个时期已学会打井，可以离开天然水源生活，拓展了生存空间，自然也会促进经济文化的发展。不过这时人们似乎更加注意自然环境的特点来安排生产。例如窑洞多是建筑在山坡上，平地还是用木骨泥墙。一般地方主要种植粟和黍，并且养猪，而在黄土高原的北部和西部雨量较少的地方则多养羊，遗址中多细石器，说明畜牧和狩猎的比重较大。从各个方面来考察，整个黄土高原在龙山时代仍然是半干旱的气候，应该是没有问题的。

直到目前，在黄土高原进行史前文化演变与自然环境关系的系统研究还很缺乏，只有内蒙古中南部的岱海地区和甘肃东部的葫芦河流域做了一些工作。两地都在边缘地带，似乎难以概括整个高原的情况。岱海地区的史前文化，最早是仰韶文化的半坡期，只有个别遗址；其次是庙底沟期，遗址略有增加；到仰韶文化晚期的海生不浪类型，遗址大为增加。其后出现一个断档，到龙山时代的老虎山文化又有很大的发展。在相应时段内，从附近的几个地质剖面观察，气候有几次波动，总趋势是由暖湿变为凉干。岱海的水面也大幅度下降，平均深度从 8000 年前的 22.34 米降到 5000 年前的 9.22 米和 4000 年前的 9.64 米。湖水面积则从 8000 年前的 391.2 平方千米缩小为 5000 年前的 189.6 平方千米和 4000 年前的 216.3 平方千米〔2〕，到现在只剩了 150 平方千米。在这里，仰韶文化以后的断档显然与气候的急剧变化有关，而龙山时代的发展则与气候的平稳并略有好转以及人类对于不良气候的适应能力加强有关。

葫芦河发源于宁夏南部的西吉县，南流入甘肃东部至天水汇入渭河。那里分布着一系列新石器时代文化遗址，其中大地湾一期文化（白家文化）3 处，仰韶文化早期 23 处、中期 49 处、晚期 67 处，常山下层文化（龙山早期）80 处，齐家

〔1〕　蔡莲珍、仇士华：《碳十三测定与古代食谱研究》，《考古》1984 年第 10 期。

〔2〕　刘清泗、李华章：《中国北方农牧交错带（岱海—黄旗海地区）全新世环境演变》，《中国北方农牧交错带全新世环境演变及预测》，地质出版社，1992 年；内蒙古文物考古研究所：《岱海考古（一）——老虎山文化遗址发掘报告集》，科学出版社，2000 年，4、5 页。

文化（龙山晚期）376 处，呈现出递增的趋势。不过各文化遗址分布的北界稍有不同，仰韶晚期和常山下层文化最北，齐家文化又向南退缩。遗址距离河面的高度则是逐渐增加的。根据几处地质剖面和采集标本的分析，当地气候的变化大致如下：距今 7800 ～ 5900 年，相当于大地湾一期文化和仰韶文化早期，气温与降水量匀速上升，农业的北界由 35°移到了 35°30′，温度上升了 1.4℃，降水量增加了 50 毫米。距今 5900 ～ 5100 年，相当于仰韶文化中期和晚期的前半段，这时气温与降水量快速上升，农业北界由 35°30′移到了 36°30′，气温上升了 2.8℃，降水量增加了 100 毫米。距今 5100 ～ 4200 年，从仰韶文化晚期后半到齐家文化前半期，是高温高湿稳定时期，农业北界稳定在 36°30′左右。距今 4200 ～ 4000 年，相当于齐家文化后半期，气温与降水量均快速下降，农业北界回归到 35°30′，气温下降了 2.8℃，降水量减少了 100 毫米[1]。这个结果大致与岱海地区气候变化的趋势相仿佛，只是葫芦河流域气候变干冷的时间稍晚一些。

　　如果将黄土高原与华北平原的情况相比，可以看出黄土高原农业文化发展稍晚，发展程度也稍低。石器制作技术稍差，陶器类型比较简单。除山西南部以外，聚落遗址的分化稍晚，进展也稍慢。这些都表明黄土高原的自然环境稍逊于华北平原。同现在的情况差不多，只是在几千年中有所波动而已。

（原载《中华文明的始原》，文物出版社，2011 年）

---

〔1〕　李非、李水城、水涛：《葫芦河流域的古文化与古环境》，《考古》1993 年第 9 期。

西北地区先秦的自然环境与文化发展

　　《中国西北地区先秦时期的自然环境与文化发展》是2004年国家社会科学基金支持的项目。千禧年伊始，国家启动了西部大开发战略的环境背景研究，主要工作由中国工程院担当，下分若干课题组，有关部门积极配合。国家社会科学基金在课题指南中也列入了西北古代文化与自然环境演变关系的项目。韩建业申请的课题正好与课题指南相合，他本人又是最有条件完成这一课题的，申请被顺利通过。

　　这事跟我也有一点关系。记得2001年秋，西部大开发战略的研究刚刚启动。担任其中重要项目的刘东生先生亲临寒舍，邀请我参与部分工作，具体任务是研究全新世以来西北地区的文化发展与自然环境演变的关系。刘先生是第四纪地学的泰斗，对考古学十分关注，对我本人也多有教益。如此盛情实在难以推却。12月13日课题组召开第一次会议，我作了《从新石器时代文化演变看4～8千年前黄土高原的自然环境》的报告，得到了积极的评价，同时要求把研究的范围扩大，内容要更加深化。我感到有点力不从心，于是找了我的两个博士生韩建业和陈洪海帮忙。因为韩建业曾经参与内蒙古岱海地区的考古工作和《岱海考古》报告的编写，又曾经对冀北、晋北、陕北等地做过广泛的考古调查，与地学界也多有接触，对北方地区史前时期的人地关系颇有研究。陈洪海多年在陕西、甘肃和青海做考古工作，对那里的情况也比较了解。经过多次会议和研究，最后完成了《黄土高原新石器时代—青铜时代环境变迁的考古学观察》，收入钱正英主编的《西北地区水资源配置、生态环境建设和可持续发展战略研究》共14卷中的《自然历史卷》（刘东生主编）中。不但如此，韩建业在这些研究的基础上，将博士论文修改与充实，于2003年发表了《中国北方地区新石器时代文化研究》的专著。其中除详细讨论北方地区新石器时代文化的分期、谱系关系、聚落形态演变及其所反映的社会发展的特殊道路以外，还特别注意文化发展与自然环境的关系，几乎可以看作是本书的预演。当时没有涉及新疆，所以后来又专程到新疆进行考古调查，于2007年发表了《新疆的青铜时代和早期铁器时代文化》的专著。在这期间还发表了多篇相关的学术论文，从而为本课题的研究打下了坚实的基础。

本书将西北地区划分为三区，即半干旱半湿润的黄土高原区、贺兰山以东的内蒙古半干旱草原区和贺兰山以西直到新疆的西北内陆干旱区。首先考察了每一区的自然环境及其在全新世期间演变的情况，接着考察各区考古学文化演变发展的状况，最后讨论自然环境与文化发展的关系，为西部大开发提供某些对策性意见。所以本书既是一部环境考古的综合性著作，又对当前西北地区的经济文化建设具有一定的参考价值。

根据本书的研究，无论是黄土高原区、内蒙古半干旱草原区还是西北内陆干旱区，都经历了早全新世回暖期、中全新世暖湿期和晚全新世降温干旱期，每个时期中又还有一些较小的波动。由于各区所处地理位置和地貌、水文特征等情况不同，对气候的敏感程度不同，因而对文化发展的影响也大不相同。

黄土高原尽管也是半干旱半湿润地区，但是在三区中毕竟所处纬度较低，又处于黄河中游地带，水热条件相对较好。从史前文化分布的态势来看又最接近于中原文化区，有些甚至可视为中原文化区的组成部分。所以从新石器时代中期起，在中原地区的裴李岗文化等的影响下，逐渐发展了以粟和黍为主要作物的旱地农业。开始仅限于渭河盆地，到新石器时代晚期的仰韶文化前期，正值气候最适宜期，旱作农业几乎遍及整个黄土高原的河谷地带，部分甚至到达内蒙古半干旱草原的边缘。不过黄土高原的自然生态环境毕竟比较脆弱，一遇较大的气候波动，农业文化就会萎缩，边缘地区就会转变为半农半牧文化或畜牧文化。例如距今5500年左右，整个欧亚大陆北部气候趋于冷湿，距今5000年左右更趋寒冷，黄土高原北部的岱海—黄旗海一带原有的农业文化突然中断或纷纷南移，或者增加狩猎与养畜业的比重以补农业生产之不足。到青铜时代，文化格局发生了很大的变化。一是各地文化的分化加剧，中原的商文明进入黄土高原南部的渭河流域，促进了先周和周文化的发展，从而率先进入文明社会。其他地区的社会发展则相对滞后，这还是与各地的自然环境有关。因为黄土极易侵蚀，高原地区历来水土流失严重。地形破碎，到处是沟谷梁峁，难得形成较大的经济政治中心。与此同时，远在中亚的青铜文化通过新疆、甘肃带来了羊、马和北方式青铜器，促进了高原地区畜牧业和半农半牧文化的发展，对商周文化也有一定的影响。

黄土高原腹地的文化是在仰韶文化后期才逐渐发展起来的。在庙底沟期文化大发展之后，人口随之大幅度增长，需要开辟新的生活空间。最近的地方就是黄土高原腹地。例如陕北一带以前很少有居址，从仰韶后期到龙山时期就出现了大批遗址。这时恰遇气候转向干冷，人们只可能在沟沟坎坎的狭窄地带种植有限的粟、黍等耐旱作物，兼营养畜、狩猎和采集。这样的经济虽然难以发展扩大，却足以维持生计。这里缺乏森林资源，不大可能像在渭河盆地那样用大量木料来建造房屋。人们注意到无所不在的黄土坡，开始在坡上打主意。那些黄土质地比较均匀而松软，很容易掏挖；黄土又具有垂直节理，挖出的窑洞不会垮塌，完全不用木质建材也能够保证安全。这里气候干燥，不用担心洞内过于潮湿，而且冬暖夏凉，防沙避风，可说是黄土高原居民的天才发明，是人类适应和利用环境以发展自己的极好例证，直到近代仍然是当地人民重要的居住场所。

内蒙古半干旱草原区对气候最为敏感。气候最适宜期南部有些地方会有少量农业，气候干冷期则基本上只有狩猎或游牧经济。人口流动性大，一方面有利于某些文化因素的远地传播，如较早从西北传来羊、马和草原风格的青铜器等；另一方面又时常对南方农业区造成冲击。为了应对这种局面，早在距今 5000 年左右，在南部与农业区交界的地方就先后出现了几条大致呈东西向的石城带，可以说是后来长城的原型。战国以来多次修筑长城，位置南北时有变动，一方面是反映南北力量的消长，而主要还是反映因气候的变化而形成的农牧交界的变化。

西北内陆干旱区面积最大，又深处内陆，高山、盆地相间分布。降水稀少，气候严酷。尽管在旧石器时代就有人居住，但人烟稀少，发展缓慢，整个新石器时代都还处在采食经济的阶段而没有农业。不过在这广阔的内陆区还有许多由高山雪水浇灌而形成的绿洲，新疆北部和柴达木等地还有很大的草原，有发展农牧业的潜力。大约距今 5000 年，农业文化首先进入东部的河西走廊等地，进而影响到新疆的部分地区。大约从距今 4000 年或稍晚，中亚等地的青铜文化传入新疆乃至甘肃等地，从而在本区出现了一系列兼营农牧业的青铜文化。之后又再次受到中亚的影响而较早地进入铁器时代。

由于降水稀少，这里的农牧业和生活用水要靠高山雪水，受气候波动的影响反而较小，形成一种相对稳定的绿洲文化。由于每个绿洲的面积都不很大，难得形成大规模的经济文化中心。但各绿洲多分布在山前地带，跟着山脉的走势便形成连珠状的排列，成为东西交通的重要渠道。汉唐以来的丝绸之路就是走的这个渠道。而在丝绸之路形成以前，实际上已经有许多来往。从东往西，最早有彩陶和粟、黍等旱地作物；从西往东则有小麦、羊、马、铜器和铁器等。而新疆本身的特产和田玉等也成为远地交往的重要物品。由此可见，由于本区特殊的地理位置和特殊的自然环境，在中西文化交流上曾经长期起着不可替代的积极作用。而在某些绿洲的过度开发方面，也曾发生过惨重的教训，对当前进行西部大开发也是一种有益的警示。

总起来说，黄土高原的自然环境支持了旱作农业的发展，气候的波动虽然有一些影响但不严重，经济文化还是得到了稳步的发展而较早地步入文明社会。由于资源有限，生态环境比较脆弱，到一定阶段必然会向环境更加优越的东南部发展，这就是从西周到东周和秦代统一所走过的道路。内蒙古草原区对气候的敏感度最高，人口流动性大，时常对南部农业区造成冲击，但在传播文化上还是起过不少积极的作用。西北内陆干旱区虽然环境比较严酷，却有许多天然的绿洲。在东西方文化相继传入的情况下却可以得到比较稳定而缓慢的发展。而特殊的地理位置和社会的相对稳定则为东西方文化之间长距离交流提供了契机。在相当长时期内，这里几乎是东方与西方两大古文明之间唯一的交通渠道，对于促进整个人类文化的发展起了不可替代的作用。

最后作者在结语中还对西北地区先秦时期的自然环境和文化发展归纳出五条显著的特征，每一条都是经过深思熟虑的。以上就是本书的基本内容。

本书收集的资料既全面又十分丰富，而且差不多对每项资料都进行了认真的鉴别与分析。同时又非常注意前人和当代学者研究的成果。扎扎实实，既不追求标新立异，又勇于提出自己的创见。在多年研究的基础上初步形成了自己的体系。我在上面简单地概括不一定准确，但大致可以看出本书的基本内容和作者研究的着力点之所在。要了解详细的内容，还是请看全书吧！

（原为韩建业著《中国西北地区先秦时期的自然环境与文化发展》序，文物出版社，2008 年。后收录在《丹霞集——考古学拾零》，文物出版社，2019 年）

《临潼康家——客省庄文化聚落遗址
发掘报告》序

20 世纪 50 年代，苏秉琦和吴汝祚两位先生在西安附近进行考古调查时，于长安县客省庄调查发现了一座西周墓葬打破一个袋形坑，后者又打破一个仰韶文化的灰坑。袋形坑中的文化遗存是一个新发现，无以名之，暂依其地层关系的先后名为"文化二"，后来被正式命名为"客省庄二期文化"或"客省庄文化"。该文化主要分布在陕西关中平原和陇东地区，仅在关中平原发现这个文化的遗址就有几十处。其中的康家遗址位于关中地区东部的临潼县，是客省庄文化的一座大型村落遗址，面积达 19 万平方米。从 1982 年开始，西安半坡遗址博物馆曾有过两次考古发掘。1985～1990 年，陕西省考古研究所又先后做过四次发掘，总共清理出客省庄文化的房屋建筑 285 座，这也是目前所知客省庄文化中规模最大、出土房屋数量最多的聚落遗址，其重要性不言而喻。

康家遗址在发掘过程中，我虽然没有去发掘现场，但知道很重要，特请李水城代表我去过发掘工地考察。1987 年，参加康家遗址发掘的秦小丽考入北大考古系研究生班，她在我布置的作业中，对康家遗址的出土陶器做了类型学研究，后来在我指导下又撰写了硕士毕业论文《试论客省庄文化的分期》。1995 年，这篇论文的主要内容发表在《考古》杂志上。

康家遗址的发掘已经过去 30 年了，至今只是发了几篇简报。刘莉在 2007 年出版的《中国新石器时代——迈向早期国家之路》一书中曾对康家房屋中的动物遗存进行所谓夸富宴的研究。直到前不久才得知，陕西省考古研究院与复旦大学以合作的形式由秦小丽负责对康家遗址发掘资料进行整理并编写和出版发掘报告，听到这个消息我感到非常欣慰。

希望这部考古报告的出版能扭转客省庄文化聚落研究的薄弱局面，进而推动学术界对客省庄文化与周边地区，特别是西北地区文化关系的研究。

2020 年 11 月 1 日

（原载《耕耘记——流水年华》，文物出版社，2021 年）

甘肃史前考古的丰碑

　　学术界期待很久的甘肃大地湾考古报告终于出版了，这对于甘肃史前考古来说是一件非常重要的事情，对全国史前考古来说也是一件值得关注的事情。

　　20世纪80年代在中国考古学史上是一个值得大书特书的时期：辽宁牛河梁发现了红山文化的坛、庙和积石冢群，出土了巨型泥塑和许多造型特别的玉器；甘肃大地湾发现了仰韶文化晚期的大型礼制性建筑——原始殿堂；浙江良渚发现了反山、瑶山等祭坛和贵族墓地，以及莫角山的大型建筑基址，墓地中出土了比牛河梁多得多也更加精美的玉器；湖北天门发现了石家河文化的大型城址和大批宗教遗迹；山东临朐发现了龙山文化多重棺椁的大型贵族墓葬……这些在以前被视为典型新石器时代文化的遗存中，却发现了如此丰富的闪耀着文明火花的遗迹和遗物，不能不使人在惊叹之余，认真考虑中国文明的起源问题。中国文明到底是什么时候起源的，是不是需要适当的提前？中原地区在文明起源中的特殊地位是不是需要重新考虑？到底是中原中心还是多中心，还是多元一体，到底怎样提比较合适？人们纷纷发表意见，一下子出现了一个探索中国文明起源的热潮。在这个热潮中，大地湾的考古发现乃是被学术界特别关注的亮点之一。

　　记得在1986年8月初，由苏秉琦先生提议和在甘肃省有关部门的主持下，在兰州市专门召开了一次甘肃原始文化研讨会，集中讨论了大地湾考古的问题。会上郎树德和张朋川全面介绍了大地湾考古发掘的情况和主要收获，接着与会人员全面参观了出土文物，对大地湾考古的丰硕成果有了初步的了解。为了让大家有更加深刻和实际的感受，还特别安排了到大地湾遗址进行实地考察，使我有机会亲眼看看这个著名的遗址。我们首先参观处在五营河南岸阶地的聚落遗址，那里最早有大地湾一期文化或被称为老官台文化的小型聚落，后来在它的废墟上建起了仰韶文化半坡期晚段的环壕聚落，到庙底沟期又明显扩大。由于有三个时期的聚落重叠在一起，后两期本身又还有早晚之分，所以房子非常密集。但只要把分期弄清楚，就可以看出每一时期聚落的布局及其逐步扩大和演化的情况。大致的情况是，大地湾一期因为遗迹太少，聚落布局不甚清楚。半坡期是环壕聚落，房屋是凝聚式和向心式的。为了保护遗址，发掘过的绝大部分遗迹已经填埋起来了，只留下几座房屋基址让大家参观，那都是保存极好的具有代表性的房子。

这阶地南边紧靠一座黄土山，从坡下往山上望去，陡崖之上耸立着一座极为醒目的大型建筑，那就是号称原始殿堂的 901 号房子的所在。那建筑自然是为保护 901 号房子而盖起来的，不过它的体量比 901 号房子大不了多少。它的位置和样式使我们很容易体会当年的原始殿堂那居高临下的气势。我们爬上山坡，才知道那里有一个很大的畚箕形山窝，那便是仰韶文化晚期的聚落所在。其面积有数十万平方米，比山下庙底沟期的聚落又扩大了许多。畚箕柄端最显著的地方便是 901 号大房址。

我们首先参观 901 号房址。它由前堂、后室和左右两个厢房组成，前面还有一个广场。单是前堂就有 130 平方米，地面非常平整光滑，呈灰黑色，看起来就像是水泥抹的。1960 年我在洛阳王湾发掘仰韶文化晚期的房址时就见过这样的地面，应该是仰韶晚期的一项重大发明。不过大地湾这座房址比王湾的房址保存得好多了，而且无论从规模和主次分明的格局来看都是前所未见的高规格建筑。我们从中门进去，迎面便是一座比双人床还要高大的巨型火塘，火塘两边各有一根直径达 90 厘米粗（木柱直径 50 厘米，外包草泥和灰浆）的顶梁大柱。那火塘显然不像是一般居室中主要用于炊事也兼作取暖的火塘或灶，而可能是举行大型祭典或公众议事会时燃烧圣火的场所。你可以设身处地地想象一下，那在当时该是多么气派、庄严而神圣的处所，称之为原始殿堂应该是很贴切的。

从 901 号房址往南，开始还比较平缓，接着便逐渐升高，而且越来越陡。现在整个山窝都已经开辟为梯田，无意中造成了许多剖面，从剖面上可以看到地层的变化和某些遗迹现象。老友张学正领着我一个一个地察看，断断续续地发现有许多房址的地坪，有的地方上下叠压三、四层。我们估计整个聚落大概有几百座房址，而且可以分成几片。每一片至少有一座中型房址和若干小房址。在中轴线上还有 F405 等大型房址，它的形状结构和工艺水平都与 F901 差不多，只是没有后室和厢房。这样整个聚落就好像是以 F901 为中心，或者以 F901 至 F405 为中轴线的分层次和分等级的有序结构。这种结构在它以前的半坡期和庙底沟期是不曾见过的，而且其规模和某些建筑的规格都远远超出了半坡期和庙底沟期，也超出了周围同时期的聚落，成了名副其实的中心聚落。这说明从庙底沟期到仰韶晚期有一个实质性的飞跃，其意义正如前面所述牛河梁、良渚和石家河等处的重大发现一样，是文明起源的重要表现。值得注意的是，这种变化在黄河中下游和长江中下游，也就是整个中国的核心地区，几乎是不约而同地发生的，只是表现形式各不相同。因此我们在探讨中国文明起源的时候，既要注意各地的区别，又要注意相互之间的联系，并且作为一个整体来加以考察。不过深入的区域性研究毕竟是进行整体考察的基础。从这个意义上来说，大地湾遗址的发现具有特殊的价值。这是大地湾考古发掘的最重要的收获之一。

我们注意到牛河梁、大汶口、良渚和石家河等大型聚落的文化遗存都比较单纯，经历的时间都不太长。而大地湾则是从老官台文化、仰韶文化早期（半坡期）、中期（庙底沟期）、晚期直到常山下层文化五个时期的聚落先后相继，一个比一个大，一个比一个复杂，反映了从农业发生不久的小型社群一步一步地发展到初步文明化的社会的全过程，这也是大地湾遗址的优势所在。再者，大地湾的每一期文化遗存都相当丰富，特征鲜明，前后的承袭和变化都很清楚，有利于进行比较研究，从而在陇东地区树立了一个新石器时代的考古学年代和文化发展谱系的标尺。这是大地湾考古发掘的又一个重要收获。

大地湾位于渭河上游，正当中原文化区和甘青文化区的交接地带，这一特殊的地理位置和丰富的文化遗存，使其有可能成为凿通中原和西北史前文化关系的一把钥匙。大地湾的前三期文化同关中地区的同期文化并没有实质性的区别，可以划归相同的类型。但到第四期文化就不同了。第四期属于仰韶文化晚期，这时正是仰韶文化大分化的时期。各地的仰韶文化虽然都是继承庙底沟期的仰韶文化发展而来的，但发展的方向各自不同，所受其他文化的影响不同，从而在文化面貌上表现出比较明显的差别。例如在山西南部的西王村三期类型和陕西关中地区的半坡晚期类型的彩陶就十分稀少，有的遗址几乎看不到彩陶，而河南中西部的秦王寨类型、河北南部和河南北部的大司空类型、内蒙古中南部的海生不浪类型以及甘肃的大地湾四期类型都还有比较多的彩陶，各类型的彩陶花纹又有很大差别。我们更注意到关中和陇东的差别，因为这两个地方都属于渭河流域，只不过一个在渭河的中下游，一个在渭河的上游，这是很有意思的。如果看一看宝鸡福临堡和陇县原子头的材料，就知道从东到西还有一个渐变的过程。大地湾四期不但比福临堡和原子头仰韶文化晚期的彩陶明显增多，而且花纹的样式也基本上与马家窑文化的石岭下类型没有多大差别，就是无彩的其他陶器也没有太大的差别。由此往西，便是马家窑类型的主要分布区，彩陶比大地湾四期明显增多。往后到半山—马厂类型彩陶更多，发展方向则与大地湾五期明显不同。为什么会这样，我过去在资料不很充分的情况下做过一点肤浅的推测，就是认为马家窑类型是从仰韶文化庙底沟期发展而来，是庙底沟期在甘肃的继续和发展。现在有大地湾和相关遗址的大量资料，这个问题可以看得更加清楚了。

大地湾考古报告是一个大工程，需要经过很长时间的认真整理。这是因为大地湾的资料特别丰富，整理起来很不容易；加以发掘的时间较长，人员有所变动，又增加了工作的难度。1993 年 3 月间，我曾经应邀赴兰州协助整理大地湾考古的资料，发现有些房子的陶片找不到了，难以确定所属的文化分期。因此我建议实事求是，能够说清楚的一定尽量说清楚，并且要拿出充分的证据，实在说不清楚的就决不勉强。很高兴整理者克服了许多困难，坚持高标准严要求，而且几经修改，终于完成了任务。读者可以看到报告对大地湾各期文化特征、性质与相互关系的研究，关于房屋建筑与聚落形态演变的研究，关于生产工具、原始技术与生业发展演变的研究，以及人地关系演变的研究等方面都有比较深入和精彩的分析。即使这样，个别资料的分期和解释也难免有不尽恰当之处，读者当可以作出自己的判断。但就整体而言，《秦安大地湾》还是一部较好的考古报告，相信她的出版将成为甘肃史前考古成长的一座丰碑，对于中国史前考古也是一个重要的贡献。

2004 年 3 月 22 日于北大蓝旗营

（原为甘肃省文物考古研究所编著《秦安大地湾——新石器时代遗址发掘报告》序，文物出版社，2006 年。后收录在《中华文明的始原》，文物出版社，2011 年）

《大地湾考古研究文集》序

　　甘肃大地湾文物保护研究所程晓钟所长将以往发表的有关大地湾遗址的考古发掘简报和研究论文收集起来，编为《大地湾考古研究文集》出版，要我在前面写几句话。我想作为一个国家级大遗址保护研究所的负责人，关心本遗址的保护和研究情况，是理所当然的。据我所知，他为了请有关方面编制好大地湾遗址保护方案并向国家文物局申报，曾经做了许多努力。为了给关心本遗址保护和研究的各方人士提供必要的资料而编辑这本文集，当然也是一件值得称道的好事。

　　大地湾遗址的发掘，在 20 世纪 80 年代的中国新石器时代考古研究中是一件大事。其重要性主要表现在三个方面：一是在甘肃东部找到了一个从大地湾第一期文化或老官台文化经仰韶文化早期、中期、晚期到常山下层文化的比较完整的相对年代系列，为陇东及其周围地区新石器时代文化的发展建立了一个可靠的标尺；二是由于大地湾遗址所处的地理位置适当中原—关中地区和甘青地区的交界，对于研究两个地区之间的文化关系具有特殊重要的意义，这从大地湾各期文化的具体内容中可以比较充分地反映出来；三是大地湾各期文化的聚落演变是从小到大，从简单到复杂，从内部平等的凝聚式到有中心和等级分化的高等级聚落，发展线索非常清楚，为中国文明起源的研究提供了一个宝贵的实例。当然，大地湾遗址考古发掘的收获还有许多，文集中已经有若干方面的反映，这里不必细说，仅此三项就足以说明大地湾遗址的发掘在中国新石器时代考古研究中的重要意义。对于这样一个重要的遗址，我们是必须加以保护的，并且要在保护的基础上进行认真规划，从各方面展开长期而深入的研究。过去的研究多是在发掘过程中进行的，有些问题还来不及充分消化，但毕竟可以提供一个进一步研究的基础。现在正式发掘报告已经基本完成，即将出版。读者如果将本文集和正式发掘报告对照阅读，必将得到更多的收获与启示。

2002 年 7 月 10 日于北大蓝旗营寓次

　　（原载程晓钟主编《大地湾考古研究文集》，甘肃文化出版社，2002年。后收录在《丹霞集——考古学拾零》，文物出版社，2019 年）

《贵南尕马台》序

许多人知道中国最早的铜镜出自齐家文化，但很少有人知道这面铜镜是怎样发现的，在哪里发现的。事情的原委还应该从 1976 年说起。那年我带着学生在陕西周原进行考古发掘。上半年的工作结束后，考虑要给北大考古专业 76 级找一个进行基础实习的地点，我和当时任考古专业分总支书记的李志义同志于 7 月初到了青海西宁，与省文化局文物管理处联系，受到他们的热情接待。该处的考古队赵生琛队长和卢耀光同志介绍了青海考古遗址的情况，建议我们到共和去看看。共和又名恰卜恰，是海南藏族自治州的首府。在去共和的路上，我们先过日月山，山上立有一块标高海拔 3800 米的石碑。李志义觉得有些不舒服，明显是高山反应。我那时的身体也不好，反而没有什么不适的感觉。下山的坡度很陡，又没有明确的路，都是碎石。我们乘坐的是一辆布篷的北京吉普，摇摇晃晃，简直是滑下去的，非常危险。下山不久即过倒淌河。因为这条小河从东往西流入青海湖，跟大多数河向东流的方向相反，好像是倒着流淌的，故名。到达共和已是傍晚时分，当地文物干部帮我们安排住宿，晚上又按照藏族风俗为我们洗尘。他说贵南有些遗址不错，建议我们去看看。第二天出发，经沟曲、龙羊峡到达贵南。首先考察的是尕马台，那是一个小台地，台顶平坦，偶尔可见齐家文化的陶片和零碎人骨，估计是一座齐家文化的墓地。考虑学生实习不能只挖墓葬，接着又到附近考察了加土乎和高渠顶两个遗址，在那里发现有马家窑文化、齐家文化和卡约文化等遗存。我想贵南已处在青藏高原的东部边缘，考古学文化也许会有一些特别的地方，值得探索一下，在这里进行实习应该是一个不错的选择。回到西宁后，我们与省方商定了合作的方案，省方还决定同时在发掘工地举办文物干部考古训练班。因为 1977 年我和俞伟超要留在学校负责考古进修班的教学工作，无法抽出身来。学校决定派李仰松、赵朝洪和高崇文等教师带领 76 级全班学生去青海进行基础实习，与省文物管理处考古队合作发掘尕马台等遗址，并举办文物干部考古训练班。发掘工作从 4 月开始，到 8 月才结束。我只是在 6 月初抽空去了一趟，了解实习的情况并看望大家。

这次田野考古实习获得了较好的成绩。在尕马台发掘了一处马家窑文化的遗址，清理出房屋基址、灶坑、灰坑、瓮棺葬及许多遗物。同时还发掘了一处齐家文化的墓地，其中大多数为俯身葬，比较特殊。那面饰有七角星纹的铜镜出在第25号墓中，这是非常重要的考古发现，《青海日报》1978年2月18日曾有一个简单的报道。尕马台的资料整理和正式报告的编写延宕了很长时间，并且完全落在了青海省文物考古研究所的同仁身上。感谢任晓燕所长把这件事抓了起来，终于完成了《贵南尕马台》考古发掘报告。我想这份报告的出版，不但为甘青地区史前文化的研究提供了一份新的资料，也许还会引发某些新的思考。

2015 年 6 月 12 日于北大蓝旗营

（原为青海省文物考古研究所、北京大学考古文博学院编著《贵南尕马台》序，科学出版社，2016 年。后收录在《丹霞集——考古学拾零》，文物出版社，2019 年）

略论大汶口文化

我国东方黄海沿岸的山东和苏北等地，分布着许多古老的丘陵和冲积平原，河流交错，雨量适中，气候温和，给原始文化的发展提供了有利条件。在新石器时代，这里分布着先后相继的两个文化，即大汶口文化和龙山文化。它们同中原地区的仰韶文化和中原龙山文化既有相似的一面，又有明显的区别，不完全是属于一个文化系统的。根据古史传说，这一地区的远古居民主要是东夷，卜辞中称"人方"，即"夷方"。他们同中原地区的夏族有密切的关系，又有不同的文化和习俗。考古学文化的划分同古史传说中夷夏的地理区分如此相符，当不是一种偶然的巧合。

一　大汶口文化的发现与分期

1959年春，在山东省宁阳堡头发掘了一处新石器时代的墓地，出土了大批颇富特色的文化遗物，这个遗址和泰安大汶口隔河相对，是同一遗址的两个部分。大汶口文化就是因这一发现而得名的。

实际上，这一文化的发现还可上溯到更早的时期。例如1952年在滕县岗上村，1953年在新沂花厅村等处发现的文化遗物，都不同程度地和大汶口遗存相像。

根据现有调查资料，这个文化主要分布于鲁中丘陵和徐淮平原，在胶东半岛（蓬莱紫荆山、烟台丘家庄等）和辽东半岛（旅大四平山）也有零星的发现。重要遗址除大汶口外，还有曲阜西夏侯（1962年秋发掘）、安邱景芝镇（1957年发掘）、滕县岗上村（1961年夏发掘）、邳县刘林（1960年春和1964年春两次发掘）、大墩子（1963年秋发掘）和连云港二涧水库（1959年秋和1960年发掘）等处。习惯上只把山东境内的这类遗存称为大汶口文化，而江苏境内的则被称为青莲岗文化。但是由于近年的工作，逐渐明确了二者之间并没有显著的分界。固然有一些地方性差别，而相同之处仍然是主要的。

现在被称为大汶口文化的遗存并不是属于同一时期的。根据大汶口、大墩子、西夏侯和岗上村等处的地层关系，我们可将整个文化初步分为三期。早期以大墩子最下层、二涧水库下层和曲阜刘家庄为代表，其特征是红陶较多，并有少量单色彩陶，个别施内彩。器形主要有圆柱形足鼎、圆腹小平底钵、深腹釜等。

中期遗存发现最多，以大墩子墓葬、刘林墓葬、花厅村墓葬、西夏侯下层和大汶口早期墓为代表。红陶渐少，灰陶增加，出现少量的黑陶和白陶，彩陶不多，常施多色彩绘。主要器形有实足鬹、高裆鬲、背水壶、凿形足鼎、浅盘镂孔豆、高柄觚形杯等。

晚期以大汶口晚期墓、西夏侯上层和安邱景芝镇等处为代表。灰黑陶增加，有些陶器有明显的轮制痕迹，彩陶几乎没有了，同时出现一定数量的浅篮纹。器形主要有矮裆鬲、方足或扁足鼎、折盘豆、高足薄黑陶杯等。

这是一种简略的叙述。实际上的情形当然要复杂得多。例如中期本身还可分为几期，且有一些地方差异，这里不过是提供一个发展的大概轮廓而已。

二　生产技术和经济

大汶口文化是属于新石器时代晚期的一种文化，其石器制作技术已具有很高的水平。这表现在以下几个方面。

（1）几乎所有石器都是磨制的，并且一般是通体磨光，棱角显著，形制规整。

（2）穿孔石器甚多，且一部分利用了进步的管钻法。

（3）石器制作技术之最高表现是对玉器的加工，大汶口文化的玉器有铲、璧、环、镯、垂饰和管珠等，制作极其精美。

大概是由于石器制作技术较高之故，镂刻技术也因之发达。有很精致的骨雕和象牙雕刻，如雕花骨梳、雕花象牙骨筒等。这种技术也广泛用于陶器制作上，如镂孔豆、镂孔高足杯、刻花罐等。

制造工具的原料有石（包括玉）、骨、角、牙、蚌和陶等。和仰韶文化不同，这里陶质工具甚少而牙、蚌器则较为普遍。

从工具的类别可以看出当时经济的若干特点。数量最多的是手工工具，包括加工石器和骨角器的砺石，加工木器的石斧、石锛、有段石锛、石凿、骨凿等，制陶器的陶拍，纺纱和缝纫用的石纺轮、陶纺轮、骨针和装针的骨管、加工谷物的石磨棒、石杵，还有织网用的网针等。

农业工具有石铲、石刀、骨镰和蚌镰等。石铲大体有两种形式：一种窄而长，刃部平直，体薄而厚度均匀，主要见于山东；另一种宽而短，刃部圆曲，中厚而两边较薄，主要见于江苏。石刀多残件，为数不多，骨镰、蚌镰也很少。

渔猎工具有石矛、骨矛、骨鱼镖、骨鱼钩、石网坠和陶网坠等。箭头数量多，形式也很复杂，质地有石、骨、蚌多种。

在当时，工具用途的专业化仅仅具有相对的意义。比如石斧，可以是加工木料的手工工具，也可以是砍倒烧光农业中清除田地里的树木的农具。石铲可以是翻土的农具，也可以是建筑动土的工具。弓箭可以是狩猎用具，也可以是战斗的武器。有些民族，例如我国台湾的高山族，不久前还用弓箭射鱼。还有一些工具的用途当前还没有弄清楚。例如大汶口文化中有一种很富特征的獐牙勾形器，是在一根骨柄上安装一对獐獠牙，牙内侧磨制锋利，在墓中常置于手边，男女皆然。有人说是收割的农具，但为什么不安一个牙而要对称地安两个牙呢？并不清楚，所以，单凭工具的类别和形式来区分用途本身就有局限性，如果只是以这种区分为基础进而考察当时的经济生活，就容易产生片面性。为了全面地考察，还必须研究有关各方面的情况。

在大汶口文化各遗址以及墓葬的随葬品中，常常发现许多动物遗骸，其中有猪、狗、羊、牛、鹿、獐、鸡、蚌、龟等。猪、狗、羊、牛都是家畜，其中以猪畜养最多，例如在刘林第二次发掘中，得猪牙床171件，牛牙床及牛牙30件，狗牙床12件，羊牙床8件。许多地方还用猪头或猪下颌骨随葬。一般认为，猪的畜养总是同农业的一定程度的发展相适应的，因为它需要定居，又需要提供饲料（特别在冬季）。所以大汶口文化养猪比较多，证明当时农业是比较发达的。

羊骨和牛骨发现不多。大墩子发现有些牛骨被敲碎或被火烧焦，表示是肉食后敲骨吸髓并用牛骨制造工具。多半当时还不知道畜力的应用。

狗骨发现也不多，在大墩子有两个男人死后以狗殉葬，看来这殉葬的乃是猎狗。

根据上述关于生产工具和动物遗骸的分析，可知大汶口文化的经济是以原始锄农业为主，结合家畜饲养、捕鱼、打猎和采集等的多种经济，并与石工、木工、陶工、纺织、制网、磨谷等多种家庭手工业结合在一起。作为一个氏族公社是这样，作为氏族公社中的每一成员则不完全是这样。就是说，在公社内部，男女之间，此一家庭和彼一家庭之间，还是多少有些分工的。

我们把西夏侯、大墩子和刘林第二次发掘的百余座墓中男女不同的随葬品统计了一下，列如下表。

墓数　　工具　地点　性别	石铲		骨镰	獐牙勾形器		石斧		锛凿		砺石		镞	鱼镖	纺轮	
	男	女	女	男	女	男	女	男	女	男	女	男	男	男	女
西夏侯	1					4	1	1				2			1
刘林				15	4	10	6	8	1	5	2				1
大墩子	1		1	9	1	6	1	6	3			2	1	1	3
合计	2	0	1	24	5	20	8	15	4	5	2	4	1	1	5

　　注：本表统计墓数为西夏侯男 6 女 4，刘林男 69 女 53，大墩子男 21 女 13。

　　上表统计表明农业、捕鱼和狩猎主要是男子的工作，纺织主要是女子的工作，石工、木工等以男子为主，女子也常参加。由此可知，当时男女之间既有依性别的自然分工，又有广泛的协作。

　　至于说到公社的每个成员，往往从事多种生产活动。比如大墩子 44 号墓埋葬一位 30 岁左右的男子，随葬的物品有石铲、石斧、獐牙勾形器、角鱼镖，还有一只猎狗。可见他既从事农业、手工业，又出外打猎、捕鱼。但是我们不能想象当时任何一种工作都需要整个集体参加。有些技术性较高的工作，多半只是少数有经验的人的专业。例如玉石器的加工，精致的工艺品的制造，甚至陶器的烧制等都可能是这样。有些墓葬的随葬品有专业化的迹象。如大墩子 38 号墓埋葬一位约 40 岁的男子，随葬砺石 4 块（是该墓地唯一以砺石随葬的一墓），石刀一把（刮削切割之用），还有大量骨料、牙料和少数骨牙器，看来这位死者曾是以制造骨牙器为其职责的。

三　陶器

　　大汶口文化陶器的显著特色之一，就是陶质和色泽的多样化。从质地说有泥质和细泥质、夹细砂和夹粗砂等各种，有些器物上身是泥质的，底和足部是夹砂的。从颜色说有红、褐、灰、青灰、黑、黄、白等各种，还有许多中间色，呈现出非常复杂瑰丽的情形。

　　应当指出，上述陶器多样化的特色，只是在中期以后才形成的。早期的陶器则单纯得多，主要只有夹砂红陶和泥质红陶，有时因火候掌握不均而有褐陶或灰褐陶，器形则仅鼎、釜、钵、罐等数种。

　　从中期开始，制陶技术显然有很大的进步。陶土的选择和加工更讲究了，除了选取一般红土和沉淀土外，在某些地方还选用瓷土或高岭土制作白陶。根据各种器物的需要，有的用泥质，有的夹细砂，有的夹粗砂，有的则精加淘洗沉淀为细泥质。

早期的陶器全部都是手制的，到中期虽然绝大部分仍属手制，但普遍在慢轮上修整加工。同时个别陶器上有明显的轮旋纹，底部有割离的偏心螺纹，证明当时确实发明了陶车，只是应用还不普遍。

陶色的多样化，与陶土有关，更与烧制方法有关。一般说，红陶是氧化焰烧的，灰陶是还原焰烧成的，黑陶含三价铁多，接近红陶，大约是先由氧化焰烧成红陶，然后渗碳而成的。由于陶工对这些技术的掌握和变化，遂出现了各种颜色的陶器。

陶器纹饰同仰韶文化显著不同，绝大多数为素面，泥质或细泥陶常打磨光滑。早期少数陶器有单色彩和红衣，还有附加堆纹等。从中期起，出现大量的镂孔，并有少数弦纹、竹节状纹、划纹和附加堆纹等。中期开始有个别的浅篮纹，晚期略有增加。

早期彩陶大约是烧前画的，中期彩陶则有一部分是烧好以后画上去的，容易剥落。有红彩，也有黑彩，还有一些红、黑、白三色同施于一个器物上的多色彩。有些彩陶器是先施一层红色或白色陶衣以为地色，再在上面画其他颜色的花纹。

早期彩陶极少，有的施于陶钵内部。中期均外彩，施于盆、罐、背水壶、鼎、高柄杯、簋形器、盉、豆、杯等器物上。主要母题有以下几种：

（1）回旋勾连纹：多饰于斜缘曲腹盆和敛口盆的上腹。其构图与器形都与仰韶文化庙底沟类型者完全相同；但大汶口文化的这种彩有一部分是器物烧成后再画上去的，且颜色的配合也有自己的特点，这都和仰韶文化者有所不同。

（2）旋涡纹：施于罐上。

（3）水波纹。

（4）三角纹。

（5）菱形纹：每一菱形又被划为四个菱形。

（6）圆圈纹。

（7）圆点纹。

（8）窄带纹。

（9）网格纹：其中有部分带状网纹与仰韶文化秦王寨类型者极为相似。

（10）回形纹。

总的说来，大汶口文化的彩陶花纹具有自己的特点。但某些母题如回旋勾连纹、带状网格纹等则明显地受到仰韶文化的影响。花纹中网格纹、水波纹、旋涡纹等较多，大约与当时渔业比较发达有关。

从中期开始，陶器类别增加，形制也开始复杂起来。除平底器和三足器外，还有大量的圈足器，圜底器已是极个别的了。三足器除实足外，出现袋形足。许多器物有嘴或流，有鼻、耳和把手，还有很多器物有盖。如果按用途分，可以分为以下几类：

（1）炊器：有鬶、鼎和夹砂罐等，釜仅见于早期，晚期还出现甑。鼎的数量最多，形制也相当复杂。从体部分有罐形（平底或圜底）、盆形和钵形等各种，从足部分有凿形、鸭嘴形等各种，而以足根外别者最富特征。

鬶是东方沿海新石器时代文化特有的器物之一，只是在仰韶文化和大汶口文化之后的龙山时期才传播到中原地区。大汶口文化的鬶主要有三种形式：实足鬶、高裆鬶和矮裆鬶。前者见于早期和中期，高裆仅见于中期，矮裆鬶是晚期才发展起来的。

（2）水器：有背水壶、高领罐等。背水壶是大汶口文化特有的器物之一。小口、高领、腹部一侧扁平，有对称的双耳，而在扁平的对侧有一泥突，据说是为便于系缚于腰间而作的。

（3）食器和饮器：有钵、盆、尊形器、豆、单把杯、高柄杯、觚形杯、簋形器、盉形器等各种。高柄杯和觚形杯也是大汶口文化特有的，制造精致，很可能是酒器。如此，则当时可能已经知道酿酒了。

（4）盛储器：有瓮、缸、罐等。

就当时的生活水平而言，上述陶器基本上是相适应的。

四　工艺品和装饰品

在一部分大汶口文化墓葬中随葬各种装饰品和工艺品，包括玉坠、玉璜、玉、石或陶手镯、玉或石指环、象牙梳和筒形器等。有的手镯发现时套在手臂上。

个别墓中随葬的装饰品和工艺品特别精致。如大汶口 10 号墓死者右手戴一淡绿色玉环，头部有长形穿孔坠饰，颈部有一串绿松石饰等，有些墓还随葬象牙透雕梳、象牙透雕筒形器、镶嵌绿松石的骨筒形器等。这些器物制作之精致，充分体现了我们祖先的高度智慧和精湛技术。

上述玉器制作时使用的玉石有白玉也有青玉，现在还不知道它们是大汶口文化的居民自行开采的还是从他处交换来的。从时间大体相当的仰韶文化中极少见到玉器一事来看，至少不大可能是从仰韶文化交换得来。因此估计自行开采的可能性较大，但究竟是在哪里开采的，在当时还未出现金属工具的情况下，怎样把硬度超过一般石头的玉石开采出来并加工为各种精巧的工艺品和装饰品，确是耐人寻味的。

象牙制品虽有发现，而遗址中从未见过象骨，这一现象说明象牙并非当地出产。象是喜温动物，今天多分布于热带地区。新石器时代的气候同今天并无多大差别，因之当时象也只能生活在南方热带或亚热带地区。由此可见大汶口文化的人们同南方部落发生过交换关系。

五　埋葬制度

迄今已发掘的大汶口文化墓地有大汶口、西夏侯、景芝镇、野店、岗上村、花厅村、刘林、大墩子、二涧水库等多处，墓葬的头向大多朝东，或北偏东（刘林）仅有极个别的朝南。这同仰韶文化 600 多座墓葬头向几乎一律朝西或西偏北者正好相反。民族志的材料告诉我们，有些在不久以前还保留原始社会残余的民族，在埋葬死者时头向何方是有严格规定的。虽则各民族可能有各自不同的头向，而其所以指向某一固定方向者又可能有各种不同解释。但一般地说，向东的是表示向着太阳升起的地方，表示重生的希望，表示对自己祖先起源地的怀念；而向西的则表示向着太阳下山的地方，表示安息，表示到达另一永生的世界[1]。因之，大汶口文化同仰韶文化埋葬头向不同，不是一种偶然现象，而是由于二者族别不同，从而具有不同的习俗和原始宗教信仰的反映。

墓坑一般为长方竖穴，有些墓地（如刘林、大墩子等处）圹边不明，但挖在生土上的仍可见长方坑，可见并非不挖墓坑，只是不易辨认罢了。较大的墓葬有二层台，如西夏侯和大汶口的某些墓便是，后者甚至还有木椁。

葬式一般为仰卧伸直，也有个别屈肢葬、俯身葬和迁葬。刘林 152 号墓为一40 岁左右女性，并怀一八个月的胎儿，葬式亦属仰卧伸直，但头部向后扭转压于背后，这或许是对凶死者的一种葬法。该处 172 号墓埋一 40 余岁女性，身体和四肢盘曲在一起，无一随葬品，这是一种强制性的葬法，死者生前可能是违犯了习惯法，才致于死。

根据对大汶口 132 座墓葬人骨的观察，其中 90% 以上的枕骨扁平，这绝非自然现象而是一种人工畸形。在印尼和马来西亚的土著居民中，头骨人工畸形的风习是很普遍的。同一墓地大多数青年以上的男女被拔除侧切牙。这种风习见于台湾高山族，也见于印尼、澳大利亚等地的土著居民中。在这些居民中，拔牙是作

---

〔1〕　E. O. James，1957. *Prehistoric Religion*：*A Study in Prehistoric Archaeology*，New York，pp. 133 – 135.

为已进入青春期的一种表示，有些则在结婚前后实行[1]。

大多数墓实行单人葬，但也有少数二人合葬，其中大汶口8座，4座经性别鉴定的均男左女右。刘林也有8座合葬，其中3座是男女合葬，其余的是成人与小孩或小孩与小孩的合葬。个别合葬墓因骨殖朽坏过甚，性别不明。这些人之所以实行合葬，必定是对其亲密关系的一种强调。比较合理的解释是，他（她）们是夫妻、母子以及未成年的兄弟（或姐妹）的合葬。至于为什么只有一部分近亲合葬而绝大多数死者并不实行这种葬制，可能是由于这样一个简单的原因，即近亲同时死去只能是个别的现象。不同时死的总是占绝大多数，对他（她）们就实行单人葬。

对于死者安排一定的随葬品显然是很重视的。在全部墓葬中，90%以上都有随葬品。考虑到那些没有随葬品的墓有些是由于后来的破坏扰乱，有些是凶死者或其他原因致死的，故就一般而论，每一氏族成员死后都会得到数量不等的随葬品。

用于随葬的物品是很多的，包括从事农业、捕鱼、狩猎和手工劳动的各种生产工具，武器陶器和骨器等各种生活用具，还有各种装饰品、工艺品、龟甲、猎狗、猪头等。

随葬品的数量和质量都有较大的差别。个别大墓的随葬品多达一百余件，其中有各种玉石器、雕花象牙器、精美的白陶和彩陶器等；大多数墓缺乏这些东西，只有几件或十几件普通的生产工具和陶器。这种现象，在仰韶文化中是还没有看到的。

给死者随葬物品大概是基于这样一种信仰，即死者可能生活于另一世界，需要给他（她）安排生活。但是个别大墓器物特别多，如西夏侯1号墓，随葬器物124件，其中陶器119件，单是鼎和豆就分别达32和42件之多，显然大大超过了他个人基本生活的需要。很可能，当时由于制陶技术的发展以及其他经济的发展，陶器已广泛用于交换而变成一种财产，因而大量随葬陶器也便表示他财产较多。

用猪头随葬的习惯也可说明这种情形。用猪头随葬的墓，大汶口有41座，西夏侯3座，均占该墓地墓葬总数（指已发掘者）的三分之一弱。一般一两个，最多一墓达14个。我国佤族在中华人民共和国成立前普遍养牛（肉食用），宰杀后往往把牛头留下挂在家里作为财产的标志之一，牛头越多就表示某家越富。大汶口文化的居民于宰杀猪后保存猪头，并用来随葬，很可能也是一种表示死者拥有财产的做法。个别的墓既可随葬多达14个猪头，他在生时家庭的财产也便很可观了。

---

[1]　海因·格尔登：《东南亚的民族和文化》（日译本），东京，1954年，260、261页。又日本绳文文化也有拔牙风习，据推测是从中国大陆传播过去的。见《图说日本文化史大系》卷一，东京，1956年，104页。

六　大汶口文化的社会制度

前已谈到，大汶口文化本身有早晚之别。早期材料甚少，无法直接了解其社会制度。这里说明的，只是就中晚期而言，并且主要是根据墓葬的资料。

大汶口文化的埋葬制度同仰韶文化相比有很大的不同，其中一些如头向的不同，腰置龟甲、手持獐牙等，是表示文化和风俗习惯的不同，因而表明二者是不同族别的文化。另有一些如大汶口文化大墓与小墓的显著区别以及夫妻合葬等，则是表示二者社会制度有所不同。大汶口文化的大墓，如在大汶口与西夏侯所见到的，表现在墓圹较大（最大的长宽约为 4 米×3 米），有二层台，有木椁，随葬器物丰富，多的达 100 多件，且往往包括一些制作很精的玉器、雕花象牙器等工艺品，有的随葬较多的猪头。因之，他（她）们较一般氏族成员富有是没有问题的。由此而得出的第一个结论是，当时已有贫富的分化。

另一方面，在每一墓地中，不论大墓和小墓，其埋葬制度基本上是相同的：同一的头向，同一的葬式，以及按同一方式安排墓列等。没有单独的大墓区域或墓列。这就证明，当时并没有发生阶级的对立，较为富有的成员和较贫的成员仍然处于平等地位。再者，大墓同小墓一样，也常随葬生产工具，这是表明富裕者照样参加劳动。由此而得出的另一结论是当时还处在前阶级社会，即原始氏族社会阶段。

七座男女合葬墓，男女年岁相若，无疑是一种夫妻合葬。这种夫妻合葬在母系氏族社会是不可想象的，只有在父系氏族社会已经建立，夫妻婚姻关系较为巩固的条件下才有可能。因此，大汶口文化的社会制度，就是父系氏族社会的制度。

这一社会制度不是偶然发生的，而是与当时的生产力性质基本上相适合的。大汶口文化的居民从事生产的工具主要是石器，是一些已有各种确定类型的磨制很好的石器，而没有任何金属器具，因此是属于新石器时代晚期的文化。在这样的生产力水平下，原始共产制的简单协作劳动是使生产可以维持和发展的必要条件。因此氏族制，全公社的共同劳动和共同分配，仍然是当时社会的基础。与此同时，由于农业和家畜饲养的发展，制陶业中陶车的使用，玉石器和象牙雕刻之产生等，便在氏族共产制经济内部出现了家庭经济。在刘林发现的 197 座墓葬分为六群，若按分期则早晚期分别为五群和四群，发掘报告推测这些墓群代表着不同的家族[1]。如果这一推测不错，则当时家庭的观念，从而家族经济应该是产生了。

---

〔1〕　南京博物院：《江苏邳县刘林新石器时代遗址第二次发掘》，《考古学报》1965 年第 2 期，45 页。

既然产生了家族经济，它起初纵然比重很小，却是作为氏族共产经济的对立物而出现的。由于各家族劳动力的情况不同，生产的不平衡性自然就会出现。加上交换的发展，如我们在象牙、玉石和陶器等方面所看到的，必然导致贫富分化。这就是为什么大汶口文化某些墓地中大墓和小墓的差别如此显著的原因。

前面在谈到大汶口文化的经济时，曾根据墓葬中随葬生产工具的不同，指出"农业、捕鱼和狩猎主要是男子的工作，纺织主要是女子的工作，石工木工等以男子为主，女子也常参加"。此外，我们还可推测许多家事是女子的工作，而家畜饲养则多半由男子承担。正如恩格斯所指出的那样："它们（指家畜）的最初驯养及以后对它的照管都是男性的事情。"[1]这就是说，由于生产的发展，男子的作用日见重要，并已取得了主导的地位。

家族经济的出现和男子在生产中取代妇女而占据主导地位，就和原来以母系氏族为基础的全公社范围的共产经济发生矛盾。恩格斯指出："财富一旦变而为各个家庭的私有物及迅速地增加起来时，就给了以对偶婚及母权氏族为基础的社会以猛烈的打击。"[2]其结果就是父系氏族社会的产生。

由母系氏族过渡到父系氏族，不仅是一种计算血统谱系的改变，也不单是婚姻制度的改变，而是生产关系的变革。即由原来统一的氏族公社经济一变而为氏族共产经济与家庭经济共存的，包含两种所有制的经济了。这是一个很大的变革。恩格斯曾经称之为"人类所经过的最急进的革命之一"[3]。在这一场革命中，是不可能没有斗争的。代表母系氏族制度的旧势力同代表父系氏族制度的新生力量必定是经过了长期斗争的，从而由母系向父系的过渡也绝不是一个早上就完成的。就大汶口文化而言，大体上可以说是进入了父系氏族制，但妇女的地位并不因之而一下子就变得无足轻重。大汶口最大的一座墓葬就是一个妇女的墓葬，说明当时某些妇女仍然享有崇高的威望。他们利用这种威望来设法保持若干母系氏族制度的残余是并不奇怪的。

（原载《新石器时代考古》，1972 年。后收录在《史前考古论集》，科学出版社，1998 年）

---

〔1〕　恩格斯：《家庭私有制和国家的起源》，人民出版社，1955 年，155 页。

〔2〕　恩格斯：《家庭私有制和国家的起源》，人民出版社，1955 年，52 页。引文中"家庭"即家族，即英文的 family，德文的 familie. 语出拉丁文 familia。与今日意义之"家庭"不同。见摩尔根：《古代社会》，商务印书馆，1957 年，544 页。

〔3〕　恩格斯：《家庭私有制和国家的起源》，人民出版社，1955 年，53 页。

论青莲岗文化和大汶口文化的关系

一　什么是青莲岗文化和大汶口文化

在我国新石器时代考古研究中，青莲岗文化和大汶口文化占有重要地位。由于这两个文化的相继发现，大大充实了东方沿海原始社会晚期的历史内容，在探索母系氏族社会怎样向父系氏族社会过渡以及家庭和私有制的起源等方面，也提供了许多重要资料。但是，直到目前为止，大家对两个文化的划分及其相互关系仍然存在着不同的看法，由此而对一系列问题的理解也有不同。为了把问题搞清楚，让我们首先了解一下什么是青莲岗文化和大汶口文化，然后分析两个文化的关系。

青莲岗文化是1951年发现的，当时的治淮文物工作队江苏组在苏北淮安青莲岗遗址进行了调查，了解到一种以红陶为主，有几何形内彩，有腰沿釜、圆锥形足鼎、圜底和小平底钵、三足杯、细把豆以及角状把手等特征的文化遗存[1]。很多人觉得这是一个重要发现，但对它的文化性质，很长时期都认识不清，有的说是仰韶文化和龙山文化的混合文化，有的说是以龙山文化为主而受到了仰韶文化的影响，还有人主张称为"江苏龙山文化"。1956年在北京召开的全国考古工作会议上，南京博物院的同志提出，以青莲岗为代表的一类遗存，尽管可能受到周围文化的影响，仍是有别于其他文化的一种土著文化，应当及时给予命名，并建议称之为青莲岗文化[2]。从那以后，青莲岗文化一名就为许多考古和历史著作所采用。

青莲岗遗址保存不好，出土遗物不多，不容易准确地把握它的特征，用它作典型遗址进行比较研究不免发生一些困难，以致有些同志考虑青莲岗文化一名是

---

[1]　华东文物工作队：《淮安青莲岗新石器时代遗址调查报告》，《考古学报》9册，1955年。

[2]　南京博物院：《南京市北阴阳营第一、二次的发掘》，《考古学报》1958年第1期，18页。

否合适，是否还有继续沿用的必要。我们考虑青莲岗出土遗物虽然不多，但各种器物都还有一点，大体上代表着一个器物群，文化内涵也比较单纯，从这一方面来看，作为典型遗址又还有它的可取之处。

以地名来命名考古学文化，通常是选择最先发现的典型遗址。这样就必然会发生一个问题，即在一个时期看来是典型的，过一个时期以后就不见得还那么典型，并且总是不能代表文化的全貌。在这种情况下一般并不改换文化的名称，只需要加以必要的说明就行了。因为考古工作总是不断前进的，倘若一经发现更好的遗址就改一次文化名称，那就不胜其烦，而且会造成很大的混乱。青莲岗文化一名提出之后，在苏北地区又发现过一些更好的遗址，江苏的同志并没有因此而改变文化名称，个别同志用过刘林文化一名，很快就纠正了，这是一种郑重的科学态度。

青莲岗文化发现虽早，但对它的认识是直到近几年才逐步明确起来的。1973年，南京博物院考古部的同志发表《略论青莲岗文化》一文[1]，第一次分出江北和江南两个类型，每一类型又分为若干期，从而把青莲岗文化的研究推进了一大步。不过该文在处理长江南北文化的性质和相互关系，以及青莲岗文化和大汶口文化的分界线的问题上，也还是认识不足的，本文将对这些问题进行讨论。

再谈什么是大汶口文化。1959年春，当时山东省文物管理处的同志配合工程在宁阳堡头（与泰安大汶口属于同一个遗址）清理了一百多座墓葬，出土了大批的器物[2]。其中陶器除红陶、黑陶外，还有青灰陶和白陶；基本器形有鼎、鬶、豆、壶、罐、瓶、杯、背水壶和带嘴罐等；大部分是手制，只有个别是轮制的；素面为主，少数有镂孔，还有一些彩陶。其风格显然与过去所知的龙山文化不同，也与青莲岗文化不大一样，后来就把这类遗存称为堡头类型或大汶口类型，有时被划入龙山文化，年代估计一般偏晚。1964年，考古研究所山东队的同志在分析曲阜西夏侯等遗址文化性质的基础上，看出它同龙山文化很不相同，时代也不一致，觉得有另立文化的必要，首先提出了大汶口文化的名称[3]。一个文化，无非是存在于一定时期，分布于一定地区，具有一定特征的文化遗存的共同体，大汶口文化完全满足这些条件，及时给予命名是理所当然的。

---

〔1〕　吴山菁：《略论青莲岗文化》，《文物》1973年第6期。

〔2〕　山东省文物管理处、济南市博物馆：《大汶口——新石器时代墓葬发掘报告》，文物出版社，1974年。

〔3〕　中国科学院考古研究所山东队：《山东曲阜西夏侯遗址第一次发掘报告》，《考古学报》1964年第2期，104页。

青莲岗遗址和大汶口遗址的文化面貌既然不同，依据它们命名的考古学文化应该也不相同，不应出现交错或混淆的毛病，但是后来实际情况的发展使这个问题复杂化了。由于两个遗址分别位于苏北和山东，在没有发现确凿的地层关系之前，不少同志倾向于把二者文化面貌的不同看成地区性的。因此，后来在苏北发现的许多新石器时代遗存，除龙山文化外，几乎都被称为青莲岗文化；在山东发现的新石器时代遗存，除龙山文化外，又都被称为大汶口文化。有些同志把大汶口文化作为黄河下游的新石器文化，而把青莲岗文化看作是江淮流域的新石器文化，俨然成了两个不同的文化系统。但是越来越多的事实证明，这不过是在名称掩盖下的一种假象。

二　青莲岗文化和大汶口文化属于一个文化系统

青莲岗文化和大汶口文化究竟是一个系统还是两个系统，只要把苏北和山东境内的各期新石器文化作一对比，就一目了然了。

苏北的新石器文化，通常被划分为青莲岗期、刘林期和花厅期，刘林又分早晚两期。实际上，根据刘林和大墩子的地层关系，刘林晚期还可一分为二。因此苏北的编年，应该是青莲岗期、刘林早中晚三期和花厅期。前四期的典型器物如图所示（图一）。

山东的新石器时代遗址有更多的地层关系。如滕县岗上村、邹县野店、兖州王因、诸城程子、日照东海峪、曲阜西夏侯和泰安大汶口等处，都有众多的地层叠压或打破关系，可以分别划分为若干文化期，其中以大汶口的分期最具有代表性。

大汶口遗址已经进行过三次发掘。1959 年第一次发掘，已有正式报告发表[1]。该报告把大汶口的 133 座墓葬分为早中晚三期，而在居址采集的部分遗物，年代比早期墓葬还要早些，当时还没有纳入统一的分期之内。就是墓葬的三期也还是可以分得更仔细一些。例如同被划为晚期的 M47 和 M10 两个大墓，遗物特征显然有所不同。如果说这两个墓本身没有直接地层关系，从而不便贸然确定其早晚的话，则西夏侯是有明确的地层关系，足以用作一个标尺，把大汶口的晚期墓再细分为两期的。我们知道，西夏侯第一次发掘的墓分属上下两层。上层墓出土器物的特征与大汶口M10 基本相同，而下层的 M7、M8 和 M10 出土器物的特征则和大汶口 M47 等相同。由此可知大汶口的 M47 是早于 M10 的。至于西夏侯下层的 M4 和 M6 两墓，器物特征基本上与大汶口中期墓相当，所以西夏侯的墓也可以分为早中晚三期。

---

〔1〕　山东省文物管理处、济南市博物馆：《大汶口——新石器时代墓葬发掘报告》，文物出版社，1974 年。

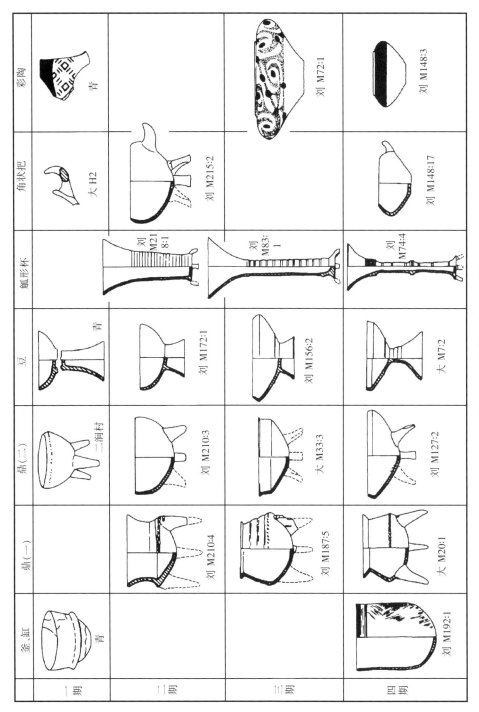

图一 青莲岗文化典型陶器的分期
（青：青莲岗，刘：刘林，大：大墩子）

　　在这次会议上，山东博物馆的同志们介绍了 1974 年第二次发掘大汶口遗址的情况。这次发掘的一个重要收获，就是发现了若干较早的地层和墓葬。山东博物馆的同志们把两次发掘的结果合在一起，统一划分为九期[1]。仔细揣摩，其中第五和第六两期的差别并不十分显著，合为一期也未尝不可。这样，大汶口遗址至少可以分为八期，这八期在山东，特别是在鲁中南地区，是有代表性的。

　　倘若把山东和江苏北部的分期进行对比，便知大汶口第一期实际上相当于青莲岗期，大汶口二至四期相当于刘林早中晚三期，大汶口早期墓（第五期）则与花厅期基本相同。据此，两地各典型遗址的地层关系及其分期可以合列一表（表一）。

表一　山东、苏北典型遗址的地层关系及其分期

地点 分期	刘林	大墩子	大汶口	西夏侯
一		下层	第一期	
二	早期墓		第二期	
三	中期墓	早期墓	第三期	
四	晚期墓	中期墓	第四期	
五		晚期墓	"早期墓"	
六			"中期墓"	早期墓
七			"晚期墓"	中期墓
八			"晚期墓"	晚期墓

　　本表分为八期，基本上概括了山东、苏北龙山文化以前的全部新石器时代文化遗存。

　　第一期通常称为青莲岗期，目前发现的遗址主要分布在苏北地区，如淮安青莲岗、颜家码头、西韩庄、荛陵集，邳县大墩子下层，连云二涧村、大村，新沂小林顶和阜宁梨园等处都是。山东大汶口遗址第二次发掘的最早一期和王因一期文化遗存，大体上也与青莲岗期相当，可见还不是局部地方所特有的。

　　这期的陶器绝大部分为红色，常有红衣，少数有几何形内彩。主要器形有圆锥形足鼎、圜底和小平底钵、带嘴罐、小口罐、三足杯和豆等。豆盘和钵形制相近，都是直口圆腹，有些钵有角状把手。个别遗址出腰沿釜，大约是受到江苏南部的影响。

　　第二至四期通常称为刘林期，在苏北有邳县刘林和大墩子，东海霦棘湖，涟

---

〔1〕　山东省博物馆：《谈谈大汶口文化》，《文物》1978 年第 4 期。

水笪巷、杨庄和三里墩等；在山东有邹县野店、兖州王因、曲阜尼山、泰安大汶口、蓬莱紫荆山和烟台丘家庄等处。

这个阶段仍以红陶为主，也出现了一定数量的灰陶和黑陶，部分器物仍施红衣。彩陶数量显著增加，主要是在黑色条带上画白色花纹，如连栅纹、回纹、曲折纹、连贝纹和八角星纹等。此外还有回旋勾连纹和花瓣纹，当是受仰韶文化庙底沟类型的影响而发生的。主要器形有鸭嘴形足鼎（釜形、盆形、钵形）、觚形杯、敛口豆、敛口钵、盆、小口罐、缸和漏器等，许多器物有角状把手。从红衣、角状把手、釜形鼎和某些锥形足鼎来看，明显是继青莲岗期而发展起来的（图一）。

第五、六期通常称为花厅期或大汶口早中期。这个阶段的遗址在苏北有新沂花厅村、邳县大墩子、赣榆苏青墩、泗洪菱角张等处，山东有滕县岗上村、诸城程子、野店、大汶口和西夏侯等处，安徽有肖县曹庄等处。

这时红陶和红衣陶都已减少，黑陶数量显著增加。器形也有较大变化，主要有实足鬶、凿形足鼎、镂孔大圈足豆、背水壶、直筒杯、高柄杯、双鼻壶、小口罐和带嘴罐等。还有少量圈足觚形杯、钵形鼎和漏器，反映了同刘林期的承袭关系（图二）。

第七、八期通常称为大汶口晚期或景芝期。这个阶段的遗址目前主要见于山东，有大汶口、西夏侯、岗上村、野店、安邱景芝镇、胶县三里河和日照东海峪等处；此外，辽宁旅顺四平山和长山岛等处也有类似的遗存。

这时红陶锐减，黑陶大增，还出现青灰陶和白陶，彩陶则仅见于个别遗址的个别墓葬。主要器形有细颈袋足鬶、凿形足鼎、背水壶、单把直筒杯、黑陶高柄杯、折盘豆、小口高领罐、带嘴罐、瓶和尊等。除瓶、尊等是新出的器形外，其余大部分是脱胎于花厅期而在形制上有所发展的。以前各期的陶器都是手制，从第七期起，少数小型器物已开始用快轮制造。

通观以上各期，很明显是先后相继，一脉相承的，看不出山东和苏北有什么显著不同，特别是鲁中南和徐海地区，文化面貌相当一致。只有胶东在刘林期较少觚形杯，在大汶口期较少背水壶，淮河流域在青莲岗期有腰沿釜，苏北的花厅期有较多的双鼻壶等，这些差异都是局部性的，从来没有成为文化的主流，而且也不是以现代的省界来划分的。由此看来，青莲岗文化和大汶口文化本来属于一个系统，它们之间所以产生差别的原因，不是地方性的，而是时代性的。既然青莲岗遗址属第一期，大汶口第一次发掘的墓葬属第五至八期，根据这两个遗址命名的文化，当然是前者早于后者。

有些同志觉得把一个文化系统划分为两个文化，是一件难以理解的事。其实在我国新石器时代考古研究中，这样的例子所在多有，诸如黄河下游的大汶口文化和龙山文化，中原地区的仰韶文化和"河南龙山文化"，长江中游的大溪文化和

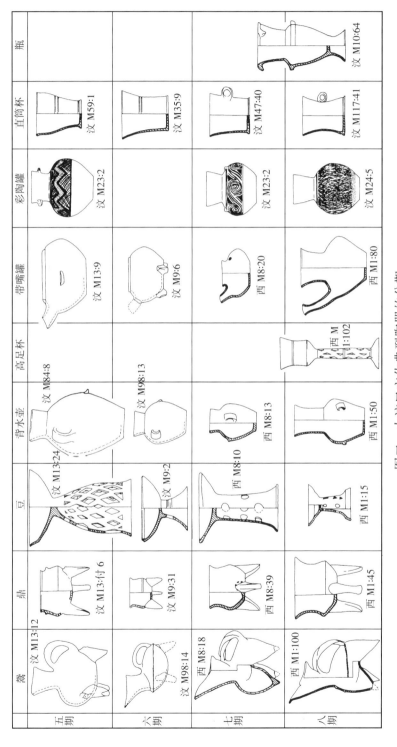

图二　大汶口文化典型陶器的分期
（汶：大汶口，西：西夏侯）

屈家岭文化，太湖杭州湾地区的河姆渡文化、草鞋山文化和良渚文化等等，都是如此。须知确定一个考古学文化，不但要有地区的限制，还要有时间和文化特征的限制。既然青莲岗文化同大汶口文化时代不同，文化特征又有很大的差别，为什么就不能划分为两个文化呢？

三　青莲岗文化和大汶口文化的分界

青莲岗文化和大汶口文化既是同一文化系统先后相继的两大阶段，那么它们的分界究竟是在什么时期呢？

前面曾将苏北和山东地区的新石器文化分为八期，这八期文化的发展是连续的，又是分阶段的，各期文化面貌改变的程度并不一样。拿彩陶来说，前四期是逐渐增加的，后四期是逐渐减少而终至消亡，转折点在四、五期之交。就是前四期也不单纯是量变的过程，在一、二期之交还有一个小小的质变：前面单色，多内彩；后面有多种套色，全部变为外彩。后四期前后也有区别，其中五、六期彩陶虽趋于减少，但还是比较普遍的；到七、八期就只见于个别遗址的个别墓葬中，特别是作为某些大墓的随葬品，图案精致，成为一种工艺品，往后就完全消失了。所以，就彩陶的发展过程来说，很明显地可划分为两大阶段，而每一大阶段又可划分为两个较小的阶段。

陶器形制的变化也有类似的情况。例如三足杯和带角状把手的器物基本上只见于前四期，而细颈鬶、背水壶、双鼻壶等只见于后四期，两大阶段的界线是分明的。在前四期中，第一期有腰沿釜，二至四期没有釜而有釜形鼎，第一期只有个别三足杯，二至四期有大量三足觚形杯，别具一格。在后四期中，五、六期仍有少数觚形杯，但形体粗犷，三足已变为圈足；还有极个别的器物有角状把手，表现出对前一阶段的继承关系。七、八期已没有这些东西，并且出现了瓶、尊和蛋壳黑陶高柄杯等新的器形。可见陶器形制的演化也可分为两大阶段四小阶段。

生产工具的变化虽不如陶器那么显著，但还是反映出发展的阶段性。大体说来，前四期石器磨制不甚精致，时有开坯时留下的打击疤痕。后四期则往往通体磨光，棱角显著，器形规整。前四期石铲大而厚重，后四期则扁薄轻巧。在前四期中，第二至四期石器制作又较第一期稍胜，开始采用管钻法即一例。在后四期中，七、八期比五、六期更为精进，以致出现了非常扁薄规整的玉斧。这种斧只见于氏族贵族的大墓中，恐怕是半适用半仪仗性的一种战斧。

埋葬制度及其所反映的社会制度的变化，同陶器特征的变化和生产工具的发展也是相适应的。第一期即青莲岗期的墓葬资料较少。连云二涧村及朝阳两处都是单人葬，随葬器物很少，看不出有什么贫富分化的迹象。王因一期有个别的同性合葬。

和这期年代基本一致，而且在文化内容上互有影响的苏南马家浜期，也曾发现过同性合葬的现象。所以把这期划为母系氏族社会，大约是没有多少问题的。

二至四期即刘林期的墓葬发现最多，迄今已达一千余座，主要见于刘林、大墩子、野店、王因和大汶口等处。除绝大多数为单人葬外，还有相当数量的合葬十分引人注意。

合葬墓主要见于王因，总数有一百多座。分两种情况，一种是多人迁移合葬，从两人到二十多人不等，性别年龄都不固定；另一种是同性一次合葬，大部分是两人，个别有三人或五人[1]。这两种合葬墓在仰韶文化半坡类型中都常见，一般认为是母系氏族社会所特有的葬制。因此王因墓葬所反映的社会性质，应当属于母系氏族社会。

应当指出的是，像王因的这种迁移合葬和同性合葬墓，在大墩子和大汶口也是发现过的，可见还不是个别遗址的特殊情况。但是，在刘林、大墩子、野店和王因还有个别的男女两人合葬墓，应当如何来解释这种似相矛盾的现象呢？考虑到有些墓地的绝大多数墓葬并未发现墓圹，排列又非常密集，个别的两座单人墓挤在一起而被误认为是合葬墓的可能性不能说完全没有。有的男女头向不尽一致，各自的随葬品形制又不大相同，就更难看成是合葬墓了。至于个别确实是男女合葬的墓，死者的关系也还存在着两种可能性。或是兄妹，或是夫妻，应视具体情况而定。不能一看到男女合葬就断定为夫妻关系。有的同志以为在母系氏族社会禁止兄妹合葬，其实是一种误解，因为这并不触犯氏族的原则，也找不出一个实例来证明。事实上，在母系氏族社会制度下，只有夫妻合葬才会触犯氏族原则，并总是被严格禁止。因为实行族外婚的结果，夫妻分属于不同的氏族，而不同氏族的人是不能一起埋在属于某一氏族的公共墓地的，否则就会被认为是"非宗教的"。兄妹不但属于同一氏族，而且属于同一家族。将兄妹合葬于一处，不但不会违反氏族的禁例，而且从某种意义来说，还是母系氏族制度本身所要求的。在我国发现的许多属于母系氏族社会的合葬墓，除同性合葬外，一般都应当是兄弟姐妹或母子舅甥的关系。假如某个家族在一定时期正好死去一兄一妹，此时氏族要举行集体合葬仪式，并按家族安排墓穴，就会出现一男一女的合葬。陕西华县元君庙属于半坡类型的墓地，通常被视为母系氏族社会墓地的典型。那里除有许多同性或不同年龄性别的多人合葬墓外，也还有一男一女带一小孩（M425）和一男二女带一小孩（M403）的合葬[2]。乍看起来好像是一对夫妻带着他们的孩子，实

〔1〕 中国社会科学院考古研究所山东工作队、济宁地区文化局：《山东兖州王因新石器时代遗址发掘简报》，《考古》1979 年第 1 期。
〔2〕 北京大学考古专业发掘资料。

际还应当是兄妹母子的合葬，本质上与同一墓地许多人的集体合葬没有什么不同。

为什么说极个别的也可能是夫妻合葬呢？因为刘林期实已到达母系社会的最后阶段，当时农业和手工业工具主要随葬于男子墓中，表明男子已逐渐在生产上占据主导地位，从而也就会要求在家庭两性关系上占据主导地位，要求实行牢固的夫妻结合。反映在埋葬制度上，就是个别夫妻合葬墓的出现。

从五、六期开始，情况就有很大的变化。前一阶段刚露端倪的贫富分化这时已有显著发展，如大汶口十三号墓有木棺，随葬各种器物 33 件，其中有制作精美的象牙雕筒和象牙琮；另外还有 14 个猪头，是整个墓地中随葬猪头最多的。同一时期的多数墓没有木棺，没有猪头，更没有象牙雕刻，就是随葬器物也很少。贫富分化的发展加强了人们的私有观念，较富的家庭的男子率先要求改变继承制，以便他死后把财产直接传给自己的儿子。要做到这一点，必须让妻子改行丈夫氏族的宗教，加入丈夫的氏族，这样死后才可能合葬于丈夫氏族的墓地。正是在这个时候，在大汶口、野店和大墩子等处都发现了一些夫妻合葬墓，上述大汶口的十三号墓也就是一座夫妻合葬墓。值得注意的是这些墓中死者的安放都是男左女右，似有统一规定的制度，这同前一时期偶尔发现一两座一男一女的合葬显然有所不同。说明这时夫妻合葬确已得到社会的认可，并加以制度化了，这是进入父系氏族社会才可能有的事。

由母系氏族完全转变到父系氏族，总是需要一个时期的。在刚进入父系氏族社会时，必定还有若干母系氏族的残余。在山东诸城呈子大体上属于第五期的墓葬中，就还有一些同性合葬墓，如果仅就埋葬方式来说，与前一阶段并没有什么不同。至于这种葬法究竟是现实生活的直接反映，还是实际生活已发生变化，由于社会意识落后于社会存在，因而在埋葬制度上还保持着古老的传统，那是很难确定的。但不论怎样，这类埋葬方式到这时只是个别遗址的现象，因而整个社会性质已进入父系阶段，则是没有问题的。

到第七、八期，无论从墓葬的规模、葬具的有无，随葬品数量的多少和质量的好坏等各方面来看，贫富的对立是更加尖锐了。例如大汶口十号墓墓圹很大，有木椁，随葬器物近两百件，并且大部分是制作精美的工艺品和装饰品等，是迄今发现的我国新石器时代墓葬中规模最大的一座。这墓的死者是一名妇女，看来是一位很有地位的氏族贵族夫人。而同一时期有些墓葬不是东西极少，就是一无所有。

这时再也看不到什么同性合葬了。在大汶口等地发现的男女合葬，也是男左女右，不同的是男女地位有了新的发展。如果说前一时期的男女合葬墓中，男女二人的主从关系还不容易看出来的话，到这个时期就很分明了。例如大汶口一号墓男性居中，女性偏居一侧，身子半在扩出的小坑中，几乎所有随葬器物都放在男子身边。

由此可见，从埋葬制度及其所反映的社会性质来看，也是可以划分为两大阶段四小阶段的。前一阶段属母系氏族社会，其早期完全是母系氏族，晚期可能有一点父系氏族的萌芽；后一阶段属父系氏族社会，其早期有母系残余，晚期进入了完全的父权统治。

根据上述情况，我们把两个文化的分界定在四、五期之交，前四期称青莲岗文化，后四期称大汶口文化，每个文化又分早晚两大期。为了明确起见，列一简表（表二）。

表二　中国旧石器文化的谱系

文化分期		石器	陶器	彩陶花纹	埋葬习俗	社会形态
青莲岗文化	早期（青莲岗期）	磨制不精，很少穿孔。主要工具是石斧和大石铲等	红陶为主，常有红衣。除三足、圈足和平底外，还有较多圜底器。主要器形有鼎、豆、钵、三足瓶形杯等	数量较少，单色，有内彩。多双弧线和八卦形纹等	多单人葬，也有同性合葬。各墓规模小、器物少，差别甚微	母系氏族社会
	晚期（刘林期）	磨制较好，但时有疤痕。普遍穿孔，开始用管钻法。仍有大石铲，扁斧和锛凿较普遍	仍以红陶为主，圜底器少见。主要器形为凿形足鼎、小镂孔豆、三足觚形杯、盆、钵、罐和漏器。许多器物有角状把手	数量增多，时有套色。多八角星纹、连山纹、回旋勾连纹、花瓣纹等	有一定数量的同性合葬和多人合葬，还有个别男女二人合葬。随葬器物多少有别，但不十分突出	母系氏族社会，并有父系氏族制的萌芽
大汶口文化	早期（花厅期）	一般通体磨光，有的抛光。管钻与切割技术流行。石铲扁薄轻巧，出现有段石锛	灰黑陶增加，新出现细颈实足鬶、背水壶、双鼻壶、带嘴罐等。豆为大镂孔肥圈足。残留少量圈足觚形杯	数量略减，单色为主。多带状网格纹、连贝纹等	各地均有少量男女二人合葬，个别地点有同性合葬。少数墓规模大，有木椁，随葬猪头及大量器物	父系氏族社会，并有母系氏族制的残余
	晚期（景芝期）	石器制作更精，并常见玉斧等半适用半仪仗化的战斧	灰黑陶占绝大部分。主要器形多数与花厅期相同，新出现高柄杯、瓶、尊等。豆柄变细、背水壶领加高，带嘴罐嘴部伸长	数量锐减或没有。多由细线构成，有时套三色。多三角纹、菱形纹、旋涡纹等	男女二人合葬屡见，少数大墓有棺椁，随葬品达百件以上，其中有玉斧、象牙雕筒等工艺品	父系氏族社会，出现父权统治

四　苏南浙北新石器文化的性质和命名问题

前面讨论了青莲岗文化名称的由来，它的基本内容、分期和它同大汶口文化的关系，说明该文化是分布于山东和苏北地区的较早的新石器文化，大汶口文化和后来的龙山文化，都是在它的基础上发展起来的。我们在讲青莲岗文化时没有涉及苏南浙北的问题，而通常谈及青莲岗文化的分布区域时，总是包括苏南浙北的，应当怎样认识这个问题呢？

所谓苏南浙北，主要是指太湖和杭州湾周围，甚至可能包括长江口北岸的南通地区。由于近年来工作的进展，这个地区新石器时代文化发展的序列已大体搞清楚了。年代最早的是河姆渡文化，往后依次是马家浜期、崧泽期和越城期[1]，最后是良渚文化。

河姆渡文化是一个新的发现，是目前所知在杭洲湾地区最早的新石器文化。在余姚河姆渡遗址，马家浜期的遗存是直接叠压在河姆渡文化地层之上的，马家浜期的多角沿釜和支脚等看来是直接继承河姆渡文化而发展起来的。在山东和苏北，至今还没有发现相当于河姆渡文化这个阶段的遗存，那里最早的青莲岗期，年代大体与马家浜期相当，刘林期与花厅期，则分别与崧泽期和越城期相当。由于地方毗邻，相应各期之间发生过一些文化交流，因而有些因素比较接近甚至相同，是不足为怪的。倘若进行全面的对比，就会发现两地的差别还是非常显著的。从马家浜期到越城期，圈足器特别发达，贯耳器（瓶、壶、罐等）比较多，支脚也很流行，在马家浜期有较多的腰沿釜和多角沿釜，多牛鼻式耳而缺乏角状把手；在崧泽期也不大见角状把手，也没有刘林期那样很富特征的觚形杯；越城期常有花瓣式圈足瓶或杯，而没有花厅期那样的背水壶和带嘴罐等；鬶显然不如北方的多。彩陶在各期一直很少甚或不见，而崧泽期的彩绘陶倒是比较普遍的。看来从河姆渡文化开始，下经马家浜期、崧泽期、越城期到良渚文化整个是一个单独的文化系统，与苏北和山东的从青莲岗文化、大汶口文化到龙山文化的系统并不相同。很难想象青莲岗文化和大汶口文化等是从河姆渡文化发展出来的，也很难想象河姆渡文化及其以后各期要到苏北和山东去寻找发源地。它们是各有起源，各有自己的发展序列，并各有其文化特征的两个不同的文化系统。

至于南京及其附近的新石器文化，虽同太湖和杭州湾周围同处江南，但文化

---

[1]　越城期是以苏州越城中层墓葬为代表的一期文化，同类遗存见于吴县草鞋山和张陵山等处。

面貌不尽相同。南京北阴阳营下层遗址（H68、H70 等）、第四层墓地和打破墓葬的 H2，年代分别与马家浜期、崧泽期和良渚文化早期相当。前后两期材料太少，难以进行比较、分析；从墓葬的材料来看，有较多的彩陶，有若干角状把手而未见支脚等，同崧泽期是有所不同的。至于整个南京地区同太湖和杭州湾地区的新石器文化究竟是什么关系，是两个文化系统，还是同一系统内部的地方差别，目前限于材料不足，还难以遽下定论。

为什么苏南浙北同苏北山东的新石器文化自始至终就不属于一个系统呢？这是与两个地区远古时期族别不同有密切关系的。考古学文化与历史上的民族共同体尽管不是一个概念，有时也不一定完全吻合，但族的共同体是形成地方性考古学文化的主要原因，则是没有疑问的。

山东和苏北远古的居民当属夷族。《礼记·王制》："东方曰夷。"《说文》："夷，从大从弓，东方之人也。"这东方的夷在商周卜辞和铜器铭文中写作人和尸，像一人侧立或侧身下蹲的样子。夷是后出的会意字，《说文》那样解释应当是有所根据的，大约造字时人们还知道东方曾有一个民族是身材高大又善于射猎的。从大墩子、大汶口和西夏侯等遗址发现的属于青莲岗文化和大汶口文化的人骨来看，个子的确是比较大的。男子平均身高为 1.72 米，比仰韶文化的男子要高，他们平均身高只有 1.68 米。而夷人首领之一的羿善于射猎的故事，一直为我国汉民族所传颂。青莲岗文化和大汶口文化的居民都有拔牙的风俗，我国古籍中也常有关于凿齿民的记载，所谓凿齿民也就是有拔牙风俗的人民。值得注意的是，古籍中关于凿齿民记载的消长情况，与夷人的消长一致，说明二者有密切的关系。再者，史籍中记载夷人有许多种，诸如嵎夷、莱夷、淮夷、于夷、畎夷、阳夷、方夷、风夷、白夷、赤夷、黄夷、蓝夷、鸟夷、岛夷等等，他们活动的地区不外是河济淮海，即现今山东苏北一带。因此青莲岗文化、大汶口文化和后来的龙山文化，都应当是远古夷人的文化（图三）。

江苏南部和浙江北部，当是古越族活动的地方。太伯奔吴，司马迁《史记》称"奔荆蛮"，司马贞解释说：荆蛮是"南夷之名，蛮亦称越"。《吴越春秋》以为越王勾践的先世叫无余的乃是夏帝少康的庶子，封于越。可见越曾是地名，又是族名，起源甚古。越人的风习之一是断发文身，正如夷人喜好拔牙一样，是一种重要的族别标志。像太伯那样的外族人去了，想要真正扎下根来，就不得不断发文身以"从其俗"。但是史籍中关于越人的记载太少，他们既称越，又称荆蛮和南夷，必定是同蛮人和夷人发生过密切的关系。长江南北的新石器文化之所以有不少共同或相近的因素，应当从这里得到解释。

苏南浙北和苏北山东既是不同族别创造的不同系统的文化，过去那种把青莲

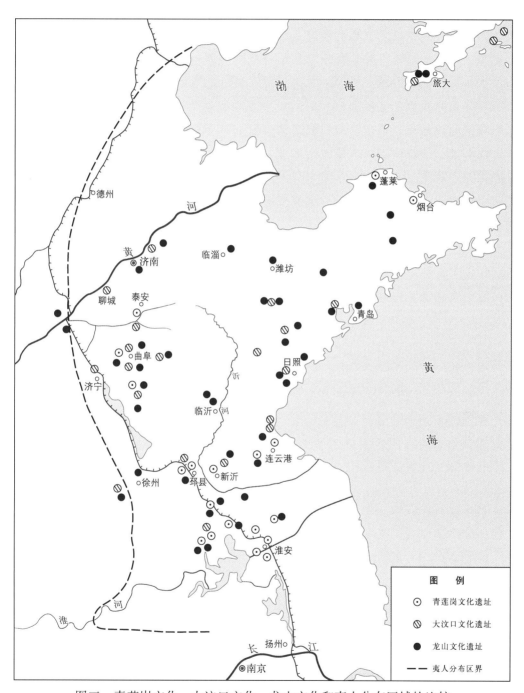

图三　青莲岗文化、大汶口文化、龙山文化和夷人分布区域的比较

岗文化的范围扩大到囊括两地而仅仅区别为江南江北两个类型的做法就显得不够也不大恰当了。现在，关于江南最早的文化称河姆渡文化，最晚的称良渚文化，并没有多少异议。关键是中间的马家浜期、崧泽期和越城期，如不再称为青莲岗文化，就应当有个新的名称。最近夏鼐同志建议叫作"马家浜文化"，包括马家浜和崧泽二期[1]，但马家浜遗址没有崧泽期的东西。上海青浦崧泽遗址倒是包含两期的内容，但属马家浜期的遗物太少，而越城期的东西又付阙如。比较起来，江苏吴县草鞋山遗址条件要好一些，该处文化层极厚，包含丰富，除第一层属春秋时代的吴越文化，第二、三层属良渚文化外，第四至十层包含了从马家浜早期直到越城期的全部内容，各期衔接紧密，前后发展的线索非常清楚。建议以这个遗址命名，称为草鞋山文化，包括马家浜和崧泽二期，以与青莲岗文化相照应。至于越城期究竟归属草鞋山文化还是良渚文化，还是另立一个文化，则需要进一步研究才能确定。

（原载《文物集刊·1》，文物出版社，1980 年。后收录在《史前考古论集》，科学出版社，1998 年）

---

[1]　夏鼐：《碳－14 测定年代和中国史前考古学》，《考古》1977 年第 4 期，225 页。

专家座谈安徽蒙城尉迟寺遗址
发掘的收获（节选）

编者按：

　　安徽蒙城尉迟寺遗址，是皖北地区一处新石器时代的重要遗址。中国社会科学院考古研究所安徽工作队连续几年的发掘工作，获得了重大收获，引起了国内外专家学者的重视。

　　尉迟寺遗址的发掘和研究工作，是我院重点课题之一，考古研究所在人力、财力上给予了一定的倾斜，并得到了国家文物局的大力支持和省、地、县各级政府的多方面协助，特别是蒙城县委、县政府为考古队提供了许多方便条件。

　　1994年8月4日，中国社会科学院考古研究所、蒙城县委、县政府在北京召开了座谈会，邀请所内外知名专家学者，就尉迟寺遗址发掘的初步收获进行座谈。

　　会议由考古所副所长乌恩主持。所长任式楠在讲话中高度评价了尉迟寺遗址所取得的成果，赞扬和感谢蒙城县委、县政府，安徽省文物部门和国家文物局对本所安徽队考古工作的大力支持。蒙城县委副书记刘剑波介绍了蒙城县的人文、历史地理以及对尉迟寺遗址开发、保护、利用等方面的设想。

　　会议内容分两部分：一、由考古所安徽工作队王吉怀介绍尉迟寺遗址发掘的主要收获；二、部分专家发表意见。

一　发掘情况介绍

　　现在我代表中国社会科学院考古研究所安徽工作队向各位领导、专家汇报尉迟寺遗址发掘工作的主要收获，请予批评指正。

　　尉迟寺遗址位于安徽省蒙城县许疃镇毕集村东约200米处。我队从1989年秋至1994年春进行过7次发掘，共揭露面积达5000平方米，发现大批的遗迹和遗物。《考古》1994年第1期曾报道了1989年发掘的部分资料。

　　遗址中心部位为一堌堆形堆积，厚度达6米以上，边缘地方较薄。堌堆北部文化层保存较为完整，几年来在此从南向北进行了较大面积的揭露。

遗址包含大汶口文化和龙山文化两种遗存，前者是其主要堆积，尉迟寺遗址的重要发现均属于大汶口文化。以下就汇报尉迟寺大汶口文化的主要发现。

（一）遗迹部分

主要包括房基、墓葬、灰坑及围沟等。

1. 房基

房址是尉迟寺遗址中的主要遗迹之一。在这里首次发现了成排（组）的大型红烧土房基，是大汶口文化几十年来一次突破性的发现。

1992 年秋，在埚堆北部发掘出一排共 7 间红烧土房基，呈东南—西北向。1993 年春，在同一排房基往东延续又清理出 4 间；同时，在西端北侧发现了呈东北—西南向的红烧土房基一排 5 间，与上述 11 间大排房呈曲尺状布列。1994 年春，在大排房子的东端又清理出一排呈东北—西南向的房子 4 间。这样，在埚堆北部共清理出红烧土房基 20 间，从东边看总体布局大体呈"上"字形。其中，东南—西北向的一长排房基 11 间，总长 40 米，北、东两端各有东北—西南向的房基 4 间和 5 间。

1994 年春季在埚堆西部发掘，从北向南还清理出平行的三排共 8 间红烧土房基，呈东南—西北向。

到目前为止，尉迟寺遗址共清理出红烧土房基 28 间，分别以 2 间、4 间、5 间为一排（组）。

这批房子的建筑形式基本一样。各房间面积一般在 10 平方米以上。每间房子包括主墙、隔墙、门、居住面、室内平台和室内柱几部分。

主墙　先在整个房基范围内挖出浅穴，再沿穴壁挖墙基槽，然后立柱、抹泥形成墙体并经烧烤。主墙厚一般为 30 厘米以上，现存高度从居住面往上为 30～50 厘米。依坡地挖穴的房基，坡上部的穴壁较深，坡下部穴壁几乎与地面相平，并有明显从地面续建的外墙（F8～F10），穴壁较深处是在穴缘上立柱，再抹泥烧烤。墙里表面光平，经过烧烤穴壁形成红褐色硬土。在靠近墙壁的居住面上，常见有室内柱，起加固支撑作用，但不如墙体内的立柱密集。有的在内壁上涂有一层白灰面，F29 在白灰面上涂一层红色颜料，这种现象比较少见。

隔墙　是先立密集的木柱，两边抹泥烧烤，形成木骨泥墙。木骨的形状各异，有方形、圆形、梯形、椭圆形等，直径一般为 10～15 厘米，但有些隔墙未发现柱洞痕迹，似乎表明了另一种建筑形式。

门　分为单门和双门。一般是面积大的房子设双门，面积小的设单门。门宽一般60厘米，在门下缘内侧多见木质门槛痕迹，门槛外用泥抹成斜坡状，有的在门两侧还有嵌木柱为框的现象。门的朝向为，东—西向排列的门朝南，南—北向排列的，西边一排门朝东，东边一排仅发现一间有门，门朝西。

室内居住面与墙内壁同时烧烤。有的居住面和墙面为多层硬面，看来是经过多次抹泥烧烤而形成。

室内平台　位于每间房子的中部偏后位置，平台高出居住面2厘米，其表面与居住面为一个整体，也经过烧烤。平台有的与后墙接触，多在前两角立有木柱；有的平台与后墙分开，多在四角立有木柱。平台角处的木柱外涂泥并经过烧烤，留下红褐色硬壳，有的木柱很粗，可能也起到承重的作用。

室内普遍遗留器物，少者4、5件，多者达80多件，一般为10～20件。器物一般放置在平台上及平台周围，或后墙处。

这批房子，应是一处建筑群体的一部分，属于该遗址的大汶口文化较早期遗存。它对大汶口文化聚落形态的研究，意义十分重要。

2. 墓葬

到目前为止，尉迟寺遗址共清理大汶口文化墓葬150余座，分布比较集中，方向为东南—西北，头向东，一般为135°左右，分为竖穴土坑墓和瓮棺葬。地层关系表明，墓葬晚于房子。

（1）竖穴土坑墓　墓主多为成年人和青少年，葬式有仰身直肢、侧身直肢、侧身屈肢。墓穴的大小随死者的个体大小而有所差别。有的墓随葬品较少或没有，常见3～5件，多者近30件。有些大型墓有二层台，随葬品也很丰富。

M136，为一成人墓，随葬品有陶器、玉器、猪下颌骨、獐牙等共28件。该墓中出土的一件长颈背水壶，器形长，两小耳，器身一面较平，另一面圆弧，前附一小鼻，泥质陶，口径4.8、底径6.8、高33厘米。

M147，死者头骨和脊椎骨部位遗有红色颜料，形成原因，尚待研究。

根据对1993年以前的人骨鉴定报告，发现拔牙为极个别现象。

（2）瓮棺葬　数量较多，约占墓葬总数的一半。瓮棺葬的方向与土坑墓一致，未发现例外。埋葬的多是婴儿及幼童，年龄最小者不足周岁，一般为2～3岁，骨架多数保存不好。葬具由2件、3件、4件组成，多为鼎与鼎、鼎与瓮、尊与盆、瓮与瓮组合。在这里，首次并从葬具上发现了与山东陵阳河遗址出土的完全相同的刻划符号。

瓮棺葬在大汶口文化中还是比较少见的，通过尉迟寺遗址的发掘，对皖北地区大汶口文化的埋葬制度，又增添了新的认识。

3. 围沟

1993年秋季，在堌堆周围钻探出一条椭圆形围沟。南北跨度约230米，东西跨度约200米，沟宽20多米，深4.5米。由于该沟没有发掘和解剖，故其性质、与遗址的关系，有待于下一步发掘来解决。

（二）遗物及文化特征

在整个大汶口文化中，尉迟寺遗址的大汶口文化属于偏晚阶段，但该遗址大汶口文化本身似乎也有早晚之分。

根据1989年发表的资料来看，尉迟寺遗址的遗物，多数具有大汶口文化的一般特征，但自身的特征也非常明显。

陶器以夹砂陶为主，泥质陶次之。陶色以红褐色为主，多见外红内黑，其次为灰陶和灰褐陶。制陶技术以手制为主。纹饰以斜横篮纹为大宗，另有弦纹、刻划纹、附加堆纹及镂孔、按窝等。常见器物有鼎、鬶、罐、壶、杯、大圈足豆等。这些器物构成了该类文化遗存基本的器物组合。主要器物如鼎、鬶等，在曲阜西夏侯、邹县野店等遗址能找到相近的器形。墓葬随葬品以实用器为主，明器少见。

总的看来，尉迟寺遗址的大汶口文化遗存，与山东汶河、泗河流域大汶口文化晚期遗存区别较大，地域性特征浓厚，代表一个新的地方类型，我们称之为大汶口文化尉迟寺类型。

目前，尉迟寺遗址的资料尚未全面整理，与周围地区同类型遗址缺乏详细的比较，获得的认识只是初步的。就尉迟寺遗址本身来说，还有很多问题需要解决。

二　专家座谈（节选）*

严文明：刚才各位先生讲得很好，也听了安徽队工作的汇报，使我学到了很多东西，我们对参加这个工作的同志表示感谢。为什么呢？因为他们辛勤的劳动，给我们揭示了这么一个在学术上十分重要的遗址和一大批材料。在工作中，安徽队跟当地政府、有关部门配合是相当好的，特别是县、省有关同志，对这里的发掘给予了大力的支持。

全国都在搞经济建设，这是当前非常重大的一个任务。有的地方对文物考古

---

*　本篇仅节选严文明先生的座谈内容。

工作顾不上，也不见得不认为这项工作重要。那么，像蒙城县委、县政府这么重视文物考古工作，特地到北京来宣传这个遗址的情况，让我们有这样学习的机会，让我们对如何保护出点主意，这个想法很好。我这个搞业务工作的深深感觉到，考古工作，需要得到各级党政领导、有关部门的支持。祖宗，绝不仅仅是我们考古工作者的祖宗，而是中华民族共同的祖宗。弘扬中华民族的传统文化，研究中华民族的光辉历史，是我们全民族的事，但有些地方未必能理解这点。今天的会议得到蒙城县领导这样重视，作为考古工作者，我要向蒙城县、安徽省有关部门的同志表示感谢。这是我说的第一点。

第二点，谈谈对这个遗址的认识。刚刚看到一些标本，属于大汶口文化晚期，以后整理或可再细分，那是另外一回事。

大汶口文化发现于山东，并做了大量工作，后来河南也有发现，致使大汶口文化向西边又扩展了一块地方。至于安徽，原来就知道北部肖县的花家寺。尉迟寺遗址表明大汶口文化已延伸到花家寺遗址以南了，而且看来边界不在蒙城，还可以往南走一些。这一地区，尉迟寺遗址发掘的资料比较丰富，通过整理很可能成为一个典型遗址，也有可能成为一个新类型的代表。作为典型，可能就以尉迟寺来命名了。这是大汶口文化研究中一个新的发展，当然也会提出一系列的问题。为什么大汶口文化往这里来了，我们同传说的历史相结合，假如大汶口文化也是东夷文化，那么东夷人的活动范围很早就抵达淮北，我们提供了一些考古学的线索，这将是非常重要的。

既然尉迟寺遗址属大汶口文化，那么，大汶口文化的一些特别的风俗习惯，大汶口文化人的体质特征在这里是否也同样存在？所以，尉迟寺遗址墓葬的人骨的研究很重要。到底与过去发现的大汶口文化的人骨一样不一样？大汶口文化人骨过去测定的身高都是比较高的，比中原地区的仰韶文化要高得多。那么，这个地区是不是也比较高？大汶口文化有枕骨变形的特点，有拔牙的风俗习惯，这个地区是否也如此？

尉迟寺遗址的大汶口文化遗存，除了一些跟大汶口文化一样的共同特征以外，还有哪些自己的特征，除了陶器上能看到的以外，在人骨和其他方面还有一些什么特征，这些都是值得探讨的。这是我要讲的第二点。

第三点，讲聚落的问题。刚才两位先生都讲了，这是一处保存很好的聚落遗址，是进行聚落考古研究的很好的资料，我非常赞同这个意见。这个遗址的重要性首先是这点。

国内对新石器时代聚落的研究，多年来已有相当的进展。开始是半坡，半坡报告的副标题就是原始氏族聚落遗址发掘报告，当时就是想发掘氏族公社的聚落遗址。半坡遗址是个聚落遗存毫无问题，但是否是氏族公社值得讨论。仰韶文化较早阶段的聚落遗存，除半坡外，随后又发掘了临潼姜寨、宝鸡北首岭、甘肃秦安大地湾甲址。这几个聚落遗址，最不完整的是半坡，最完整的大概是姜寨，其次就是大地湾甲址。通过这批材料，对仰韶文化早期阶段的聚落形态有了一个基本的了解，大体代表了那个阶段的情况。

近年来考古研究所在内蒙古发掘的兴隆洼遗址，还有白音长汗、查海等，都比上述遗存要早一个阶段。通过这些遗址的发掘，对仰韶文化时期以前的聚落形态大体有了一些了解。

龙山阶段发现了不少城址。初步统计，连河套山城在内有三十几座。城也是一种聚落形态，是村落型的聚落形态向城址型的聚落形态发展的一个新阶段。尽管对每一个城的内部结构了解得比较少，但它有一个明确的圈（城墙），所以对这个阶段的聚落的发展，也应该说有了一些了解。

相当于仰韶文化较晚阶段，或者大汶口文化晚期的聚落，也发掘了不少遗址。但山东地区大部分挖的是墓葬，没有挖多少房子。唯一挖的一个村落遗址是长岛北庄，遗址在海岛之上，地点比较偏，年代也比较早。当然，把它归到大汶口文化也是一个地方类型，但它不是一个最典型的大汶口文化遗址。所以，它的代表性有限。河南地区挖到一些房子，也包括有排房，像刚才张忠培先生提到的淅川下王岗，一排32间房子，那更宏伟了。最近北京大学在河南邓州八里冈发掘到6间以上的排房，年代跟下王岗差不多。稍早点的仰韶晚期大房子保存也相当好。还有，近年来考古所在湖北枣阳雕龙碑遗址，也发现不少房了。可见，湖北北部在屈家岭阶段或者是稍微早点的也出现这样成组的大房子。总之，对这一阶段的房子结构，我们有了一些认识。但作为整个的聚落形态，我们还不太清楚。

为考察大汶口文化晚期的聚落形态，尉迟寺遗址很有前途，遗址保存比较好，容易发现，所以有可能做得比较像个样，前途光明。但现在还不能说已经发现了一个非常完整的尉迟寺聚落形态。安徽队的介绍是很有分寸的，围沟与房子是什么关系，没有说一定是一回事，这个还是很慎重的。但它如果真的是一个圈的话，怎么样也得跟这个聚落有些关系，这个等做了工作再说。

有些工作，过早地带有结论性的看法是不合适的，但是没有些想法也是不好的。我们要有一些预见，然后根据这些预见，做出一些合理的工作规划，并在工作中时刻注意变化，不断修订自己的计划，制定一个搞聚落考古的比较切实可行的作业方案。

从介绍中可知，房子早于墓葬，那么，相当于墓葬阶段的房子在哪里？尚没有全面揭开，可以想出很多可能性，做出一个工作方案，不至于破坏任何一个可能性的工作方案。

要从整个聚落出发加以规划，一个区一个区地揭露。既然是聚落，中间可能有空地、广场。从聚落的角度看，空地也应挖，那同样是重要的。

值得注意的是，揭露出的房子都是因火烧废弃的。火烧对当时的人来讲不是个好事，对我们搞考古是非常好的，把房子里面的情况都压在底下了，让我们了解一个房子里面究竟有什么摆设，平常怎么生活，可复原很多东西，这个很难得。

再有，这些年大家都很注意环境的研究。营建聚落总有自然地理上的条件，人总会跟周围的环境发生关系，这就是环境考古考虑的问题了。在今后的工作中，还可多找一些从事全新世地质、植物、动物、孢粉等有关方面的人员参加工作。考古界注意了多学科的合作，这是一个非常好的发展，但需要有一个相互熟悉了解的过程。如果我们把这些事情结合起来，对环境考古的研究就加深了一步。

从一个聚落形态的角度，把整个聚落都给做了，把周围的环境搞清楚，工作量相当大，需要有若干年的工作，也应有相当多的经费。我希望所领导要有这个气派，同时，希望县、省的同志继续给予支持。

（原载《考古》1995 年第 4 期）

山东史前考古的新收获

——评《胶县三里河》

由中国社会科学院考古研究所编著、文物出版社于 1988 年出版的《胶县三里河》考古发掘报告，全面而忠实地反映了山东胶县三里河遗址考古发掘和研究的成果。在山东新石器时代考古研究中，它是继《大汶口》考古发掘报告之后的又一田野考古专刊，受到学术界的普遍注意。

三里河遗址位于胶州湾西岸，离胶莱河入海口不远。中国社会科学院考古研究所山东队和潍坊地区艺术馆于 1974 年秋和 1975 年春对该遗址进行了两次发掘，揭露面积 1570 平方米，发现了分属于大汶口文化和龙山文化两个时期的地层堆积。报告首先介绍了发掘区的文化堆积状况。指出遗址中普遍存在龙山文化层叠压于大汶口文化层之上的情况。在此前后所进行的日照东海峪（1973 年和 1975 年发掘）、泰安大汶口（1974 年第二次发掘）和诸城呈子（1976~1977 年发掘）等遗址的发掘，也都发现了龙山文化层叠压于大汶口文化层之上的地层关系，从而确证了大汶口文化早于龙山文化。

三里河大汶口文化的遗存中有 5 座建筑基址、31 个灰坑、66 座墓葬和许多遗物。其中最重要的也许是粮仓的发现。这粮仓编号为 F201，略呈椭圆形，长径 3.06、短径 2.56 米。门东向，西北部有一个椭圆形窖穴，口部长短径分别为 1.85 米和 1.70 米。容积约为 2.80 立方米。窖穴底部用黄褐色土掺红烧土末筑成，厚 10 厘米；穴壁先抹 3 厘米厚的黄褐色土，表面再涂黄褐色泥浆，这样便在一定程度上起到了隔潮的作用。发掘时发现这窖穴内还遗留有 1.20 立方米的灰化或炭化粟粒，说明它确实是储藏粮食用的。粮食放在窖穴内经过几千年而腐朽灰化，体积自然会大大缩小，原来也许是装满窖穴的。值得注意的是窖穴西壁上与椭圆形建筑物西壁上涂的黄褐色泥浆是连成一起的，说明二者同属一座建筑，而不是窖穴打破了房子。椭圆形建筑为半地穴式，深 0.25 米，周围立柱并有矮墙。室内面积除窖穴外只剩了南部即进门左侧的一小块地方，勉强能容一人进去存取粮食。那里既无火塘，又没有供人睡卧的地方，显然不是一般的居室而是一座专门的粮仓。在我国北部的新石器时代遗址中曾经不止一次地发现储藏粮食的窖穴。例如甘肃秦安大地湾一期的 F374 内有一圆形窖穴，底部发现有炭化的黍和油菜籽。甘肃东乡林家属马家窑期的 19 号窖穴内发现有成把的黍穗。陕西西安半坡晚期的 115 号窖穴中发现了许多粟的朽灰。河北武安磁山遗址中更发现有 189 座长方形窖穴保留粮食朽灰，部分朽灰曾鉴定为粟。其他还有更多的窖穴虽然没有发现粮食遗存，但根据其形制推测大部分可能也是储藏粮食的。窖穴储粮，尽管穴内可以采取一些防潮措施，如果外面不能有效地防止雨水，是很难保证粮食的安全的。三里河 F201 粮仓发现的意义在于启发我们对过去发现的粮食窖穴进行反思，想想它是怎样防雨的；对今后可能发现的粮食窖穴更要周密考虑，看看是否有相关的建筑遗迹，哪怕有几个柱洞也是重要的。除了这种带窖穴的粮仓外，我们设想还会有架空的粮仓，即所谓高仓建筑。在长江流域及其以南，这种高仓可能是比较普遍的形式，只是在考古发掘中难以断定。有些遗址中往往发现若干柱子洞围成一圈，面积既小，又没有居住面或火塘等设施的，也许有些就是高仓的遗迹。此外，有些供起居的房屋内也有设粮食窖穴的。把所有这些情况联系起来考察，会使我们对于新石器时代农人储藏粮食的方法有一个比较接近实际的认识。

三里河龙山文化遗存中有一些房屋残迹、37 个灰坑、98 座墓葬和许多遗物，其中比较重要的当推两件黄铜钻形器残段和大批蛋壳黑陶杯。

两件黄铜残钻形器均出土在第 2 层即龙山文化层中。其中的 T110②：11 是在 T110 向南扩方时发现的，根据出土时所在坐标并参照 T110 南壁剖面图和 I 区龙山文化遗迹分布图，该钻形器应出在第 2 层底部，位置接近龙山文化灰坑 H103 底部和大汶口文化灰坑 H104 的表面，也接近两个灰坑相接近处的一薄层灰黑色土（2a 层，属龙山文化），附近没有年代更晚的堆积，也"未见有任何扰乱现象"（《胶县三里河》6 页），看来地层是可靠的。报告还发表了同层出土的陶片插图，这些陶片不外是罐、甗、盆、豆的口沿以及鼎足、鬲足等，都是龙山文化的典型器物。过去有人曾对三里河所出铜钻形器的时代表示怀疑，报告有助于解除这种怀疑。

人们对铜钻形器表示怀疑，还因为它的成分中含有较多的锌，应定为黄铜。而按照传统的看法，黄铜是很晚才出现的，龙山文化的居民似不大可能冶炼黄铜，报告附录五发表了中国冶金史编写组测试和鉴定的详细报告，指出两件钻形器均为铸造而成，其中除铜外含锌量达 20.2% ～ 26.4%，还有少量铅、锡、铁、硫、硅等，成分偏析较大，组织不均匀。说明原料成分复杂，冶炼方法原始。很可能是利用含有铜、锌的氧化共生矿在木炭的还原气氛下得到的。冶金史组为此进行了十炉模拟实验，证明只要有铜锌共生矿，在龙山文化时代的原始冶炼方法是可以得到黄铜的。而三里河附近就有这样的铜锌共生矿。在三里河残铜钻形器发现以后，在龙山文化以及同时代的其他考古学文化中又陆续发现了许多铜器或铜矿原料。龙山时代比较普遍地使用铜器已经是无可怀疑的事实，只是数量还不太多，又限于小型器物，成分也很不统一，有红铜、锡青铜、铅青铜和黄铜，并往往伴随许多杂质，这正是青铜时代出现以前的情况。所以龙山时代仍应属于铜石并用时代。

蛋壳黑陶杯是早在龙山文化发现之初就被注意到了的，但在城子崖仅见一些碎片，两城镇的资料一直没有正式发表。1960年发掘潍坊姚官庄遗址曾发现5件蛋壳黑陶杯。以后在临沂大范庄、诸城呈子、日照东海峪等龙山遗址中续有发现。而数量最多，型式发展序列最完整的当首推三里河遗址。这里共发现蛋壳黑陶杯（报告称薄胎高柄杯）31件，另有2件残器，分别出于26座墓葬中。有这种杯的墓葬一般规模稍大，随葬器物较多，说明它不是任何人都能享用的。报告将这种杯分为十式三期，大体反映了它发展的序列。报告具体分析了这种器物的特点后，指出它上大下小，重心不稳；器体轻薄，一般厚不到0.5毫米，重不到50克，制作特别精致，当不宜作为日常用具，可能是作礼器之用。这种推测，结合龙山文化其他因素来进行综合考察，是不无道理的。

三里河大汶口文化遗存和龙山文化遗存本身都可分期，两者间又有十分明显的承袭关系，这也是该遗址发掘的重要收获之一，因此发掘报告用了很多篇幅讨论两个文化墓葬的分期和两个文化之间的关系。

报告将三里河大汶口文化的墓葬分为两期，第二期又分为甲乙两组。这主要是依据四组打破关系和陶器组合的变化来划分的。不过三里河大汶口文化墓葬的有效地层关系不止四组。所谓墓葬之间的有效地层关系，是指发生叠压或打破关系的两座墓葬中都有一定数量的陶器，可据以进行类型学的比较研究者，这样的关系至少有以下七组。兹将各组墓葬所出陶器开列如下。

（1）组：M116打破M126。

M116出ⅢB鬶，ⅠA小鼎，ⅠB小罐，ⅡC瓶，Ⅳ罐，ⅡA豆，鼎，小壶，ⅢB器盖。

M126出ⅠA鬶，ⅠA小鼎，ⅠB小罐，Ⅰ瓶，ⅠA钵，Ⅱ高柄杯，ⅠA附纽罐。

（2）组：M104打破M105。

M104出ⅣD鬶，ⅢB小鼎，ⅠC小壶，Ⅱ扁腹罐，ⅣB钵。

M105出ⅢA鬶，ⅠA小鼎，ⅠB、ⅡA小壶，ⅢA高柄杯，ⅢA器盖。

（3）组：M273打破M297。

M273 出ⅢB 鬶，ⅡA、ⅢA 小鼎，ⅠC 小罐，ⅡA、ⅢA 罐，ⅢE 高柄杯，Ⅳ
B 钵，ⅢD 器盖，ⅠC 小壶，Ⅱ扁腹壶，Ⅰ长颈罐，小缸。

M297 出Ⅱ、ⅢB 鬶，ⅡA 小鼎，ⅠB 小罐，ⅢB 罐，ⅢB 高柄杯，ⅣB 钵，
ⅢC 器盖，ⅠB 尊。

（4）组：M2112 打破 M2110。

M2112 出ⅢB、ⅣB 鬶，ⅢA、ⅤA 小鼎，ⅠB、ⅠC 小罐，ⅠB 豆，ⅢA 罐，
ⅠB 尊，ⅢA 高柄杯，ⅢA、ⅣA 钵，Ⅱ壶，Ⅱ扁腹罐，Ⅱ瓶。

M2110 出ⅣA 鬶，ⅠA 小鼎，ⅠA、ⅠB 小罐，ⅠA、ⅡA 豆，ⅡA、ⅢA 罐，
ⅢA、ⅢB 尊，ⅠA 高柄杯，ⅢA 钵，ⅠA、Ⅳ小壶，背壶，高柄壶，Ⅰ、Ⅲ单耳
罐，Ⅰ长颈罐，圜底缸，直口杯，Ⅰ、Ⅱ单耳杯，盉，Ⅰ、Ⅱ器盖。

（5）组：M221 打破 M259。

M221 出ⅡA 小鼎，ⅠC 小壶，ⅠC 小罐，ⅡB 豆。

M259 出ⅡC、ⅡD、ⅤB 小鼎，ⅠC 小壶，ⅠB、ⅠC 小罐，ⅣD 鬶，ⅠB 尊，
瓮，ⅢE 高柄杯，ⅣB 钵，Ⅰ盆，Ⅲ篦形器。

（6）组：M233 打破 M275。

M233 出Ⅱ小鼎，Ⅲ单耳杯，小缸。

M275 出ⅡA 小鼎，ⅠC、ⅢA 高柄杯，小缸，ⅠC、ⅢB 鬶，ⅠA 豆，Ⅰ、Ⅱ
B 壶，ⅠB 小罐，ⅢC 罐，ⅠA 尊，ⅣA 钵。

（7）组：M117 打破 M108。

M117 出ⅡA、ⅢB 小鼎，盘。

M108 出ⅣA 小鼎，ⅠA 鬶，ⅢA 豆，ⅠB 小壶，ⅠB 小罐，Ⅲ瓶，ⅣA 钵，
直口杯。

从（1）组可知高裆鬶晚于实足鬶，细高瓶晚于粗矮折腹瓶；粗厚高柄杯、附
纽罐等与实足鬶共存而早于高裆鬶，这与从其他大汶口文化遗址中所观察到的情
况基本相同。ⅠA 小鼎和ⅠB 小罐在两墓中同出，说明它们属于年代上不敏感的
器物。

从（2）组可知矮裆鬶晚于高裆鬶，小壶小鼎也有变化，黑陶高柄杯是与高裆
鬶一同出现的。

在（3）组中，两墓中的鬶、小鼎、钵都有相同的式别，小罐、罐、高柄杯和
器盖形制上的差别也微乎其微，可见二者年代差别甚小，基本上属同一文化期，
即与（2）组 M105 同一时期。这一组也再次证明黑陶高柄杯是与高裆鬶同出的，
长颈实足鬶也是与高裆鬶同出的。

在（4）组的两座墓中出土的器物都相当多，同一类别的也有 8 种。M2110 的

ⅣA 鬲的颈部较矮，三足虽不如Ⅲ式鬲那样截然分离，但裆部比其他Ⅳ式鬲高得多，仍应属高裆鬲的范畴，或者是由高裆鬲向矮裆鬲发展的过渡形态。M2112 则同出一件高裆鬲和一件矮裆鬲，联系（2）组的情况，应可证明矮裆鬲比高裆鬲晚出，而个别高裆鬲可沿用到矮裆鬲出现的时期。两墓出土的同一类别的 8 种 21 式器物中，真正同式的只有 3 种，另有许多类别也不相同的陶器，可见两墓在年代上有相当的距离，应分属于两期。根据鬲的形态及相关器物的总体考察，M2112 应与（2）组的 M104 属同一时期，M2110 则接近于（1）组的 M116、（2）组的 M105 和（3）组的 M273 与 M297。

（5）组的 M259 已出矮裆鬲，当属晚期的墓，在地层上比它更晚的 M221 的四种器物中就有两种与 M259 相同，另两种形态也接近，当属同一文化期。

（6）组的 M275 出实足鬲和高裆鬲，粗厚高柄杯和黑陶高柄杯，按照依形制最晚出的器物定年代的原则，应与出高裆鬲的 M105、M116 等属同一文化期。M233 器物甚少，又缺乏鲜明的定期特征，不能肯定它与 M275 同期还是属于更晚的一期。

（7）组的 M108 出实足鬲和ⅠB 小罐，形态与 M126 所出完全相同。Ⅲ式瓶较粗矮，肩部明显，与Ⅰ式瓶较接近而不同于细高的Ⅱ式瓶。此墓应与 M126 属同一时期。M117 出ⅡA 和ⅡB 小鼎，后者与矮裆鬲共存，很可能是与 M104 同期的。

总括所有 7 组墓的陶器形制分析，可大致将其分为三期，其关系如下表所示（箭号代表打破关系）。

组别　墓号　期别	1	2	3	4	5	6	7
一	126 ↑						108 ↑
二	116	105	297 ↑ 273	2110 ↑		275 ↑	
三		104		2112	259 ↑ 221	233（?）	117

　　按照上列标准来对其他墓葬进行分期，大致也不越出三期的范围。因此把三里河大汶口文化的墓葬分为三期也许是比较适当的。

　　发掘报告将三里河龙山文化的墓葬分为三期大致是正确的。从陶鬹和黑陶高柄杯等的形制演变来看，龙山一期正好与大汶口三期最接近，其他器物的演变也大致有规律可循。所以单从陶器来说，三里河大汶口文化和龙山文化也是一脉相承的，是同一文化系统的两大发展阶段。

　　关于三里河龙山文化和大汶口文化的关系，报告不但从陶器的演变序列进行了详细的论述，而且进一步从住房建筑、窖穴形制、风俗习惯、埋葬制度乃至石器形制等诸方面进行了比较。这里特别值得注意的是在风俗习惯方面。过去发现许多大汶口文化的居民有拔牙和头骨变形的风俗，龙山文化则只见少量拔牙的例子，没有见过头骨变形的报道。这与过去龙山文化的墓葬发掘较少，已发现的人骨又缺少正式鉴定有关。现知三里河龙山文化的居民也保持着这两种风俗，其比例都稍稍超过同遗址的大汶口文化。不但如此，三里河两个文化的墓葬头向也基本相同，两者都有一些墓随葬猪下颌骨，都有一些死者手握獐牙或长方形蚌器，臂部放蚌匙，口有玉琀。这种风俗习惯带有明显的地区性，又在相当长时期内形成一种传统，说明它们与居民的族系有关，可见三里河的龙山文化和大汶口文化应是同一族系在不同发展阶段所创造的文化。

　　最后，发掘报告在将三里河的文化遗存同其他地方进行比较时，注意到各地的大汶口文化和龙山文化的差异性，提出对两个文化进一步划分地方类型的问题。这一点过去虽已被学术界所注意，但限于资料，论述难以准确。三里河报告做了不少实际的努力，这也是值得称道的。

　　　　（原载《考古》1990 年第 7 期。后收录在《史前考古论集》，科学出版社，1998 年）

龙山文化的蛋壳黑陶杯

　　龙山文化的陶器多黑色，曾被称为黑陶文化。其中尤以薄如蛋壳的黑陶杯最为精致。如果把龙山文化划分为西边的城子崖类型和东边的两城镇类型，黑陶杯多集中于后者。其中尤以潍坊姚官庄和胶县三里河出土最多也最精致。姚官庄10号墓出土的两件盘口圈足杯可谓是绝世之作。我在长岛考古时，曾经在砣矶岛大口遗址的一座墓葬中，也发现了一个与姚官庄M10∶5别无二致的盘口杯，可惜只剩了盘口和口下不多的部分，很可能是同一位陶工的作品。两地相隔遥远，一在半岛中部，一在海岛之上，也许是作为高贵的礼器馈送到岛上贵族的。从陶片接口的痕迹上看，这种盘口杯是将盘口、内胆、外壳和台座分别制造，再粘合在一起的。各部位的厚度均不到1毫米，真正是薄如蛋壳。

　　这样的蛋壳黑陶杯是怎样制造出来的？我想不清楚，就特地请教山东省博物馆的钟华南。他是学工艺美术的，对仿制古陶器特别有兴趣。仿制的大汶口文化黑陶杯可谓惟妙惟肖。就是做不出龙山文化的蛋壳黑陶杯。此前他做了许多实验，前面的过程跟做大汶口文化的黑陶杯没有两样。关键是在坯体成型并阴干后，要放在土制的车床上慢慢车削，才可能变得薄如蛋壳。如有必要再在上面刻划花纹或镂孔，再将不同的部件对接起来。关键是如何烧成。当时钟华南是用电炉烧的，炙热的空气流动时会让陶坯相互碰撞挤碎。他说做过多次都无法解决。我说我参观潍坊博物馆时看到陈列有两件夹砂灰陶的匣钵，好像是专门用来烧高柄杯的。你不妨借来或仿制同样的匣钵，把蛋壳陶坯放在匣钵里烧不就解决了吗。后来实验果然灵验。他烧出来的一件蛋壳黑陶杯拿到广交会上竟卖了六千元！我说你现在是用电炉烧，按说应该用土窑烧。龙山文化的陶窑出土了不少，可以仿做。用那样的土窑烧出来的蛋壳黑陶才能算真正的仿制，但那样难度就更大了！

山东长岛北庄遗址发掘简报

　　1980 年秋，我们对山东长岛县史前遗址进行了全面的调查，得知大黑山岛东边的北庄遗址有较丰富的史前遗存[1]。为了进一步了解长岛县新石器时代文化的特征、发展序列及其同胶东半岛和辽东半岛新石器文化的关系，决定对北庄遗址进行全面发掘。

　　第一、二次发掘分别在 1981 年秋和 1982 年秋进行，先后参加工作的有北京大学考古系教师 3 人，进修教师 1 人，研究生 2 人，七七、七八和七九级本科生14 人和烟台地区文管会业务干部 2 人。共开 5 米×5 米的探方 18 个，连同个别扩方在内，发掘面积约 500 平方米。发现了属于新石器时代的北庄一期、北庄二期、龙山文化和早期青铜时代的岳石文化依次叠压的地层关系，所见遗迹、遗物以北庄一期的为主，计有房基 16 座，灰坑近 30 个，墓葬 3 座。北庄二期仅有墓葬 4座。此外还有一些战国时期的墓葬。

　　两次发掘都是在同长岛县博物馆的密切合作下进行的，并得到了县有关部门和当地居民的热情帮助。现将这两次发掘的主要收获简报如下。

一　地层堆积

　　北庄遗址面积约 27000～28000 平方米（图一），南部为现代村落所压，北部处在山坡下的两级梯田上。两次发掘主要在下部梯田的西部，只有 T7 一个探方开在上部梯田的南部。

　　T9 东壁的地层关系（图二）可作为下部梯田区的地层堆积的代表，说明如下。

　　第 1 层：耕土，黄灰色土，质疏松，杂多量贝壳碎屑。厚约 0.1～0.3 米。

〔1〕北京大学考古实习队、烟台地区文管会、长岛县博物馆：《山东长岛县史前遗址》，《史前研究》1983 年第 1 期。

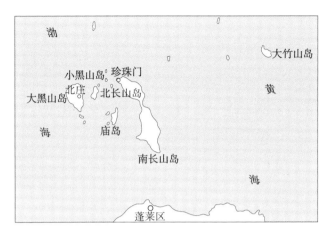

图一　北庄遗址位置示意图

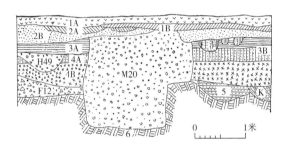

图二　T9 东壁剖面图

1A. 耕土　1B. 黄灰土　2A. 深灰土　2B. 浅灰
土　3A. 浅黄灰土　3B. 深黄灰土　4A. 浅黄褐
土　4B. 深黄褐土　5. 黑灰土

第2层：灰色土，多数地方只有薄薄一小层。深0.1～0.55、厚0.05～0.3米。可区分为两小层。遗物中除混有大宗新石器时代的陶片外，还有少量厚胎的灰陶片，有的饰以粗绳纹。器形有豆、瓮、罐等。当属战国时期的文化堆积。战国时期的墓葬如 M20 等悉出于这两小层下。

第3层：黄灰色土。依土色土质的差异可分为两小层，均属北庄二期。

3A 层，土色略浅，质较松软。深0.25～0.8、厚0.05～0.4米。出土陶片以红陶、红褐陶为主，灰褐陶其次，黑陶和灰陶占有一定比例。夹砂陶较多，泥质陶较少，掺滑石末陶器也相当多。器表以素面为主，有些器物表面经过打磨。常见的纹饰有附加堆纹、刻划曲线纹，另有少量镂孔装饰。此外，还有为数不多的彩陶片，以红衣黑色单彩为主，兼有少量复彩。可以看出器形的有鬶、筒形罐、罐、瓠形杯、器座、钵等，鼎类的数量最多，以盆形鼎和罐形鼎比较多见。鼎足多呈短圆锥或短而扁的圆锥形，足尖往往外撇。罐等器类的把手往往作蜕化了的蘑菇形。M16~M18、M21 四座墓葬均出在此层下。

3B 层，土色较深，夹烧土颗粒较多，土质略硬。只分布在少数探方中，深 0.3~0.9、厚约 0.12~0.3 米。出土文化遗物不多，仅有少量鼎足和陶钵残片等。

第 4 层：黄褐色土，分布普遍，堆积比较厚，依土色土质的不同可分为 A、B 两小层，均属北庄一期。

4A 层，土色较浅，夹少量烧土块、烧土渣和多量细砂。土质较疏松。深 0.4~0.75、厚 0.2~0.4 米。房屋遗迹 F10、F15 出于该层下。

4B 层，土色较深，杂有多量烧土块和烧土渣，含砂量少。土质较致密坚硬。深 0.4~1、厚 0.2~0.45 米。F11~F14、F16 等皆出于此层下。

这两小层堆积出土文化遗物差别不甚明显。以红褐陶和灰褐陶为主，陶色多斑驳不纯，同时还有少量的黑皮陶。夹砂陶占绝对优势，掺滑石末陶器的数量较少，还有少部分夹蚌壳末和云母片的陶器。器表也多以素面为主。纹饰中最多的是附加堆纹，此外，还有刻划和锥刺的各种纹饰。彩陶片出土数量较多，盛行用黑色彩在红衣陶地上绘饰平行斜线、弧线三角组成的宽带形纹，一般多见施于罐等器类的腹部。此外，4A 层有少量复彩陶，以黑、白、红三色绘饰成花瓣纹、连栅纹等。器形以圜底长圆锥形足的盆形鼎为大宗，其他器形还有鬶、觚形杯、平底钵、筒形罐、小口罐等。罐等器形的上腹部所附的把手盛行蘑菇状，也有少量作猫爪形。

在 4B 下，部分地点尚有些零星的黑灰色土堆积，应属第 5 层，内含少量烧土颗粒，土质略松软，比较纯净，除有极少数细碎的海螺皮壳外，未见陶片等其他遗物。以下即为原生土。

T7 的地层更复杂一些。它的第 2 层也是东周层，下面压一岳石文化的灰坑，该坑打破龙山文化时期的第 3 层，下面第 4 层属北庄二期，第 5 层属北庄一期。除多了少量的龙山和岳石遗存外，大致的顺序和下部梯田的地层关系是相同的。

二　遗迹和墓葬

遗迹有房屋基址和灰坑。房屋遗迹共 16 座，属北庄一期。皆系圆角方形或长方形的半穴居，其结构形式略有差别。现以 F11 和 F16 为例分别说明如下。

F11 位于 T10 南部的 4B 层下，系半地穴式圆角长方形房屋（图三、图四）。东西长 4.4、南北宽 4 米，方向 146°。东南角设一斜坡形门道，长 1.04、宽 0.5 米。进门处有一条宽约 10、高约 2~4 厘米的弯弓形黄土带，土质致密坚硬，可能为门槛之所在。

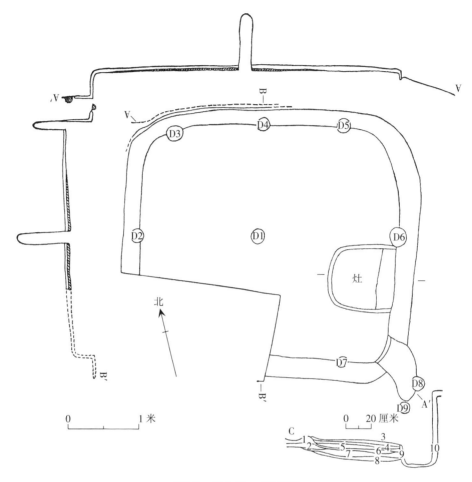

图三　F11 平、剖面图
D1～D9. 柱洞　1、2. 黄泥圈　3～8. 红烧土层　9、10. 料礓石面

居住面比周围的原生土地面低凹，高差约 40 厘米，系用黄灰色土铺垫而成，加工坚实而光平，厚约 4 厘米。在它的上面曾铺撒过一层薄薄的料姜石粉末，出土时尚见有部分白色灰迹。中部和西部因经火长时间焙烧而形成了一层烧土硬面，呈椭圆形，最厚处约 2 厘米。

在居住面的东部，门道的北侧有一东西向的"箕形灶"，包括灶面、灶坑和灶圈三个部分，通长 1.1、宽 1 米。灶坑长 0.92、宽约 0.17、深 0.2 米，底部铺垫一层 2 厘米厚的料姜石末。出土时灶坑内几乎填满了草木灰，可能是用以临时堆积草木灰和保存火种的。灶面与居住面基本在同一平面上，系用红烧土渣、灰土和黄土等分层铺垫起来的，因经长期用火烧烤而形成坚实平整烧土硬面。所谓灶圈，即用黄土在灶面和灶坑（或称贮火坑）周围围成一个泥圈，高出灶面仅 2～4 厘米，宽约 20 厘米。当是用以防止燃火外溢的。

图四　F11

居住面周围还有土台，即在房基坑的周壁及其顶部分别涂抹一层厚约 2 厘米的黄泥，修抹平整光滑。土台高约 40、宽约 30～40 厘米。台面外侧为墙基，现仅存北墙西段和西北角抹角处，长约 2 米，残高约 4 厘米。因被东周墓打破，原来的宽度不详，现存宽度仅约 2～5 厘米。此外，在房基北面土台的西半部和残墙基之间以及北面土台的东段和东西两侧土台北半部的外缘，还有一排料姜石块，间距不等，一般为 10～20 厘米，比照其他房屋的墙壁结构，可知也是墙基的残余。

F11 的柱洞被保存下来的有九个，口径多在 0.2 米左右，底径略小，一般在 0.1～0.15 米之间，底部和洞壁均未发现特别加工的痕迹。南台西半段被一东周墓所破坏，估计在那一段土台的中部和西端同北面土台西半段的两个柱洞相对应也应该有两个柱洞。

在北庄，像 F11 这种形状、结构的房基为数较多，是当时房屋的主要形式。这一类房屋应是攒尖顶，顶部的重量主要是靠分布在四周和居室中间的木柱来支撑。门道处应有门棚。土台外侧的屋墙主要是遮挡雨雪风寒，也有支撑屋檐的功用。而居住面周围的土台则是为了放置东西，以增加室内的活动空间。

F16，位于 T11 东南部 4B 层下，东西长 6.2、南北宽 5.2 米，门道略朝西南，方向 210°，是这批房子中最大的一座（图五）。由于坑壁上部的地面被破坏，不能肯定居室周围有无土台，是否直接以房基坑壁作为墙基。

房基坑的北半部保存较好，从居住面到壁顶的高度一般在 0.6～0.7 米。南半部受后期破坏，现存东西两壁南段高度自北而南逐渐降低，约在 0.35～0.55 米之间。而南壁现存高度仅 0.15～0.3 米。坑壁不论是生土部分还是熟土部分都曾经过特别加工处理，修整均较陡直，而且普遍都涂抹了一层灰黄色的细密纯净的墙皮泥。其厚度约 2～10 厘米。有的地方是一次涂抹而成，而有些地方的墙泥则可看出有两三层。另外，在北壁和南壁的西段及整个西壁上，灰黄色的墙泥面上还敷抹了一层白色的料姜石粉，厚度约有 1 厘米。

门道呈斜坡式，位于南壁中部，长 1.1、宽 0.5 米。

居住面保存很好，铺垫比较平坦，非常坚硬。系分两次加工而成。下层系灰色土，直接铺垫于黄褐色生土坑底之上，厚约 2～8 厘米。上层为黄褐色土，厚约 4～6 厘米。

灶有三个：门道两侧各一（灶 C、灶 B），略小，在紧靠北墙基中部冲门道方向还有一个大型灶（灶 A）。它们的形制、结构及大小依次介绍如下。

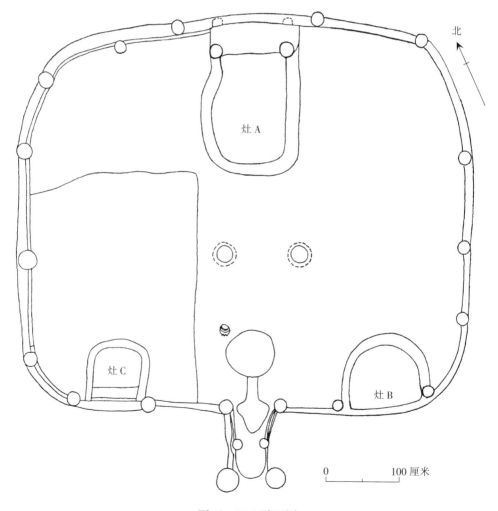

图五   F16 平面图

灶 C，在门道西侧，箕形，南北长 0.7、东西宽 0.65 米。灶圈宽约 10、高约 3～5 厘米。灶坑宽约 15、深约 6 厘米。灶面的修治加工可分为三层：底部铺垫一层夹红烧土颗粒的黄褐土，厚 2～20 厘米；中层为姜石粉，厚 2～4 厘米；上层系红烧土硬面，通厚 2～5 厘米，其下部及周围边缘部分呈红色，质稍显松软，中部顶面呈红黑色，极坚硬。灶圈用黄褐色土围筑。灶坑底部亦用黄褐色土铺垫，厚 3 厘米左右。出土时，坑内积满了草木灰。

灶 A，位于北墙基中部，南与门道相对。箕形。南北长 1.6、东西宽 1.1 米。灶面的铺垫有四层：最下面的一层是黄褐色土夹烧土颗粒，厚 10 厘米左右；其上为 1～2 厘米厚的姜石粉；再上面则是一厚层红褐色土，内掺有多量的红烧土渣和粉末，厚 10 厘米左右；最上面的是黄褐色土，通厚 2～4 厘米，表层为烧土硬面，厚 2 厘米左右。灶圈宽 15、高 6 厘米，先后用三种土围筑而成：下层系黑灰色土，中层为黄色土，上层与居住面和灶面的相同，为黄褐色土。灶坑深约 20、宽约 40 厘米。坑内填满了草木灰。

灶 B，位于门道东侧，基本呈椭圆形，东西略长，只有灶面和灶圈两部分。灶面最大径约 1 米。铺垫土可分五层：最下面的两层是红褐色土，夹有多量烧土屑和粉末，通厚约 10 厘米。上面是一薄层约 1 厘米厚的姜石粉，再上面又是一层掺有多量红烧土屑和粉末的红褐色土，厚约 2～5 厘米。最上面的是一大层烧土硬面，通厚 2～6 厘米，其下部与周围边缘部分呈红色，质稍松软，中上部呈红黑色，已烧结成一片硬壳，极其坚实。灶圈系用两种土围筑成：下层是黄褐色土，上层为灰褐色土，宽约 10、高约 7 厘米。

F16 的柱洞共有 25 个，其中，房基坑周壁有 17 个，口径多在 0.15～0.25 米之间，深度（自居住面以下计）一般在 0.5～1 米之间。居住面中部有两个，口径约 0.25、深 0.75～0.85 米；门道处有四个，外侧的两个较大，口径约 0.3、深约 0.4～0.5 米，中间的两个较小，口径仅 0.1、深 0.3 米左右；在灶 A 的灶面与灶坑的接合部也有两个，口径 0.2、深 0.5～0.7 米。另外，在房基坑北壁上的中部还有两个横向的小洞，口径和深度都在 10 厘米左右，其位置恰好同灶 A 灶坑里的两个柱洞相对应。

最后，在门道北侧还有一圆形小坑，较浅，坑底凹凸不平。口径 0.6～0.7、深约 0.1～0.3 米。可能是为防雨水倒灌而设的贮水坑。

依据房基的形状、结构和柱洞的排列情况推测，这一类房子的顶部结构亦应属四角攒尖顶。从房基坑坑壁的最大高度推测，在墙基的上面可能还有一段以木棍、草和泥巴编织的木骨泥墙。门道处则应有一门棚。

两次发掘清理新石器时代的灰坑近 30 个，多属北庄一期。它们的形状有圆形、椭圆形及不规则形几类。圆形坑又可分为直筒形平底坑、口小底大的袋形坑和斜壁锅底形坑三种。椭圆形和不规则形坑一般多为斜壁锅底状。坑的口径多在1米左右，个别大型椭圆形坑口径有长达2~4米的。

第一次发掘3座墓葬属北庄一期，为长方形土坑，仰身直肢葬，均无随葬品。第二次发掘的4座墓葬均属北庄二期，为长方形竖穴，其中3座为仰卧伸直葬，1座为仰卧屈肢葬。头均向东。随葬品的质料有石、骨、牙、蚌、陶等几种。石器有斧、锛、镞、砺石；骨器有锥、笄；蚌器有刀、镞；陶器有鼎、豆、壶、罐、钵等器类。4座墓的规模都较小，长2米左右，宽0.5米以上。随葬品的数量和质量差别不很大，多者30件左右，少的六七件，陶质容器一般为两三件，最多5件。其中，M16，长2.25、宽0.55米，方向101°。仰卧伸直葬，随葬器物31件（图六）。石器有斧、锛、镞、砺石。其他工具有骨锥、蚌刀、蚌镞。陶器有壶、鼎、钵等器类。此外，在人骨架左小腿骨外侧还随葬有一对獐牙。

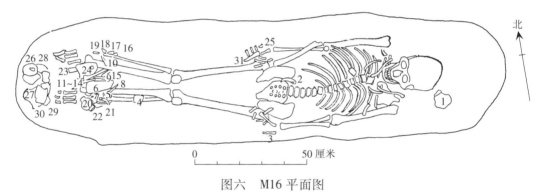

图六　M16 平面图

1、20. 陶壶　2. 牙饰　3. 石饰　4. 石料　5、9、15、30、31. 砺石　6. 石斧　7、10. 石镞
8、25. 骨锥　11~14、19. 骨料　16~18. 蚌镞　21. 獐牙　22. 蚌壳片　23. 石锛　24. 蚌刀
26、28. 陶鼎　27. 陶钵　29. 蚌锥　31. 骨饰

三　文化遗物

两次发掘中出土的遗物多属北庄一期，次为北庄二期，龙山文化和岳石文化仅见少量陶片，此处从略。

1. 北庄一期

（1）陶器

以泥质和夹砂灰褐陶为主，也有少量泥质黑皮陶。夹砂陶中常掺有滑石末，夹砂陶常饰附加堆纹和刻划纹，也有少量锥刺纹。刻划纹中常见的图案有席纹、横人字纹、叶脉纹等。泥质陶常有红衣，上饰黑彩。也有个别饰白衣和黑、红二色彩。最常见的彩纹母题是波浪纹，也有个别花瓣纹、连栅纹和八角星纹等（图七）。陶器造型以三足器和平底器为主，也有个别圈足器。主要器形有鼎、鬶、罐、钵、筒形罐和觚形杯等，还有个别的豆。

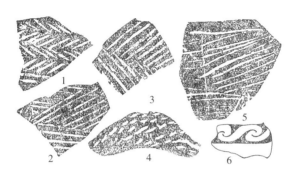

图七　北庄一期陶器纹样
1～3、5. 划纹（T3③B：20、T4H27：1、T7⑤A：120、
T2③B：8）　4. 锥刺纹（T7⑤B：15）　6. 彩绘
（T2③A：2）（6 为 1/5，余为 2/5）

鼎　器身多为卷缘圜底盆形，腹部常有一道附加堆纹，有的则有几个泥突。足部几乎都是长圆锥形，有的在足根外侧饰一泥突。T7⑤A：51，口沿微卷，腹饰一周附加堆纹（图八，4；图九，2）；T10④B：23，口沿外卷近平，腹饰四个泥突状附饰（图九，3）。也有个别鼎身呈圜底釜形，如 T10④B：10（图九，11）。

鬶　器身均为圜底球腹壶形，小口，细颈，单把，无流，腹部常有一道附加堆纹，足部为长圆锥形。F15：46 为球腹，口较直（图九，5）；F5：3 为扁球腹，口唇略外卷（图八，3）。

小口罐　多为泥质黑皮陶，小口，高领，溜肩，肩腹间有两个蘑菇状把手，如 H12：1（图九，10）。个别把手是猫爪形。亦有无把手的。

彩陶罐　一般为小口，高颈，鼓腹，小平底。有的腹部有一对蘑菇状把手或半环耳。F15：7 为一残器，上腹有红衣，饰黑色波浪纹（图九，6）。

筒形罐　夹砂灰褐陶，略呈筒形，平底。T9④B：57，腹饰四列横人字纹（图九，1）；T7⑤：41，腹饰细划纹（图八，1）。

觚形杯　均为残件，多属泥质灰陶，饰弦纹；少数为泥质红陶，饰带状彩纹。有的为平底，多数有三矮足（图九，4、7～9）。

豆　多为泥质黑皮陶，浅盘，弧腹，细柄。

钵　泥质红陶或黑皮陶，弧腹，小平底，个别有三矮足。

图八　北庄一期陶器

1. 筒形罐（T7⑤:41）　2. 罐（H33:1）　3. 鬶（F5:3）　4. 鼎（T7⑤A:51）

（2 为二期，余为一期）

（2）石、骨、蚌器

石器　多磨制刃部，器身为琢制，只有个别凿是通体磨制的。常见的器形有斧、锛、凿、砺石、磨盘、磨棒和网坠等。其中斧的断面为椭圆形，弧刃。网坠如长形秤砣，上部穿孔，下部有被碰撞的痕迹，是当地特有的一种形态。

骨器　有锥、镞和鱼钩等。

蚌器　有刀和镞等。

（3）其他遗物

动物骨骼最多的是猪和鹿类。有些灰坑和房屋废弃后的堆积中有许多贝壳。此外，在已成为红烧土的墙皮中发现掺有许多黍子的皮壳。

2. 北庄二期

陶器以泥质红陶和夹砂灰褐陶为主，也有泥质灰陶和黑陶。夹砂陶中常掺石

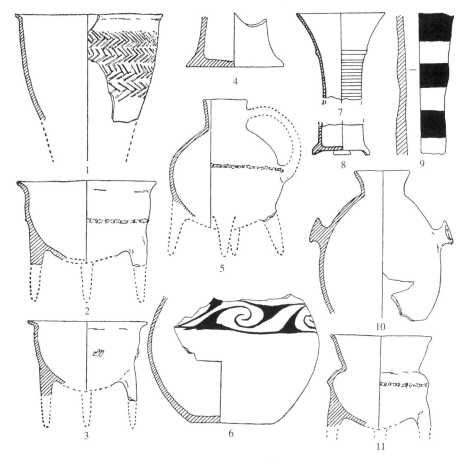

图九　北庄一期陶器

1. 筒形罐（T9④B：57）　　2、3、11. 鼎（T7⑤A：51、T10④B：23、T10④B：10）
4、7～9. 瓠形杯（H31：1、T7⑤A：52、T7⑤A：22、F10：59）　5. 鬶（F15：46）
6、10. 罐（F15：7、H12：1）（4 约1/3，余皆约1/6）

英砂或滑石末。器表以素面为主，泥质陶则多打磨光滑。纹饰有附加堆纹、刻划纹和少量镂孔。刻划纹中有波浪纹和带形网格纹等（图一〇），有些泥质陶上有多道细而均匀的堆纹，是一特色。彩陶甚少，除红衣上饰黑彩外，也有红彩和白彩。仍以三足器和平底器为主，鼎、鬶等的器身也变成平底了，此外也还有少量圈足器。器形有鼎、鬶、罐、筒形杯、瓠形杯、豆、钵等，但数量甚少，完整器物更少。

鼎　有盆形和罐形两种。盆形鼎为一期盆形鼎的发展，只是陶胎较厚，缘面近平，足部变为短圆锥形且向外撇，如T9③B：32 和T7④B：75（图一一，3、10）。罐形鼎个体较小，缘外卷近平，鼓腹，平底，足部多为凿形。T7④：57，器身红褐色，腹部有一道较细的附加堆纹，足已残（图一一，7）。

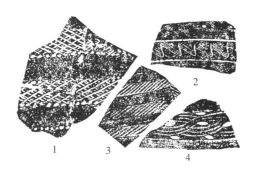

图一〇　北庄二期陶器纹样（2/5）
1~4. T7④：140、137、165、138

鬶　仅见残件，口部有流（图一一，9）。

罐　H33：1，泥质红陶，侈口，鼓腹，小平底，素面，有红衣（图八，2）。肩部常有蘑菇状把手（图一一，1、2）。

筒形杯　M21：2，泥质红陶，直腹，小平底，腹部有一道凸弦纹（图一一，5）。

觚形杯　均泥质灰陶，器壁甚厚，底部已变为圈足（图一一，4、6）。

豆　浅盘，弧腹，圈足变得粗矮。M21：4，圈足上有镂孔，下部用残后又经磨平（图一一，8）。

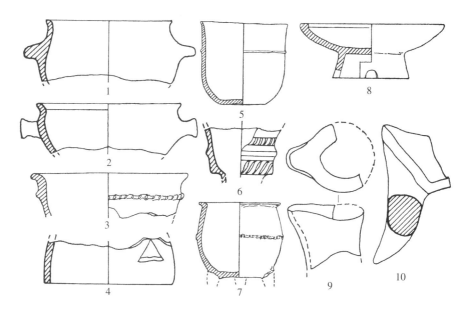

图一一　北庄二期陶器
1、2. 罐（T7④：47、T7④：29）　3. 盆形鼎（T9③B：32）　4、6. 觚形杯（T7④：216、T7④：27）　5. 筒形杯（M21：2）　7. 罐形鼎（T7④：57）　8. 豆（M21：4）　9. 鬶（T7④：66）　10. 鼎足（T7④B：75）（10 为 2/5，余皆 1/5）

四　初步的看法

北庄一期和二期文化的差别是明显的，同时又有密切的联系。例如两期陶器都以泥质红陶和夹砂灰褐陶为主，且都有一部分掺滑石末的。只是第二期灰陶有所增加，第一期的黑皮陶变成了第二期的黑陶。两期都有附加堆纹、刻划纹和彩陶，只是具体纹样不同。

两期陶器的类别基本相同，只是具体形制有所变化。其中最主要的四种器物的变化规律如下（图一二）。

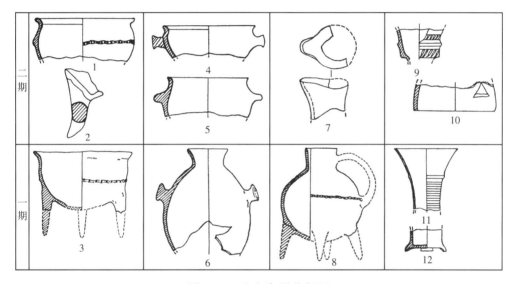

图一二　北庄陶器分期图

1～3. 盆形鼎（T7④B：25、T7④B：75、T7⑤A：51）　4～6. 罐（T7④：29、T7④：47、H12：1）
7、8. 鬶（T7④：66、F15：46）　9～12. 瓠形杯（T7④：27、T7④：216、T7⑤A：52、T7⑤A：22）

盆形鼎：第一期，最初系敞口，不卷沿，深腹，小圜底。稍晚一些的，变为斜卷沿，腹较浅，圜底。鼎足皆作长圆锥形；到了第二期时，又变为卷沿近平，沿中部微凸，鼎身往往为浅腹大圜底或平底，足亦变作短圆锥形或扁圆锥形，足尖往往外撇。

罐：第一期，口较小，高领，溜肩，肩腹间附两个对称的蘑菇状或猫爪形把手，第二期，口较大，一般无颈，腹上部附两个蜕化了的蘑菇状（有的已近似短柱形）把手。

鬶：第一期，细颈或颈略粗，无流，扁圆腹或球腹，圜底，鋬横断面呈圆形或扁圆形。第二期，颈较粗，流平而短，腹长圆，小平底，鋬往往作宽带形。

　　觚形杯：均系残器，只能由其下部和上部的残片窥见它的局部演变情况。第一期，开始为平底，粗柄，无足；稍晚萌出三足；4A 层时柄部变细，足部变高。第二期，杯腹与柄部界线分明，三足合并为镂孔形圈足。

　　从以上的分析可以看出，北庄一期和二期是一脉相承的，是同一文化的两个发展阶段。

　　北庄遗址的两期新石器文化遗存同胶东地区几处经过考古发掘的新石器文化遗址的资料相比较，一期文化要晚于白石村二期[1]和邱家庄下层[2]。但两者之间相去并不甚远，演变承袭的关系是清楚的。譬如盆形鼎，两者除了在装饰上差别较大，在器形上，白石村二期和邱家庄下层的同北庄一期偏早一些的基本相近，只是前者的器腹略深一些。紫荆山下文化层[3]、邱家庄上层、白石村三期和山前遗址下层[4]所出的盆形鼎、小口罐、觚形杯、鬹、蘑菇状把手及彩陶图案的施彩方法与纹样，均和北庄一期的基本相同，因此，它们的相对年代亦应大致相当于北庄一期。山前遗址中层的文化面貌与北庄二期的非常接近，这两者属同一时期的文化遗存当不会有多大问题。

　　北庄一期的木炭标本已经过碳-14 测定的数据共有八个，距今都在 5400～5100 年之间。这就是说，北庄一期的绝对年代上限距今约 5400 年，下限距今约 5100 年。北庄二期的年代则在距今 5100 年以后。

　　如前所说，北庄两期文化的面貌所反映的地方特色是很突出的，但同时也有很多与其西部地区的大汶口文化相同或相近的文化因素：（1）鲁中南地区大汶口文化的墓葬以仰卧伸直葬为主，随葬獐牙是一种较普遍的风习。与此相似，北庄二期的墓葬亦以仰身直肢葬为主，并有随葬獐牙的现象。（2）两地陶器的陶色都经历了大致相同的变化规律：先是红陶、红褐陶和灰褐陶为主，而后灰陶、黑陶出现，并且比例逐渐增加，红陶、红褐陶和灰褐陶逐渐减少。（3）在陶质上，鲁中南大汶口文化的早期也有少量掺滑石末的陶器，与北庄两期文化不同的地方是，那里的这种陶质仅见于极少量的盆形鼎一种器类。（4）北庄一期偏晚一些时候始见复彩陶的花瓣纹、八角星纹等纹样，在鲁中南大汶口文化早期的后半段和中期的前半段曾是盛行一时的彩陶图案纹饰。（5）从陶器的造型来看，两地的相似之处亦颇多，如两地都流行三足器、圈足器，多平底器。北庄一期的盆形鼎、彩陶

〔1〕　严文明：《胶东原始文化初论》，《山东史前文化论文集》，齐鲁书社，1986 年。

〔2〕　严文明：《胶东原始文化初论》，《山东史前文化论文集》，齐鲁书社，1986 年。

〔3〕　山东省博物馆：《山东蓬莱紫荆山遗址试掘简报》，《考古》1973 年第 1 期。

〔4〕　北京大学考古实习队 1982 年秋发掘资料。

敛口钵同大汶口文化早期的同类器物酷似。北庄两期文化的觚形杯及其演化过程和鲁中南大汶口文化早、中期阶段的亦大体相同，鲁中南大汶口文化早期流行的带把壶形鼎（实为这一地区陶鬶的祖形）的器形与北庄一期的陶鬶比较接近，不同的地方在于，前者为角状把，陶质皆系夹砂陶，后者为环形鋬，陶质一般都掺有滑石末。到了北庄二期和大汶口文化中期时，两地的这种器形就都有了短平流，而且都是环形鋬，更趋向一致了。

北庄两期文化与鲁中南地区大汶口文化不同的文化因素主要有：（1）鲁中南地区的房屋遗迹发现虽然不多，但到目前为止，还只见有承重结构与维护结构合二为一的一种建筑形式，而且未见"箕形灶"。（2）生产工具方面，鲁中南地区不见北庄的那种秤砣式的石网坠。（3）在陶器方面，北庄遗址至今尚未见背壶和高柄杯，相反，蘑菇状把手的陶罐和筒形罐在这里倒是比较多见的器形。

总之，北庄的两期文化与鲁中南的大汶口文化，一方面有许多明显的差异，另一方面又有比较多的共同点。但是，从胶东地区其他几处遗址中比北庄一期还要早一些的文化遗存来看，情况又有所不同。这里的原始文化遗存时间越早，同鲁中南地区的原始文化的面貌差别也就越大。碳－14 测定的数据表明，北庄一期的年代比鲁中南大汶口文化早期的年代要晚得多。这说明胶东地区只是在北庄一期文化以后，与其西面的大汶口文化分布区文化往来才大大加强了，接受来自西面的文化影响多了。至于以北庄两期文化为代表的胶东地区同鲁中南地区的大汶口文化，是作为大汶口文化的不同地区类型看待，还是把胶东地区从大汶口文化里分离出来，作为一支独立的考古学文化另行命名？尚待今后进一步工作论定。

就现有资料而言，以北庄两期文化为代表的胶东地区同辽东半岛的关系远不如同鲁中南地区的密切。但是，具体地分析大连地区有关遗址的资料可发现，那里的某些文化因素同胶东半岛也是非常相似的，例如，长海县小珠山遗址中层[1]的盆形鼎、三足觚形杯以及郭家村遗址下层和小珠山中层的筒形罐及其纹饰和北庄一期的都很接近。又如，小珠山中层的黑彩波浪形彩陶纹样与北庄一期的如出一辙。这说明胶东半岛和辽东半岛的文化往来也是在北庄一期以后有了明显加强的趋势。正如苏秉琦先生曾经指出的那样：胶东半岛和辽东半岛"作为我国腹地与我国东北部以及东北亚之间重要通道，在我国古代的特殊地理位置与特殊作用，不能说

---

〔1〕　辽宁省博物馆、旅顺博物馆、长海县文化馆：《长海县广鹿岛大长山岛贝丘遗址》，《考古学报》1981 年第 1 期。

它是次要问题"〔1〕。解决这一问题的关键地点在长岛。这两次的发掘表明，苏先生的意见是有道理的。

文内线图由李前亭、马洪藻绘制。

（署名北京大学考古实习队、烟台地区文管会、长岛县博物馆，与张江凯合署执笔，原载《考古》1987 年第 5 期）

---

〔1〕 苏秉琦：《略谈我国东南沿海地区的新石器时代考古》，《文物集刊》1980 年第 1 期。

山东省海阳、莱阳、莱西、黄县
原始文化遗址调查

1980 年秋冬之交，北京大学考古实习队到烟台地区实习，配合当地文物普查工作，同烟台地区文物管理委员会的同志一起，于 11 月 10 日至 16 日调查了海阳县的司马台、台子、初各庄，莱阳县的泉水头、于家店，莱西县的西贤都，黄县的唐家、邵家、乾山和归城共十处原始文化遗址（图一）。其中除于家店曾经山东省文物管理处调查并有报道外[1]，其余九处都是地、县文物干部提供线索，这次做了比较详细的调查、草测和记录，采集了一些标本。这次调查是 1979 年乳山、栖霞等县考古调查的继续，目的在于初步摸清整个地区原始文化遗址的分布，搞好遗址保护，为教学、科学研究和进一步发掘提供必要的资料。参加这次工作的还有有关各县的文物干部。中国社会科学院考古研究所山东队的韩榕同志也参加了部分遗址的调查。

这次调查的十处遗址大多离海较近，但是除泉水头一处系贝丘遗址外，其余多是位于小河旁边的稍稍高于周围地面的土岗遗址。若按文化性质来分，大体可归纳为四种：类似福山邱家庄的较早的新石器遗存，大汶口文化，龙山文化和岳石文化，分别代表四个先后相继的发展阶段。其中有的遗址比较单纯，有的则包含两个阶段，兹分类介绍如下。

一　较早的新石器遗存

十处遗址中最早的当推泉水头，次为唐家和乾山。初各庄遗物甚少，其年代也大致不越出这几个遗址的范围。

（1）泉水头

属莱阳县穴坊公社，遗址在村东约 1 千米的蛎碴子岭（又称东岭）上。其北

---

[1]　山东省文物管理处：《山东胶东地区新石器时代遗址的调查》，《考古》1973 年第 7 期。

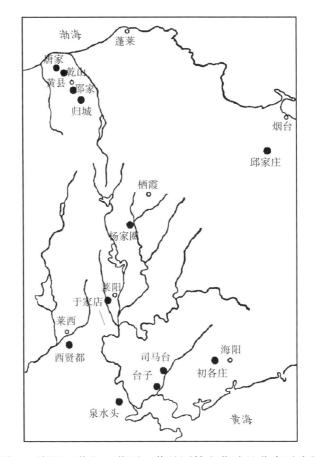

图一　海阳、莱阳、莱西、黄县原始文化遗址分布示意图

部为后岭村，南部约 4 千米即到海边。遗址的相对高程至少有 20 米，登上高地，寒风凛冽，不宜居住，可能只是夏秋捕捞水产时的临时居地。在东西约 100、南北约 150 米的范围内，布满了牡蛎和其他贝类的皮壳，当属贝丘遗址之列。胶东较早的新石器遗存，大部分属于贝丘遗址，泉水头也不例外。

遗址中有房屋建筑遗迹，因翻耕土地，地面上暴露出一些经火烧过的草泥土块，有的土块上印有树枝痕迹，应是房顶或墙壁残毁所致。

遗址中采集的遗物有剖面椭圆的石斧、石磨盘、石磨棒、陶纺轮和圆头形陶支脚（图二，10、13）。陶片以夹砂红陶为主，全系手制。器形可辨的以鼎为主。所拾鼎足甚多，大多数是圆锥形，个别有椭圆锥形，有的足根上有一泥突。还有较多的柱状把手以及小口罐的残片等。

（2）唐家

在村东约 50 米，属黄县乡城公社。北边距海约 5 千米，西南边原有一个低矮的土丘，现已平为耕地。遗址本身中间稍高，周围低平。由于平整土地，有些文化层已遭破坏，只有中间偏西南的一块，即大队磨房周围约 3000 平方米的一片还基本保持原有的高度。整个遗址的面积，估计东西约 160 米，南北超过 100 米。除磨房西边发现一些春秋时期的遗存外，其余都是属于新石器时代的。

在磨房东边 20 余米处有一条南北延伸的剖面，清楚地显示出遗址文化堆积的状况：最上一层厚约 30 厘米为耕土，其下有的即为生土，有的地段有薄薄的文化层，有的地方则是墓葬。在约 65 米长的一段距离内，共发现了 16 座墓葬。这些墓葬底部距地表仅 0.5～1 米不等，坑穴颇不整齐，人骨杂乱，有的上下肢和头骨堆放在一起，人数也不一定，有的似为一具，有的显然超过两个个体。但因没有发掘，不能确定每墓埋人的实际数目。此种葬法同兖州王因等地的二次葬颇相类似。遗址中发现的陶片等也与王因有不少类似之处。这次虽未发现随葬品，但为新石器时代的一处墓地无疑。

墓地往东约 50 米的另一剖面上发现有较好的文化层堆积，厚 0.5～1 米不等。估计平整土地前当更厚一些。其余地方在地表上散布着陶片等遗物。

在唐家采集的新石器时代遗物比较单纯。其中石器有剖面呈椭圆形的石斧，还有较多的石磨盘和石磨棒等，但均甚残破。

陶片中以夹砂褐陶为最多，其次为泥质红陶和夹砂灰陶。均为手制。器形有鼎、钵、罐、鬶和支脚等。

鼎　夹砂褐陶，少数为夹砂灰陶。器身为卷缘圜底盆形，腹部常有一道附加堆纹，足为圆锥形，有的足根有一泥突。HT：06，夹砂褐陶，腹部有一道附加堆纹，足剖面为圆形，足尖残断，口径 24、腹深 10 厘米（图二，6）。

钵　仅有残片，泥质红陶，口部稍敛（图二，7、8）。

带把罐　夹砂红陶或褐陶。HT：08，素面，腹部有圆柱形或蘑菇形把手（图二，5）。HT：12，把手上翘，末端有十条刻纹，把手下方有黑彩，为泥质红陶（图二，14）。

小口罐　泥质红陶。小口，广肩，平底，肩部或腹部常有双耳。制法多泥条盘筑，有的内壁可见很清晰的泥条痕迹。上腹常有红衣，饰黑彩，彩纹多勾连纹、凹边三角和平行斜线纹等（图二，1～3）。

鬶　2 件，均残。HT：07，为口部和上腹，夹砂红陶，细颈、平流，把手上端与口缘平齐，腹部有一道附加堆纹（图二，11）。HT：10，为底及足部，系圜底和圆锥形矮足（图二，12）。二者可能属于同一器物。

支脚　1 件（HT：13）。夹砂红褐陶，呈圆锥形，实心，通高 11 厘米。

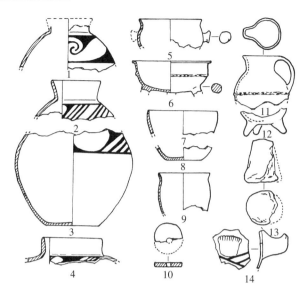

图二　较早的新石器文化遗物

1～4. 彩陶小口罐　5. 陶带把罐　6. 陶鼎　7、8. 陶钵　9. 陶罐
10. 陶纺轮　11、12. 陶鬶　13. 陶支脚　14. 陶把手（4、9. 乾山，
10、13. 泉水头，余为唐家出土）（1～4、10、13、14 约 1/5，余
约 1/10）

（3）乾山

在唐家遗址的东南，同属乡城公社。西边紧靠乡城东村，北边是羊沟营，东边为埠子后。遗址所在原先是一座近 20 米高的黄土矮山，称为乾山，后因平整土地把它搬去填海了，仅东坡还保留一些文化层。其中有约 20 米见方的一块地方，因设标志点而保留了原来的地面，已成为高 7.2 米的土台子了。这个台子的顶部为原乾山的坡积层，其下直到底部都是文化层。是同类遗址中堆积最厚的一个。据地面散布的遗物和当地文物干部提供的情况，遗址原先的范围大约为 250 米见方，也是同类遗址中较大者。

在乾山采集的石器有磨盘、磨棒和锛等。前二者数量甚多，有的磨盘长达 50 厘米左右。磨棒均残断，腹面即磨面较平，背面圆鼓，因为长期磨蚀使腹面显著下凹。

采集的陶片特征基本与唐家相同。器形可辨的有鼎、钵、小口罐和带把罐等（图二，9）。鼎足甚多，均为圆锥形，有的足根有泥突。鼎的腹片亦多为卷缘盆形，腹部有一道附加堆纹。带把罐亦残破，有圆柱状把手。小口罐中有一件为彩陶（HQ∶01），施红衣，绘黑彩，彩纹由凹边三角和平行斜线组成（图二，4）。

上述各遗址的共同特点是：多剖面椭圆形的石斧，有较多的石磨盘和石磨棒；

陶器多为红褐色，手制，主要器形是圆锥形足的鼎、圜底或小平底钵、带柱形或蘑菇形把手的罐和小口罐（壶）等。但各遗址也有一些差别，如泉水头为贝丘遗址，有陶支脚而没有彩陶，其特点和福山邱家庄下层基本相同[1]，当是最早的一个遗址。乾山是漫岗遗址，很少贝壳堆积，有一定数量的彩陶而没有陶支脚，其特点和邱家庄上层或蓬莱紫荆山下层基本相同[2]，年代当较泉水头略晚。唐家遗址的主要成分同于乾山，但也发现了个别陶支脚，似有少量相当于邱家庄下层者；又发现有带流鬶，它与遗址中的主要成分不相适应。在胶东，相当于紫荆山下层或邱家庄上层的遗址中都不止一次地发现陶鬶，但那些鬶均为小口细颈而不带流，应是陶鬶的最早形制。带流鬶则是下一个阶段的产物，唐家的陶鬶基本上保持着最早陶鬶的特点，口沿平齐，但略带流，显出向大汶口文化过渡的趋势。

二　大汶口文化遗存

此次调查发现的大汶口文化遗存主要见于于家店，另在司马台发现个别彩陶片，也应是属于大汶口文化的。

于家店

在莱阳县治以西约 3.5 千米处，村西有青龙河自北向南流过，遗址即在村北青龙河东岸的阶地上。现存面积东西 200 余米，南北约 150 米，比 1961 年山东省文物管理处调查时的范围要小。由于常年取土垫圈，西、南两边已形成犬牙交错的断崖，中部又被挖成蜂窝状的白薯窖群。从断崖上看，文化层一般厚 1~2 米，灰分较多，遗物丰富。个别灰坑深达 3 米以上。地层中有不少被烧成红色的草泥土，有的红烧土上有木板印痕，应是房屋的残迹。文化层中还发现有大量的猪牙床、鹿牙和鹿角等。有的灰坑中有较多的淡水贝壳。北边断崖上看到一些人骨，可能有墓葬。

这个遗址的堆积状况和出土遗物都和栖霞的杨家圈十分相像。其陶片以大汶口文化为主，次为龙山文化遗存。

属于大汶口文化的陶片有红色、灰色和黑色。一般为手制，口沿轮修。多为

---

〔1〕　烟台市博物馆：《山东烟台市郊丘家庄发现新石器时代遗址》，《考古》1963 年第 7 期。1979 年秋，我们对该遗址进行了一次发掘，比较全面地了解了它的文化面貌，资料现存考古研究所山东队。

〔2〕　山东省博物馆：《山东蓬莱紫荆山遗址试掘简报》，《考古》1973 年第 1 期。

素面无纹，少数有篮纹或弦纹。还有个别的彩陶片，唯尺寸太小，纹样不甚清楚。器形可辨的有鼎、罐、豆、盖和大口尊等。

鼎　多侈口，鼓腹，凿形足。LY：02为一足之上半截，夹砂红陶，足根上有一刻划记号（图三，1、7、8）。

罐　形状与鼎接近，未见底或足时很难把二者分辨清楚（图三，2、5）。

豆　1件，泥质褐陶，细把、浅盘，盘外有一道凸弦纹（图三，3）。

盖　1件，敞口，平底，翻过来也可以作碗用（图三，6）。

大口尊　夹砂褐陶，多为碎片。饰篮纹，有的于篮纹之上又饰凸弦纹。胎壁特厚，最厚达5厘米左右（图三，4）。

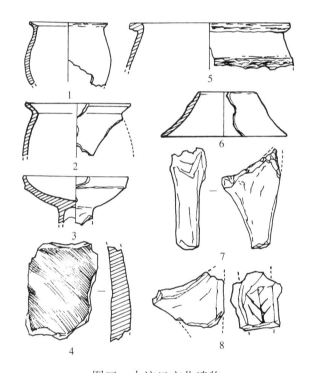

图三　大汶口文化遗物
1. 陶鼎（？）　2、5. 陶罐　3. 陶豆　4. 陶大口尊残片
6. 陶盖　7、8. 陶鼎足（4、5为1/8，余均1/4）

除上述陶片外，还有鬶的袋足和腹片等，这些器物的特征基本上和大汶口第一次发掘的墓地遗存相同，年代当在公元前3500～前2600年之间。但在烟台地区，这一时期的遗址寥寥可数，主要就是杨家圈和于家店两处，同较早时期遗址甚多而又丰富的情况形成鲜明的对比。从文化特征上看，本地的大汶口文化虽有若干因素继承了紫荆山下层文化，但并不直接，两者之间可能还有一个小小的缺

环，这是需要继续探求的。

三　龙山文化遗存

这次调查的各类型文化遗址中以龙山文化的遗存最多，计有西贤都、台子、司马台、于家店、邵家和归城内城六处，其中西贤都是一处单纯的龙山文化遗址。

（1）西贤都

属莱西县望城公社，遗址紧靠村西，在贤友河北岸的第一阶地上。其现存范围东西约 150、南北约 30～80 米，面积在 1 万平方米左右。有一条公路从遗址中部穿过，路南部分为农田，路北部分已修为场院。遗址南边为四五米高的断崖，上面清楚地暴露出文化层和灰坑等遗迹。文化层较薄，一般仅 30～40 厘米厚，东部的灰坑则有的深达两三米。

在采集的陶片中，以夹砂黑陶为主，次为泥质黑陶和夹砂灰陶，也有少量的红陶片。大多数为轮制，少数陶片制作痕迹不明显。以素面为主，有少量弦纹和篮纹，有鸡冠形器耳。器形可辨的有鼎、甗、罐等。鼎足多作扁凿形，也有扁平形的。甗足略有凹窝，有很长的实足尖，形状接近大汶口文化晚期的甗足（图四，11）。罐多侈口鼓腹，也有小口广肩的，均甚残破、全形不辨（图四，6）。此外尚有一块黑色的圆陶片。这里虽有大量轮制黑陶，但未见一片蛋壳黑陶。鼎足多为凿形，和大汶口文化晚期的相近，没有见到鬼脸式足，从甗足的形制和篮纹陶片等也可看出其与大汶口文化晚期的承袭关系。因此这个遗址的龙山文化遗存基本上属于龙山文化早期。

（2）台子

在海阳县行村公社西边，村东南为遗址所在，再往东即二道河子。该河水量甚小，冬季干涸，向南 2.5 千米流入黄海。遗址面积甚小，东西和南北都只有 30 余米。由于历年平整土地，文化层大部分遭受破坏。采集遗物有磨制石斧（已残）和器身打制、刃部磨光的石锛及少量陶片。陶片多黑色，少数红色或黑皮红胎，轮制。有的饰弦纹和附加堆纹，器形可辨的有鬲足尖、罐类的口沿和平底等。

（3）邵家

在黄县城南约 3 千米，遗址紧靠村北，范围约 150 米×150 米。东部和北部为高约 3 米的断崖，崖下有一条无名小河向北流去。采集的陶片中有龙山文化的黑陶罐片和鬼脸式鼎足等。后者由两片泥捏合而成，中脊压出一列凹窝，两眼未镂穿，成为盲孔（图四，12）。

（4）于家店

龙山文化遗物有剖面菱形的石箭头，薄壁泥质黑陶杯，侈口夹砂黑陶罐的口沿和平底等（图四，3～5、13）。有一件残鼎足，剖面椭圆形，中空，外侧中脊有一道附加堆纹，两侧各有一道竖刻划纹，内侧有三道竖刻划纹（图四，14）。

（5）司马台

主要为岳石文化遗存。在该处采集的龙山文化遗物有黑陶敞口平底碗、小口大平底壶和许多鼎足（图四，1、2、7～10）。后者大体可分为四种形制：第一种是扁凿形，外侧和内侧各有三道竖刻划纹；第二种亦为扁凿形，外侧中脊有一道附加堆纹；第三种剖面椭圆形，足尖外撇，外侧有一圆形盲孔；第四种剖面亦为椭圆形，外侧中脊有一道附加堆纹，内侧有一道竖刻划纹，两侧边刻成锯齿纹。

（6）归城

在黄县城东南约7千米，传为古莱子国都城，城内发现了许多西周时期的墓和车马坑。我们这次在内城西北部发现有龙山文化的地层，厚约0.5～1米，采集遗物有泥质黑陶高领罐口沿、袋足鬲的足尖和甗足等。

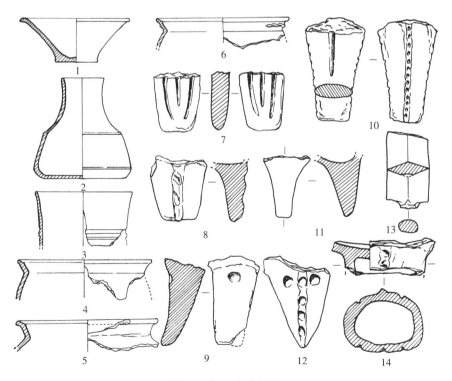

图四　龙山文化遗物

1. 陶碗　2. 陶壶　3. 黑陶杯　4～6. 陶罐　7～10、12、14. 陶鼎足　11. 陶甗足　13. 石镞（1、2、7～10. 司马台，3～5、13、14. 于家店，6、11. 西贤都，12. 邵家）（4～6 为 1/8，13 为 1/2，余 1/4）

上述各遗址的龙山文化遗物特征并不是完全一致的，比较起来，西贤都的年代较早，于家店其次，其余几处则基本上是属于晚期的。

龙山文化的遗址不但在这次调查的四县较多，就是在整个烟台地区来说也是最多的，同本地极少大汶口文化遗址又是一个鲜明的对照。这一衰一盛，究竟是什么原因形成的，很值得我们认真探讨。

四　岳石文化遗存

这次发现的岳石文化遗存主要见于司马台和邵家。

（1）司马台

在海阳县行村公社庶村以北约 1 千米。庶村即汉昌阳故城旧址。遗址东凭白沙河，原为一高起的土台，因历年取土，大部分已被挖去。现中部还有一直径约 10 米的土墩子，上面设立标志点，从而保留了一小块原先的地面。土墩子高约 8 米，上部为夯土，约 6 米深处有一层路土，路土下为岳石文化和龙山文化的地层。土墩子周围的地层虽被挖去了七八米厚，但文化层并未全部挖尽，北边有些地方还有明显的灰层，有些地方可看到圆形的灰坑遗迹。

这里出土的遗物相当丰富，以岳石文化为主，还有龙山文化和大汶口文化的。属于岳石文化的遗物有石器和陶器等。石器有斧、锛和刀。

斧　HS:05，器身琢制，有打击疤痕，刃部因使用而损坏。长 20.8、宽 9.7、厚 4.8 厘米（图五，4）。

刀　1 件（HS:10），半月形，通体磨光，有两个对钻的漏斗形圆孔。单面刃，腹面稍凹，背面微鼓，是岳石文化典型的样式。长 11.2、宽 4.7 厘米（图五，5）。

陶器以褐色和黑色为多，有些是外皮黑色，胎为红色，也有少量灰陶和红陶。多属轮制，一般为素面或打磨光亮，少数有弦纹、附加堆纹和连续折弧线纹。后者有两块陶片，系泥质褐陶，为横行的折弧线纹（图五，9）。1979 年秋在牟平县照格庄岳石文化的地层中也发现过同样的纹饰。陶器的器形有甗、罐、瓮、尊形器、盒和器盖等。

甗　2 件。上部均残，夹砂褐陶，素面。HS:03，残高 23.6 厘米，乳状足，腰部横贴一圈泥条，从腰至裆亦贴泥条（图五，8）。

罐　只发现口沿部分。HS:02，泥质灰陶，侈口圆唇，口径 13.5 厘米。HS:01，夹砂红陶，侈口，有一残把，口径 13.5 厘米（图五，7）。

瓮　只见口缘部分。HS:06，夹砂灰陶，口沿外翻，圆唇，口径 26.5 厘米（图五，6）。

尊形器　陶片较多，完整的有一件（HS：11），泥质红陶，子母口，平底，腹部有两道凸棱，通体磨光，轮制（图五，3）。

盒　1件（HS：04），泥质黑陶，轮制。上段为直筒形，磨光，外有一凸弦纹；下段似平底碗形，素面。通高8.4、口径9.8厘米（图五，2）。

盖　1件（HS：05），泥质黑陶，轮制，表面磨光。杯形纽，盖面有两道阴弦纹，并有一对泥钉，盖缘下有一道凸弦纹。通高11.2、口径11.2厘米，正好套在盒上（图五，1）。

（2）邵家

岳石文化遗物有蘑菇形捉手的器盖和三足罐的舌形足等。后者长9.6、宽8.6厘米，形体甚大。系泥质黑皮红胎。外侧饰三个半环形凸棱，上面又加饰斜线刻划纹（图五，10）。

上述遗存同龙山文化比较虽有一些近似之处，但基本面貌是不同的。例如龙山文化中最流行的鼎和鬶，在这类遗存中根本不见。这类遗存中带子母口的三足

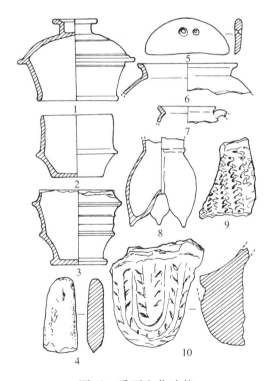

图五　岳石文化遗物

1. 陶盖　2. 陶盒　3. 陶尊形器　4. 石斧　5. 石刀
6. 陶瓮　7. 陶罐　8. 陶甗　9. 连续折弧线陶片
10. 陶舌形足（10. 邵家，余均司马台）（4、
6～8 为 1/10，余 1/5）

罐和尊形器也不见于龙山文化，其他器物的具体形制也不相同，因此不能归并为同一文化，应单独命名为一个新的文化。鉴于这类遗存最先发现的地点在平度县东岳石村〔1〕，所以我们建议称为岳石文化，其年代较龙山文化为晚〔2〕。

（署名北京大学考古实习队、烟台地区文物管理委员会，严文明执笔，原载《考古》1983 年第 3 期）

---

〔1〕　中国科学院考古研究所山东发掘队：《山东平度东岳石村新石器时代遗址与战国墓》，《考古》1962 年第 10 期。

〔2〕　严文明：《龙山文化和龙山时代》，《文物》1981 年第 6 期。

莱阳于家店的小发掘

一　遗址的调查与发掘

出莱阳县城往西约 2.5 千米即到于家店村。该村位于由北往南流的两条小河之间，村西是青龙河，村东为白龙河。从村西北到青龙河岸边即为一处新石器时代遗址所在。这遗址是 1957 年由县文物干部发现的，1961 年省文物管理委员会做过调查。1981 年秋，北京大学考古实习队与山东省文物考古研究所合作发掘栖霞杨家圈遗址时，我曾抽空带几名同学作过一番考察。遗址范围东西约 250、南北约 200 米，东南一部分为村庄所压。文化堆积由东向西逐渐增厚，西部因河水冲刷和农民历年取土遭受了部分破坏，从破坏的断崖上可以清晰地看到文化层和部分遗迹，厚度约 2 米；北部因早先平整土地已较原来的地面降低了一些；南部接近村供销社的一片地方因新近平整土地挖了许多一米深的沟，严重破坏了遗址。只见地面上到处散布着凌乱的人骨和破碎的陶器，一看便知道这里本来是一片墓地，从村民手中征集的几件像明器一样的陶器就是从这里捡起来的。从采集到的陶片等来看，这里存在着大汶口文化和龙山文化两个时期的遗存。

杨家圈遗址发掘结束后，全队分成几个组到附近的一些遗址进行调查和试掘。其中一个组由北京大学教师高崇文带领对于家店遗址进行小规模发掘，从 11 月 3 日至 12 日共计 10 天，在遗址西部公路南侧的断崖边开了 6 条探沟，编号为 T1～T6，在供销社西南的墓区开了 1 条探沟，编号为 T7，总面积仅 68 平方米（图一）。各探沟的地层关系不尽一致，T2～T6 较为复杂，T1 和 T7 都很简单。T1 在耕土下为一较薄的龙山文化层，下面压着一座大汶口文化的残房基（F1）。T7 在耕土下也有一较薄的龙山文化层，下面压着两座大汶口文化的墓葬（M1 和 M2）。T2～T6 的地层可以 T4 的西壁剖面为例加以说明。

T4 西壁剖面地层如下。

第 1 层　耕土。其下压着两条现代沟。

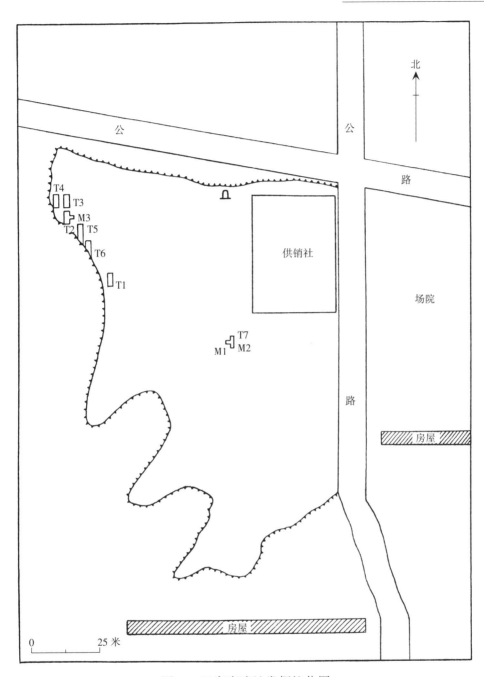

图一　于家店遗址发掘坑位图

第2层　为褐土。因颜色深浅不同又可分为3小层，其中2a层下压3个柱坑，坑中几乎不含陶片。3个小层出土遗物特征基本相同，多黑陶，轮制，器形可辨的有侈口夹砂罐、高领瓮的口部残片、铲形鼎足和甗袋足等，当属龙山文化时期。

第3层　分2小层：3a层为灰褐土夹红烧土末，3b层为细碎的红烧土。所含遗物基本一致，有侈口素面罐、豆盘和凿形鼎足等，还有一些篮纹陶片，当属大汶口文化晚期。

第 4 层　分 2 小层，分别为灰白土和红褐土。前者出土卷缘夹砂罐残片和圆锥形鼎足等，后者未出遗物。

第 5 层　为青灰土，较疏松。出土卷缘鼓腹夹砂罐和鬶袋足残部等。

第 6 层　为黄绿色土，含砂较多。出卷缘夹砂罐口部残片等。

第 7 层　为深褐色土，黏性较大。含卷缘夹砂罐残片及鬶残片等。

4 ~ 7 层亦应属大汶口文化晚期，唯 T7 龙山层所压的两座墓葬当属大汶口文化中期。

二　大汶口文化遗存

于家店大汶口文化遗迹有 1 座残房基、2 个小灰坑和 3 座墓葬。残房基编号为 F1，位于 T1，除北部一角外几乎布满全部探沟，因未扩方，整体形状不明，仅在探沟中部的西壁下发现一口径 20、深 47 厘米的柱洞。房基有 3 层垫土，从下往上分别为浅黄土、青灰土和灰褐土，结构紧密，仅最下一层中发现一彩陶片。房基表面覆盖一层红烧土。两个小灰坑 H4 和 H5 均位于 T5 内，为不规则形，口径不及 1 米，深约半米，仅出一两块陶片。

三座墓葬中，M1 和 M2 位于 T7（图二），M3 位于附近因深翻地挖出的地沟中。M1 为长方形土坑墓，长 2、宽 0.5 ~ 0.65、深 0.4 米。人骨头朝正东，俯身直肢，右手压于腹下，面朝下略偏北，其下置一三足钵。骨架基本保存完好，为壮年妇女。有趣的是我们发现她的下牙床少了 6 颗牙齿，左边的两个前臼齿和第一臼齿以及右边的第二前臼齿和第一、第二臼齿都已被拔除，齿槽均已完全愈合。在我国史前文化居民的拔牙风俗中，最多见的是拔除两个上侧门齿，偶尔有拔除其他牙齿的，数目多为一两个，最多三个。像于家店这位妇女拔除 6 颗牙的例子，只有印度尼西亚苏拉威西岛上的某些土著居民才可相比。我想她拔除这么多牙齿不一定是风俗习惯的需要，也许是得了某种疾病使得牙齿过早脱落了的缘故吧。这座墓有 6 件随葬品，除面部下贴一件三足钵外，头顶还有一鼎一罐，头部左上方有一件白玉镞形饰，脚下有一件单把杯和一件镂孔豆（图二，左）。M2 在 M1 东北约 1 米处，未发现墓圹，为一小孩骨架，头朝东，侧身屈肢，无随葬品（图二，右）。M3 为长方形土坑墓，人骨头朝东，面略朝南，侧身微屈肢，成年人，无随葬品。M1 随葬的几件陶器的特征如下（图三）。

三足钵　泥质红褐陶，质地粗糙。平口弧腹三矮足（图三，1）。

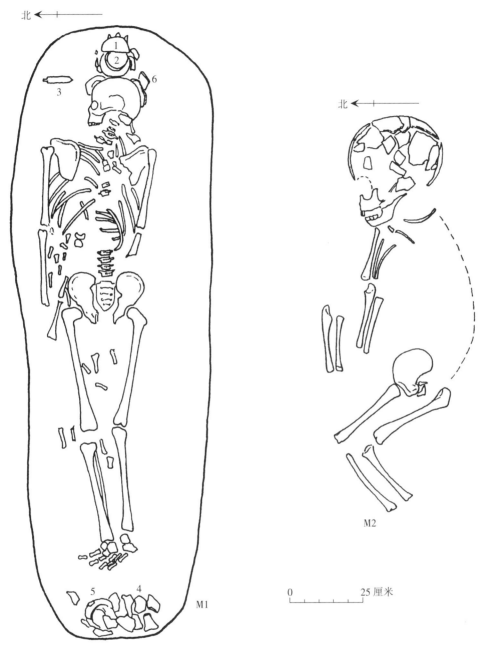

图二　于家店大汶口文化墓葬

M1：1. 陶鼎　2. 陶罐　3. 白玉镞形器　4. 陶单把杯　5. 陶豆　6. 陶三足钵

鼎　器身为泥质黑陶，足部夹砂。卷缘鼓腹圜底，凿形足，腹部有一对泥突，当是代表一对鸡冠耳，显然是一件明器（图三，2）。

罐　夹砂黑陶。卷缘鼓腹平底（图三，3）。

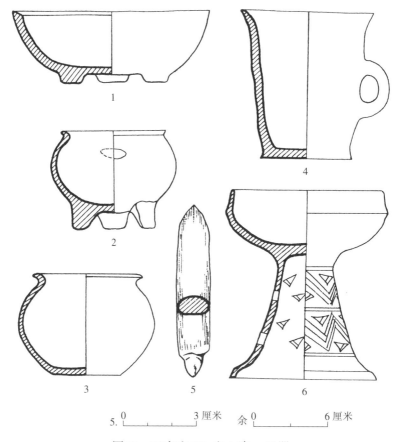

图三 于家店 M1 出土陶、玉器

1. 陶三足钵（M1：6） 2. 陶鼎（M1：1） 3. 陶罐（M1：2） 4. 陶
单把杯（M1：4） 5. 白玉镞形器（M1：3） 6. 陶豆（M1：5）

单把杯 泥质黑陶。为大汶口文化常见之物（图三，4）。

豆 泥质红陶。豆盘外壁起折棱，表面磨光，足部饰刻划纹和三角形镂孔
（图三，6）。

这几件器物个体都很小，除豆做得稍好外，质地都相当差，火候甚低，显然
都是明器。从其形制特点来看，比较接近于大汶口文化中期即花厅期。其他两座
墓葬虽然没有随葬品，但从地层和所在位置来看也应属于同一时期，即这次发现
的三座墓葬都可能是属于大汶口文化中期的。从老乡手里征集的几件陶器中，下
面几件也应该是属于大汶口文化中期的，其出土位置据说就在那几座墓葬附近
（图四）。

壶 粗泥灰陶，外饰红衣（图四，1）。

罐 2件。一为泥质红陶（05），一为夹砂黑陶（04），形制和个体大小都很

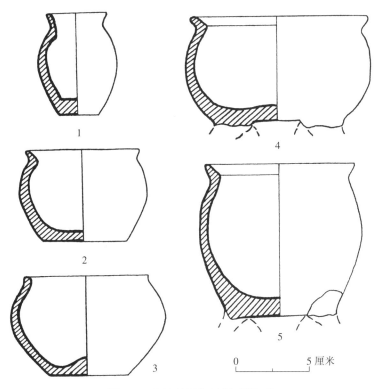

图四　于家店征集的随葬陶器
1. 壶（011）　2、3. 罐（05、04）　4、5. 鼎（03、06）

接近（图四，2、3）。

鼎　2件。一为泥质红褐陶，盆形（03）（图四，4）；一为夹砂黑陶，罐形
（06）（图四，5）。

这几件器物也都很小，质地差，显然是明器。其中罐和鼎与 M1 所出同类器
物的形制比较接近，当属同一时期的东西。

在于家店所出大汶口文化的器物中大部分是晚期的。其中生产工具和武器有
以下几种。

石斧　1件。略呈梯形，剖面为椭圆形，一侧留有打制痕迹。顶部已残，刃
部有使用时损坏的疤痕（图五，1）。

石锛　5件。均厚大于宽，腹面略呈弧形，有的磨制较好，有的还留有打制
痕迹，刃部一般都因使用而有不同程度的损坏（图五，3、4）。

石凿　1件。宽厚约略相等，腹面略呈弧形，最厚部位接近柄端。通体磨光，
刃部有因使用而损坏的疤痕（图五，2）。

石镞　2件。均略残，磨制，剖面为菱形，有铤。

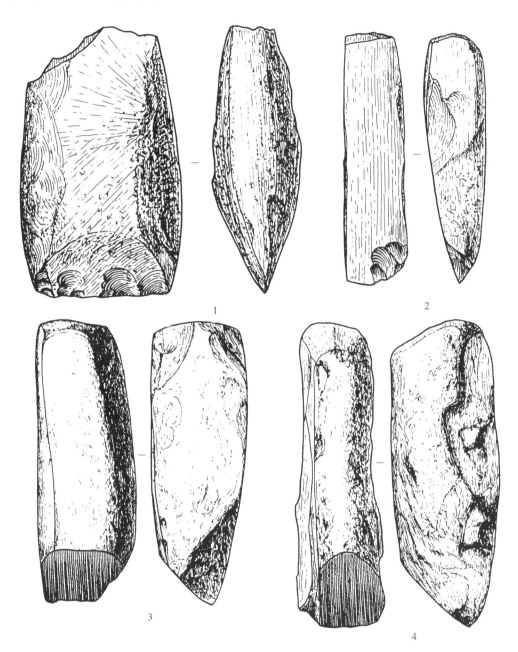

图五　于家店出土大汶口文化石器

1. 斧（T4⑦：36）　2. 凿（T5④：2）　3、4. 锛（T2⑤：1、T5③：2）（1 为 1/2，余为 3/4）

陶纺轮　2 件。均残，泥质灰陶，扁圆形。

生活用具全为陶器。从陶片来看，夹砂陶占绝大多数，尤以夹砂黑陶为多，其次为夹砂褐陶，真正的红陶为数不多。有些黑陶实际上是黑皮红胎，就像夹心饼干一样。有些红陶因火候不均，部分地方氧化不够而呈青灰色斑块。掺和料中除石英砂外，还往往有云母屑。泥质陶多较粗糙，经过淘洗的细泥陶很少。大多数陶器素面无纹，仅有少量饰篮纹、弦纹、划纹、附加堆纹和镂孔等，彩陶仅见一片（图六，3）。兹将各层陶片的质地和纹饰统计如表一。

表一　于家店大汶口文化遗存陶质及纹饰统计表

纹饰 陶质陶色	素面	磨光	篮纹	弦纹	堆纹	划纹	镂孔	彩纹	小计	百分比 （%）
夹砂黑陶	1086		40	23	18	4			1171	27.81
夹砂褐陶	1083		1	8	10				1102	26.18
夹砂灰陶	556		4	6	6				572	13.59
夹砂红陶	348			4	15				367	8.72
泥质黑陶	590	8		20			3		621	14.75
泥质褐陶	70			3		1			74	1.76
泥质灰陶	193	11		24					228	5.42
泥质红陶	61	6		7				1	75	1.78
小计	3987	25	45	95	49	5	3	1	4210	100
百分比（%）	94.70	0.59	1.07	2.26	1.16	0.12	0.07	0.02		100

陶器的种类有钵、碗或器盖、罐、鼎、鼎式甗、鬶、豆和高柄杯等。其中以平底器最多，其次为三足器，圈足器为数甚少。有些器物有盖或耳、把、流之类。兹将各类器物分述如下。

钵　可复原1件（图六，1），弧腹平底，粗泥质红陶。有些陶片多为泥质黑陶者。

碗或器盖　多为粗泥质，红陶或灰陶，敞口平底，外壁近底处变直似假圈足。可以作碗，也可以作器盖用（图六，2、8）。

豆　只见残片，多为泥质黑陶，浅盘，盘壁稍外弧。

夹砂罐　数量最多，多为素面黑陶，卷缘广肩鼓腹。可复原一件（图六，4），手制，器内可以看到明显的泥条盘筑痕迹。

瘦腹罐　多夹砂黑陶，亦有泥质陶者。侈口，缘面略卷，口部相对较大，腹部较瘦。多为陶片，仅有一件差可复原（图六，5）。

篮纹罐　数量较少，而且都是残片，形制与素面夹砂罐相近（图六，7）。

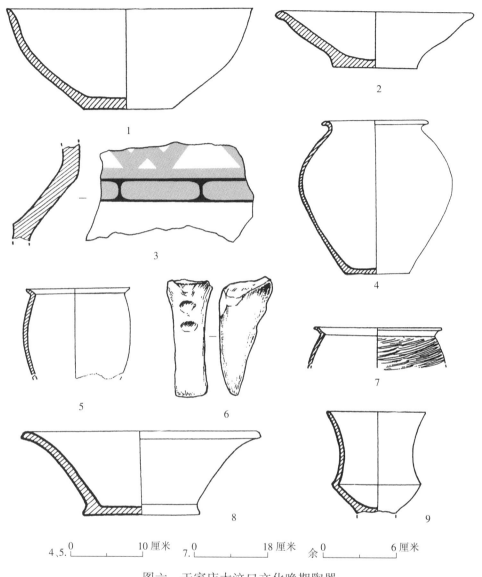

4、5. ⊢0————10厘米⊣　　7. ⊢0————18厘米⊣　　余 ⊢0————6厘米⊣

图六　于家店大汶口文化晚期陶器

1. 钵（T2③：10）　　2、8. 碗或器盖（T2③：11、02）　　3. 彩陶片（F1）　　4、5. 罐（T4
⑤：32、T6④：10）　　6. 鼎足（T2④：19）　　7. 篮纹罐（T2③：18）　　9. 高柄杯（07）

鼎　鼎足很多，多为凿形，有的根部有两三个凹窝（图六，6）。

鼎式甗　仅见个别残片。这种器物外形像鼎，唯内部有一中隔，可以放箅子蒸饭食。过去仅在良渚文化的遗址中见到过，这次在栖霞杨家圈大汶口文化的地层中发现有完整的器物。

鬶　仅见把和袋足残片。

高柄杯　发掘品中有这种器物的细柄，上面有许多圆形镂孔；征集品中有一完整的杯部，形态与安邱景芝镇所出别无二致（图六，9）。

此外在陶片中还发现有个别篮纹尊形器的残片。这些器物的特征大抵都和大汶口文化晚期即景芝期相似，当属于大汶口文化的晚期。

在大汶口文化晚期遗存中，还发现有许多动物的骨骼、犄角和牙齿等。其中猪有 38 件，狗有 7 件，鹿有 11 件，其余种属不明，此外还有许多螺蛳壳。在第 5 号探沟第 3 层的红烧土堆积中发现了许多粟壳的痕迹，又一次证明大汶口文化的居民是种粟的。

三　龙山文化遗存

龙山文化的遗迹仅有 3 个不规则形的小灰坑，口径均不足 1 米，包含遗物也很少。

龙山文化的生产工具和武器有石斧、石锛、石钺、石纺轮、砺石、石镞、骨镞等，大多比大汶口文化的制作精细一些，分述如次：

石斧　2 件。梯形弧刃，剖面椭圆形，通体琢制，刃部磨光，均略残（图七，5）。

石锛　3 件。均甚扁薄，2 件磨制甚精，1 件上仍留有打制的疤痕（图七，1、2）。

石钺　1 件。黑色，通体磨光，孔为管钻法两面对钻而成，加工甚为精致，现仅残留一半（图七，3）。

石纺轮　1 件。圆饼形，灰色，磨制甚精，用管钻法钻孔（图七，4）。

砺石　1 件。黄绿色砂岩制，长方形，一端稍残（图七，7）。

石镞　1 件。灰色页岩制，剖面菱形，有铤。

骨镞　1 件。剖面菱形，有铤，磨制甚精（图七，6）。

生活用具全为陶器。同大汶口文化晚期相比，轮制陶器显著增加，成为龙山文化陶器的一大特色。夹砂陶比例有所下降，但仍占绝大多数。黑陶的比例明显上升，已占全部陶器的一半左右。绝大多数为素面陶，其中磨光陶显著增加。纹饰仅见有少量的弦纹、划纹和附加堆纹，其中磨光黑陶上所饰各种粗线条的划纹，可以说别具一番风韵（图八）。兹将全部陶片的质地与纹饰统计如表二。

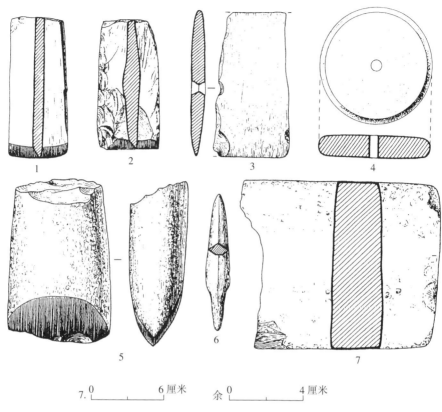

7. $\overline{\underset{0}{\vdash\!\!\!\!\!\!\!\!\!\!\!}\ \ \underset{6 厘米}{\ }}$ 余 $\overline{\underset{0}{\ }\ \ \underset{4 厘米}{\ }}$

图七　于家店龙山文化石、骨器

1、2. 石锛（T6②：3、T4②：17）　3. 石钺（T4②：18）　4. 石纺轮（T6②：4）
5. 石斧（T3②：5）　6. 骨镞（T5②：3）　7. 砺石（H1：1）

表二　于家店龙山文化遗存陶质、纹饰统计表

纹饰 陶质陶色	素面	磨光	弦纹	堆纹	划纹	小计	百分比 （%）
夹砂黑陶	803	9	21	25	6	864	33.12
夹砂褐陶	462	7	8	14		491	18.82
夹砂灰陶	289		5	4		298	11.42
夹砂红陶	232	11	2	3		248	9.51
泥质黑陶	301	109	31			441	16.90
泥质褐陶	53	11				64	2.45
泥质灰陶	119	29	17			165	6.32
泥质红陶	6	21	11			38	1.46
小计	2265	197	95	46	6	2609	100
百分比（%）	86.81	7.56	3.64	1.76	0.23		100

0 _____ 5厘米

图八　于家店龙山文化陶器纹样拓本（均出自 T4②）

器物形制仍以平底器为主，三足器次之，圈足器仍然很少。不少器物有耳、把、盖、流等附件。器物类别主要有盆、碗或盖、豆、夹砂罐、小口罐、瘦腹罐、高领罐、单把壶、敛口瓮、鼎、鬶、甗等（图九），分述如下。

盆或盖　复原1件。泥质黑陶，唯口部略红。轮制，腹部有一对横耳，耳上有两道浅宽的凹弦纹。可以作盆，也可以作盖（图九，3）。

碗或盖　复原1件。泥质褐陶，轮制。可以作碗，也可以作盖（图九，4）。

豆　仅见残片。为泥质黑陶，浅盘。

夹砂侈口罐　残片较多，但可复原者仅1件。该罐为侈口凹缘，缘面有一凸棱，肩部有两条凹弦纹。器身轮制痕迹清晰，底部有制坯时留下的螺旋割痕（图九，2）。

小口罐　仅征集到1件。为泥质黑陶，小口，直领，鼓腹，最大腹径偏下，颈部有两道凸弦纹（图九，5）。

瘦腹罐　夹砂和泥质者均有，仅1件差可复原。为夹砂黑陶，侈口斜缘，缘面近唇处外别，腹部较瘦（图九，6）。

高领罐　仅见口部残片，数量也比较少。

敛口瓮　仅见个别口部残片，其口部明显增厚（图九，1）。

单把壶　仅征集到1件。泥质黑陶，轮制，底部有清晰的螺旋割痕（图九，9）。

鼎　仅见鼎足，数量较多。主要为铲形，有的外面竖刻两道花纹。

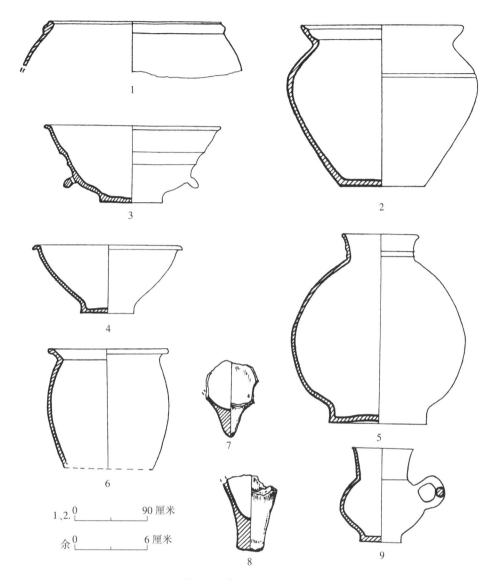

图九　于家店龙山文化陶器

1. 敛口瓮（H3：1）　2. 夹砂侈口罐（T3②：1）　3. 盆或盖（H2：3）　4. 碗或盖
（H2：17）　5. 小口罐（012）　6. 瘦腹罐（T5②：4）　7. 鬶足（T1②：27）　8. 甗足
（T2②：2）　9. 单把壶（08）

鬶　有把、流和足部残片，多白陶或黄陶者（图九，7）。

甗　仅见个别甗隔和足部残片（图九，8）。

上述陶器的特征大体上与诸城呈子二期的早期相近，也与杨家圈二期相近，应是胶东地区的早期龙山文化遗存。只是于家店的出土器物有限，不能全面地反映胶东龙山文化的特点。若与杨家圈和呈子等遗址联系起来则会看得比较清楚。

于家店龙山文化遗存中还发现了不少动物骨骼、犄角和牙齿，其中有猪 26 件、狗 13 件、鹿 17 件，另有不少螺蛳壳等，其种类和数量上的比例和同一遗址的大汶口文化基本相同。

此外在 T5D8 一个龙山文化的红烧土坑中发现了不少粟壳痕迹，经中国科学院遗传研究所李璠先生鉴定，其整粒直径为 1.2～1.3 毫米，与栖霞杨家圈的粟粒相同，可以推断为粟。

于家店遗址的发掘面积虽然很小，但所发现的大汶口文化和龙山文化遗存在胶东具有代表性，两种文化遗存的地层关系可以与栖霞杨家圈互相参证。特别是在这里的大汶口文化墓葬中发现有一位拔除了 6 颗牙齿的壮年妇女，为我国史前文化中拔牙习俗的研究提供了新的资料。在龙山文化的红烧土坑中发现粟壳痕迹，说明当时胶东虽有水稻，毕竟还是以种植旱地作物的粟为主的。这样看来，于家店的小发掘还是颇有收获的。

（署名北京大学考古实习队、山东省文物考古研究所，严文明执笔，原载《胶东考古》，文物出版社，2000 年）

长岛县史前遗址

在山东半岛和辽东半岛之间，有一群南北纵列的岛屿，像一根巨大的链条把两个半岛连接在一起，这就是庙岛群岛，也即长岛县的整个范围。

庙岛群岛历来属于蓬莱县，是神话故事中经常提到的海上仙山，真实的历史记载反而很少。从 20 世纪 60 年代起，岛上陆续发现过一些战国时期的墓葬，开始引起人们的注意。近年来烟台地区文管会和长岛县的文物工作者多次调查，得知岛上有比较丰富的原始文化遗存。1980 年初冬，我带领北京大学考古专业的几名研究生，为配合当地文物普查任务进行考古调查实习，同烟台地区文管会和长岛县博物馆的文物干部在一起，从 11 月 18 日到 12 月 16 日将近一个月的时间内，对南北长山、大黑山、砣矶岛和大钦岛的十一处原始文化遗址进行了调查（图一）。兹将各遗址的情况作一简略叙述，然后对有关问题进行讨论。

一　南长山岛

南长山岛的原始文化遗址有乐园、后沟、王沟三处，黑石嘴亦发现过一把石刀，但没有见到遗址。

乐园村即长岛县治所在。遗址在它的南部，地势低平，海拔不到 10 米，南边距海约百米，现绝大部分已为县农机厂所占。我们 11 月 20 日去调查时，在该厂西边围墙外的断崖上发现有断断续续的文化层，南北延伸约 40 米，东西不明。层中土质较硬，呈褐色，含大量海砾石。所见遗物不多，主要为红砂陶，器形可辨的有圆锥状鼎足和陶支脚等，还有少量贝壳，文化性质应相当于福山邱家庄下层。

后沟村在县城东北，遗址即在村东的一块平地上。范围较大，南北约 200、东西约 100 米，海拔 15 米上下，现大部分为菜地。遗址南部修一蓄水池，在水池东南的断崖上清楚地暴露出文化层。

在后沟出土的可复原或基本完整的陶器有以下一些。

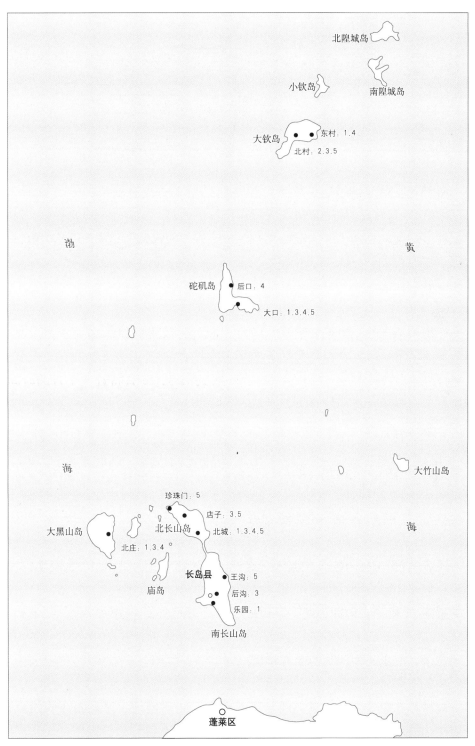

图一　长岛县史前遗址分布示意图（图中阿拉伯数字代表文化分期）

直筒杯　泥质黑陶，轮制。口径8.5、高11.5厘米（图二，3）。

大平底盆　泥质黑陶，轮制。口沿略向外卷。口径33、高7厘米（图二，1）。

双耳罐　泥质灰陶，轮制，表面磨光。斜缘，方唇，上腹有一对横耳，腹部有两道阴弦纹。底部残缺，可能是罐，也可能是甑（图二，4）。

罐　一件直口溜肩，下部残，为泥质黑陶，轮制（图二，2）。另一件口沿略斜，溜肩瘦腹平底。系夹砂灰褐陶，手制，素面。口径18、高23厘米（图二，9）。

鼎（?）　仅余上部，夹砂灰褐陶，方唇，腹部有一道弦纹和一对小鼻。轮制。口径27厘米（图二，5）。

此外还采集到一些鬶足，鼎足和厚仅0.73毫米的蛋壳黑陶残片。

后沟出土的石器有镰和网坠等。

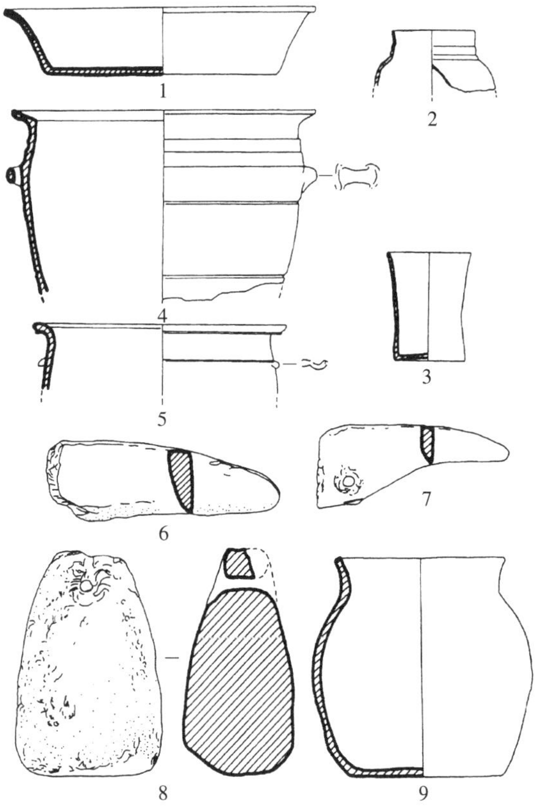

图二　南长山后沟出土龙山文化遗物
1. 大平底陶盆　2. 陶罐　3. 陶直筒杯　4. 陶双耳罐
5. 陶鼎（?）　6、7. 石镰　8. 石网坠　9. 瘦腹陶罐
（1~5、9为1/8，6~8为1/4）

石镰有两把，其一长12.5厘米，直刃，较厚重；另一把长10.5厘米，弧刃，刃部因长期使用而被磨蚀得很厉害，柄部钻一孔，以利安把（图二，6、7）。

网坠高12厘米，形如秤砣，系用海砾石琢磨而成。上端钻一孔，孔上刻一竖槽以利于拴绳索，底下有碰损的疤痕（图二，8）。此种形式的网坠在长岛各遗址中发现甚多，形成一种鲜明的地方特色。

上述器物都属于龙山文化，因知后沟是一处比较单纯的龙山文化遗址。

王沟村及其周围是一处很大的西周至春秋、战国遗址，村东靠海的断崖顶上有一处文化遗址，堆积很薄，断断续续，范围约3000平方米。采集遗物有红陶素面鬲片及矮圈足碗片等，文化性质同后述的珍珠门完全相同。

二　北长山岛

北长山岛的史前文化遗址有北城村、店子村和珍珠门三处。

从南长山乘车北行，经过一道长约三里的人工堤坝玉石街，即到北长山岛东南角的北城村。该村的得名是因为在它的北部有座古城，据说是唐代始建，明代重修，而今尚有高约 5 米的夯筑城垣屹立村头。从这座故城的北面开始一直往东延伸，大体上沿着海拔 15～20 米的等高线，南北近 50、东西约 400 余米的一条长带上，就是古遗址之所在。它的北面是海拔 111.8 米的峰台山，背山面海，地理环境比较优越。

北城遗址是由几个时期形成的，每一时期位置都不相同。最早的遗存分布在西头，即紧靠北城故城的一片。那里因为取土垫圈挖出了一个大缺口，清楚地显露出文化堆积的层次。在距城垣以北 20 米的一个剖面上，发现有一座房子的残迹。为了清理这座房子，我们贴边开了一个 4 米 × 1.5 米的探沟。其地层如下：

第一层为坡积地表土，厚 0.5～0.6 米；第二层为黄褐土，厚约 0.5 米，质地较硬，出绳纹陶片和青釉瓷片；第三层为灰褐土、夹大量牡蛎壳，所出陶片甚多，并有一件可以复原的陶鼎。这一层下压着房子。

房子为半地穴式，圆角方形，但边缘不甚整齐。长 2.8、残宽 0.5～1.1、穴深 0.25～0.33 米。底面平坦，直接以生土面为地面，不加修整，亦未发现柱洞（图三）。室内堆满经火烧过的红色或青灰色硬土块。这些土块一般厚 4～5 厘米，一面平，另一面有木板或木椽痕迹。木板宽 8 厘米左右，木椽是紧密排列的，在一块烧土上就可看到四根的印痕，每根直径 5～6 厘米。这些都应是房顶倒塌的堆积。房子堆积物中发现的陶片很少，其特征同第三层所出基本一致，同近旁采集的遗物也是一致的。

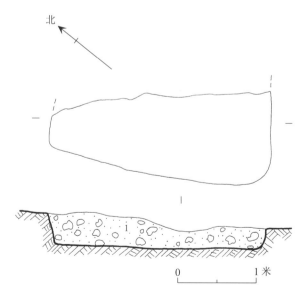

图三　北长山北城 F1 平、剖面图

1. 含红色和青灰色烧土的房屋倒塌堆积

这里的陶器以夹砂红陶为主，次为泥质红陶和夹砂褐陶。全为手制，有些器物里面有很清楚的泥条盘筑痕迹。绝大部分素面无纹，少数有附加堆纹和划纹。后者主要是交错斜线纹或刻印短线加斜线纹。兹将 T1③层的陶片统计如表一。

表一　北长山北城 T1③层陶片统计表

数目 陶质 ＼ 纹饰	素面	磨光	划纹	堆纹	其他	小计	百分比（％）
泥质红陶	24	2				26	20.5
泥质黑陶	4	2				6	4.7
夹砂红陶	59		6	3	3	71	55.9
夹砂褐陶	6		2	6		14	11.0
夹砂黑陶	10					10	7.9
小计	103	4	8	9	3	127	100
百分比（％）	81.1	3.1	6.3	7.1	2.4		100

器形比较简单，有鼎、敛口钵残片，豆把一件、小口罐口部、小平底罐底部等。鼎的残片和鼎足数量最多，其中有两件鼎差可复原，均为夹砂红陶，圜底盆形、卷缘、腹部有一道附加堆纹（图四，1~3）。鼎足一般是圆锥形的，有的足根上有一泥突。

第三层出土的石器仅一残石斧、一件残磨棒和一残石矛，同层出土的动物骸骨有猪牙床和肩胛骨、鸟骨，以及大量牡蛎壳等。

北城遗址最东头的一片是龙山文化遗存。有厚约 0.3~0.5 米的文化层，断崖上还暴露出一个灰坑，为锅底形，口径 2 米，深约 1.5 米。其中含大量灰烬、牡蛎和贻贝壳等，所出陶片都是龙山文化的。

北城遗址的中间一片主要是岳石文化遗存。出土陶片有甗腰和三足罐的舌形足等（图四，6、7）。石器有纺轮、刀和矛（图四，4、5、8）。两把石刀为半月形双孔，都是一面略鼓，一面微凹，两面对钻漏斗形孔，单面刃。一把长 10 厘米，另一把长 14.5 厘米，两孔靠刀背的一边有系绳带时留下的磨擦痕，刃部有使用时破损的小碴口。

北城村西的西大山脚下，也是在海拔 15~20 米的水平带上分布着另一遗址。据说以前平地时发现过多座房屋遗迹。出土陶片多较厚重、红褐色、手制，有时表面磨光，其特征与本岛的珍珠门东崖遗址基本相同，当是属于同一时期的。

店子村在本岛的西北部，遗址在村子西北约 200 米一个朝向西南的缓坡上，地面海拔约为 10 ~ 15 米，北面距海仅 200 米。南半部由于取土挖出了一个大坑，在坑的东边和北边的断面上可以看到文化堆积的层次和某些遗迹。

这里的地层非常单纯。第一层为地表土，厚约 20 厘米。第二层为灰褐土，厚约 80 厘米，含有海砾石、贝壳和陶片等，属于龙山文化。这层的下面压着 4 座陶窑和 2 个灰坑，它们都是在生土上筑成的。

陶窑相互间的距离约 4 ~ 6 米不等，都被破坏过甚，又未进行清理，故结构不甚明了，仅有一座勉强能看出火膛和两个火眼。据老乡说挖土时也碰到过类似的窑址，看来这里无疑是一个龙山文化的窑场了。

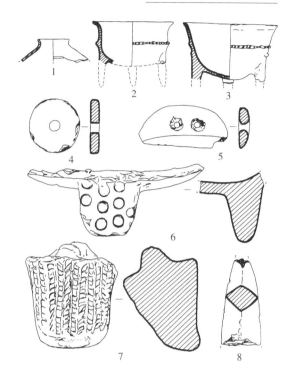

图四　北长山北城出土器物

1. 小口陶罐　2、3. 陶鼎　4. 石纺轮　5. 石刀　6、7. 舌形足　8. 石矛　（1 ~ 3. 第一期文化，4 ~ 8. 岳石文化）（1 ~ 3 为 1/8，7 为 1/2，余为 1/4）

灰坑在窑的西边五六米处，两相并列，间距 0.3 米，形状相似，结构相同，口径均为 1.5 米，坑深 0.5 米。坑壁及底部均铺一层料姜石，并用料姜石调和的灰浆抹平。坑中填满灰土，所出陶片也都是属于龙山文化的，灰坑用途不明。

在店子采集的龙山文化陶器有以下几件。

盆形鼎　为泥质黑陶，卷缘，腹部甚浅。足残。口径 19 厘米（图五，1）。

发现许多鼎足，一般剖面椭圆形，平头，外侧深深地刻一凹槽（图五，9）。

侈口罐　为泥质红陶，素面，口径 12、高 15 厘米。另有许多夹砂灰褐陶的侈口罐片（图五，2、3）。

瘦腹罐　泥质灰陶，轮制，表面磨光，底残，口径 17 厘米（图五，4）。

大平底盆　有 2 件，均为泥质陶，轮制，表面磨光。其一为黄色、较小，口径 11、高 4.2 厘米。另一件为灰色，口径 23、高 8 厘米（图五，5、6）。

敞口碗　泥质褐陶，陶胎内含有少量砂粒。胎壁较厚，手制，素面，平底。口径11.3、高6.5厘米（图五，7）。

单把杯　泥质黑陶，但胎壁为红色、火候较低，表皮略有脱落。杯身直筒形，口部残缺，把手下方与底部平齐（图五，8）。

后两件器物（碗、杯）与本岛上其他龙山文化遗址同类器物的质地和形制不大相同，当是较晚的东西，可能晚到岳石文化。

店子遗址的西南边断崖上，曾发现出红色素面鬲的墓葬。

从店子村往西北过大西山，即到了北岛的西北角。那里北面和西

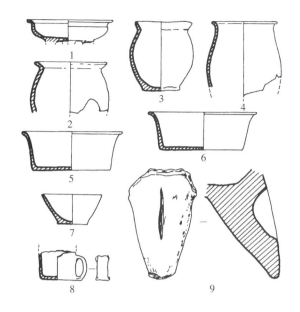

图五　北长山店子龙山文化陶器

1. 盆形鼎　2、3. 侈口罐　4. 瘦腹罐　5、6. 大平底盆　7. 敞口碗　8. 单把杯　9. 鼎足（7、8为1/6，5、9为1/4，余为1/8）

面都是悬崖绝壁，海拔约20～25米。下面礁石林立，西崖下即为珍珠门水道。光绪八年所修《蓬莱县续志》写道："珍珠门水深四丈余，中多礁石，潮涨则隐，潮落则现，商船往往触之则沉"。崖顶上基本没有平地，而是向西南方向倾斜的，没有淡水，地方也很狭小，想不到在这个地方发现了遗址。

珍珠门遗址的范围东西和南北均为八九十米。由于风大坡陡，剥蚀严重，只剩约0.5～1米厚的黄土，有的地方已露出基岩。在杂草丛中，可以大略看出一个一个的圆圈，其中有灰烬、海蛎子壳和陶片等。每个圆圈直径约两三米，底面平整，并铺一层海砂子，砂子直径约0.5～1.5厘米，推测应是远古居民的季节性棚舍。有些圆圈较小，中多灰烬和蛎子壳，底面不平，且没有海砂子，当是一般的灰坑。

在珍珠门东崖遗址采集的陶器主要有碗、素面鬲、绳纹鬲、鼎足和罐底等。

碗　有两件，均为泥质红陶，但有少量砂粒，手制，两面打磨光滑。一件较深，有矮圈足，口径12.5、高9.5厘米。另一件较浅，口径16、高8厘米，圈足极矮而近于平底（图六，2、4）。

素面鬲　也有两件，形制相似。均为大口深腹，口沿外卷，袋足比较矮小。夹砂褐陶，手制。其中一件外面有明显的烟熏痕迹，内壁有水垢。个体甚大，口径32、高30厘米（图六，3、5）。

鼎足 略呈扁圆锥形，不大规整，也是夹砂褐陶（图六，1）。

罐 为夹砂红陶、素面、平底，器形也较大。唯上部残缺，全形不辨。

绳纹鬲 为夹砂灰陶，口沿轮修。口沿外侈，方唇，高裆，足部略似圆锥形。通体饰满整齐之绳纹，上腹抹平一圈。此器可基本复原，口径28、通高可能也是28厘米（图六，6）。其作风和素面鬲迥然不同，似不应属于同一时代。绳纹鬲的年代为晚商前期，而素面鬲、碗、罐等的年代难以确定。

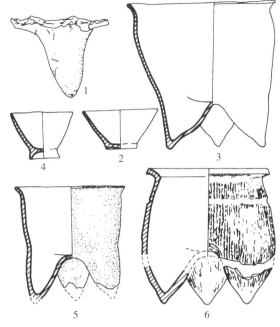

图六　北长山珍珠门出土陶器
1. 鼎足　2、4. 碗　3、5、6. 鬲（1 为 1/4，余为 1/8）

三　大黑山岛

本岛只有一处史前文化遗址，位于东岸北庄之北。它的北面是海拔 113.4 米的峰台顶，南面濒临一条季节性的小河，东边是陡崖和礁石。南边和西边部分为现代村落所压。其范围南北约 200、东西约 140 米，顶面稍稍向南倾斜，海拔约 25 ~ 30 米。

这个遗址保存较好，文化层一般厚约 2 米，至少包含三个时期的遗存。较早的一期相当于蓬莱紫金山下层文化，几乎遍及整个遗址；较晚的一期为龙山文化，主要分布于遗址北部，两期遗存之间有清楚的地层叠压关系。此外尚有少量岳石文化的陶片。

在遗址西南角向南的一个断崖上暴露出房屋遗迹，它是这次调查中的一项重要发现。

该处文化层厚 1.9 ~ 2.1 米，分为四层，第一层为黄褐土，厚约 0.6 米，是修梯田时筑起来的。第二层为灰褐土，稍硬。第三层亦为黄褐土，稍稍泛红，夹杂薄薄的灰层和红烧土末、较多的牡蛎和螺壳等。出土陶片多为夹砂红褐陶，圆锥形鼎足等，相当于紫荆山下层文化。第四层即为房屋倒塌堆积，有大量红烧土、灰烬、牡蛎和螺壳等，出土陶片也属紫荆山下层文化。再下即为房基地面。

断崖上的三座房子遗迹，从西往东编号分别为 F1、F2 和 F3（图七）。

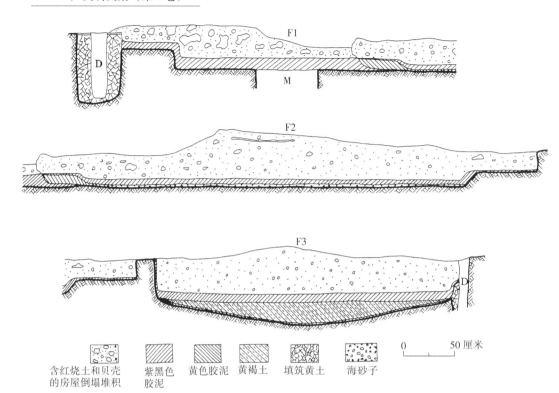

含红烧土和贝壳的房屋倒塌堆积	紫黑色胶泥	黄色胶泥	黄褐土	填筑黄土	海砂子

图七　大黑山北庄房基剖面图

F1　基本建筑在生土之上，正中压着一个宽 0.6 米的遗迹，可能是墓坑。因未清到底，深度不明。这座房子的做法是，先在地上挖一个浅坑，将坑底拍紧，再在上面抹胶泥。胶泥分三次抹，最底下一层厚 7～8 厘米，紫黑色；中间一层厚 3 厘米，亦紫黑色；上面一层厚 2.5 厘米，为灰黄色。所用泥质极为纯净细腻、硬度很高。

房子西边有一个土台，高 15、宽 60 厘米。土台转角处的生土被火烧红，使之更加坚实，上面也抹了三层紫黑色胶泥。土台的西端有柱洞和柱坑。坑宽 50 厘米，此坑是在房屋地面高 25 厘米的生土面上挖下去的，坑口上有 1.5 厘米厚的浅黄色路土。柱洞深 68 厘米，直径约 18 厘米。关于土台子的用途，一种可能是出入的台阶，但此房在遗址的西南端，朝西开门的可能性很小；另一种可能是放东西的台子。究竟属哪一种，需要把房子全面揭露后才能分晓。

本房子的东边被 F2 打破，按地面紫黑胶泥延伸的长度算，残宽 2.2 米，加上土台则为 2.8 米。地面上堆积着许多大块的红烧土，多系一面平、一面有木板痕迹，厚度约 8～10 厘米不等，木板印痕最宽的达 13 厘米。这座房子无疑是被火烧毁的，地面的红烧土当是墙壁和房顶倒塌的残迹。

F2　在 F1 的东边，并且打破了 F1。它的地面比 F1 低 5 厘米，做得更为讲究。

方法是先挖一个浅坑，把底面拍紧，中间有约 1 米宽的生土被火烧过，再在上面铺一层海砂子，厚约 2 厘米，砂子粒度 0.5～1 厘米，然后在海砂上抹紫黑色胶泥两层，共厚 5 厘米。

房子西边有一宽 42、高 5 厘米的土台。其做法是先把 F1 的一段紫黑胶泥挖掉，填以黄色胶泥，然后在上面抹一层紫黑色胶泥，与地面胶泥连在一起。东边也有一个土台，宽 70、高 10 厘米，台子的生土经火烧过，上面也抹一层紫黑色胶泥。土台东边有一个高 20 厘米的生土壁，清楚地说明 F2 是一种半地穴式建筑。西边的坑壁由于正好遇着 F1 的地面堆积，土质松散而容易塌坏，所以边线不大整齐。

从断面观察，这座房基是十分完好的，地面宽达 4 米，如加上两边土台则宽 5.2 米，穴深 0.3 米。地面堆积主要是黄褐土，掺杂许多贝壳和少量红烧土块，有的地方有一些灰烬，没有明显的火毁痕迹。

F3　在 F2 以东 20 厘米处，也是一座半地穴式的房屋。它的地面做过两次，第一次只在生土面上抹很薄的一层黄色胶泥。年深月久，中间逐渐凹陷（可能下面有灰坑），于是重新把地面垫平，再在上面抹三层胶泥，上面两层为紫黑色，中间一层为浅黄色，三层共厚 8 厘米。

这座房子两边没有土台，坑壁直立。西壁高 32 厘米，东壁高 35 厘米，壁面亦涂黄色胶泥。紧靠东壁有一个柱洞痕迹，为维护柱子，东边地面的胶泥向上卷起约 12 厘米高。

从断面上看，F3 宽 3.1 米。房内堆积主要为灰褐土，掺杂许多牡蛎和螺壳，还有零星的小烧土块。

三座房子的年代虽有先后，但从出土陶片来看，都应相当于紫荆山下层。遗址中属于这一时期的遗存不少，采集的小件器物有一件石斧、一把残石刀、一件骨锥（图八，5）和一块圆陶片。石斧为梯形斜刃，剖面椭圆形，长 10.5、刃宽 5.6 厘米。器身琢制，刃部磨光，后角有一小块崩片痕（图八，6）。

陶器多红色和灰褐色，手制。其中泥质陶有敛口钵和小口罐残片，夹砂陶主要是鼎。鼎足均为圆锥形，有些足根有泥突。还有一些圆柱形或蘑菇形把手（图八，2），大约是筒形罐或圜底釜上的。基本可辨形状的器物有：

盆形鼎　灰砂褐陶，表面粗糙。卷缘，圜底，腹部有一道附加堆纹。足残，足根剖面近圆形，当属圆锥形足之列（图八，1）。

罐形鼎　夹砂灰褐陶，表面打磨平整。卷缘，圜底近平，腹部有一对矮鸡冠耳，足残（图八，4）。

彩陶小口壶　口底均残，但彩纹完整。细泥红陶，手制，肩腹分别做坯然后捏合起来，接缝清楚。表面打磨光滑，施红色陶衣，画紫黑色彩纹。花纹分为上下两个横带，每条横带均由交错的斜线和正、倒三角纹相间而构成，与北城和东村的某些刻划纹的图案相近（图八，3）。

北庄的龙山文化遗物主要发现在有房屋遗迹的地块往北、高一梯级的地块上，其南剖面的耕土下似为后期扰乱层，第三层即龙山层，出典型的轮制黑陶片，其下第四层又是相当于紫荆山下层的遗存。遗址中采集的龙山文化遗物主要是薄胎黑陶杯、麻花状鬶把手、鬶袋形足和鼎足等。黑陶杯只见口部残片，均为轮制，漆黑发亮，有的外面有几道阴弦纹。鼎足为夹砂褐陶，外侧有一道竖行附加堆纹。

岳石文化的遗物极少，仅见到一件盖纽和一陶尊的腹片。

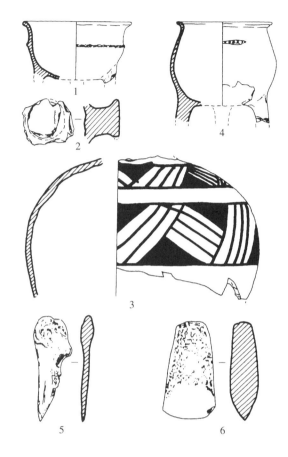

图八　大黑山北庄第一期文化遗物

1. 盆形陶鼎　2. 陶器物把手　3. 彩陶小口壶
4. 罐形陶鼎　5. 骨锥　6. 石斧　（1、4 为
1/8，余为 1/4）

四　砣矶岛

砣矶岛原名鼍矶岛，很像一只伏地扬头的鼍龙。它的腹部有大口遗址，头顶则有后口遗址。

大口遗址分为东西两片，绝大部分已为现代村庄所压，从而遭到了比较严重的破坏。

东部的一片主要在村落东部，北起砣矶医院以北约 30 米，南及大口塘海边，坐落在一个 10～15° 的斜坡上，北高南低，海拔 5～40 米。遗址范围略呈长条形，南北长二百余米，东西宽约百米，逼近港湾，是渔民居住的理想场所。

我们于 11 月 28 日去调查时，医院的两座楼房刚刚盖成。当初为平整地基，将后山坡切出了一个长约 70、高约 4 米的垂直剖面，地层关系一目了然。第一层是地表土，厚 10~20 厘米，结构松散，有大量草根和腐殖质。第二层为自然坡积物，厚 1~1.5 米，呈黄褐色，主要是山坡上滑下来的碎石块和粉沙土等。第三层即文化层，厚 1.5~1.8 米不等，中间局部地方也夹着一层厚约 0.3~0.5 米的坡积物。文化层为深灰色，很松软，其中包括大量灰烬。暴露的陶片都呈黑灰色，轮制，能看出器形的有罐和杯的口沿、平底等。还有一件黑陶纺轮，一面平，一面稍稍隆起，隆起的一面黑光发亮，周边有一道阴弦纹，直径 6.8 厘米。这些都是龙山文化的器物，故这一地层应属龙山文化。与这些陶片同出的还有少量鱼骨、贝壳、猪和狗的下颌骨等。本层往下即为马兰黄土，西头部分地段文化层直接覆盖在基岩上。

从医院往南，灰层逐渐减薄、时断时续，个别地边暴露出灰坑遗迹。采集的陶片除龙山文化者外，还有属于第一期文化的鼎足、罐片，以及岳石文化的陶甗和陶尊残片，但没有找到这两个文化的地层。

在医院北面的坡地上，为敷设自来水管挖了一条宽约 0.6 米的深沟，沟壁上暴露出 4 座墓葬。M1 边框不明，上半身已被民工挖去，从西壁上还可看到股骨的下半截和胫骨的上半截，测其方向为 130°。此地磁子午线西偏真子午线 6°25′，故实为 123°35′。在民工挖出的浮土中发现一个黑陶豆，细泥质、轮制，漆黑发亮，浅盘、盘口外敞，中腰向内起一道凸棱，豆把也起两道凸棱，形如竹节（图九，2）。此豆当为 M1 的随葬品。

M1 的墓底离地表约 0.9 米，其下压着 M2，后者为一小孩的墓葬，坑壁上尚可见到部分头骨、下颌骨和肋骨等，也是头朝东南。墓坑比较清楚，从口至底深 0.4 米，长约 1.1 米。由于墓坑与沟壁方向不一致，故从沟壁

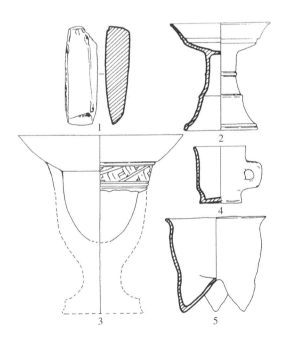

图九　砣矶大口龙山文化墓葬和晚期陶甗
1. 石凿　2. 陶豆　3. 蛋壳黑陶双层杯　4. 陶杯
（以上龙山文化墓葬出土）　5. 素面陶甗　（2 为 1/6，5 为 1/12，余为 1/3）

上看到的长度当与墓坑的实际长度有别。

与 M1 相对的沟东壁为 M3 所在。仅暴露两只手骨，观其方向也是头朝东南。

M1 往北 3.6 米处发现 M4，头骨肢骨等均已被民工挖去，仅见个别头骨片，其旁有一件石凿、两件单把杯和一件蛋壳黑陶双层杯。

石凿长 7.8 厘米，剖面呈梯形，偏锋、通体磨光（图九，1）。

两件单把杯的陶质、形制和大小基本相同，均为直筒形，下部稍向内收。泥质黑陶，轮制，素面，口径 4.2、高 4.5 厘米。小巧玲珑，其造型很像现代的酒杯（图九，4）。

蛋壳黑陶双层杯口径 13 厘米，由宽斜缘构成盘形口，体部分外壳和内胆两层。胆为圜底杯形，口径 6、高 5 厘米。外壳仅剩上半截，上面饰刻划的曲尺纹和长方形、三角形、新月形镂孔构成的美丽图案。可惜下部和杯座残缺，不能完全复原。此杯为细泥黑陶，厚仅 0.3～0.5 毫米。从痕迹看，宽缘、外壳和内胆都是分别轮制成坯后粘接起来的，花纹是在陶坯未干时镂刻的，因有的镂孔未透，背面的泥被刺得凸起来了（图九，3）。从整个造型和花纹来看，和潍坊姚官庄出土的双层杯极为相似。

根据上述发现，可以断定医院北边的山坡是一处龙山文化墓地。这里山坡北高南低，而所见墓葬都是头朝东南，即头朝坡下。由于脚头挖得较深，墓底仍基本上是水平的。

大口遗址西边的一片在公社大楼以北，距东边一片约 200 米。范围较小，破坏更为严重，许多地层是经过再次搬动的，陶片很碎，边角被磨钝。采集的遗物有红陶鬲片、矮圈足的碗底和罐底，其中一个碗的底部有刻划符号。在医院东约 30 米处曾发现一个大口素面鬲，夹砂红陶，口径 32、高 29.5 厘米。高腰，口沿外卷，足部较小，与珍珠门东崖上所出基本相同，可能是墓中的随葬品（图九，5）。因此，西边一片遗址的年代较东片为晚，而它的墓地应在东片以东。

后口遗址位于后口村东边的东巷子（又名东山）上。东面是悬崖陡壁，直迫海中；南北两边是斜坡，西边是冲沟。顶部较平，遗址即在其上，现存面积南北约 60 米，东西将近 40 米。由于取土，大部分文化层已被削除，但地面仍散布许多陶片和蛎碴等。北边残留一段土壁，上面残留两个灰坑的底部；南边斜坡的顶端也还有厚约 1.5 米的文化层，其中有大量牡蛎、贻贝和强刺红螺的皮壳、灰烬和红烧土末等。现在东巷子顶部海拔约二十七八米，当初应有 30 米左右（图一〇）。

后口的器物主要是在北边的灰坑和南边地层中采集的，全部属于岳石文化。其中石器有铲、凿、刀、镞（图一一，2）和砺石等，此外还有一件骨锥（图一一，4）。

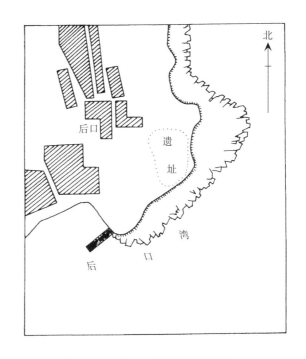

图一〇　后口遗址位置示意图

铲　4件，两件基本完整。一件长9、宽6.5、厚0.7厘米，用泥板岩打制，稍加磨平。其余三件磨制较好，并有经长期使用而留下的磨滑沟（图一一，1）。

凿　3件，仅一件保留刃部，双面刃、横剖面正方形（图一一，3）。

刀　2件，其中一件凸背弧刃，单面刃。双孔为琢制，且偏于一端。刀身两端宽窄不一，有孔的一端较宽，并有端刃；另一端较窄，略残。一面基本是平的，一面略鼓，这是岳石文化石刀的特点（图一一，5）。另一件长方形，仅余一孔，残。

陶器多灰色，次为黑色和红褐色。大部分为轮制，也有一些是泥条盘筑的。纹饰不发达，有弦纹、划纹和附加堆纹数种，还有少量的朱绘。器形主要有以下几种。

鬲　数量甚多，但均不能复原。一般为夹砂灰陶或黑陶。素面，腰部有一道或两道附加堆纹。足尖有如圆锥，有的似乳头状，袋足内常有很厚的水垢（图一二，1、2）。

尊　数量也很多。均有子母口，器身近直筒形，有两道或三道凸棱。泥质，黑色、灰色、褐色都有。全为轮制，外部磨光。多数为平底，也有矮圈足的（图一二，3）。

三足罐　仅剩足部和底部，梯形实心矮足。泥质陶（图一二，4）。

子母口罐　泥质灰陶。轮制，表面磨光。鼓腹，有子母口（图一二，7）。

双耳罐　泥质灰陶。手制、口沿轮修，器身磨光。肩有竖耳。

高领罐　仅一口部残片。泥质黑陶。领部中段有两道阴弦纹。

罐　侈口，薄圆唇，鼓腹。夹砂黑陶。手制，口沿轮修。这种器物个体较大，内有水垢，底部残缺，也可能是甗的上身部分（图一二，6）。

双腹盆　仅一件。泥质灰陶。轮制，器身磨光。口残（图一二，5）。

豆　有盘部和圈足的残片多件。盘部很浅。口沿和底部有两道凸棱形成的圆圈，凸棱内均有朱绘（图一二，9）。

器盖　有一件可以复原。蘑菇状捉手，有子母口。盖面有朱绘痕迹。另一残器盖上边有朱绘痕迹，但脱落太甚，纹样不清（图一二，8）。

五　大钦岛

大钦岛有两处史前遗址，一在东村南坡，一在北村三条沟。

东村又名东濠村，在全岛的东头，地势低洼。遗址在村南的南山脚下，离村庄约 50～100 米，海拔约 5～10 米。在东西约 200、南北约 50 米的范围内，散布着许多牡蛎、强刺红螺等的皮壳，以及石器和陶片等。由于平整土地，大部分文化层已被翻动，很难找到原生堆积。

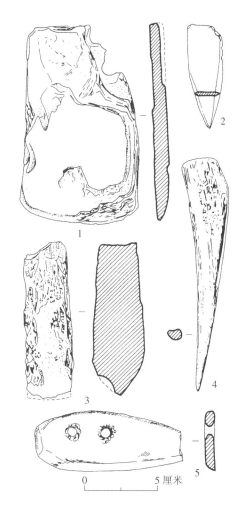

图一一　砣矶后口岳石文化石、骨器
1. 石铲　2. 石镞　3. 石凿　4. 骨锥
5. 石刀

采集的遗物比较复杂，其中绝大多数和福山邱家庄下层及蓬莱紫荆山下层文化相一致。石器有剖面椭圆的斜刃石斧和磨棒等。陶器多属夹砂红褐陶片，多夹较粗的石英颗粒。器形可辨的有鼎、敛口钵、卷缘盆和小口罐等。鼎多卷缘，腹部有附加堆纹，圆锥形足，有的足根上有泥突。有几件鼎足和所贴腹片的夹角极小，和烟台白石村 H1 的某些鼎足类似，可能代表着年代更早的遗存。另外还有一些蘑菇形把手和竖耳等。大多数器物为素面，少数有附加堆纹和划纹（有些可能是压印纹）。划纹的种类较多，有交错斜线纹、重叠横人字纹、多层平行斜线纹和斜线加锥点纹等（图一三）。这些纹样在辽东半岛是非常发达的。

在东村采集的陶片中还有个别鬶的残片，应属大汶口文化。又有个别灰陶浅盘豆片和尊的腹片，是岳石文化的东西。

北村三条沟遗址位于村落东南的公路两侧，而以路东北比较丰富。遗址范围东西约120、南北将近100米，在一个海拔约10～15米的缓坡上，南面距海百余米。

在公路东北边的断崖上暴露出一些灰坑，为了避免进一步坍塌，我们进行了局部的清理。同时在遗址东北部开了一个2米×2米的探坑T2，借以了解地层堆积的情况（图一四）。

清理结果表明，这个遗址共有三个时期的堆积，其中以龙山文化的遗存最为丰富。T3的地层正好为三期文化遗存的相对年代提供了明确的证据。

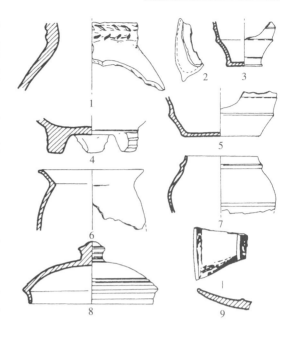

图一二　砣矶后口岳石文化陶器
1. 甗腰　2. 甗袋足　3. 尊　4. 三足罐底部
5. 双腹盆　6. 罐　7. 子母口罐　8. 器盖
9. 朱绘豆盘（1、2、4、6为1/4，余为1/8）

图一三　大钦东村夹砂褐陶纹饰拓片

T3 是就崖边开的一条小探沟，长 2.5、宽 1～1.6 米。第一层厚约 23 厘米，是耕土；下面压着一个椭圆形小灰坑 H2，H2 打破房基 F1 的一角，F1 又打破第二层和 H3（图一五）。后者是一个接近圆筒形的灰坑，里面填满红烧土和灰烬等。在 H3 中出土陶片不多，为红色或褐色。手制。器形有鼎、双耳小罐和敛口钵等。鼎为夹细砂的灰褐陶。手制，口沿轮修。直腹，窄平缘。口沿处有一道阴弦纹，腹底交接处有一圈压印纹。小罐为泥质红陶。手制。口径 6 厘米。仅得一残片，上有一耳，复原时可能有双耳。此外尚有波浪形划纹的陶片。这个灰坑中陶片的质地、颜色、制法和某些造型特点与其西北约 25 米的 H1 所出陶片相近，应是属于同一时期

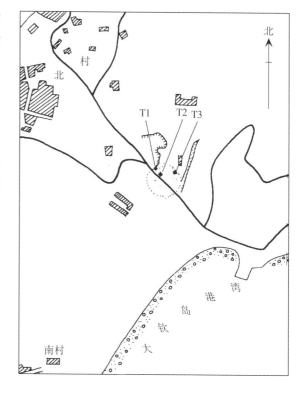

图一四　大钦北村遗址位置示意图

的。H1 为一椭圆形坑，中填大量的红烧土块、牡蛎和蚬贝皮壳。其中有一件石斧，梯形斜弧刃，剖面椭圆形。器身琢制，刃部磨光。长 8.4、刃宽 4.8 厘米。所出陶片不多，为红陶和褐陶。手制。器形有敛口钵、小口罐、瘦腹罐、方凿形鼎足

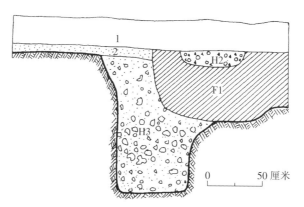

图一五　大钦北村 T3 剖面图
1. 耕土　2. 黄褐土

和敞口器盖等，亦有波浪形划纹，年代应与大汶口文化相当。

F1 土质坚硬，呈灰褐色。所出陶片有细泥黑陶筒形罐和平底罐底部等。均为轮制，表面磨光。还有夹砂灰褐陶的鬶流，都是龙山文化的典型器物。

H2 为椭圆形，甚浅。中填红褐土，掺烧土末，比较松软。其中出一矮圈足碗底，系泥质红陶。手制。里外磨光。风格与珍珠门的矮圈足碗接近，可能是属于同一时期的。

兹将 H3、F1 和 H2 的出土器物制成图表（图一六），以示其年代先后和文化特征之不同。

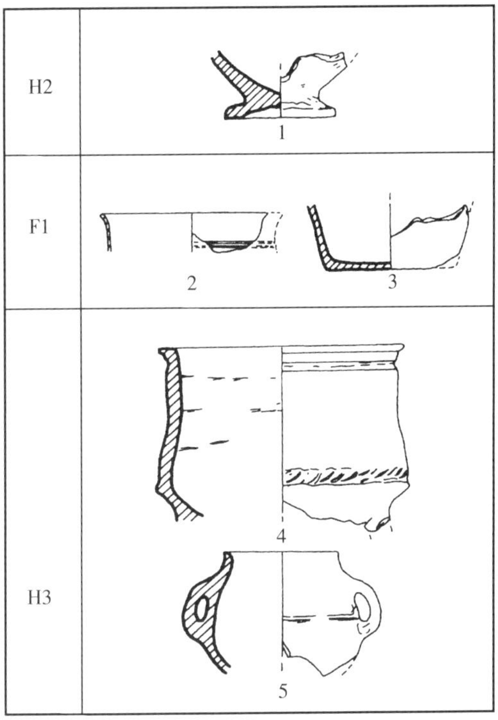

T2 位于 F3 以东约 50 米，在一块梯田的下坡。从地表至文化层底部厚达 2.5 米，按土质土色可分六层。除耕土层外，其他五层出土器物均看不出显著的差别，全部属于龙山文化。

T2 的陶片比较丰富，其中以夹砂

图一六　大钦北村 T3 出土器物图
1. 泥质红陶碗　2. 黑陶罐口沿　3. 黑陶罐底
4. 鼎　5. 双耳罐（2 为 1/8，余为 1/4）

灰陶为最多，泥质黑陶次之，泥质灰陶和夹砂黑陶数目约略相等，红陶甚少，且主要为橙色陶。绝大部分为素面，磨光陶也较多。弦纹比较常见，有凸弦纹和阴弦纹两种，划纹和附加堆纹都比较少。此外还有少量刻纹和乳丁纹，个别夹砂器物的口沿压印成锯齿纹。有的罐底印有布纹，系平纹织法，经稀纬密，每平方厘米为 8 根×11 根。

划纹的图案主要是用界线勾出大的菱形，菱形的宽带磨光。底子则为若干平行斜线交错的网格纹。这类纹饰大部分是饰在小口罐的肩部。

在第二层发现很小的一块黑陶片，平坦无弧度，厚 1.45 毫米，大约是器盖的残片。表面磨光，刻有很复杂的变体雷纹。奇怪的是在反面也刻着另一种变体雷纹，双线勾勒，两线之间有若干锥刺小点，非常别致（图一七，11）。惜仅一件残片，整个图案无法复原。兹将 T2②～⑥层陶片统计如表二。

表二　大钦北村 T2②～⑥层陶片统计表

陶质＼数目＼纹饰	磨光	素面	弦纹	划纹	堆纹	其他	小计	百分比（％）
泥质黑陶	252	17	47	2		1	319	25.6
泥质灰陶	109	88	14	2			213	17.1
泥质红陶	10	14		2	1		27	2.2
夹砂黑陶		180	21	3	7		211	17.0
夹砂灰陶		358	12	17	13	1	401	32.2
夹砂红陶		63	4	2	4		73	5.9
小计	371	720	98	28	25	2	1244	100
百分比（％）	29.8	57.9	7.9	2.3	2.0	0.1		100

　　T2 龙山器物造型比较规整，以平底器为最多，次为三足器和圈足器，三足器中又有实足、袋足和环足三种。有些器物有流或把，不少器物有耳或鼻。器耳又分竖耳、横耳和鸡冠耳三种，以前两种数目较多。主要器类有鼎、鬲、碗、杯、豆、盘、盆和各种罐类，但均不能复原。

　　鼎　均为平底，足的横截面一般为椭圆形，大部分足端是齐头的，内外各刻一条竖槽，有的外面三条，内侧一条，也有不刻沟槽的。另一种为尖足或平头足，剖面较扁，外侧有一竖条附加堆纹（图一七，12、13）。

　　鬲　鬲足不少，一般为夹砂灰褐陶，袋足，有些袋足上段的破片上有窄条附加堆纹。

　　杯　主要有两种：一种为直筒形，平底，有的有把手；另一种是高柄杯，柄部形状各异。所有杯类都是细泥黑陶。轮制。打磨光滑。火候甚高，质地坚硬，且多为薄胎。两件高柄杯的柄部残片，经测得其厚度分别为 0.80 和 0.55 毫米，真正是薄如蛋壳了。

　　豆　豆盘甚多，形制各异。有敞口折盘的，有口沿略向外卷的，也有厚圆唇弧壁的。都是细泥黑陶。轮制。表面磨光。

　　圈足盘　实即大圈足豆，有些圈足径约 20 厘米。都为浅盘，有的卷缘，有的为窄平缘，也多是细泥黑陶做的（图一七，7、8、14）。

　　盆　盆片不多，有敞口腹壁内凹的，也有口部稍稍内敛而腹壁外鼓的，多饰几道阴弦纹。T2④：9 为泥质黑陶，腹壁外鼓，口外五道阴弦纹，下腹有器耳，口径 34 厘米（图一七，6）。

小口高领罐　仅几件口颈残片，也都是泥质黑陶（图一七，1）。

侈口鼓腹罐　数量甚多，一般为夹砂黑陶或灰陶。侈口斜缘或平缘，有的肩部有弦纹（图一七，2，3）。

乳丁纹罐　1 件。领部较高，颈肩部分有许多阴弦纹，中间夹一周乳丁纹。泥质黑陶，口径 10 厘米（图一七，4）。

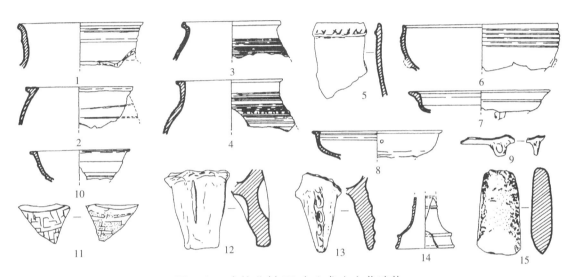

图一七　大钦北村 T2 出土龙山文化遗物

1～4. 陶罐口沿　5. 陶筒形罐残片　6. 陶盆　7、8. 陶豆盘　9. 陶环足盘底部　10. 陶碗　11. 刻纹黑陶片　12、13. 陶鼎足　14. 陶豆把　15. 石斧（3、6、7、8 为 1/8，11、12、14 为 1/2，余为 1/4）

筒形罐　只有残片，口径难以复原。器身为直筒形，口沿在做坯时外翻紧贴器身，形成厚唇，再在唇上刻三角纹。有的则在唇外附加泥条，在上面刻交错斜线纹等。此类罐多为夹砂灰褐陶。手制（图一七，5）。

器盖　仅见残片，一般盖面平，打磨光滑，有子母口。

此外还有一些黑陶碗底、带环足的器底等，后者可能属杯、盘之类（图一七，9、10）。

同出的石器有一梯形斧，刃有崩片疤，通体磨光（图一七，15）。一把长方形石刀，磨制，双孔。一个箭头，还有一件海卵石做的锤子。

骨器仅见一件锥，用兽肢骨做成。

动物骸骨主要是猪，从肩胛骨和牙床计算至少有十几个个体，老的、壮的、幼年的都有，还有少量鸟骨、鱼骨和牡蛎壳。

在该遗址西北约 50、高约 10 米的山坡上，因为盖房子挖出了一些陶罐，推测那是一个墓地。采集有陶罐三件：一件为泥质灰褐陶，侈口鼓腹小平底，肩部有一排刻划的三角纹，口径9、高13厘米；一件为夹砂红褐陶，瘦腹，略有矮圈足，口外有刻划的网格纹，口径13、高16厘米；第三件也是夹砂红褐陶，口外有一排斜线刻划纹，口径11、高17.5厘米。这几件陶罐的陶质和制法与本遗址H3或F1者迥异，与H2的红陶碗倒比较接近，也许是属于同一时期的。

六　几点认识

调查表明，长岛县的史前遗存是比较丰富的，发展水平也是不低的。至少从公元前第五千年的末期开始，这里就不断地有人居住着。从地理条件来说，这里虽是海岛，但却是像链环一样一个一个地连接着的。从蓬莱港出发，一直到最北边的隍城岛，中间可以有许多站。两岛之间的距离，最多不过十几千米。夏秋季节，大多数时日风平浪静，原始人完全可以用一叶扁舟来往于各岛之间，大陆文化很容易传到各岛。就是从隍城岛北往辽东半岛，水路也仅40千米，在当时这一距离并非不可克服的困难。因此，岛上居民可以受到两边大陆文化的滋养。

岛上多丘陵，一般海拔一二百米。背山面海之处往往有很好的港湾，有比较发育的冲淤土和亚黏土，这些地方多是现代村落所在，也往往是史前村落遗址所在。

岛上气候温和（年平均气温12.1℃），雨量适中（年降水量560毫米左右），无霜期长（240天左右），适于多种动植物的生存，也适于原始农业的发展。

群岛是南来北往的候鸟临时停歇的中间站，周围的海域是鱼虾洄游必经之地，环岛水位适中，礁石较多，盛产海参、贻贝、扇贝、鲍鱼、牡蛎和海胆等。

由于具备以上的条件，在岛上容易发展多种经济。在经过清理的一些遗址中，往往既有农业工具如石刀、石铲、石磨盘和石磨棒等，又有渔猎工具如网坠、石矛和箭头等；既有大量的猪骨，也有鹿骨、鸟骨、鱼骨，而更多的是牡蛎、贻贝等软体动物的皮壳。生活资源如此丰富，是使原始居民能够在此生存和发展自己文化的重要条件。

根据地层关系和器物排比，可将这里的原始文化分为五个时期。

第一期的遗存以大黑山北庄为最丰富，其余还有乐园、北城、东濠村等处。综观其陶器均以泥质红陶和夹砂褐陶为主。全部手制，有些口沿经过慢轮修整。多圜底和三足器，平底甚少，没有见到圈足器。器形主要有鼎、敛口钵和小口罐等。有些小口罐有竖耳，有很多的圆柱状或蘑菇状把手，从烟台地区其他同类的遗址得知，此种把手多是安在直筒形罐或圜底釜上的。鼎的特征非常显著，一般为圜底盆形，个别为圜底罐形，卷缘，腹部常有一道附加堆纹。鼎足绝大部分为圆锥形，有的足根上有一泥突。以上这些特点同蓬莱紫荆山下层文化和福山邱家庄基本上是一致的，应属于同一类的遗存。不过邱家庄下层和紫荆山下层二者并不完全相同，如前者有陶支脚而后者没有；后者有豆、觚形杯和彩陶等，前者不见。根据邱家庄本身的地层关系，前者是早于后者的。长岛的这些遗址，如果细分，大约乐园接近邱家庄下层，而北城、北庄与紫荆山下层一致，东村则两种遗存都有。

这个时期岛上的史前文化虽应看作是整个胶东半岛史前文化的一个部分，但也有一些差别，主要是受辽东半岛史前文化的影响比较明显。南长山北城和大钦岛东村都发现过一些饰刻划纹和压印纹的陶片，所饰纹样有多层平行斜线纹、交错斜线纹、斜线加锥点纹和重叠横人字纹等，从某些较大的陶片看应是属于筒形罐的。这类器物和纹样是辽东半岛（包括长海县）小珠山中层文化的主要特征，在山东半岛则基本不见。山东半岛的一些刻划纹多作网格状，且多见于器盖上，二者作风不同。这次调查还看到一个现象，就是靠北的大钦岛东村所见上述刻划和压印纹比南边大黑山北庄和北长山北城遗址的要多，说明北边的岛受辽东史前文化的影响更多一些。

北庄和北城的四座房屋遗迹虽都是半地穴式的，但具体结构各不相同。像北庄 F2 那样先铺一层海砂子，然后在上面抹两层紫黑色胶泥的做法不见于其他地区，为研究新石器时代的建筑技术提供了新的材料。

第二期文化仅见于大钦岛北村三条沟，遗物很少，文化面貌不很清楚。从所出敛口钵、方凿形足鼎和侈口罐等来看，年代应与大汶口文化，特别是大汶口遗址的五至七期相当。值得注意的是这期遗存在烟台地区其他各县也很少见，而在昌潍地区则非常发达。究竟为什么出现这种情况，原因不明。

第三期即龙山文化遗存，见于南长山的后沟，北长山的北城、店子，大黑山的北庄，砣矶的大口和大钦岛的北村三条沟等六处遗址，是列岛各期文化中遗址最多、文化内容也最丰富的一期文化。北村三条沟有明确的地层关系，证明它晚于第二期文化。

这期文化的陶器以黑色和黑灰色为主，红褐或黄褐色的很少。绝大部分为轮制，素面。蛋壳黑陶在各岛上都能见到，从后沟、大口和北村采集的标本，其厚度分别为 0.73、0.30 和 0.55 毫米。最精彩的是大口村 M4 那件有壳有胆的双层杯，做工精细，造型大方，花纹雅致，同潍坊姚官庄所出几乎完全相同。

陶器形制很规整，以平底器为多，其次为三足器和圈足器。平底器主要是碗、杯、盆、罐，三足器中有足部加刻槽或附加堆纹的鼎、矮足的杯、袋足鬶以及环足的盘、杯之类。圈足器则有豆、高柄杯和圈足盘等。它们都是龙山文化中常见之物，说明直到公元前第三千年末期，岛上的史前文化仍然属于山东半岛这个大文化圈的范围。但与此同时，辽东半岛的影响也是很清楚的。例如大钦岛北村 T2 的出土物中，就有灰褐陶的筒形罐，其口外贴泥，并有刻划纹饰。此种器物在辽东半岛小珠山上层文化中是很多的，龙山文化中一般不见此物。北村有些陶片用划纹分出大菱形格、宽带中加以磨光、底子则填充交错斜线构成的网格纹。此种纹样在辽东半岛也比较发达，而大陆龙山文化遗存中迄今未发现。在长岛县内，也是北边的岛上稍多而南边的岛上很少，可见北边的岛民同辽东半岛的接触比南边同辽东的接触要密切些。

这一时期的一些最精美的物品是否直接来自大陆，固然是个疑问，至少不能排除这种可能性。但一般的陶器肯定是在本地烧制的，因为在店子就有当时烧制陶器的窑场。对于其他的东西恐怕也可以这样说：一方面自己生产，这是主要的；另一方面又有广泛的交流，包括岛与岛间的交流以及海岛与大陆的交流。

第四期的遗存见于北长山的北城，砣矶的后口和大口，在大钦东村和大黑山北庄只捡到个别的陶片，看来已不如第三期那样发达。其陶器多灰色和褐色，黑陶的比例比第三期少。胎壁较厚，没有很薄的蛋壳陶。轮制仍占多数，但所占比例不如第三期那样高。纹饰亦不发达，只有少量刻划纹、附加堆纹和弦纹等。器盖和豆盘上常有朱绘。最常见的器物有素面甗、尊形器、三足罐、豆、夹砂罐和器盖等，许多器物有子母口，腹部有箍形的凸棱，还有舌形足等。石器中最富特征的是半月形双孔刀，一面略鼓，一面微凹。以上特征同牟平照格庄遗址几乎完全一样。此类遗存最早发现于平度东岳石村，被称为岳石类型或岳石文化。诸城前寨 T9 的地层证明它晚于龙山文化。其分布范围主要在烟台地区，昌潍地区也有一些零星的发现。

第五期的遗存见于南长山的王沟，北长山的珍珠门、店子、北城西，砣矶大口和大钦北村，是一种很富有地方特色的文化。它的陶器多为红色或褐色。手制。表面磨光，有些陶罐有刻划纹。所见器形有鬲、矮圈足碗、圈足罐和平底罐等。可以复原的鬲共有四件，分别见于珍珠门、大口村和王沟等处。形制大同小异，均为夹砂红陶或褐陶。素面或磨光。卷缘、筒腹、高裆、小袋足。类似的鬲在潍县柿子行等地见过，但不完全相同，共存器物也不明确。大钦北村 T3 的地层证明此类遗存晚于龙山文化。鉴于岳石文化仍未见鬲而此期文化却以鬲为主，所以也应晚于第四期的岳石文化。值得注意的是，在珍珠门还出一种方唇高裆鬲，为夹砂灰陶，通饰整齐之绳纹。陶质坚硬，火候甚高，应是商代晚期的器物。以素面红陶鬲为代表的一类遗存，无论从陶质、陶色、形制和纹饰哪一方面看，都与同遗址的晚商鬲大不相同，当不是同一时期之物。晚商以后，山东半岛的考古编年是明确的，其中没有素面红褐陶鬲的位置。因此它的年代应比晚商为早，可能早到商代的早期。但商代早期文化的陶器多细绳纹，与本期文化风格迥异，根本不属于一个文化系统。是否可以认为，第五期文化是商人势力尚未到来时期的东夷土著文化。等到商文化势力侵入，接着是西周的大封建，东夷文化遭受摧残，才逐渐为华夏文化所同化了。

（原载《史前研究》1983 年第 1 期，原题《山东长岛县史前遗址》，执笔严文明。后收录在《史前考古论集》，科学出版社，1998 年）

胶东原始文化初论*

　　山东胶莱河以东称为胶东半岛，那是一个相对独立的地理单位，其中大部分为丘陵地带，起伏平缓，海拔 200 米上下。丘陵内部有几条较高的山岭，从东向西为昆嵛山、牙山、艾山和大泽山等，河流即从这些山岭发源，南北分流，形成众多的小河直接入海。海岸线很长，且多为岩岸，港岔甚多；在河流入海的地方则有较窄的沙滩。在全新世早期的末尾，约当公元前五六千年之际，海平面已逐渐回升到接近现今海面的高度[1]，从而基本上形成了同现在的海陆分界相近似的格局。从新石器时代起，这里的原始文化得到了重大发展。当时的人们因为要从事农耕、狩猎、捕鱼和采集，往往把村落设置在河旁阶地和滨海地带，尤其是以小河入海的近旁为多。许多原始文化的遗址，就是在这些地方被发现的（图一）。

考古工作的回顾

　　这个地区原始文化遗址的调查是从 20 世纪 30 年代初开始的，当时日本人驹井和爱等曾在黄县龙口发现贝丘遗址，从发表的几块陶片来看，大约是属于龙山文化的[2]。其后神尾正明于青岛兴亚路又发现贝丘遗址[3]。从 50 年代开始，山东省文物管理处、省博物馆、省文物考古研究所、烟台地区文物管理委员会和各市、县文物干部，以及中国社会科学院考古研究所山东队等先后做了许多工作，北京大学考古专业的师生在各有关单位的协助和热情支持下也参加了一些工作。这期间的田野工作主要有以下一些：1957 年，由地方组织了第一次文物普查，发

---

　　*　　本文为 1982 年 8 月在山东荣城石岛举行的山东史前考古学术讨论会提交的论文。

　　[1]　赵希涛、耿秀山、张景文：《中国东部 20000 年来的海平面变化》，《海洋学报》第 1 卷第 2 期，1979 年。

　　[2]　驹井和爱：《山東省黄県竜口附近貝塚二就イテ》，東京《東方学報》第 1 期，1931 年。

　　[3]　神尾正明：《青岛市興亞路員塚ノ先史地理》，《史前学雑誌》14 卷第 2、3 期合刊，1942 年。

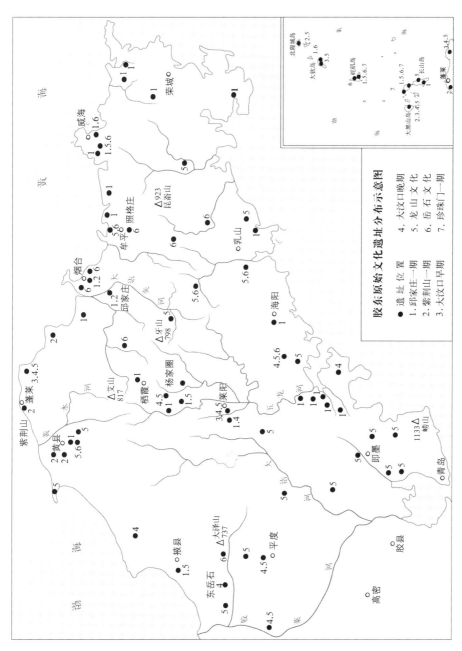

图一　胶东原始文化遗址分布示意图

现了不少新石器时代遗址[1]；1961 年省文物管理处曾对其中的八处进行重点复查[2]。1960 年考古所山东队试掘了平度东岳石村遗址，发现了一种当时被称为龙山文化而实为岳石文化的遗存[3]。1963 年省博物馆试掘了蓬莱紫荆山遗址，发现了龙山文化叠压于紫荆山一期之上的地层关系[4]。1975 年省博物馆和烟台地区文管组试掘了烟台白石村和荣成河口遗址，都发现了较紫荆山一期更早的遗存。1979 年烟台地区文管组、考古研究所山东队和北京大学历史系考古专业共同发掘了福山邱家庄和牟平照格庄遗址，发现了紫荆山一期叠压于邱家庄一期之上的地层关系[5]，并初步认识了岳石文化的基本特征[6]；同时组织力量对栖霞、乳山、荣成、蓬莱等县进行了广泛的调查[7]。1980 年烟台地区文管组和北京大学考古专业师生又对海阳、莱阳、莱西、黄县和长岛等地进行了考古调查，对胶东原始文化的分布和发展序列有了进一步的认识[8]。1981 年省文物考古研究所和北京大学考古专业共同发掘了栖霞杨家圈遗址，发现了一批相当于大汶口文化晚期和龙山文化的房基建筑和其他遗物，加深了对这两个文化阶段的认识[9]。与此同时在栖霞和莱阳又进行了广泛的调查，并分别在栖霞上桃村和莱阳于家店进行了试掘[10]。同年北京大学另一个实习小队在长岛县大黑山北庄遗址进行了试掘，发现了属于紫荆山一期的一批房屋建筑，并发现了岳石文化、龙山文化、大汶口文化和紫荆山一期依次叠压的地层关系[11]。1980～1981 年，烟台地区文物管理委员会和烟台市博物馆配合基本建设继续清理了白石村遗址，在过去发现的相当于邱家庄的遗存之下又发现了更早一些的遗存，可以称之为白石村一期，它

〔1〕　杨子范：《胶东半岛一带发现新石器时代遗址》，《文物》1985 年第 12 期。

〔2〕　山东省文物管理处：《山东胶东地区新石器时代遗址的调查》，《考古》1963 年第 7 期。

〔3〕　中国科学院考古研究所山东发掘队：《山东平度东岳石村新石器时代遗址与战国墓》，《考古》1962 年第 10 期。

〔4〕　山东省博物馆：《山东蓬莱紫荆山遗址试掘简报》，《考古》1973 年第 1 期。

〔5〕　北京大学历史系考古专业山东实习队：《山东福山邱家庄遗址发掘实习报告》，1979 年。

〔6〕　北京大学历史系考古专业山东实习队：《山东牟平照格庄遗址发掘实习报告》，1979 年。

〔7〕　北京大学考古实习队：《栖霞、乳山、荣成、蓬莱新石器时代遗址调查实习报告》，1979 年。

〔8〕　北京大学考古实习队、烟台地区文物管理委员会：《山东省海阳、莱阳、莱西、黄县原始文化遗址调查》，《考古》1983 年第 3 期。

〔9〕　山东省文物考古研究所、北京大学考古实习队：《山东栖霞杨家圈遗址发掘简报》，《史前研究》1984 年第 3 期。

〔10〕　北京大学考古实习队：《莱阳于家店试掘记》，待刊。

〔11〕　北京大学考古实习队资料。

是迄今所知胶东地区最早的一期新石器文化，对于探讨胶东原始文化的起源具有重要意义。通过以上的工作，我们对于胶东原始文化的分期、各期文化遗存的分布和基本特征开始有了初步的了解，对于它的来龙去脉、它同邻近地区原始文化的关系，以及它的居民的族属问题也已有可能进行一些初步的探索。如果把现有的资料清理一下，就上述问题进行一番综合性考察，也许对于今后进一步开展工作会有所裨益。正是本着这一认识，我不揣冒昧谈一些粗浅的想法，请大家批评指正。

紫荆山和邱家庄

乍看起来，紫荆山下层和邱家庄的新石器遗存十分相似；倘仔细分析，二者还是有明显差别的。邱家庄遗址可分两期，紫荆山下层只是相当于邱家庄二期，而邱家庄一期的文化面貌，则具有自己的特点。

紫荆山在蓬莱县城西门外，西、北傍海，东有金沙泉流过，遗址即在东南向的小山坡上。它的上层为龙山文化，下层是一种含有彩陶的新石器文化，暂称紫荆山一期文化。其陶器均为手制，大部分为红色，也有很少为黑色的。夹砂陶中以掺滑石末的为多，也有掺石英和云母的。器形主要有圆锥形足圜底鼎、圜底或小平底钵、夹砂罐和小口壶等，另有个别觚形杯和豆的残片[1]。不少器物有柱形、蘑菇形或弯角形把手，有的有竖耳或鼻。多数陶器为素面，少数有划纹、附加堆纹、锥刺纹和压纹，有些陶器有红衣，有些更画有黑彩。彩纹母题多是由平行斜线、三角、凹边三角或勾连纹构成的，常见于小口罐的上腹（图二，1~3、6、7、10、11、13）。

如果说紫荆山的发掘面积较小，所得遗物不足以全面反映该期文化的特点的话，那么黑山北庄的发掘则大大丰富了它的内容。

北庄遗址在长岛县大黑山岛的东边，北依烽台山，南邻一条季节性小溪，东濒大海，地面为一向阳的斜坡。1980年冬，我们曾和烟台地区文管会等单位的同志一起做过较详细的调查[2]，1981年进行了试掘，发现了战国、岳石、龙山、

---

〔1〕 山东省文物管理处：《山东胶东地区新石器时代遗址的调查》《考古》1963年第7期，370页图一，23为豆圈足残段；山东省博物馆：《山东蓬莱紫荆山遗址试掘简报》，《考古》1973年第1期，14页图六，9为最原始的觚形杯下段。

〔2〕 北京大学考古实习队、烟台地区文管会、长岛县博物馆：《山东长岛县史前遗址》，《史前研究》1983年第1期。

大汶口和紫荆山一期依次叠压或打破的地层关系和各期遗物，其中尤以紫荆山一期者最为丰富。该期石器以磨制为主，主要器类为剖面椭圆的斧、磨盘、磨棒、网坠和砺石等。其中有一种方形砺石，中间穿孔，下端磨光，上端有砥磨的沟槽，与江苏邳县刘林所见别无二致[1]。骨器中多鱼钩和箭头。陶器中数量最多的是鼎，其次为钵、筒形罐、鬶、觚形杯、盆、小口壶和豆等。鼎为卷缘、弧腹或微折腹、圜底，圆锥形或扁形足，腹部常有一箍附加堆纹。筒形罐一般微敞口、瘦腹，腹部带饰各种划线。有一件（T4③C：13）腹外数层方向相错的平行斜线纹，与辽宁长海县小珠山的T4②：90十分相像[2]。后者被列为小珠山上层文化，但从其器形、陶质和纹饰来看，列入中层似更合适。鬶为小口球腹或扁球腹，圆锥形足，半环形把手，无流，与江苏邳县大墩子的彩陶鬶有些相像[3]，大汶口二、三期也有类似的器形，但均为角状把手[4]。北庄一期的陶鬶与后来出现的带流陶鬶在形制上十分接近，而年代又较早（详后），当是探索陶鬶起源的重要资料。北庄一期的陶盆为卷缘曲腹平底，与刘林期和仰韶文化庙底沟期的陶盆相似。觚形杯有不少残器，从平底、矮三足到较高的足各种形态都有，与刘林期或大汶口二至四期者基本相同。

北庄一期陶器仍多素面，也有一些划纹、压印纹、锥刺纹、附加堆纹和彩陶。划纹、压印纹和锥刺纹常结合在一起构成三角纹、菱形纹或条带纹等，多饰于筒形罐上，装饰方法和构图都和长海小珠山中层文化的纹饰相同，当是受后者影响的结果。彩陶纹饰中除和紫荆山下层完全一致的以外，还有饰白衣和红、黑二色彩的，花纹母题有回旋勾连纹、花瓣纹和八角星纹等，均与刘林期或大汶口三、四期彩陶相同（图二，4、5、8、12）。

类似紫荆山一期和北庄一期的文化遗存，在胶东还见于长岛北隍城山前村、烟台白石村上层、福山邱家庄上层、蓬莱仲家、黄县唐家和乾山等处，差不多都是接近海滨或在海岛上的。它同辽东半岛上以小珠山中层为代表的文化类型显然不属于一个系统，但有一定的联系和相互影响。紫荆山一期文化中的筒形罐和某些刻划、压印、锥刺纹饰等显然是受小珠山中层文化类型影响的结果，同时后者又

〔1〕　南京博物院：《江苏邳县刘林新石器时代遗址第二次发掘》，《考古学报》1965年第2期，21页图一四，1。

〔2〕　辽宁省博物馆、旅顺博物馆、长岛县文化馆：《长海县广鹿岛大长山岛贝丘遗址》，《考古学报》1981年第1期，81页图一七，22。

〔3〕　南京博物院：《江苏彩陶》，文物出版社，1978年，40—41器。

〔4〕　山东省博物馆：《谈谈大汶口文化》，《文物》1978年第4期。

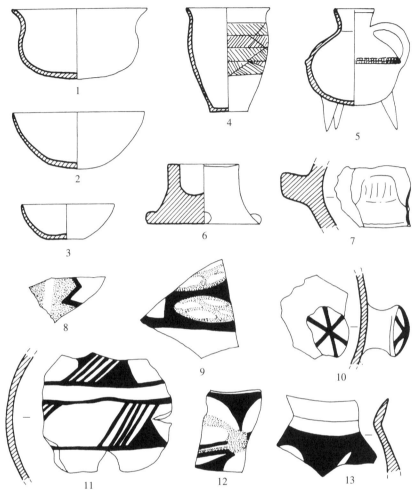

图二   紫荆山一期的陶器

1. 盂   2、3. 钵   4. 罐   5. 鬶   6. 觚形杯底座   7、10. 把手
8、9、11～13. 彩陶片（4、5、8、12. 黑山北庄，9. 邱家庄，
余为紫荆山出土）

受到紫荆山一期文化的更多影响，如圜底鼎、觚形杯、鬶和各种彩陶花纹等[1]。
至于同青莲岗文化的刘林期或大汶口二至四期的关系就更加密切得多了，差不多
大多数器物和花纹都很相似或完全相同，它们显然属于同一种文化。当然也还有
若干差别，如紫荆山一期的筒形罐在大汶口和刘林等地不见，而大汶口刘林等地
的漏器等也不见于紫荆山一期；鼎、鬶、豆等的形制多不相同；大汶口刘林多角

〔1〕 辽宁省博物馆、旅顺博物馆、长岛县文化馆：《长海县广鹿岛大长山岛贝丘遗址》，
《考古学报》1981 年第 1 期，图一一，1～5；图一二，11、13、14。

状把手，而紫荆山一期多柱状或蘑菇状把手。两地纹饰也不尽相同，紫荆山一期的划纹、锥刺纹和附加堆纹等比较发达，而大汶口、刘林等地的回形纹彩陶等又不见于紫荆山一期。诸如此类还可举出一些，说明二者至少应区分为两个不同的文化类型。至于这种类型是怎样形成的，究竟是同一系统的文化发展到一定阶段出现了分化，还是本来就属于不同的系统，虽因不断地交互影响和融合而形成了一个较大的文化，但还保留着若干地方性差别呢？我个人倾向于后者，这只要看看比紫荆山一期文化更早的邱家庄一期和白石村一期的文化内容就明白了。

邱家庄遗址可分四层，第一层为耕土；第二层已遭后期破坏，主要是房屋的柱坑填土堆积；第三层是灰土夹贝壳堆积；第四层极薄，出土陶片极少，看不出同第三层的陶片有什么区别，故实际上只有两大文化层，分别属于两个文化期。

邱家庄 1979 年发掘区的第二层正好是居住区，房基的柱坑极为密集，且均打在第三层上，故填土中大部分陶片本是属于第三层的，从而使得第二层的文化面貌有些模糊，不易同第三层区分开来。但若仔细排比，尽量剔出第三层的混入物，便可看出该层文化的特色。如在陶器群中有鼎、钵、鬶、觚形杯、豆等，后三者在第三层都不曾见，而在紫荆山一期则是常见之物；鼎、钵的形制也与紫荆山一期相同，如鼎腹微折，腹部往往有一道附加堆纹等，都是与第三层的同类器物有差别的。第二层还出有两种彩陶，一种是由弧形三角纹组成椭圆形地子，再在中间画黄彩（图二，9）；另一种是三角纹、凹边三角纹和平行斜线等，与紫荆山一期的彩陶花纹完全相同，而邱家庄第三、四层是根本没有彩陶的。所以，邱家庄的新石器文化可分两期，第二期（第二层）基本上属紫荆山一期，第一期则是另一种较早的遗存。

邱家庄一期（第三、四层）陶器绝大部分呈红色或红褐色，同一陶器上颜色往往不纯，时有红色或黑色斑块。夹砂陶多于泥质陶，前者既有掺细砂的，也有掺云母和滑石粉的。造型简单，主要是圜底器和三足器，短柱形和钉头形把手较多，还有半环形耳和小鼻等。器类主要有六种：鼎、钵、罐（釜）、壶、器盖和支脚。鼎多卷缘、瘦腹、圜底，体部为盆形，腹壁轮廓线呈弧形内收。足多为圆锥形，有些在外侧压成一个平面，剖面略呈半圆或圆顶的等腰三角形，也有少量方柱形足，足根往往有一泥突。钵多数圜底，有的有三矮足。罐多直口、筒腹、圜底，常有柱状把手或器耳，口沿有时贴一泥带，上饰折线或网格状划纹。此类器全为夹砂陶，应为炊器，或可称为釜。壶为小口鼓腹、圜底，肩部常有双鼻或钉头形把手。支脚甚多，呈圆锥形或塔形，个别为圆锥台形和弯角形，有实心和空心之别，上面总是有两三个穿孔，当是为炊事完毕后用小棍挑离火塘之用。这种支脚的大量存在，是邱家庄一期同紫荆山一期的重要区别之一（图三）。

大部分陶器是素面的，只有少数饰划纹、锥刺纹和附加堆纹，划纹中有网格

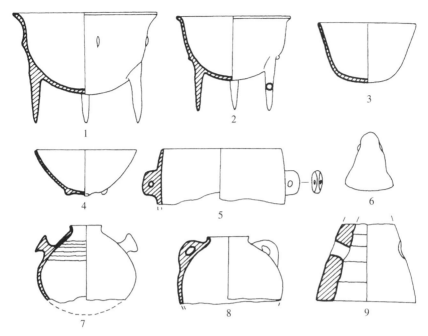

图三　邱家庄一期的陶器

1、2. 鼎　3. 钵　4. 三足钵　5. 筒形罐　6、9. 支脚　7、8. 壶

（6. 白石村出土，余为邱家庄出土）

纹、波形纹和平行格子纹等，线条较细较浅，也不如紫荆山一期那么整齐。有少量陶器有红色陶衣，但没有发现彩陶。

在胶东地区，和邱家庄一期文化特征相同的遗址是很多的，较重要的如荣成河口和北兰格、威海义和、牟平蛤堆后和姜格庄、乳山翁家埠、莱阳泉水头、即墨南阡和北阡、长岛县大钦东村等处，初步统计有38处。其中将近80%位于海边或在距海很近的河口岸边，并往往表现为贝丘遗址，文化堆积大部分由人们采食以后扔弃的贝壳构成。紫荆山一期的遗址也多濒临海边，却很少有贝壳堆积，多数不是贝丘遗址，这是二者明显不同的一个情况。再者，在遗址分布地区上，邱家庄一期比较广泛，但以烟台以东为多；紫荆山一期则主要分布于烟台以西，这又是一个值得注意的情况。

在同左近原始文化的关系上，邱家庄一期同紫荆山一期至少在程度上有很大差别。邱家庄一期同泰山地区、徐海地区和辽东半岛原始文化的关系，都不如紫荆山一期那样密切。同泰山地区相比，邱家庄一期的相对年代大约相当于大汶口一期（大汶口遗址第六、七层）[1]。二者有不少相同之处，如在陶器群中都有圜

---

〔1〕　山东省博物馆：《谈谈大汶口文化》，《文物》1978年第4期。

底鼎、圜底钵、小口壶和支脚等，纹饰中都有少量的划纹和附加堆纹等。但二者也有明显的差别，如大汶口一期中的大口圜底瓮不见于邱家庄一期，而邱家庄一期的夹砂罐（釜）和三足钵也不见于大汶口一期。大汶口一期的鼎腹较深，圜底甚小，足部变化较多，除圆锥形者外，还有圆柱形和扁三角形（侧装扁足）等。钵也较深，支脚多为歪头的倒猪嘴形。邱家庄一期的鼎则腹部较浅，圜底较大，足部多数为圆锥形或半圆锥形，钵较浅，支脚多圆锥形和弯角形等。大汶口一期有少许绳纹和彩陶，邱家庄一期未见，两者划纹的样式也不相同。从这些方面来看，两者差别的程度，显然要比紫荆山一期同大汶口二至四期差别的程度为大。

邱家庄一期同徐海地区的青莲岗期的相对年代应当是基本一致的。二者的文化面貌也是既相同而又不同。相同之处如在陶器群中都有圜底鼎、圜底钵、小口壶和支脚等，纹饰也都以划纹和附加堆纹为主。不同的地方也同样十分明显，如青莲岗期的盆形釜和腰沿釜不见于邱家庄一期；青莲岗期的鼎多直口、三足外别，附加堆纹多近口沿，而邱家庄一期的鼎则多卷沿，三足直立，附加堆纹常在中腹。青莲岗期的支脚多圆柱形而非圆锥形或弯角形，并且在陶器装饰上还有少量彩陶，特别是其中有一部分内彩，这都是和邱家庄一期相异之处。这种相差的程度，显然也比紫荆山一期和刘林期相差的程度为大。

至于邱家庄一期同辽东半岛原始文化的关系，更是远不如紫荆山一期时那样清楚。从相对年代来说，它大约相当于小珠山下层文化类型，或至少是相当于其中的一段时期。但小珠山下层是以筒形罐和之字纹、编织纹为其显著特征的，这些在邱家庄一期中很少见到，仅在地理上比较靠近的长岛大钦东村有所表现；而邱家庄一期的一些基本因素在小珠山下层是根本不见的。

依据前面的分析，可见邱家庄一期同周围原始文化的关系不如紫荆山一期时那么密切，而自身的相对独立性表现得比较明显。

胶东新石器文化的起源问题

在胶东地区，现知比邱家庄一期更早的新石器时代遗存还只有白石村一期，那是由于烟台白石村遗址的发掘而确定的，该地上层是邱家庄一期和二期的遗存，下面则是更早的遗存，因暂名之曰白石村一期。这期的陶器多掺石英砂粒，没有掺滑石或云母片的。基本器类只有鼎、钵、壶、罐（釜）和支脚几种，流行乳丁纹和附加堆纹，也有少量划纹。与邱家庄一期相比，鼎腹更浅，且多呈钵形，鼎足多为扁三角形侧装，外侧或内外两侧边常做成锯齿形。钵多深腹，口外有时有附加堆纹或泥丁。罐（釜）多有两个或四个对称的短柱形把手，并以把手为中心饰竖行和横行的附加堆纹。这些特点同邱家庄一期是既相似而又存在着明显差别，表明邱家庄一期是继承白石村一期发展起来的。类似白石村一期的遗存，仅荣成河口和长岛县大钦东村发现过个别陶片，其他地方尚未发现。

白石村一期同辽东半岛的原始文化之间几乎看不出有什么联系。如果同早于大汶口一期的北辛类型相比，也有极明显的差别。例如北辛的鼎为深腹、小圜底，下腹明显内收，足多圆锥形或椭圆锥形，腹饰篦刷纹或多道平行的细堆纹，与白石村一期的鼎风格迥异。而白石村带短柱把手的罐（釜）根本不见于北辛，钵与支脚的形制和纹饰也很不相同。基于这样一些差别，已经很难说白石村一期同北辛类型是否还属于一个文化了。

综上所述，胶东较早的新石器文化，按相对年代排比依次是白石村一期、邱家庄一期和紫荆山一期，并分别与鲁中南和苏北地区的北辛类型、大汶口一期和青莲岗期以及大汶口二至四期或刘林期相当。它们之间的关系，远比同辽东半岛新石器文化的关系密切。若从时间上来讲，最早关系较少，独立性较强；越晚关系越密切，相同或相似的因素越多。根据这一基本情况，我们对胶东新石器时代文化的起源形成了一个初步的想法，兹缕述如次。

全新世早期，胶东地区已有人类居住，蓬莱石门口发现的桂叶形打制石器就是一个清楚的信息。那时海平面逐渐上升，海水从黄海侵入到原本是陆地而现在已成为渤海的部分地区，把辽东半岛和山东半岛隔离开来，两地的石器文化也因而失去联系，各自走着不同的发展道路。胶东的居民，为着从事农业、养畜业、狩猎、采集植物性食物、捕捞鱼类和海贝等，大部分居住于山林、草泽和浅海等各种生态系统相交汇的海滨或小河入海口的近旁，发展了新石器时代的综合经济。随着海水的继续上涨，居址大多被淹没在大陆架上，人们不得不逐渐往高处搬迁。这当然是一个极其缓慢的过程，短期内甚至很难感觉出来。新的居址仍然多数设在海边，人们照旧捕鱼和采食海贝，于是形成了白石村一期和邱家庄一期的那些贝丘遗址。

在白石村一期和邱家庄一期，人们依赖于海和河的程度甚高，活动的方向多是沿着海边和河流岸边，胶东地区三面环海，河流南北走向，本身容易形成一个交通体系。往西到胶莱平原，虽同样有很多南北走向的河流，但因为地势低下而易于泛滥，对东西交通反而形成了重重阻隔。这样的地理条件使得胶东原始文化容易形成一个内部大致统一而同外部仅仅保持有限联系的文化实体。由于内部大致统一而与外部交通困难，于是形成了胶东原始文化的特色，在命名时应该反映这一特色，而不宜随意归并于其他文化。由于同西部仍然存在着有限的联系，故文化发展的步调是一致的，文化内容也互有影响。到了原始农业的发展要求开辟更多的肥沃土地之时，文化的发展方向延伸到平原地区，同西部的联系日益密切，许多居址向西迁移，使得同西部的原始文化相互融合的进程大为加速，这大概就是为什么紫荆山一期同大汶口二至四期或刘林期十分相似的原因。另一方面，由于原始技术的发展，近距离的航海，已不再是十分困难的事，胶东半岛同辽东半岛相对隔绝的状况已被初步打破，使得紫荆山一期和小珠山中层文化发生了一些相互影响。

由此可见，胶东地区在我国东方新石器文化发展的总进程中并不是一开始就处在派生的次级文化区的地位，而是自有起源和自己的发展谱系，只是后来同鲁中南等地的文化联系越来越密切，相互影响越来越深，才逐渐融合为一个较大的大汶口—龙山文化体系。即使到那时，胶东地区原始文化的若干地方特性，仍是不应当忽视的。

文化的衰落和复兴

从白石村一期开始，胶东地区的原始文化一直是连绵不断的，同时又有明显的起伏。邱家庄一期的遗址甚多，那是一个繁荣时期，以后就比较稀少了，甚至在整个大汶口文化时期都未能振兴起来。相当于大汶口文化早期或呈子一期的遗存，目前仅发现有莱阳于家店、长岛县黑山北庄二期和大钦北村等少数几处，而且遗址面积小，遗存均不丰富，但有些遗存仍很有特色。

于家店曾发现一座小墓，系圆角长方形土坑，其中葬一成年女性，俯身、头朝东。随葬器物6件，头顶置一罐形鼎和一黑陶罐，左上方置一镟形石饰，头下压一钵形鼎，脚下置一单把杯和一镂孔豆。罐形鼎和钵形鼎分别同大汶口早期墓葬中的M73：9和M111：18相似[1]，唯足部扁矮而非扁凿形；黑陶罐和单把杯分别同大汶口中期墓葬中的M78：7和M98：12相似[2]，豆盘上折，是大汶口早期墓中随葬陶豆的共同特征，通体造型也和大汶口早期墓中的M101：1相似[3]，唯镂孔为三角形而非菱形，附带有刻划纹和弦纹，大汶口镂孔豆上没有这种纹饰。镟形饰也比较接近于大汶口早期墓者而与晚期墓中较长和方柱形者有别。所以于家店这座墓葬的年代应与大汶口文化早期或花厅期相当，只是文化特征的具体细节

〔1〕　山东省文物管理处、济南市博物馆：《大汶口——新石器时代墓葬发掘报告》，文物出版社，1974年，图版48：1，49：4。

〔2〕　山东省文物管理处、济南市博物馆：《大汶口——新石器时代墓葬发掘报告》，文物出版社，1974年，图版68：4，73：5。

〔3〕　山东省文物管理处、济南市博物馆：《大汶口——新石器时代墓葬发掘报告》，文物出版社，1974年，图版53：4。

有所不同。

值得注意的是，死者下颌骨左侧的两颗前臼齿和第一臼齿，右侧的第二前臼齿和第一、第二臼齿生前均已拔除，齿槽完全愈合。将这样多牙齿拔除的例子，在我国史前文化中尚属仅见，它和大汶口文化中一般仅拔一对上颌侧门齿的习惯显然不同。

大汶口文化晚期的遗址仍然不多，只有莱阳于家店二期和栖霞杨家圈一期等少数几处，未见贝丘，分布重心似已转入河谷和西部平原地带。这时红陶减少，灰陶和黑陶显著增加。器形可辨的有凿形足鼎、卷缘鼓腹罐、细颈袋足鬶、黑陶高柄杯、豆、钵、盆、尊等，未见背壶。多数为素面，也有少量划纹、篮纹和附加堆纹，并有一些画细线条纹的彩陶。

此后进入龙山文化的时代，在莱阳于家店和栖霞杨家圈都有清楚的地层关系，证明本地区的龙山文化也是晚于大汶口文化晚期的。胶东龙山遗址极多，初步统计有四十余处，包括文登石羊、乳山泮家庄、莱阳于家店、栖霞杨家圈、蓬莱紫荆山和刘家沟、平度戴家庄、即墨石院、青岛傅家埠等，其分布遍及海边和内地，过去遗址很少的西部几县一下子也多了起来，这又是一个繁荣的时代。

胶东龙山文化同胶莱地区以及临沂地区的龙山文化遗存是十分相似的，看不出明显的区别。陶器绝大部分为轮制，黑色，造型复杂，三足器、平底器、圈足器均甚发达，不少器物有嘴、有流或有把、耳、鼻等。炊器主要有鼎、鬶、甗。鼎足变化甚多，有铲形（有的外部有一道附加堆纹）、椭圆锥形、鸟头形、"V"字形和侧装扁三角形等，鬶、甗只发现一些残片。饮食器种类甚多，有碗、杯、豆、圈足盘、环足盘、斝等。杯有筒形、筒形带把及筒形带把带三舌形足等多种。长岛县砣矶大口曾出土一件稍残的蛋壳黑陶高柄杯，杯身为双层，其外壳上有美丽的镂孔和刻划纹，从造型、胎质到花纹，均与潍坊姚官庄的 M10∶5 相同[1]，如果不是同一陶工的制品，是难得做到那样雷同的。环足盘有三个半环形足，它同舌形足杯一样在胶莱平原和胶东半岛都是很普遍的，是这两个地区龙山文化的共同特色。盛储器主要是各种类型的盆和罐等。器盖也很发达，并且有许多种形制（图四）。石器中较富特征的是长方形双孔石刀和剖面菱形的石镞。

龙山文化的时代，是一个农业和手工业都有很大发展的时代。农业的发展要求开辟更多的耕地，在胶东地区，由于石矛和石镞的发展和定型化，证明狩猎也有新的发展。这可能是使文化繁荣，遗址增加，特别是在过去遗址较少的丘陵河谷地带

---

〔1〕 山东省文物考古研究所、山东省博物馆、中国社会科学院考古研究所山东队等：《山东姚官庄遗址发掘报告》，《文物资料丛刊》第 5 期，文物出版社，1981 年，37 页图五五，2。

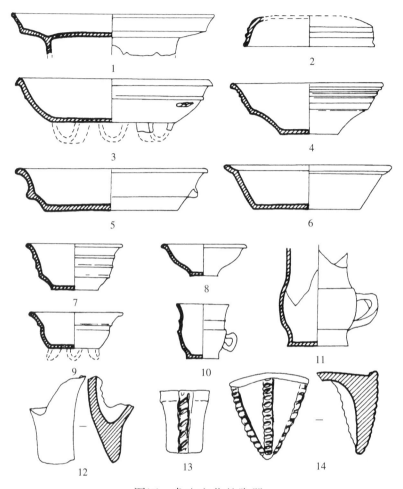

图四　龙山文化的陶器
1. 圈足盘　2. 盖　3. 环足盘　4～6. 盆　7. 盂　8. 碗　9. 鼎　10、11. 杯
12. 甗足　13、14. 鼎足（1、6、13. 即墨石院出土，8. 即墨三官庙出土，
7、11、12、14. 文登石羊出土，余为紫荆山出土）

和西部低洼平原有较显著的增加，并且在更大的范围内使文化面貌达到一致的原因
之一。至于手工业的发展，特别是铜器的发明和陶器生产中轮制技术的采用，必然
带来生产的专业化分工，从而使产品的交换越来越频繁，范围越来越扩大，以至于
成为社会生活中的经常性需要。当我们看到长岛县砣矶大口所出的蛋壳黑陶高柄杯
同相距数百千米，并隔着茫茫渤海的潍坊姚官庄出土的几乎完全相同，看到胶东半
岛、胶莱地区和临沂地区龙山文化面貌的高度一致性，看到辽东半岛以小珠山上层
为代表的文化类型中有许多龙山文化的典型器物如鬶、带舌形足的筒形杯、环足盘、
圈足盘、豆和罐等，就很容易理解龙山时代商业交换的规模及其对促进文化融合的

作用。

许多事实证明，龙山时代是一个已经进入军事民主制的时代。石矛和镞的改进，除说明狩猎经济的发展外，也在一定程度上反映了掠夺性战争的出现。部落间战事频繁和部落联盟的扩大，客观上也加速了原始文化的融合和统一的进程。

以上三点或许可以说明，为什么胶东原始文化在经历了一个时期的衰落之后，到龙山文化的时代一下子复兴和繁荣起来的原因。

岳石文化

继龙山文化之后发展起来的是岳石文化，它是以1960年发掘的平度东岳石遗址而得名的。该遗址在淄阳水库边缘，除上部有一些战国墓葬外，下面还有四个文化层次。上层是商文化，下两层是龙山文化，中间是一种未知的文化遗存，当时曾称为淄阳水库类型[1]。它的陶器中约有70%的红褐陶，其他为灰陶和黑陶，陶胎较厚，轮制陶比例小于龙山文化。主要器形有腰部和裆部饰附加堆纹的鬲，腹部带凸棱的尊形器，盘内带凸棱的豆和有蘑菇状捉手的器盖等。石器中最突出的是有许多半月形石刀。现在看来，这些都是岳石文化的典型器物，所以那个淄阳水库类型实际上就是岳石文化。但因那次的发掘资料至今没有全面发表，而1962年的发掘简报仅发表了战国墓和岳石文化遗存，又把后者称为龙山文化[2]，故学术界长期未能认识这一问题。据我所知，类似遗存的发现还可以追溯到更早的时期。例如1933年日本人江上波夫等在辽宁旅顺双台子山（即双砣子）发掘的一批积石墓，就是属于这一类的遗存。其中出土陶器有腹部带凸棱的尊形器和带蘑菇状捉手的器盖等[3]，与东岳石发现者别无二致。1963～1965年中朝联合考古队在辽宁进行考古发掘时重新发掘了双砣子遗址，发现了三个依次叠压的文化层次。下层出折盘豆、小口高领罐、单把杯、碗等，基本上属龙山文化，至少可以说龙山文化的成分十分浓厚。上层是一种地方性青铜文化。中层基本上属岳石文化，其中出土的带子母口罐、三足罐、带附加堆纹的鬲腰、带蘑菇状捉手的器

---

〔1〕　据中国科学院考古研究所山东队1960年年终汇报记录稿。

〔2〕　中国科学院考古研究所山东发掘队：《山东平度东岳石村新石器时代遗址与战国墓》，《考古》1962年第10期。

〔3〕　江上波夫、驹井和爱、水野清一：《旅顺雙台子山新石器时代遗跡》，《人类学雜誌》第49卷第1期，1934年。

盖等都是典型的岳石文化器物，浅盘豆除盘内无凸棱外，也颇具岳石作风[1]。
根据这一地层关系，实际上已能大致确定岳石文化的相对年代。但当时还没有岳
石文化的概念，这一情况也未能引起特别的注意。后来，黎家芳和高广仁同志在
讨论龙山文化的去向问题时，以东岳石遗址的材料为根据，提出了岳石类型的名
称[2]。我们在 1979 年发掘了牟平照格庄遗址，除上部有战国墓外，其余都是单
纯的岳石文化遗存[3]。由于材料比较丰富，有可能同龙山文化进行全面比较。
我们经过分析，觉得它虽与龙山文化有些渊源关系，但基本文化面貌正如下文所
说是很不同的，应该另立文化。如果只是称为类型，按照我国考古学研究的惯例，
就还要从属于某一文化。从属于龙山文化已经不大合适，从属于商文化更加不妥，
因此才决定称之为岳石文化[4]。

　　岳石文化的陶器虽以黑陶为多，但不及总数的一半，灰陶和褐陶约占半数，
另有少量红陶，这与龙山文化中黑陶占绝大多数的情况是不同的。轮制陶也不及
龙山文化那样多，且主要是在泥质陶方面，夹砂陶多数是泥条盘筑的。胎壁一般
较厚，没有很薄的器皿，更不见龙山文化中那种精美的蛋壳陶。

　　器物造型比较规整，多平底、三足和圈足，多子母口，多竹节状凸棱。平底
往往是后接的，其直径多大于接合处的器壁的直径。三足器中主要是袋足和短舌
状足，不见鼎类那样的长足。一般无嘴无流无把，耳鼻也不多见。主要器物有甗、
尊、盂、盒、豆、杯、碗、钵、夹砂侈口罐、泥质带盖的平底、三足和圈足罐等，
同龙山文化的陶器群大不相同。甗是岳石文化的主要炊器，上身为侈口罐形，下
身为高裆鬲形，足尖有圆锥形和乳头形等多种变化，腰部常有附加堆纹，同龙山
文化的连裆甗显著不同，而大汶口、龙山文化中的传统炊器鬶在岳石文化中已完
全绝迹，鼎仅见于泰山附近的泗水尹家城二期，胶东的岳石文化中至今也还没有
发现。尊有子母口，筒形，腹壁常有两三道竹节状凸棱；带盖三足罐也有子母口，
圜底或平底，下安三个瓦足或短舌状足，舌状足上常有各种戳印纹饰。这两种器
物的数量很多，是岳石文化中最富特色的器物。豆的特征也很突出，一般为浅盘，
盘内有一圈凸棱，圈足较粗，下端略向外撇，仅个别的有镂孔。岳石文化的许多
器物都有子母口，那是承器盖的。盖也有一子母口，并常有一个蘑菇形捉手（图
五）。以上器物的形制和龙山文化者不同，故不能把二者归于同一文化。

〔1〕　朝中共同发掘队：《中国东北地方遗迹发掘报告》，1966 年。

〔2〕　黎家芳、高广仁：《典型龙山文化的来源、发展及社会性质初探》，《文物》1979 年第 11 期。

〔3〕　北京大学历史系考古专业山东实习队：《山东牟平照格庄遗址发掘实习报告》，1979 年。

〔4〕　严文明：《龙山文化和龙山时代》，《文物》1981 年第 6 期。

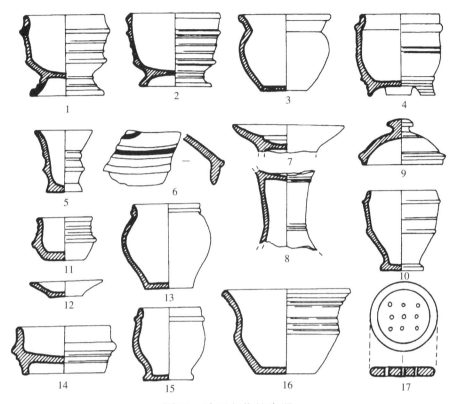

图五　岳石文化的陶器
1、2、5、10. 尊　3、13、15. 罐　4. 三足罐　6. 朱绘器盖残片　7、8. 豆
9. 盖　11. 盂　12. 碟　14. 盒　16. 盆　17. 甗箅

　　岳石文化陶器的纹饰也很有特色。大致说来，约有 60% 是素面或磨光的，
30% 左右有弦纹或凸棱，其余则是附加堆纹、乳丁纹、戳印圆点或圆圈纹等，还
有个别的连续折弧线纹（之字纹）和雷纹（有的刻划而成，有的用印模压印而
成）等。许多器盖的表面或捉手上有彩绘，个别尊的外壁和豆盘里壁也有彩绘。
有些是单一的红色（朱绘），有些则是粉白色绘图再用朱红色勾边，其作风略与夏
家店下层文化者相似。

　　岳石文化的石器中最富特征的是爪镰，均为半月形，单面刃，背面略鼓，正
面微凹，有一对拴绳带的孔。在胶东，凡属这种形态的半月形爪镰均属岳石文化，
而龙山文化者均为长方形。过去曾认为半月形石刀是山东龙山文化的特征之一，
其实是因为没有把岳石文化从龙山文化中区分开来的缘故。

　　岳石文化遗址的分布以胶东地区为主，初步统计有 28 处，其中比较重要的
有威海姜南庄、牟平照格庄、烟台芝水、乳山圈港、海阳司马台、栖霞后炉房、
长岛砣矶后口、黄县邵家和平度东岳石等处。胶东以西的胶莱地区、泰沂地区

乃至江苏北部也有广泛的分布，如潍县鲁家口、诸城前寨、寿光丁家店[1]、莒县陵阳河、临淄桐峪、泗水尹家城[2]、故县[3]、兖州西吴寺[4]和江苏赣榆下庙墩[5]等处都是，其中有些是单纯的岳石文化遗存，有的在调查采集的陶片中包含有岳石文化的遗物（图六）。从其整个分布范围来看，大体上相当于龙山文化的区域。除前述平度淄阳水库和旅顺双砣子外，在诸城前寨、长岛黑山北庄和泗水尹家城，都曾发现岳石文化层叠压在龙山文化层之上的地层关系，证明岳石文化晚于龙山文化，并应当是龙山文化的继承者。但从现有的资料来看，二者之间还有较大的距离，文化继承和发展的脉络还不大清楚，只有把这个缺环填补起来以后，二者的文化关系才能彻底弄清。

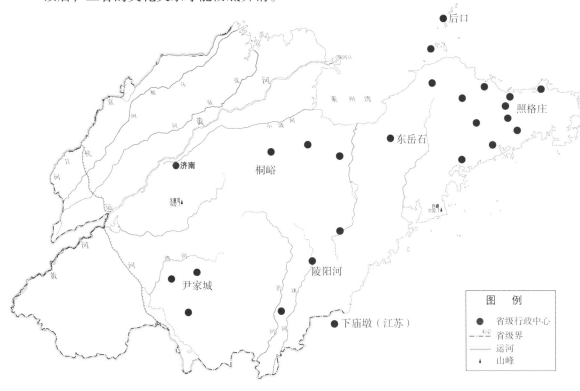

图六　岳石文化遗址分布图

〔1〕　山东省文物管理处：《山东胶东地区新石器时代遗址的调查》，《考古》1963年第7期。

〔2〕　于海广：《山东泗水尹家城遗址第三次发掘简介》，《文史哲》1982年第2期。

〔3〕　中国科学院考古研究所山东工作队：《山东泗水、兖州考古调查简报》，《考古》1965年第1期，9页图五，3。

〔4〕　国家文物局考古领队培训班发掘资料。

〔5〕　南京博物院：《江苏赣榆新石器时代至汉代遗址和墓葬》，《考古》1962年第3期，131页图三。

　　岳石文化的下限暂时也还不能准确地推定。泗水尹家城第三次发掘中，曾发现早商后期的地层（相当于二里岗上层）叠压在尹家城二期即岳石文化层之上的地层关系，证明它至少要早于早商后期。但从文化面貌来看，两者差距极大，看不出有什么承袭发展的迹象。这固然反映了二者原属不同的文化系统，但也说明在时代上有较大差距。据此估计，岳石文化当在商代以前，即中国历史上的夏代。

　　按照古史传说，夏代已有较发达的铜器。作为夏文化的主要代表者的二里头文化，已被证明是我国较早的青铜文化。岳石文化中也有青铜器，如照格庄曾发现青铜锥（H37：29）[1]，尹家城二期也有青铜镞和青铜残缺[2]。表明当时确已进入青铜时代。这两个文化的相对年代和文化发展水平都大致相当，只不过分布地域和族属不同，一个在中原，属华夏族，一个在山东和苏北，属东夷族。

　　关于夏代夷人的活动及夷夏之间的关系，古史传说中不时有些记载。《禹贡》虽为战国人所作，但托言夏书，当反映部分夏代的史实。其中谈到青州有嵎夷和莱夷，冀州有岛夷，徐州有淮夷，除岛夷可能指辽东半岛的居民外，其余诸夷都在今山东和苏北一带，与岳石文化的分布地域相合。嵎夷一名亦见于《尧典》，孔安国《尚书》注谓："东表之地称嵎夷。"马融注则分开解释说："嵎，海隅也；夷，莱夷也。"薛季宣《书古文训》谓：嵎夷，海隅诸夷，在登州，即今蓬莱一带。莱夷，颜师古说："莱山之夷，齐有莱侯、莱人，即今莱州之地。"莱州当指今掖县一带。但司马贞说："宣七年左传：齐侯伐莱，服虔以为东莱黄县，是。"今黄县有莱山，县东南之归城遗址犹存，或谓即古莱子国所在。在没有更多新的证据之前，单凭这些考据固然很难做到十分准确，但大致方位是不会错的。从考古学文化来考察，不论是岳石文化，还是以前的各期文化，在胶东地区都是很一致的，难于再划分为更小的地方类型。如果说嵎夷和莱夷都在胶东，那么胶东的整个原始文化都可说是嵎夷和莱夷的文化。

　　夷人在夏代已经形成许多支系，并且自始至终都跟夏王朝发生了极为密切的关系。夏朝建立伊始，传说为东夷首领之一的伯益便出来干涉，《竹书纪年》说是"益干启位，启杀之"[3]。太康之后，夷人有穷部落的首领干脆夺取了夏的政权，故《左传》襄公四年说："昔有夏之方衰也，后羿自鉏迁于穷石，因夏民以代夏

　　[1]　北京钢铁学院冶金史组：《中国早期铜器的初步研究》，《考古学报》1981 年第 3 期，297 页表四。

　　[2]　中国科学院考古研究所山东发掘队：《山东平度东岳石村新石器时代遗址与战国墓》，《考古》1962 年第 10 期。

　　[3]　据《晋书》卷五一《束晳传》所引。

政。"直至少康中兴，政权才又完全掌握在夏人手中。根据《竹书纪年》，自后相以降，夷人势力始终是夏王朝对外政策首先要考虑的头等大事，或战或和，不绝于书。兹录如下：

> "（后相）元年，征淮夷、畎夷；
> 二年，征风夷及黄夷；
> 七年，于夷来宾。
> 少康即位，方夷来宾，献其乐舞。
> 后芬（即槐）即位，三年，九夷来御。
> 后泄二十一年，命畎夷、白夷、赤夷、玄夷、风夷、阳夷。
> 后发即位，元年，诸夷宾于王门，诸夷入舞。"

这里对夷人的称呼，有的冠以地名，如淮、于、畎、阳、方之类，有的冠以服饰，如白、赤、玄、黄之类，有的可能是冠以图腾，如风（即凤）等，统称诸夷或九夷。各条中没有提及《禹贡》中谈到的嵎夷、莱夷和岛夷等，可能是因为他们僻处胶东乃至辽东，与夏人没有发生直接冲突的缘故。

夷、夏关系既然如此密切，在考古学文化上当然不会不留下某些痕迹。如果说胶东的岳石文化遗存因为离夏文化较远因而表现得单纯一致的话，那么往西到泰山周围的遗址就不完全相同了。例如尹家城二期文化中出圜底圆锥形足鼎和舟形器，胶东未见；胶东有许多子母口的三足罐，其足部多呈舌形者，尹家城二期不见，其他器物也多少有一些差异；茌平尚庄第三期文化中除素面甗和盒外，其余基本上不属于岳石文化的范畴[1]，章丘城子崖也只有一件陶豆和半月形石爪镰属岳石文化[2]，其余因素相去甚远。除因其主要成分属龙山文化外，就是在岳石文化时期，其特征同胶东已不大相同，说明已经到了该文化的西北界了。现在，像尹家城二期那样的遗址发现尚少，它受到西边同时代文化影响的程度，以及岳石文化向西影响的程度，都还难以作出确切的估计。但西边的岳石文化遗存同胶东的文化面貌有所不同则是可以确定的。我们估计，将来资料积累多了，或者可以划分为不同的地方类型，正如龙山文化也应划分为不同的地方类型一样。

---

〔1〕 山东省博物馆、聊城地区文化局、茌平县文化馆：《山东茌平县尚庄遗址第一次发掘简报》，《文物》1978 年第 4 期。

〔2〕 傅斯年、李济、董作宾等：《城子崖——山东历城县龙山镇之黑陶文化遗址》，中央研究院历史语言研究所，1934 年，图版二三，9；图版三七，10～12。

东夷文化的回光

研究胶东乃至整个山东和苏北地区的史前考古，不能不涉及在我国古代文化的形成中起过重大作用的东夷文化的问题。根据历史记载和实物遗存，研究东夷文化的起源、分布、内容和特征，以及它同华夏等各族文化的关系，应当成为我国考古学的重大课题之一，今后围绕这一课题还有许多工作要做。在现阶段资料还不充分的情况下谈一些看法，自然只能是一种初步的推论。

我们认为岳石文化应是夏代夷人的文化已如上述。在夏以前，夷人的祖先主要有太昊和少昊。太昊（皞）、少昊（皞）实即大昊小昊，二者不像是先后相继的关系，而可能是同一时代相邻的两个部落或部落群。因为它们发源的地域不同——太昊在今河南淮阳一带，少昊在今山东曲阜；所崇拜的图腾不同——太昊为龙，少昊为鸟[1]；姓氏不同——太昊风姓，少昊赢姓；又各有其后裔——太昊之后在春秋时有任（今山东济宁市）、宿（今东平县东）、须句（今东平、寿张一带）和颛臾（今费县西北）；少昊之后在春秋时有郯（今郯县）、莒（今莒县）和徐（今曲阜）等，不可能先后相承[2]。但他们曾经有过密切的关系则应没有疑问。

太昊、少昊的确切年代已不可考，很难说他们相当于哪一期考古学文化，只能大体上推定属于大汶口、龙山文化系统。

在夏以后，夷人的文化有所发展，有些夷人部落还建立了国家。但从总的趋势来看，由于商、周王朝的先后崛起，夷人在军事上、政治上和文化上受到强大压力，其文化不能不逐渐走向衰微而被华夏文化所同化。在这一过程中，夷人文化的某些局部的发展，不过是一种历史的回光而已。

有商一代，夷人的势力还比较强大。商汤于灭夏之时曾伐夷方，至仲丁时又征兰夷[3]，此后"或服或叛，三百余年"[4]，基本上形成了相持的局面。后来"武乙衰敝，东夷寝盛，遂分迁淮岱，渐居中土"。商王朝感到了严重威胁，不得

---

〔1〕《左传》昭公十七年引郯子的话说："太皞氏以龙纪，故为龙师而龙名。我高祖少皞挚之立也，凤鸟适至，故纪于鸟，为鸟师而鸟名。"

〔2〕《汉书·律历志》引《左传》昭公十七年郯子的话，编排了一个太昊、共工、炎帝、黄帝、少昊的世次，是很勉强的，从郯子的原话中看不出有这个意思。又谯周《古史考》有"少昊……宗师太昊之道，故曰少昊"的说法，不知何据。

〔3〕《后汉书·东夷传》李贤注引《竹书纪年》："仲丁即位，征于兰夷。"

〔4〕《后汉书·东夷传》。

不大举用兵以伐夷方。帝乙帝辛之时，从王十祀九月甲午到翌年五月癸丑往征人方（即夷方），历时二百六十日，卜辞中竟有七八十条记载此事[1]。王十五祀又有征伐，金文和甲骨文都有记载。这与《左传》昭公四年"商纣为黎之蒐，东夷叛之"，昭公十一年"纣克东夷而殒其身"的记载是相合的。考古学文化的分布也能大体上反映这一情况。一般说来，早商前期文化的分布范围未到山东，后期文化仅到泰山一带，如济南大辛庄和尹家城三期文化遗存中即有属于早商后期的鬲和大口尊等[2]。泰山以东还完全是夷人的天下。近年来在潍县柿子行、潍坊姚官庄[3]、长岛县北长山珍珠门和砣矶大口[4]，还有江苏连云港市等处都发现过以卷缘粗筒高裆素面鬲为特征的一种遗存，是值得注意的。因为第一，素面鬲的分布范围正好在岳石文化的分布范围内，前已指出岳石文化应为夏代的夷人文化；第二，素面鬲的颜色多灰褐或红褐，袋足多乳头状，通体素面无纹，凡此都接近于岳石文化陶甗的下半身，而与商鬲颜色多纯灰，袋足尖较长，通体饰绳纹的作风很不相同；第三，与素面鬲共存的敞口平底碗或矮圈足碗也和岳石文化的同类器接近而与商碗大不相同；第四，素面鬲在形制上的某些特点，如卷缘、高裆等，同早商前期的陶鬲有些相似，而与以后的各种商鬲不同。因此，以这种素面鬲为代表的遗存应当是商代夷人的遗存，在用鬲（夷人过去不用鬲而用鬶、鼎、甗等）和把鬲的口沿做成卷缘的样式等方面显然是接受了早商文化的一定程度的影响，但在文化的素质方面，如陶质陶色、表面处理的风格和袋足本身的形制等方面则保持了夷人文化的传统。

随着晚商大举向东用兵，晚商文化也随之向东方扩展。益都苏埠屯曾发现几座大型商墓，其形制、葬俗和随葬物品都和殷墟大墓相似，当是殷代某边侯的一个墓地[5]。更往东去的长岛和往南去的江苏铜山丘湾等地也都有晚商的遗存。西周初年大封建，在山东建立了齐、鲁等诸侯国，夷人势力受到进一步的排挤。齐初封营丘便和附近的莱夷打了一仗[6]。伯禽初封于鲁，即率师到肸（即费，

---

〔1〕 陈梦家：《殷虚卜辞综述》，科学出版社，1956年，301～310页。

〔2〕 蔡凤书：《济南大辛庄商代遗址的调查》，《考古》1973年第5期，273页图一，1、23。

〔3〕 山东省文物考古研究所、山东省博物馆、中国社会科学院考古研究所山东队等：《山东姚官庄遗址发掘报告》，《文物资料丛刊》第5期，文物出版社，1981年，79页图二一六，1。

〔4〕 北京大学考古实习队、烟台地区文管会、长岛县博物馆：《山东长岛县史前遗址》，《史前研究》1983年第1期。

〔5〕 山东省博物馆：《山东益都苏埠屯第一号奴隶殉葬墓》，《文物》1972年第8期。

〔6〕 《史记·齐太公世家》。

在今曲阜县东）镇压淮夷、徐戎联合武庚的反周活动[1]。周人带着华夏文化步步进逼，夷人文化或被同化，或被迫僻处海隅。像黄县归城、栖霞大北庄[2]、莱阳前河和诸城斗鸡台等处都发现不少西周墓，而乳山南斜山等处则还保留着夷人文化的风貌。

南斜山有一个很大的墓地，发现有许多石板墓，出土陶器中有素面或细绳纹的鼎和鼎式鬲，后者上面刻着两个文字。同出的绳纹罍和栖霞大北庄的基本相同，因知属于西周时代。在山东，早在龙山文化时期便已出现了石板墓，如日照东海峪和诸城石河头都有不少龙山文化的石板墓[3]，而同一时代的中原地区诸文化则从未发现过这样的墓葬，故知石板墓是一部分夷人的传统风俗。南斜山的鼎和鼎式鬲形制特殊，如果不是和陶罍一起出土，其时代也很难推断，当不属西周文化系统。鼎式鬲上的刻划文字同商周文字颇不相同，无法辨认；莱阳前河的一件仿铜陶盉上也刻着许多无法辨认的文字，它们很可能是夷人文字的孑遗。如果这一推测不至于大错，那就是一个十分重要的问题了。在山东，早在大汶口文化晚期的陶尊上就已有许多刻划的原始文字或前文字，因为它是单个出现的，不能表达语言，和完全意义上的文字不同。人们可以从不同的角度去对它进行研究，但有一点是清楚的，即要充分估计其意义，一定要同它后来的发展路线结合起来进行考察，看看它是否被后来的商周文字所吸收，成为古汉字的一个来源，或者是独立发展，形成一种独特的夷人文字。现在看来，后一种可能性是确实存在的。如果我们循此以进，把夷人文字的发生、发展，以及随夷人本身被同化而消亡的过程弄清楚，还有在这一过程中是否同华夏族的古文字互有影响的问题也有所认识，那么我们就将对东夷文化发达的程度及其对我国古代文化的贡献获得崭新的知识。

（原载《山东史前文化论文集》，齐鲁书社，1986 年。后收录在《史前考古论集》，科学出版社，1998 年）

―――――

〔1〕《史记·鲁周公世家》。

〔2〕 李元章：《山东栖霞县大北庄发现东周墓》，《文物》1979 年第 5 期。

〔3〕 山东省博物馆、日照县文化馆 东海峪发掘小组：《一九七五年东海峪遗址的发掘》，《考古》1976 年第 6 期。

蓬莱仙岛上的史前村落

　　在我国山东省的东北部有个蓬莱县，县城北面临海的丹崖之上有座蓬莱阁。站在阁上往北望去，茫茫沧海之中有些小岛忽隐忽现，有时还能看到海市蜃楼的奇景，那便是著名的庙岛群岛，也就是传说中的蓬莱仙山，八仙过海的神话就发生在那里。庙岛群岛有大小 18 个岛屿，像一串珍珠把山东半岛和辽东半岛连接起来，成为渤海和黄海的天然分界线。

　　据岛上的老人说，他们这里是唐朝薛仁贵征东打高丽的时候才住上人的。岛上发现的一些古陶瓷器往往被称为高丽罐子，有些老枯井也被说成是高丽井。但是当地的文物工作者在不久以前却发现有几千年以前的史前文物，这一消息引起了我们极大的兴趣。

　　1980 年冬，我带领几名研究生会同烟台地区文物管理委员会的李前亭、李步青、王锡平，长岛县博物馆的宋承钧和中国社会科学院考古研究所的韩榕等几位同仁好友到岛上去调查史前遗址，发现从六七千年以前开始，在几个主要的岛上就不断有人居住。只是每个遗址都很小，估计那时居民的人数还不很多。

　　我们调查的最后一站是大黑山岛，不巧一到岛上就下起了鹅毛大雪。大地被厚厚的白雪覆盖着，根本无法进行考古调查，只有我们下榻的北庄村后断崖边还可以看到一些迹象。我们冒着大雪在崖边察看，发现有些泥土有被火烧过的痕迹。我用小铲刮去浮土仔细观察，一下子看到有三座木骨泥墙的房屋基址沿着断崖东西排列。根据房屋结构和里面残留的陶片的特点，断定它们都属于新石器时代，距现在至少有五六千年。这一发现使我们每个人都兴奋异常，当即商定尽快地组织发掘工作，以便对遗址作更加深入而全面的了解。

　　经过协商，由北京大学考古系、烟台地区文物管理委员会和长岛县博物馆联合组成发掘队并由我总负责，在国家文物局的大力支持下，从 1981 年到 1987 年连续多年进行了大规模的发掘。工地的直接领队 1981 年是我们系的赵朝洪副教授，从 1982 年起是张江凯副教授，我系的许多教师、进修教师、研究生、大学生，烟台地区文管会的王锡平、林仙庭和该地区所属各县的许多文物干部都先后

图一　大黑山岛北庄遗址考古发掘的情况

参加了发掘工作，结果发现了一个颇具规模的史前村落遗址。

　　这个史前村落位于大黑山岛的东边，东邻大海，北依烽台山。西南有一条小溪，是史前居民所需淡水的主要来源。村子依地势分为两个部分，每个部分占地长约60、宽约20米，两者之间相隔约30米。顺坡一上一下，高差大约2米。已经发现的房屋基址，包括比较完整的和很残破的，总共有90多座，是在不同时期先后建起来的，估计同时存在的房子有四五十座。假如每所房子住两三人或三四人，整个村子就会有一百多人。根据某些迹象，可能还有一些房子已压在现在的北庄村下面，那原来的人数就会更多了（图一）。

　　史前居民的生产活动是与他们所处的生态环境相适应的。海里多鱼，他们就用各种方法捕鱼，所以遗址中发现了不少网坠、鱼叉和鱼钩。岸边有各种海贝，他们就采集这些海贝，所以在遗址里发现有大量吃完后扔下的贝壳，一坑一坑的。山野间有不少野生动物，他们就猎取这些动物，所以遗址里有许多鹿骨、鹿角、鸟骨和其他动物的骨骼，还有不少捕猎用的箭头。最使我们感兴趣的是他们在这仅仅7平方千米的巴掌大小岛上居然也开辟了农田种植谷物。我们在房子倒塌的墙皮土中发现了粟和黍子的痕迹，它们本是掺和在泥土中成为谷糠泥用来抹墙的，证明当时岛上居民也和陆地上的部落一样从事农业生产，当时的农具是石铲和石爪镰。遗址中发现的大量猪骨和为数不多的狗骨，证明他们还饲养这两种家畜。由此可见，岛上居民的生产活动是多方面的，这使得他们能获得比较丰富的食物和其他生活资源，从而能够比较长期地定居下来，并且在各方面都得到发展。

岛上史前居民的生活早已越过了穴居野处和茹毛饮血的阶段。他们的住房虽然不大，一般只有十几平方米，并且都是单间，住不了几个人。不过建造得还比较讲究。例如为了防寒和抵御海风袭击，他们总是先挖一个大约半米深的坑，再栽柱子盖屋顶，外面看起来很矮，可以减少对风的阻力，而里面的高度仍足以使人自由地活动。再如房子的地面和四壁都是经过特殊处理的，就是抹一层或几层海胶泥，既坚实又平整；房子里一般设一个炊事用的灶，另外还有一两个冬季取暖用的火塘；房子周围的土台上一般摆设有生产工具和日用陶器，有的还有装饰品和宗教用品等。我想房子内还应该有一些有机质的草席和家具等，大概都因为不好保存而腐烂掉了。因此一间房屋就是一个完整的生活单元。

当时的陶器虽然还都是手制的，但门类已经比较齐全了。例如作炊器用的有圜底鼎和无流鬶，作饮食器的有碗、杯、觚形杯和豆等，作水器用的有双把壶，作盛储器的有盆和罐等，基本上能够满足当时生活上的需要。鬶是山东地区新石器时代的一种特有的炊器，一般有三足一把一流，这里的鬶有三足一把，但是还没有出现流，是最早和最原始的形态。单从这一事实也可以约略看出这个蓬莱仙岛在整个山东史前文化发展中的重要地位。

当时人们的精神生活也是比较丰富的。他们很爱美，因此很重视自身的装饰：他们把头发挽起来插上发笄；手上戴陶环或石环，有的还有指环。他们把某些生活用具也加以美化，例如有的陶鬶做成水鸟的形状，名曰鸟鬶，姿态十分生动；有的陶器上画彩，名曰彩陶。其中有的只画黑彩，有的先涂白色底子再在上面用红黑二色画彩，显得更加鲜艳夺目。当时还有陶塑和石雕等造型艺术，例如岛上就发现有陶塑和石雕的人面，还有陶塑展翅欲飞的鸟下面连一小柱，可称为鸟柱，可能不单是一件艺术品而含有某种宗教意义。遗址中还发现了陶埙，可以吹奏简单的音乐。中国古代总是乐舞结合在一起的，因此我们也可以想象当时还会有原始的舞蹈。

当时人们的宗教观念还可以从埋葬死人的习俗中反映出来。这里的人都实行土葬，墓葬主要分布在村子的西头。有的是一墓一人，即单人葬；有的是一墓 3 人、6 人、10 余人、39 人、54 人不等，这叫多人葬。人数最多的两个墓因为后来都遭到了局部的破坏，人骨保存不全，估计原来都应超过 60 人。这些人当然不是一下子死去的。他们是前后好多年的死者，预先葬过一次，后人把他们祖先的遗骨收集起来埋在一起，所以叫作二次葬。像这样大规模地实行多人二次合葬的情况，反映了当时血缘纽带特别紧密。在这些墓中几乎都没有随葬品，即使有也不过是个别骨锥或骨笄之类，这和山东大陆上的情况有很明显的不同。但从埋葬习俗中不难看出他们强调集体和平等的原则，这是与当时原始共产制的社会性质相适应的。

我们在观察人骨时发现一个奇怪的风俗，就是有些人头骨的后脑勺很平，这显然是在婴幼儿时期骨质还没有完全硬化时实行人工挤压的结果，在民族学上叫作人工头骨变形。还有一些人骨的上颌侧门齿被拔掉了，这种风俗古代叫作凿齿，是东夷先人普遍实行的，目的也都是为了爱美。由此看来，这个史前村落的居民和山东大陆上的史前居民一样，都应是古代东夷族的祖先。

东夷族的祖先从六七千年以前就能开发海岛，开辟海上交通，是一件很不简单的事。往后的历史和考古资料都证明，东夷不但在缔造中国古代文明的事业上起过突出的作用，就是在传播文化，进而开发东北、沟通朝鲜和日本，在东北亚古代文明的发展中也有十分重要的贡献。

最近国内开展环渤海考古研究十分活跃，已经召开了几次学术讨论会，后两次还有许多外国朋友参加。蓬莱仙岛上史前村落的发现，无论对东夷文化的探索，还是对环渤海史前文化研究来说，都是十分重要的。有鉴于此，当地文物主管部门就打算在这个史前村落遗址上建设一个博物馆。将来人们进岛旅游，不但能够充分欣赏那宛如仙境的美丽风光，还将能够尽情领略史前居民的生活情景，那将是多么令人向往的前景啊！

［原载《中华文化讲座丛书》（第一集），北京大学出版社，1994 年。后收录在《农业发生与文明起源》，科学出版社，2000 年］

史前长岛与海洋文明的开拓*

一　长岛的历史地位

　　长岛是一个很重要的地区，既是京津的屏障和渤海的门户，又是沟通山东半岛与辽东半岛的海上桥梁，是内地通向东北乃至整个东北亚地区的枢纽。早在7000 多年以前，山东半岛的新石器时代文化就已通过长岛传入辽东半岛。从此以后接踵不断，都是从南往北，是关内人闯关东以前的主要通道，也是文化传播的重要渠道。

　　为什么这样说呢？大量的考古发现证明，早在一万年以前，中国的长江流域就开始栽培水稻，是稻作农业的起源地。以后向华南、东南亚和东北亚传播。向东北亚传播的路线，就是从长江下游往北到山东半岛，再通过长岛到辽东半岛，继而经过朝鲜半岛，像接力棒似的一站接一站地传递，直到约 3000 年前才最后到达日本。人们把这条路线称为"稻米之路"。

　　长岛是这条"稻米之路"上很重要的一段，如果没有长岛，那水稻传播的历史就可能是另外的一种情况了。过去有些学者主张稻作农业是从长江下游越过东海直接传到日本的，至今没有任何证据，事实上也是不大可能的。大家知道水稻有两个亚种，即籼稻与粳稻。农学家在不知道水稻起源和传播历史的情况下曾经分别称为印度稻和日本稻，因为印度主要生产籼稻，日本则只有粳稻。长江下游既有籼稻也有粳稻，山东和辽东则只有粳稻。如果从长江口直接传到日本，那日本就应该有两种水稻，而事实上只有粳稻或日本稻一种。目前，京津、山海关和辽西一带还没有发现早期水稻的遗迹或遗物，胶东这边有，辽东那边也有，长岛的作用就不言而喻了。目前长岛没有发现有关水稻的东西，这有两种可能：一是长岛这边不具备种植水稻的环境或土壤条件，毕竟是海岛嘛。二是我们的工作做得不够，只不过暂时没有发现。但不管怎么说，长岛的"桥梁"或"驿站"的作

---

　　*　本文根据 2009 年 10 月 18～20 日在山东长岛出席妈祖文化论坛时与长岛县文化文物工作者座谈时的发言整理而成。

用是不容忽视的。

仔细研究日本的历史你会发现，促使日本古代社会发生变革的因素主要有两个，一是水稻和与稻作农业相关文化的传入；二是青铜、铁器及相关文化的传入，它直接导致了古代日本社会由原始公社向阶级社会的转化，加速了日本历史的进化过程。这些都是跟长岛的作用分不开的。

二　中国古代对外文化交流的路线

中国历史上对外的文化交流之路主要有三条，一是从陕西、甘肃、新疆到中亚、欧洲的"丝绸之路"，这条路大家谈得很多，研究得也比较充分。需要强调的是，这条路并不是开始于西汉，而是更早。例如在俄罗斯阿尔泰地区发现的巴泽雷克斯基泰文化的墓葬中就发现有中国战国时期的丝绸和铜镜等。更早还有草原之路，中国的小米通过这条路传到中亚和欧洲，中亚的小麦和绵羊传到中国。二是由山东半岛、辽东半岛经过朝鲜半岛到日本的一条路，水稻的传播走的就是这条路，此后的铜器、铁器、丝绸乃至更多的物质文化与精神文化的传播走的还是这条路。所以这条稻米之路有时又称为东方丝绸之路。三是从东南沿海出海之后又分为两条，一条向东通往东南亚和太平洋岛屿；另一条则是往西到南亚、西亚直达非洲的海上丝绸之路，这条路因为还要从阿拉伯地区输入香料，所以也称为香料之路。此外，从四川、云南到缅甸、泰国也有一条通道，只是影响略小于前三条。从早期的情况看，中国文化同外界文化虽互有影响，却是以向外传播为主的。而向海上的开拓乃是其中十分重要的一个方面。

三　关于海洋文化研究的思路

上述三条对外扩展或相互交流的主要路线中，有两条是通过海路或面向海洋的。很多人以为中国主要是一个大陆国家，海洋文化并不发达。其实不然，中国也是一个拥有广大海疆，对海洋开拓做出过巨大贡献的国家。一般认为哥伦布发现美洲揭开了地理大发现的序幕，那其实只是站在欧洲人的立场上说的。美洲在一万多年以前就已经有人居住，并不需要你哥伦布去发现。况且那个所谓发现在技术和能力上也不是很困难的。因为他所雇用的水手中有的之前曾到过美洲大陆，这些水手就成了哥伦布的向导。而且哥伦布时代人类的科学技术成果如天文、地理、气象、航海技术和经验等，已经足以支持他完成这次活动了。再看看地图你会发现，美洲大陆南北纵贯，从葡萄牙或西班牙向西航行，只要有足够的淡水和食物，再加上足够的勇气与耐心，总会越过大西洋抵达陆地的。那个时候已经知道地球是个圆球体，以为向西航行也可以到达东方的印度。哥伦布的目的就是想从西方抵达印度。所以首先登上和发现加勒比海的一些岛屿后就说那是印度群岛，把那里的原住民说成是印度人，西文印第安就是印度人的意思。后来知道不对了，就把荷兰占领的印度尼西亚一带叫作东印度群岛，把南北美洲之间的岛屿叫作西印度群岛。可以说哥伦布是很幸运的，为欧洲人的殖民运动立了大功。而东亚和太平洋这边就是另外的一种情况了。这是一片极其广大的区域，有成千上万的小岛，几乎布满了整个太平洋。现在我们知道，在所谓地理大发现之前，土著人老早就已经生存在这些小岛上了。大家可能要问：这些土著人是从哪儿来的？何时来的？如何来的？他们有什么法子发现那些小岛，又有什么法子登上那些无人的荒岛，辛勤地开发，子孙繁衍，从而创造了独树一帜的海洋文化的呢？这是一个饶有兴味的问题，吸引了许多学者去探索，包括早期的旅行家、人类学家、考古学家和语言学家等。现在终于有一个比较明确的答案了。

旅行家很早就注意到众多岛屿上的居民有相似的经济生活和风俗习惯，语言学家更注意到各大群岛上的居民都说同一种语言，即所谓南岛语系，只有一些语族或方言的区别。这说明所有岛上的居民应该有同一的来源。根据历史语言学的研究，发现台湾少数民族的语言应该属于古老的南岛语系的一支，他们的祖先是否就是南岛语系各族最早的祖先呢？长期执教于美国耶鲁大学和哈佛大学的张光直认为在台湾发现的距今 6000 多年的大坌坑文化乃是台湾少数民族祖先的文化，而这个文化又同东南沿海的史前文化具有密切的关系。可见南岛语系居民最早的祖先理应到中国东南地区去寻找。澳大利亚国立大学的贝尔伍德也有相似的观点。他认为最早是从大陆传到台湾、菲律宾和印度尼西亚，至少在公元前 4000 年左右就传到了美拉尼西亚群岛，那里的考古学遗存叫作拉皮塔文化，跟菲律宾和印尼的史前文化有密切的关系。到了公元前 2000 年的时候，范围扩大到了密克罗尼西亚群岛一带；而到了公元前后的一个世纪，整个波利尼西亚包括夏威夷群岛在内也开始有人类生存了。

在中国长江以南的闽浙粤赣包括台湾在内的广大区域曾经是百越人聚居的地方。蒙文通先生在他的《越史通考》里面指出越非自谓，而是他称，是中原族群对这个地方的人的一种称呼。因为他们广泛使用的有肩石斧的形制很像中原地区的钺，因此中原人就把使用这种工具的南方人称作"越人"。厦门大学的吴春明根据百越人语言中的某些词汇与南岛语系相通，风俗习惯也跟南岛语系的居民相似，再加上考古学方面的证据，提出百越—南岛一体化的概念，是很有见地的。

在百越和东夷分布的地区，有两种文化因素特别值得注意，就是有段石锛和拔牙风俗。在中国，这两种因素只见于东方和东南沿海。20世纪50年代，厦门大学的林惠祥曾将有段石锛划分为初级型、中级型和高级型，中国三种形制都有，而太平洋岛上则主要是高级型，说明它是后起的，源头应该在中国。其实早在1932年，荷兰人海因·格尔登就曾提出中国东南沿海和东南亚的有段石锛应该是太平洋地区有段石锛的祖型。20世纪50年代，新西兰的年轻学者罗格尔·达夫更全面论述有段石锛从中国东南沿海如何一步步地传播到整个太平洋地区的。我在学生时代在北大听过他的报告，印象很深。他的第一句话就是要到中国来寻找新西兰毛利人和整个太平洋地区居民的祖先。接着就用幻灯一片一片地播放，说明这种特别的工具是如何传播到如此浩瀚的太平洋的。

至于拔牙习俗，在中国古代文献中早有记载，叫作凿齿。古代僚人有凿齿的习俗，近代在贵州的仡佬族也有，所以被称为打牙仡佬。台湾的少数民族同样流行这种风俗。在中国的史前文化中，最早是在山东和苏北的大汶口文化中发现的，后来在东南沿海也不断有所发现。为此我还专门写过一篇《大汶口文化居民的拔牙风俗和族属问题》的文章来详细讨论这个问题。这种风俗在日本的绳文文化中也颇流行，然后是东南亚和太平洋地区。我注意到在整个大汶口文化分布的区域里，拔牙（凿齿）的习俗是很盛行的，从苏北到胶东，包括长岛大黑山的北庄遗址都有发现。看来这种风俗也应该是从中国东部起源，然后通过日本和东南亚传播到太平洋地区的。

我们讨论到这里，只剩下最后一个问题了——那些海洋文明的开拓者究竟是如何发现又如何到达那些渺无人烟的无数荒岛的？汪洋大海一望无际，怎么知道其中还有一些小块的陆地呢？我们知道无论是东夷还是百越，都是习水性善操舟的，他们并不怕大海。最早的航行工具只能是独木舟，也只能在近海活动。即使在近海，单是一叶独木舟也是很危险的，那太容易倾覆了。所以人们很早就建造一个平衡架。单边造架的叫边架艇，两边造架的叫双架艇。也可以把两个独木舟并联叫双体船。浙江萧山跨湖桥发现了一只8000年以前的独木舟，旁边有许多木杆，有人认为那就是做边架用的，是最早的边架艇。有了这类设施就不至于担心翻船了。跟着还有一个动力问题。人们不能只靠自己的体力去划船，那样遥远的距离是吃不消的。我想最有效的方法莫过于张起风帆，借用自然的风力。跨湖桥的独木舟旁边正好有一扇竹编，好像是做船帆用的。当时人们也可以用芭蕉叶一类的东西做帆，这在当时是不难解决的。关键还是向哪个方向去，怎么才能找到陆地。在这里我想重点说一下导航术的问题。在茫茫大海中航行，如果迷失了方向，那将是一件很危险的事情。要怎么做才能保证航向呢？现在我们有罗盘、六分仪，还有更先进的GPS全球定位系统，那么古代呢？尤其是史前时期呢？有人说古代航海主要靠地文导航，也就是渔民们说的"望山行船"嘛！古代地文导航是有的，但那是有条件的，比如说近海航行；再比如说在相对密集的群岛之间航行是可以的，而我们要讨论的是太平洋三大群岛，单靠地文导航是不现实的。有人说还可以用天文导航，也就是观测星星来指导航行。先不说几千年前的史前居民掌握了多少天文知识，即便是有这种知识储备，那也只能是夜晚的事，白天呢？或者是阴天呢？总之，人们必须选择一个不受天候、气象制约的方法来做指引。是什么呢？关于这个问题，我思考过很长时间，后来《圣经》中"诺亚方舟"的故事启发了我。诺亚放出了一只鸽子，鸽子衔来了橄榄枝，诺亚因此判断出了陆地的方向和距离。诺亚在大洪水中漂流的经历以及寻找陆地的方法，给了我们一个很好的启示。鸟类虽然能够在高空飞行，视野开阔，但也离不开陆地。从陆地上起飞后，不管能够在天空翱翔多久，最后还必须返回陆地。我曾经访问过长岛的渔民，他们说：当地的海鸟不仅可以指示陆地，还可以指示鱼群的方位，有经验的渔民可以在一定的季节里根据天鹅、大雁以及鹰隼等出现的频率，判断出自己的位置以及将要抵达的目的地。除了海鸟，洋流和西风带的定向风也同样可以发挥作用。

我们说了这么多，其实是在谈一个海洋文明发生的问题和长岛考古的意义。我国沿海有几千座岛屿，目前发现有史前文化遗存的并不是很多，长岛是其中之一。虽然我们不能说长岛的史前文明就是海洋文明，但毕竟是中国史前先民走向海洋的第一步；历史上这里又是东夷及其先民的地盘，而东夷族群的一些习俗又与南岛语系居民早期习俗有渊源关系。因此，在长岛开展这方面的研究，将是极其有意义的。

海洋文化研究是一个大课题，需要大家共同努力。中国是一个面向海洋并有广阔海疆的国家，中国的发展不能忽视也必须面对海洋。研究海洋文化既具有历史意义，同样还有现实的意义，应该大力加强这一方面的工作。

（原载《丹霞集——考古学拾零》，文物出版社，2019 年）

洛阳王湾遗址发掘简报

　　洛阳王湾遗址位于洛阳市西郊，东距洛阳旧城约 15 千米，东南距谷水镇约 2.5 千米。遗址在涧河右岸第一台地上，它的西北与有仰韶、周代文化遗存的史家湾村隔河相望。1958 年夏秋之际，中国科学院考古研究所洛阳工作站调查小组在此发现一处古文化遗址，面积估计约 8000 平方米。此后北京大学考古专业进一步复查，知该遗址除包含仰韶文化和龙山文化外，尚包含有一片墓葬与周代文化遗存。

　　王湾遗址发掘是分两次进行的。第一次是 1959 年秋，第二次是 1960 年春，先后参加实习的是本校考古专业 55 级、57 级全班同学和部分教师共计 54 人。两次田野发掘时间为四个月，共开掘 127 个探方，揭露面积达 3350 平方米。文化内容包含新石器时代的房基 9 座，灰坑 179 个，墓葬 119 座；西周、春秋、战国时代的灰坑 57 个，陶窑 1 个，墓葬 59 座；晋墓 1 座；北朝灰坑 94 个，大沟 2 条及各文化的大量遗物。

一　分期与年代

　　洛阳王湾遗址包括北朝、周代和新石器时代各文化堆积。其中新石器时代文化层特别厚，一般达 3 米左右。灰坑分布密集，多重叠打破，说明它延续的时间很长。整个新石器时代文化层可按其堆积层次、各层的文化遗物差异性，以及遗址相互叠压打破关系，将它划分为三个阶段，即王湾第一期文化，王湾第二期文化，王湾第三期文化。这三阶段之间的文化特征是既紧密联系，又互有区别（图一）。经过初步比较研究，我们认为王湾第一期文化属于仰韶文化，王湾第三期文化属于"河南龙山文化"，而王湾第二期文化则介于二者之间，具有中间过渡特征。因此，可以认为王湾新石器时代文化是一脉承继的。

　　另外，在这里还发现了周代的陶窑和墓葬，以及北朝遗址和遗物。

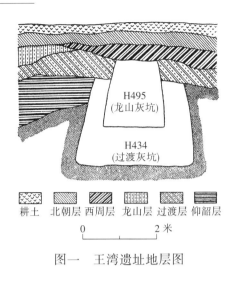

耕土　北朝层　西周层　龙山层　过渡层　仰韶层

0　　　　　　　2 米

图一　王湾遗址地层图

二　王湾第一期文化

（一）居住遗迹

本期发现房子 7 座，可分大、中、小三种，全为地上建筑，均被后期墓葬或灰坑破坏。居住面的结构可分两类：一为草拌泥的红烧土，表面坚硬龟裂；一为石灰质物质做成，近似现代建筑上用的三合土，十分坚硬而且光滑。墙基结构多为挖槽建造，内填碎块红烧土，基内外都有柱洞（图二，1），有的墙基地面上还铺有大块平整的砾石（图二，2）。以 F15 为例：为近方形之地上建筑，东西宽 7、南北长 7.4 米。方向 2°。墙基为大块平整的天然砾石于地面铺成，其上直接筑墙，墙内立木柱，两边涂以草拌泥。于房子的内部、边沿及墙基内发现 14 个柱洞，口径 11~35、底径 12~20、深 1.04~7 厘米。柱洞内含木炭屑和木炭块。房内未发现凹坑大灶，可能被龙山灰坑破坏。值得注意的是房子西北角隆起一台面，高出居住面 6、南北长 108~270、东西宽 100 厘米左右。边沿光滑，台面结构和居住面同为经火烧而成的龟裂草泥土。台面南边还有一段较窄的小隔墙。另外在居住面上还发现几件生活用具，如夹砂小罐（内壁附有粟的痕迹）、陶鼎和小口尖底瓶等。房内的西北部靠近隆起的"台面"处还发现三个小孩的骨架，被压在房顶烧土块下面，可能系房屋倒塌所致。

灰坑共发现 8 个，形制有锅底形、直筒形和袋形三种。一般口径约 2~3.5、深约 2~2.5 米。坑内多发现生活用具及兽骨等。有的坑壁上还留有明显的工具痕迹。

图二　第一、三期文化遗迹和遗物

1. 房基（F11）的挖槽　2. 房基（F15）东壁墙基砾石　3. 陶釜　4. 陶灶
5. 双腹陶盆　6. 陶鬲　7. 陶甑　8. 陶罐（3、4. 一期，5~8. 三期）

（二）遗物

生产工具有石质、陶质和骨质三种。石器有斧、锛、刀、铲、镞、盘状器和石磨棒等。石斧略呈梯形，剖面呈椭圆形，通体琢制，刃部磨制较好，偏刃。锛呈梯形，磨制。刀多系长椭圆形，两侧带缺口，个别为长方形单孔磨制。陶刀是利用泥质陶打制而成，长方形，两侧打成缺口。骨器有圆锥形和扁叶形镞，磨制粗糙。另外还发现有扁平纺轮。

生活用具主要是陶器，以泥质红陶占比重最大，其次为夹砂灰褐陶，纹饰有线纹、弦纹、附加堆纹及彩绘等。彩陶花纹简单，但线条流利，主要是由弧线三角与圆点联合成的母题。发现的主要器物有釜、灶（图二，3、4）、甑、鼎、盆、瓮、罐、钵和小口尖底瓶等。另外还发现骨质的锥、针、匕、笄及一些蚌、陶、石等质料的装饰品。

（三）墓葬

本期墓葬共发现 76 座，其中长方形竖穴墓 25 座，小口尖底瓶葬 43 个（图三），瓮棺葬 4 个和二层台竖穴墓 4 座。通常成人葬式为单身仰卧直肢葬，头向西北，绝大部分墓葬均无随葬品。人头骨涂朱现象比较普遍。

图三　小口尖底瓶墓葬

兹着重简介 M45 二层台墓。墓中葬一女性。墓口长 2.36、宽 0.9 米，墓底长 2 米。墓壁四周有二层台，台比墓底高 0.34 米，葬式为仰卧直肢二次葬。随葬品：头顶部有骨匕 1 件，头左侧骨匕 1 件和带孔的绿松石饰 2 块，头右侧有较大的绿松石 1 块（以上可能系死者装饰品），胸部放置陶碗 1 个。头骨涂朱色。

三　王湾第二期文化

（一）遗迹

本期未发现保存完好的房屋建筑，仅发现残破的居住面 5 块和 17 个柱洞。居住面是一种近三合土的白灰面，附近和上面多红烧土块，居住面之间有的相互重叠四层之多。

灰坑共发现 85 个，有袋形、直筒形、锅底形、不规则形四种，以袋形坑占绝大多数，其他三种与第一期相同。

袋形坑一般口径 1 ~ 2、底径 1.6 ~ 3、深 1.5 ~ 3 米，形制规整，坑底平坦，坑壁平滑，也有的坑壁上涂一层草泥土。坑内堆积大部分为灰土，唯近底部的 40 厘米左右出现一层稍硬的黄色土。靠近坑壁的一周有丰富的遗物，多为排列整齐的完整陶器，也有生产工具和兽骨等。值得注意的是，有些灰坑内出人骨架（有完整的，也有凌乱的）。在 H458 的坑壁还发现石铲痕迹，铲印宽 9 厘米。

（二）遗物

生产工具按质料可分石、陶、骨、蚌四类。仍以石制工具最多。本期除沿用第一期工具外，还出现了一些新型的工具，如为数不多的穿孔石铲、石镰、蚌刀和蚌铲。另外还有三棱形骨镞、弹丸和网坠等。

生活用具仍以陶器为大宗，石、骨器次之，蚌器最少。

陶器，按其陶质色泽统计，以夹砂灰褐陶最多，泥质黑灰陶逐渐增加，红色陶最少。泥质陶胎变深，尤以新出现的蛋壳陶胎厚仅 0.1 厘米。

本期彩陶花纹由简变繁，除沿用第一期纹饰外，又出现新的纹饰，如"X"形纹、"S"形纹，眼睛纹、波纹和疏松之网状纹等（图四，1），相当于河南秦王寨之彩陶。到了本期晚期，第一期的彩陶花纹绝迹，又出现了新的拍印纹饰，主要是横篮纹和方格纹等。主要器形有鼎、甑、罐、双腹盆、单耳杯、小口平底罐、瓮、碗、豆和盘等。二期早的有折腹（上腹短直）的盆、罐、圜底鼎和折腹短粗把豆等（图四，2 ~ 6）。二期晚的为敞口（腹间起棱）盆、平底鼎和双腹盘式细高把镂孔豆，以及横篮纹鼓腹罐（图四，7 ~ 10），与山西盘南村出土的陶器相似。本期出土的骨镞、针、匕、笄等比王湾一期的种类增多。还有陶环及蚌、玉、牙饰等。

（三）墓葬

共发现 39 座，主要是长方形竖穴墓，也发现 6 个瓮棺葬，无小口尖底瓶葬。埋葬习俗与王湾一期基本相同。随葬品一般都不丰富。唯二层台竖穴墓比一期增多，仍见头骨涂朱者，并发现两座俯身直肢葬，其中一座双手被缚，俯身直肢（M79）。

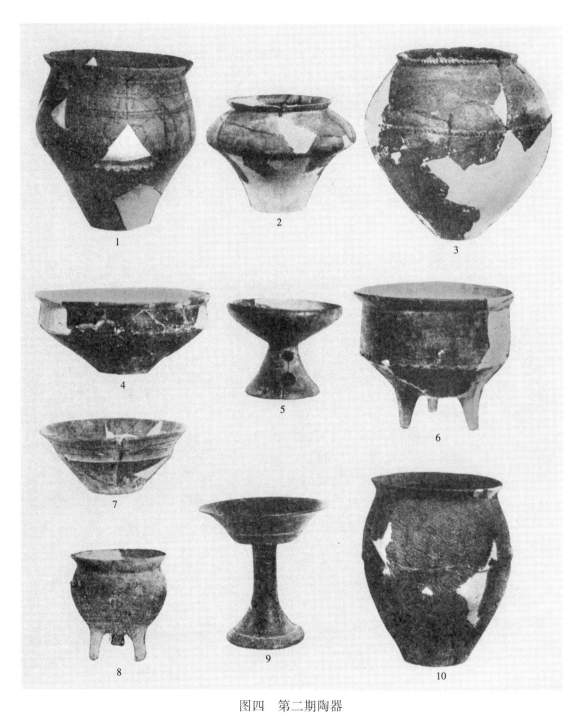

图四　第二期陶器

1. 彩陶罐　2. 泥质罐　3. 夹砂罐　4. 盆　5. 豆　6. 鼎　7. 盆
8. 鼎　9. 豆　10. 罐（1～6. 二期早期，7～10. 二期晚期）

四　王湾第三期文化

（一）遗迹

灰坑共发掘 78 个，因在本期文化堆积之上叠压着周代及北朝文化层，遗迹破坏严重，故灰坑上部保存完整者极少。从灰坑的形制看，绝大多数属袋形坑，但像一期的直筒、锅底、不规则形坑仍被使用。其大小深浅不一，口径约 0.8～3.2、底径 0.85～3.94、深 0.2～3.05 米。袋形坑一般出土物比较丰富，有完整的陶器，较多的石、骨、蚌器及装饰品等。另外，值得注意的是：在三个袋形灰坑的底部发现人骨架，其中 H11、H166 各出一具，H79 则有五具之多（经鉴定：一为成年男子，余皆为未成年之儿童）。一般灰坑中发现的人骨架，排列无一定次序，从其凌乱的状态看，与正常埋葬是有区别的。

（二）遗物

生产工具仍以石器为主，但与第二期比较，不论在数量、器形和制作技术方面，都有一个飞跃的进步。骨、蚌器也占一定比重。石器有铲、刀、镰、斧、锛、凿、纺轮、镞、矛、枪头、弹丸和砍刀等。这期最突出的工具是镰、有肩石铲、穿孔刀、三棱镞等，其中有不少是骨、蚌制成的。

生活用具在本期也有一个质变，尽管它还保留有二期文化的某些因素。陶器以泥质和夹砂灰、黑陶为主，褐陶逐渐减少，不见红陶。纹饰以拍印方格纹、竖篮纹为主体。制法以轮制为主，器壁内外有平行的细周残痕。第二期的轮模合制技术仍大量存在。陶器器形更为繁多，除继第二期之外，又出现新的器形：如带领瓮、夹砂小瓮、单耳罐、鬲、斝、鬶、盉和镂孔器座等（图二，5～8）。另外，骨锥、针、匕、簪和环，以及蚌、牙饰等比前期更为增多。

（三）墓葬

本期墓葬仅发现 4 座，皆被周代灰坑及墓葬打破，破坏较严重。从墓葬的残存部分看，为长方形坑，葬式皆为仰身直肢葬，未发现随葬品。

五　周代文化

周代遗址层位在新石器时代文化层之上，北朝文化层之下。共发现灰坑 59 个，其中西周坑 22 个，东周坑 37 个。墓葬 59 座，其中西周 19 座，东周 36 座，另外 4 座仅知其为周墓。根据墓葬的打破关系并参考"洛阳中州路"把王湾周墓分为五期，附表如下。

王湾与中州路周墓分期对照表

分期	时代	中州路分期
一	西周中晚期（无早期）	西周
二	春秋早	一
三	春秋中	二
四	春秋晚	三
五	战国	四、五、六、七

还发现西周陶窑一座，东周水井一眼，以及大量的石器、蚌器等生产工具和以陶器为主的生活用具等。

墓葬全为长方形竖穴墓，分有棺有椁、有棺无椁、无棺无椁三类。就其形制看，西周墓一般小而浅，东周墓则大而深。西周墓的随葬品一般较少，而东周墓的随葬品较多。到春秋晚期，随葬品开始明器化。王湾周墓，从西周中晚期开始流行屈肢葬，到春秋、战国时期更为盛行；洛阳中州路周墓屈肢葬出现于春秋早期的小型墓，到春秋战国时普遍流行。两地材料相互补充，对探讨屈肢葬问题是很有意义的。

另外，在西周晚期的灰坑中还发现了板瓦（图五，1）。此外，还发现了大块锯剖工整的骨料。

六　晋墓

晋墓仅发现 1 座，系中型砖券墓（M360），保存完整，随葬品也很齐全，计有 40 多件器物和 70 多枚"五铢"铜钱。今该墓已迁至洛阳王城公园，并复原于古墓陈列处。

七　北朝

北朝文化堆积于耕土层之下，又叠压在周代和新石器时代文化层之上。文化层一般厚 10～50、深 10～165 厘米。发现灰坑 94 个，水井 2 眼，沟 4 条和丰富的文化遗物，其中有铁铧、钁和镰等（图五，9、10、11）生产工具，小口瓶（壶）、

图五　洛阳王湾西周、北朝遗物

1. 板瓦　2. 陶壶　3. 陶盆　4. 陶屋　5. 陶盆　6. 陶碗　7. 陶双耳罐
8. 瓦当　9. 铁镰　10. 铁镬　11. 铁铧（1 为西周，余为北朝）

双耳罐、盆、碗等（图五，2、3、5、6、7）生活用具，砖、瓦和瓦当（图五，8）等建筑材料。遗址中还发现一陶屋（图五，4），其外形似一陶仓，泥质红陶，门券上边刻划有"吕始和一主"五字。

另外，还发现一些铜、铁、骨制的日常用具、装饰品和"五铢""常平五铢"

等铜钱。

八　结语

这两次发掘最大的收获是：对这一地区由仰韶文化向龙山文化过渡阶段的年代分期与发展联系诸问题，依据有明显的地层叠压关系和大量的实物资料，提供了深入分析研究的条件。

另外，仰韶文化中用石块铺砌的墙基和挖槽的现象等，都还是首次发现。

北朝遗址的发掘还是第一次。发现的生产工具、生活用具和建筑材料等对研究北朝的社会经济和生活特点都是相当重要的。

（署名北京大学考古实习队，与李仰松合署执笔，原载《考古》
1961 年第 4 期）

《三门峡南交口》序

　　三门峡南交口遗址与著名的庙底沟与三里桥遗址同处于黄河南岸的小支流青龙涧岸边，相距仅约 12 千米，遗址按自然地形从西往东分为三区，主要为仰韶文化遗存，还有少量二里头文化遗存和战国到汉代的墓葬。总面积约 16 万平方米，是一个不大的中等遗址。

　　从 1997 年起，因修建高速公路而进行了三次抢救性发掘，发掘的面积达 1400 平方米。具体布方因为要照顾到三个区域和公路线的走向，所以显得比较零散。发现的房屋、灰坑等遗迹因受客观条件的限制，往往只挖了一部分，完整的遗迹单位很少。出土遗物还比较丰富，但复原的不算太多；有些器物是画图复原，不一定准确。有些器物型式的划分不尽合理，希望以后有所改进。

　　从报告中可以看出，尽管是抢救性发掘，地层的划分和遗迹单位的清理还做得比较仔细，整理时对出土器物又经过认真细致地分析与排比，因此在文化分期和文化特征的把握上也都做得不错。

　　南交口的仰韶文化遗存可以明显分为三期，其中第一期分布于第一区和第二区，第二期分布于第三区，第三期仅分布于第一区的西部一隅。三者之间没有发生叠压打破关系。从文化特征看，第一期大致相当于三里桥仰韶文化一期，但内容要丰富得多；第二期相当于庙底沟的仰韶文化；第三期则相当于山西芮城西王村仰韶文化晚期，即所谓西王村类型的遗存。报告对各期遗存进行了仔细的分析。特别是对第一期和第二期的分段比以前的研究更为细密。具体说第一期本身又细分为三段，发展脉络清楚。报告将其同周围大致同期的遗址进行比较后，认为它是与半坡类型基本同时而文化特征有别，主要分布于半坡类型之东的晋南豫西的一种地方类型即东庄类型，是完全正确的。我过去在提出东庄类型的名称时，限于资料太少，内涵和外延都难以准确地把握，只是看到与半坡类型有明显区别，又有各自的分布区域，自不应简单地归入同一类型。南交口的发掘不但大大充实了东庄类型的内容，而且本身发展脉络和分布区域也比过去远为清晰。报告将该遗址仰韶文化的第二期遗存本身更细分为三期六段，发展脉络也更加清晰。将其与庙底沟和西阴村等遗址的仰韶文化遗存比较，毫无疑问是属于庙底沟类型的，但其早期比庙底沟和西阴村的早期还要早些，与第一期的第三段已经十分接近。如果把东庄村的仰韶文化遗存插入，从第一期到第二期就基本上没有缺环了。为了更清楚地说明第一期和第二期之间，也就是东庄类型和庙底沟类型之间的关系，报告的作者在结语中还从六个方面进行了全面的论证，证明庙底沟类型就是从东庄类型发展而来的。在发展过程中有大量因素的继承，也有部分旧因素的淘汰或改造，还有若干新因素的产生以及周边文化类型的影响。这是任何考古学文化发展过程中常见的现象，因此两者应该是属于同一文化的两期，即仰韶文化的早期和中期，而不是分属于两个文化。至于比东庄类型更早的枣园和东关一期文化遗存，有的学者认为是庙底沟类型的源头，并以此来论证半坡类型或半坡文化与庙底沟类型或庙底沟文化是平行发展的。但枣园一类遗存与庙底沟类型中间隔了一个东庄类型，自然不可能是直接继承和发展的关系。何况东关一期之后的东关二期就属于东庄类型而不是庙底沟类型。由河南省文物考古研究所发掘的灵宝董寨遗址主要是与东关一期相同的文化遗存，紧接其后的乃是东庄类型的早期而非庙底沟类型。南交口遗址的发掘与研究在这个问题上的明显进展，应该是一个重要的收获。至于仰韶文化以后的二里头文化和战国—汉代墓葬的资料也很重要，特别是汉墓的资料很有特色，这里就不多加讨论了。

作为一个考古报告，应该全面如实而准确地反映田野工作和室内整理研究的成果，这一点本报告基本做到了，而且做得很细致、很认真。但考古报告的编写应该在满足上述要求的前提下，还要力求简洁洗练，表达明确，逻辑严密顺畅，文字、表格、插图和图版要相互配合，相得益彰。既要全面，又要重点突出，不能轻重不分地一例对待；特别要避免不必要的重复。在这方面，本报告的编写是有缺点的。例如有许多灰坑只挖了一小部分，仍然画平面和剖面图，列出土器物登记表，还有出土器物的插图，而这些器物在总的出土器物的描述中都已详细介绍，明显是重复，显得非常烦琐。其实有些重要灰坑在介绍遗迹时就可以连带介绍出土器物，一般没有做完或保存状况不好的灰坑就不必反复地记述，那样既不能准确说明灰坑的形制，也不能反映其中堆积的整体状况，作为器物共存单位也不完整，有个包括出土器物栏目的比较详细的灰坑登记表和遗迹总平面图就可以了。至于个别有特殊情况的当另作别论。早年有些考古报告因为写得太简单而受到批评，近年来注意纠正这个缺点是好的。但是有些报告走过了头，弄得很烦琐，浪费大量篇幅，关键问题反而没有交代清楚，是不足为训的。

（原为河南省文物考古研究所编著《三门峡南交口》序，科学出版社，2009 年。后收录在《丹霞集——考古学拾零》，文物出版社，2019 年）

《三门峡仰韶文化研究》序

仰韶文化的最初发现至今已经 90 年了，有关方面筹划隆重纪念，三门峡职业技术学院准备编辑出版《三门峡仰韶文化研究》一书，收集历年研究仰韶文化的主要论文，以便于关心仰韶文化的人们阅读和研究，是一件大好事。

1921 年河南渑池仰韶村遗址的发掘，是一项意义重大的开创性工作。

首先，它是在我国第一次有计划、有组织开展的田野考古发掘工作，并且获得了丰硕的成果。我国的田野考古工作和考古学研究，就是从那个时候才正式起步的。

其次，它是我国新石器时代考古研究的开始。在此以前，中国有没有新石器时代还不清楚。个别外国学者甚至断言中国没有新石器时代，有些人也表示怀疑。仰韶文化的发现把这种怀疑彻底扫清了。

第三，它当然也是仰韶文化最初发现并得以命名的一项工作。而仰韶文化在中国新石器时代文化中是处于核心地位的考古学文化。随着考古的发现越来越多，研究越来越深入，这一看法也得到越来越多人的认同。

现在仰韶文化大体分布于黄河中游的河南、陕西、山西、河北，外及湖北、甘肃和内蒙古的部分地区。可以分为两大阶段四个时期，或者按有些学者分为早中晚三期，年代大约从公元前 5000 ~ 前 2800 年，前后持续达两千多年。每个时期又有许多地方性差别，可以划分出许多文化类型。理清了仰韶文化的发展谱系，等于开启了一把研究其他考古学文化的钥匙，也为进一步通过聚落形态研究仰韶文化的社会和经济形态打下了坚实的基础。近年来的研究正是朝这个方向来进行的，而且取得了非常骄人的成绩，这是令人欣慰的。三门峡市正好处在仰韶文化分布的中心地区，是仰韶文化研究的重镇。希望这部文集的出版能够有助于仰韶文化研究的进展。是为序。

（原为李文昌主编《三门峡仰韶文化研究》序，河南科学技术出版社，2011 年）

华南考古的期望

近年来华南地区的考古工作取得了突破性的进展，华南考古的特色也日益鲜明地显现出来。为了集中反映华南考古的成就，广东省文物考古部门经过一段时间的酝酿和筹备，决定出版《华南考古》不定期刊物，等条件成熟后再考虑改为定期刊物，这是一件等待已久的很有意义的事情。

华南地区一般指广东、广西和海南，而以广东为主。广义的华南还可以包括福建、台湾和云南的南部。这里属南亚热带和热带地区，夏长冬暖，四季常绿，雨量丰沛。华南的地形又特别复杂，北部山区重峦叠嶂，山清水秀；南部海岸线漫长而曲折，海岸边有富饶的小平原与河口三角洲。再往南就是广阔的海疆和星罗棋布的岛屿，这样就形成了多种多样的生态环境，每一种生态环境的生活资源都非常丰富，从而为人类文化的发展提供了非常优越的自然条件。

这里很早就有人类居住，有众多的旧石器时代遗址，包括洞穴遗址和露天遗址，有发达的旧石器文化和不同时期的人类化石。研究人类历史的开篇常常是很吸引人的，而未知数又往往是最大的。研究华南地区的旧石器文化，包括人类化石在内，自然不能仅仅以地区的范围来考虑问题，一定要扩大眼界，要从人类起源和在东亚的早期发展这样宏观的角度来考虑问题和部署我们的工作。从这方面来看，华南地区无疑占有特别重要的位置，发展前途未可限量。

这里的新石器时代遗址不但数量众多，而且形态多种多样。在山区和丘陵地带有大量洞穴遗址和坡地遗址，河边有阶地遗址，海边有贝丘遗址和沙岗遗址，还有许多海岛遗址和水下遗存，这种情况在别的地方是难以见到的。在苏秉琦先生区系类型理论的指导下，华南的新石器时代考古早已突破了过去那种沙、软、硬三阶段的简单概括，而进入了文化谱系的探索，同时引进了环境考古和聚落考古的研究方法，从而使研究水平前进了一大步。

关于旧石器时代向新石器时代过渡的问题是一个具有世界意义而又尚未解决的课题。不同的地区有不同的情况，华南在南亚热带和热带地区应该有相当的代表性。由于纬度低，气候变率小，历史上自然环境的变化也比较小。第四纪几次冰期对华南的影响就远没有长江流域和北方地区那么严重，没有对人类文化造成严重的冲击，文化的发展就有比较强的稳定性和连续性。华南进入新石器时代以后长期继续旧石器时代的传统经济形态——狩猎、采集和捕鱼等，完全是获取天然产品。因为这些资源在华南非常丰富，人们没有感受到生存的压力，没有必要从根本上改变自己的生活方式。这样的经济形态并不要求生产工具有革命性的变革，所以华南新石器时代早期的许多石器跟旧石器时代晚期的石器差别很小，从旧石器时代向新石器时代过渡时期的文化特征就特别难以把握。这是华南地区的中石器时代文化的研究跟东南亚一样，之所以长期难以取得进展的重要原因之一。

这里青铜时代的研究已经从史前考古中分离出来，各地青铜文化的面貌和特征已经初步显现出来。过去以为几何形印纹陶是本地新石器文化的基本特征，现在知道基本上是属于青铜时代的。这个时期正是百越民族形成和发展，并且扮演重大历史角色的时期。研究百越文化的起源、发展及其在中国乃至东南亚和太平洋地区的历史作用，应该是华南青铜时代考古的重要课题。例如在亚太地区的所谓南岛语系民族的起源和发展问题，就应该与百越民族的研究有密切的关系。

秦汉时代是百越民族发展和融合为汉族的一部分的重要时期。近年来关于南越、闽越和骆越的考古都取得了十分重要的成果，其中尤以南越王墓和南越宫署遗址的发掘令人惊叹不已。大量的建筑遗存和出土文物不但显示当时华南地区的文化发展水平已接近于长江流域并具有浓郁的本地特色，同时表明了当地文化同长江乃至中原地区文化的密切关系和广泛的海外联系。

秦汉以后的考古研究也十分重要，现在的研究虽然取得了不少成果，但是还不够系统，还有许多领域需要开拓。

华南有许多少数民族，关于这些民族的历史，文献记载甚少，需要通过考古工作来逐步恢复起来。

至于近年开展起来的水下考古和海上丝绸之路的研究，初步的成果就已经引起了广泛的关注。在历史上，华南是中国通向世界的门户，是中国人向海外开拓和吸纳海外优秀文化的重要基地，留下了许多与之相关的遗迹和遗物。这方面的考古工作有着十分广阔的前途，需要有计划地长期坚持下去，而且要热忱地争取必要的国际合作。

总之，华南地区的考古已经取得了重要的成果，我们要珍视这些成果，并且要有适当的园地加以发表，以便于进行广泛的学术交流。但是就华南考古的重要性和应该开拓的领域而言，已有的成绩又显得很不够，需要有适当的园地来加以提倡和鼓吹。编辑出版《华南考古》就是基于这样一些想法。我们希望《华南考古》能够成为有关学者喜爱的园地，能够在推动华南地区的考古学研究方面发挥积极的作用。

（原为《华南考古·1》前言，文物出版社，2004 年。后收录在《中华文明的始原》，文物出版社，2011 年）

南中国史前考古的新进展 *

　　南中国主要有两大区块，就是以长江流域为主的华中地区和以珠江流域为主的华南地区，两大区块的分界是南岭。还有一个西南地区，情况不大明朗，这里就不涉及了。华中和华南地理位置上紧密相邻，自然环境却有较大的差别。两地的史前文化尽管有很大的差别，发展道路也颇不同，毕竟还有许多联系，放在一起讨论还是很合适也很必要的。

　　早年华中地区的史前考古在文化谱系、农业起源、聚落演变与文明起源的研究中都有很大的成绩，近几年又有新的进展。在浙江，由于跨湖桥文化和上山文化的相继发现，把那里的新石器时代的文化以及当地稻作农业起源的探索向前推进了两千多年。而且从上山文化、跨湖桥文化到河姆渡文化和马家浜文化似乎是各有千秋，缺乏明确的继承发展关系，这在别的地方是少见的。湖南西部的高庙文化年代早，基本上没有农业，却是一个强势文化，对洞庭湖滨的农业文化乃至遥远的华南地区都有明显的影响。这两个例子都为新石器时代考古学文化关系的研究提出了新的课题。

　　聚落演变和文明起源的探索也有不少新的成果。湖南连续出版了《彭头山与八十垱》和《澧县城头山——新石器时代遗址发掘报告》两部考古报告，为澧阳平原的农业发展、聚落演变到最早城址的出现提供了重要的资料。安徽刚刚出版《凌家滩——田野考古发掘报告之一》考古报告不久，又在凌家滩墓地发掘了一座随葬近 300 件玉器，并且在上面放置一头重 85 千克玉猪的大型墓葬。从整个墓地来看，死者不但有职能的分工，而且有显著的贫富分化和社会地位的差别，表现出走向文明的明显倾向。

　　如果说凌家滩文化是长江下游文明化进程中的先驱或发展中心，那么稍后的中心便明显向东南转移。只是这种转移并非文化的迁移而主要表现为各自发展进

---

　　* 　本文为 2007 年 12 月 13 日在香港举行的文物保护与南中国史前考古国际研讨会上的发言。

度的不同，那就是良渚文化的崛起。分布于太湖流域的良渚文化是以出土大量精美玉器著称的，也是南中国史前文化中文明化程度最高的。它的中心区在杭州的北郊，占地40多平方千米，遗址非常密集，中央的莫角山是一个30万平方米的长方形土台，上面有几万平方米的高等级建筑的夯土基址，旁边有反山等高等级贵族墓葬。2007年11月在它的周围发现了规模巨大的城墙基址。墙基用大块石头铺砌，宽约50~60米；墙体用从附近山脚下运来的黄褐土筑成。整个城墙基址的平面呈不大规则的长方形，南北长约1800~1900米，东西宽约1500~1600米，工程巨大。这个古城的始建年代暂时还不清楚，但可以肯定到良渚文化晚期还在使用。从一些迹象来看，整个中心是在良渚文化之初有意规划建设起来的。如果这个判断不至于大错，这个良渚古城可能持续了七八百年！大家知道在长江中游的两湖地区曾经发现了多处从大溪文化、屈家岭文化到石家河文化的古城，最近在湖北又发现了好几座古城，这十几座古城中规模最大又处于中心位置的是天门市的石家河古城，也呈不规则的长方形，有120万平方米。城内的遗迹同样反映出当时存在职能的分工和社会地位的分化，也是文明化程度很高的一个中心。至于成都平原过去也曾经发现属于宝墩文化的几座城址，在一定程度上解决了三星堆青铜文化的起源问题。把这些发现联系在一起，就会对以长江流域为主体的华中地区在整个中国文明起源过程中的地位和作用有一个新的认识。

　　华南地处热带和南亚热带，加上北面有南岭山脉阻拦冬季的寒风，所以气候炎热多雨，夏长冬短或长夏无冬。从更新世到全新世，华中和华北的气候有很大的变化，而华南变化并不显著，即使冰河时期的气候也并不十分严酷。由于生活资源十分丰富，从旧石器时代长期实行的采集—狩猎—捕鱼经济，到新石器时代也仍然持续而没有必要从根本上加以改变。所以旧石器时代和新石器时代的界线很不清楚，新石器时代的文化发生虽然很早，而发展却相对迟缓。现在我们对华南新石器时代早期文化仍然知道得很少。我过去曾经提出过一个假设，就是在最后一次冰河时期，海平面要比现在低130米左右，现在南海的大陆架绝大部分应该是滨海平原，一定有不少人居住在这个地方，他们应该从事采集—狩猎—捕鱼等活动。当全新世海水逐渐上涨时，他们的子孙必定会向陆地方向退缩，从而会产生一个缓慢的可能是不知不觉的移民过程。这些移民是懂得食贝的，即使到了较北的山区，他们也会采集螺、蚌等贝类为食。这可以解释粤北等地许多旧石器时代洞穴遗址很少贝壳，而新石器时代早期遗址则有丰富的贝壳堆积。因此在探索华南新石器时代文化的来源时，除了首先应该在当地寻求而外，也要考虑大陆架上的可能性，还要考虑华中地区的影响。

　　鉴于华南地形复杂，海岸线特长，各地的文化差别很大，新石器时代文化应该不止一个源头，文化区系类型的研究颇不容易。

文化区系的研究不能仅从宏观的角度来加以划分，那样做不可能很确切，难以正确了解当地文化发展演变的过程，也难以正确了解不同区系之间的文化关系。正确的做法应该是从各个区域寻找有代表性的重要遗址进行科学发掘，并且进行准确的而不是大概的分期研究，再同周围的相关遗址进行周密的比较研究，以确立一定区域的文化特征及其发展演化的历程，再跟相邻区域的文化进行比较，以确认不同的文化系统及其相互关系。在这个基础上再探讨某些特殊文化因素的传播及其社会作用。只有这样的研究路线才可能建立比较稳固的基础。否则就会失之于远处求同和近处求异，勾画出一幅幅不正确的图景，这在考古学的历史上是并不罕见的。很高兴最近的一些考古工作正是沿着这条路线进行的，并且取得了显著的效果。我想举几个例子。

首先谈谈珠江三角洲的史前考古问题。那里有许多沙岗遗址和贝丘遗址，有的在海滨，有的在海岛，有的在河口，有的在平地的小岗子上，后者在史前也应该是贴近水面的。那里的新石器时代文化应该是最能代表华南特点，并且对往后文化发展具有更大影响的，所以受到学者的特别关注。很早就有人在这里进行考古调查和试掘，陆续有一些文章讨论那里的文化性质、特征、年代分期和来龙去脉等问题，却往往不得要领。问题在沙岗遗址的沙层过于疏松，发掘时极易坍塌，难以准确划分地层，更难以分辨相关的文化遗迹。其中深圳咸头岭是一个颇具代表性的遗址，由于其丰富的文化遗存而曾被作为一个考古学文化的代表而提出咸头岭文化的命名。只是过去的四次发掘都没有把地层关系弄清楚，直到 2006 年春季进行第五次发掘时，因为改进了方法，把沙岗遗址地层关系不好把握的难题基本解决了。在分层采集标本的基础上，通过认真的资料整理和类型学研究，排出了三期五段，早晚发展演变的轨迹十分清楚。将这个结果同相关遗址进行比较，加以充实和可能的校正，整个文化的面貌也就比较清楚了。由于这个文化中有不少彩陶和白陶，与湖南西北的高庙文化等有相似之处，成为许多学者注意的焦点。至于整个文化是本地起源的还是从湖南西北部传播过来的，或者是本地起源而受到湖南西北相关文化的影响，学术界还有不同的认识，这可以在以后的研究中逐渐加以解决。这个文化的遗址多在海滨或海岛上，理应以捕鱼和采集经济为重，而且有一定的航海能力。目前这方面的资料很缺乏，今后应该多加注意。

过去贝丘遗址发掘不少，但是多在贝壳堆积或在贝堆旁边的居址进行发掘，所得信息十分有限。去冬今春高明古椰遗址的发掘转变了思路，着重全面了解遗址的状况。不但揭示了岗顶居址和坡地堆积与石器制造场，还特别发掘了水田下面保水层的堆积。通过浮选等方法获取了极为丰富的动植物等有机物遗存，其中有数十粒野生稻谷，还有许多竹木器残块，从而大大丰富了对同类遗存的认识。其实过去发掘过的南海鱿鱼岗、三水豆边岗等贝丘遗址坡下的水田或水塘中也有木器等有机物遗存，只是没有发掘。今后如果发掘同类遗存时采取古椰的发掘方法，一定会获得更加丰富的成果。古椰的陶器既不同于咸头岭文化，也不同于过去发掘的河宕、灶岗、鱿鱼岗等较晚的文化遗存，而与香港虎地、过路湾上区和珠海草堂湾等遗存相近。代表咸头岭文化之后的一个重要的文化阶段。这时已不见彩陶和白陶，陶器的形制和纹饰也有诸多变化，但二者陶器的基本器类都是圈足盘和圜底釜罐，而且都有树皮布石拍，应该是属于同一个文化系统的两大发展阶段。至此珠江三角洲新石器时代的文化谱系才初步建立起来。

由于这两个遗址发掘思路的转变和发掘方法的改进，又都取得了突破性的成果，所以都被选入2006年度全国十大考古新发现之中，而且都获得2006年考古优秀工地奖。

珠江三角洲另一个重要的史前遗址是珠海宝镜湾，发掘报告已经出版。那是一个海滨的坡地遗址。由于不同时期遗迹的打破关系极为复杂，地层关系的辨识和文化分期工作十分困难，不过最终的分期还基本是可信的。那里的第一期文化比古椰更接近于咸头岭文化，第二期也许比古椰略晚。那里发现了一千多件石网坠，还有停船的石锚，集中反映了一定的航海能力和海洋渔猎经济的发达程度。此外，近年来在香港发掘的沙下等遗址也都有重要的收获。

广东北部经过科学发掘的最重要的新石器时代遗址当数曲江石峡。遗址规模大，地层关系清楚，可以明确地分为几个时期，代表当地从新石器时代到青铜时代的发展演变轨迹。其中的石峡文化跟江西的樊城堆文化有非常密切的联系，同时也受到良渚文化的影响，发展水平也颇相近。苏秉琦先生特别看重那个发现，专门写了文章《石峡文化初论》，认为那是赣鄱地区通向华南的一个窗口或门户[1]。很高兴那个报告已经由朱非素和杨式挺先生写出来了，相信不久就会正式出版。

广西南部的史前遗址过去多所发现，只是由于邕宁顶蛳山富有成效的发掘才使那里的文化发展轨迹明朗起来。顶蛳山是一个贝丘遗址，可分四期，其中第二、三期被命名为顶蛳山文化。它有非常特殊的肢解葬，陶器多圜底釜罐，遗址多在河边，常为贝丘，经济主要是采集—狩猎和捕捞水生动物。这个文化在广西南部有广泛的分布，南面直到越南北部。越南考古所的阮文好先生认为，他们那里的多笔文化与顶蛳山文化实际上是同一个考古学文化，只是名称不同而已。史前没有国界，文化的边界自然不受人为的限制。

〔1〕　苏秉琦：《石峡文化初论》，《文物》1978年第7期。

　　广西北部大体以越城岭为界，南部多洞穴遗址，就中以大岩和甑皮岩的发掘为最重要。后者的五期文化基本上代表了当地新石器时代早中期的发展轨迹。北部的资源晓锦等遗址也有明确的文化发展序列，只是年代偏晚，位置上则应属于华中的长江水系。

　　福建的闽侯昙石山遗址也是很早就发现了的，前后进行了九次发掘，直到第八次才把地层关系完全搞清楚。那里的文化至少可以分为四期，第一期部分内容接近于壳丘头遗址，也许可归入壳丘头文化。第二期遗存最丰富，被确定为昙石山文化，年代被推定为距今 5000～4000 年间。第三期的黄瓜山文化已是新石器时代末期。第四期是青铜文化[1]。这个序列基本上代表了福建北部文化发展的轨迹。福建南部过去发现有金门富国墩遗址，年代可能与平潭壳丘头接近。最近发掘的晋江庵山遗址则代表新石器时代晚期的滨海文化。至于整个闽南的新石器时代文化谱系则还有待于更多资料的充实才能建立起来。而广东东部和海南岛的情况至今还不是很清楚。

　　从上面简单的叙述可以看出，华南地区各地区域性文化的研究虽然还有一些不清楚的地方，毕竟有了较大的进展，可以大致勾画出各地史前文化的基本面貌和所处范围。这些文化跟后来先秦时期号称百越的古族和古国应该是前后相继的。至于台湾史前文化的谱系，近年也逐渐明朗起来。台湾在更新世晚期跟大陆是连在一起的，旧石器时代晚期的居民很容易到那里去，因此有左镇人和长滨文化的发现。到全新世海水上涨，中间隔了一个海峡，来往就不那么方便了。所以台湾的新石器时代文化应该是本地起源的，同时不时有大陆文化的影响。其中有些是来自浙江、福建，有些是来自广东。总之还都在百越先民的文化范围以内。

　　华南史前考古学文化与东南亚乃至环太平洋相关文化的关系是国际学术界普遍关注的问题，语言学家、文化人类学家和考古学家都做过不少努力。语言学家主要是研究古代百越语言与南岛语系的关系问题；文化人类学家关注的是某些特殊风俗如拔牙等的发生与传播问题；考古学家从关注某些物质文化如有段石锛的发生与传播问题开始，逐步通过艰苦的田野考古工作来取得确实的证据，借以深化或修正既有的认识。记得 20 世纪 50 年代新西兰的达夫博士（Dr. Roger Duff）到北京大学讲学，第一句话就是"我是为毛利人到中国来寻找祖先的"。他放映了许多幻灯片，说明新西兰的毛利人至今还使用有段石锛，以及这些有段石锛是如何从中国东南沿海一步一步传播到新西兰的。他还说毛利人房屋上的图案画和某些日用器具如何具有中国风味等等。现在看来，他的说法假设性成分太多，缺乏

---

　　〔1〕　福建博物院：《闽侯昙石山——第八次发掘报告》，科学出版社，2004 年。

扎实的考古学基础。中外研究有段石锛的学者很多，比较起来，还是傅宪国的研究比较系统而有说服力。他把有段石锛和有肩石器进行了全面的比较研究，注意到有段石锛最早出现于浙江，经福建、台湾传播到菲律宾，再传播到太平洋广大岛域，在时间顺序上似乎是说得通的。而有肩石器最早出现于珠江三角洲，通过中南半岛传播到南亚的孟加拉国和印度，在时间顺序上似乎也能够说得通。但在如此广阔的领域上，实际的情形究竟怎样，自然需要做更加细致的考古工作和深入的研究。在这方面，洪小纯关于台湾地区与菲律宾石锛的关系的研究以及台湾玉器传播到菲律宾的研究是值得称道的。

文化人类学家早就注意到东南亚和环太平洋的许多民族有穿树皮布的风俗，而制作树皮布的工具就是所谓树皮布打棒。究竟什么时候开始使用打棒来制作树皮布，要靠考古学家的发现与研究。邓聪注意到大湾文化即咸头岭文化中的刻槽石拍应该是制作树皮布的工具，类似的石拍或树皮布打棒在东南亚和环太平洋的南岛语系各民族中有着广泛的分布，而年代以咸头岭文化为最早。其间是否有传承关系也值得研究。

华南的史前文化中不时发现有人工拔牙的标本，说明当时存在着拔牙的风俗。考古资料证明，这种风俗主要流行于古代的东夷、苗蛮和百越地区，年代最早的约在公元前 4300 年。日本的史前文化中也时有所见。在台湾、东南亚以及环太平洋地区属南岛语系的各民族中，前不久还流行这种风俗。其中是否有某种传承关系，也是许多人所关注的。

除了以上几项以外，还有稻作农业的传播、薯蓣等块根类农业的发生与传播等等，这些都把华南与东南亚乃至环太平洋地区联系在一起。因此华南史前考古的研究是具有国际意义的。但是要把这些问题弄清楚，必须有许多扎实的考古工作，同时还要有多种学科的合作，才能逐步有所推进。近年来对分布于大洋洲的拉皮塔文化一系列的考古发掘与研究，提出了许多同过去设想不大相同的问题，特别是在菲律宾和印度尼西亚东部都发现有类似拉皮塔文化的因素，为拉皮塔文化起源的研究提出了新的希望，是值得注意的。

华南史前考古相对于华中长江流域来说明显滞后。即使在长江流域，各省的发展也颇不平衡。这有历史的原因，无可厚非。可喜的是现在终于有了相当的进展，从而升起了新的希望。华南史前考古有许多特点，只要充分认识和把握这些特点，扎扎实实地做好每一项田野工作和相关的研究工作，调整思路，拓宽视野，开展广泛的学术交流，许多学术上的难题就会逐渐明朗起来。

（原载《中华文明的始原》，文物出版社，2011 年）

广东与环境考古[*]

大家早上好！

　　首先感谢东道主邀请我参加第六届环境考古学会大会。要我讲话，我却没有什么准备，我慢慢说吧。要是有什么说得不对，还请大家帮我纠正。

　　我开始注意环境考古，记得好像是 1964 年的时候。那时我们内部翻印了一本美国巴泽尔著的《环境与考古学》[1]，我随即买了一本，看了很受启发。在那本书里，他讲到人类为什么在非洲起源，农业为什么在中东地区起源，他说都有环境的因素，并且做了很有说服力的分析。所以，我就认识到环境考古对于考古学，尤其是史前考古学关系重大，不可或缺。正是在这个时候，我认识了著名的地质学家、中国第四纪科学研究学会的主席刘东生先生，也结识了周昆叔先生。周昆叔先生最初是研究高等植物孢粉分析的，后来因为侯仁之先生的引导和建议，他就在刘东生先生的指导下，慢慢地转入环境考古研究，成为我国环境考古的开拓者。我们都是湖南人，湖南老乡，加上业务上的联系，使我们成了好朋友。周先生的那股敬业精神非常令人感动，他走遍了中国的山山水水，动脚又动脑，老是琢磨中国文化为什么那么古老？为什么发展连续不断？又为什么是以中原为中心？他觉得这些都与中国的自然环境有关。他的这些理念与我的一些想法很合拍，我们经常在一起交流。后来环境考古越来越受到大家的重视，从事的学者也越来越多，就在中国第四纪科学研究学会下成立了一个环境考古的专业委员会，周先生就是这个环境考古专业委员会的主任，后来接任的是北京大学的莫多闻先生，我们几个都是湖南人。

　　环境考古专业委员会自成立以来，不仅团结直接从事环境考古的一些学者，还团结了相当多相关学科的学者，开展了卓有成效的工作。现在研究考古学的人，特别是研究史前考古学的人，恐怕没有不关心环境考古的。

---

[*]　本文为 2016 年 11 月 6 日在第六届全国环境考古大会上的发言。

[1]　Karl W. Butzer, 1964. *Environment and Archaeology*, Chicago.

中国为什么在一二百万年以前就有古人类活动？这里究竟是否也是现代人起源的地方之一？学者们见仁见智，说法不一。反正中国一二百万年前就有古人类活动了，几万年以前也已经有现代人的足迹。中国又是一个农业起源的重要地区，而且是世界上三大农业起源区中唯一有水旱两种农业起源地相伴共生的地区。这都是跟整个中国的自然环境密切相关的。在中国文化的发展过程中，为什么会形成一个既有中心又有多元的所谓多元一体的格局？为什么在全世界范围内，只有中国古代的文化是连续不断的？这些也都是跟中国的具体环境有密切关系的。

国家的探源工程，探索文明起源。探索文明起源能离得开环境的研究吗？我们有些学者，原来主要从事考古学研究，后来慢慢自己也熟悉了环境考古，比如张居中，就是一个典型的例子。他在这一方面做了很多事情，使环境研究和考古研究完全不可分割了。有些研究，如果离开了对环境的研究，几乎很难理解，比如我们说大禹治水。谁都知道这个传说，有没有这么回事？我记得夏正楷先生在中国史前有没有大规模的洪水方面做过很仔细的研究。有些传说阶段的事情我们慢慢地落实下来了，而且经过科学的研究和解释，为整个中国的史前文化以及后来历史发展的研究起了非常重要的作用，这就是环境考古。尽管我对环境考古一知半解，但是我确实是特别重视环境考古。

这次会议选在广州开，是很有战略意义的！为什么呢？广东的环境非常特殊，也非常复杂，它有很多特点是别的地方不具备的。广东北面依靠南岭山脉，可以阻挡北来的寒风。广东的纬度又很低，有的在南亚热带，有的已经到了热带的边缘，很多地方的气候是长夏无冬。所以这儿植被就比较丰富，有各种各样可以采食的植物，动物同样也很丰富，在很长时期内，狩猎采集经济都非常发达。广东还有很长的海岸线，而且曲曲弯弯，有好多港湾，好多沙滩，渔业资源非常丰富。广东人是喜欢吃生猛海鲜的，这与他们生活的自然环境有密切的关系。

从文化上来讲，广东的北部，南岭山脉的南面，因为喀斯特地形的发育，有很多山洞，有很多的洞穴遗址；广东南部海边有沙丘遗址和贝丘遗址。广东还有几条大河，比如西江——珠江的主流，从广西流过来，过梧州以后就是一条大河了。广东还有北江、东江和韩江，有各种各样的生态环境，经济类型也多种多样。广东的文化也很有特色，既自成单元，又有广泛的联系。比如珠江三角洲一带的咸头岭文化以彩陶为特征，是比较早的新石器时代文化。其中很多因素都和湖南那边的高庙文化和大溪文化有关系，可见它与北面的长江流域有交流。粤北的石峡文化几乎与江西的樊城堆文化不可区分。以前两省的考古学者互相争论，江西有学者要把广东的石峡文化叫作樊城堆文化，广东的学者说江西的樊城堆也可以叫石峡文化。这就是说，它们的关系十分密切！石峡文化里也有很多良渚文化的因素，跟浙江那边也有联系。还有粤东的考古学文化，与福建那边也有联系。广东的这些文化特点，都与广东的自然环境密切相关。一方面文化自成单元，一方面又与周边各地区有相当大的关系。

广东的海岸线是各省中最长的，十分有利于向海外的拓殖。古代百越是一个擅长水性的民族。百越里面的南越，就主要活动在广东这一带。我经常注意的一个问题，就是广东福建这一带的文化是怎么走向东南亚，怎么走向太平洋的？现在有些学者也在研究这一课题，也都没有说清楚。太平洋上有那么多小岛，成千上万，星罗棋布，差不多都有人居住。那些人怎么上去的？什么时候从什么地方去的？都是大家很关心的问题。现在知道那里很早就有人了——在美拉尼西亚，就是比较靠西的一片，公元前三四千年就已经有人了；到东面一点，密克罗尼西亚，公元前一两千年就有人了；再往东的波利尼西亚，太平洋上岛最多的地方，是公元 1000 年左右有人类活动。很明显，这些人是从亚洲这边，从西边往东边走的，像波浪一样逐步推进的。可是你们看看地图，那些岛都很小，星星点点，岛与岛隔得好远，人怎么知道那里有岛，怎么知道自己可以上去，并且在那里长期生活下去？这是个奇迹！西方人在 15 世纪的时候开始探险。葡萄牙的迪亚士、达·伽马等探索印度，绕过非洲的好望角，好像很了不起；哥伦布 1492 年跑到了中美洲一个小岛上，说是发现了印度。现在还叫作西印度群岛，美洲的原住民被称为印第安人，意思就是印度人，其实完全错误。他们的那些航行被说成是重大的地理发现，说是发现了新大陆。其实在他们之前，美洲早就有人了，起码有一万多年，并且缔造了很有特色的玛雅文明和安第斯文明等。再说北欧的维京人，主要是挪威的那些人，也比哥伦布早很多年就到了北美加拿大的某些地方。即使是大规模远航，也远不如中国明代郑和的壮举。郑和率领几十艘大船两万多人，从 1405～1433 年七下西洋，经历亚非 30 多个国家。既不殖民也不炫耀武力。那才是泱泱大国的风范！我倒是觉得几千年中有那么多人持续不断地跑到太平洋上寻找和开发那些无人的荒岛，才是真正的地理大发现！那些人是怎么去的呢？

我想，首先要解决怎么航海的问题。在公元前三四千年、一两千年，能有什么船？不就是小独木舟么，这个独木舟能航海吗？我看了一些材料，原来太平洋岛上的某些居民，他们比较晚近的时候依然在用独木舟，只是独木舟旁边有个木架，一边有的叫作边架艇，两边有的叫作双架艇。旁边有个木架子，浪就打翻不了独木舟，可以航海了。但跑那么远，靠人力划，能行吗？有那么大的精力吗？所以必须有帆，必须解决动力问题。有帆了，才可以远距离航行。前些年在浙江萧山跨湖桥发现了一个独木舟，旁边有一些木杆，很像是做边架用的，旁边还有一个篾编的扇面，吴春明说像帆，说明 8000 多年以前的先民就发明了有帆的边架艇，可以航海了，那是了不起的成就！解决了航海的问题，航行到哪里去呢？怎么找到那些小岛呢？我看过有些著作里讲，一个是洋流，总是往一个方向流；一个是贸易风。这些都是很大的生存环境，当时的人能了解这些事么？而且，人跟着这些洋流能流到哪儿去？跟贸易风能吹到哪儿去？人还要找岛的。后来我想到了海鸟。鸟是能飞的，但不能一直在天上飞，总要落脚在陆地上。船跟着鸟走就能在汪洋大海上找到一块陆地。一些岛屿就是这样一个接着一个被发现的，这要有多么大的勇气、毅力和智慧啊！所以我认为哥伦布的那个探险精神还不够格，这才是真正的探险精神！

为什么讲这么多？这些具有探险精神的人从哪里来？现在有些学者研究认为，这些人可能是广东和福建的先民，我看很有道理。所以，广东的考古要拓展到环境考古，包括海洋考古。我觉得把环境考古的第六次大会选在广东开很有意思。但是我翻了一下会议手册，环境考古的文章很多，有关广东方面的却不多。所以，我讲这一套，是希望环境考古学者更多地关心广东，这是个研究环境考古的宝地，希望大家多多地注意。

我就拉拉扯扯讲这么多，谢谢大家！

（原载《丹霞集——考古学拾零》，文物出版社，2019 年）

深圳的远古时代[*]

　　深圳是我国改革开放的排头兵。三十年来，深圳从一个很不起眼的小镇一跃而为现代化的超级大都市。在我国的经济发展和对外开放上处于举足轻重的地位，这是一个举世闻名、妇孺皆知的奇迹！但是如果说深圳也有悠久的历史，知道的人恐怕就不多了。我今天就想讲一讲深圳远古时代的历史，而且这个时期的历史在某种理念上来说跟现在还是相通的！

　　大约在距今 7000 年，深圳就已经有人居住。我不好说是迎来了第一批居民，因为考古学在不断发展，也许以后会发现更早的古人类遗址。从已有的考古证据来说，七千年前的深圳肯定已经有人来活动了。从那以后的一千年中，在咸头岭、大黄沙、小梅沙、大梅沙等一系列遗址中，都发现了古人活动的遗迹，其中以咸头岭最为著名。

　　咸头岭有三道与海岸平行的沙岗，一级比一级高。其中第三道也是最高的一道沙岗是在七千多年以前全球大暖期形成的。那时海平面比现在高 3～5 米，海浪潮汐和台风把海沙涌到岸上，就形成了沙岗。以后海平面略有下降，又形成了第二道和第一道沙岗。最早的人只能住在第三道沙岗上，等第二道沙岗形成后，大部分人搬到了接近海边的第二道沙岗，一部分人还留在第三道沙岗，从而在两道沙岗上都留下了丰富的文化遗存。

　　这遗址经过五次发掘，本馆的杨馆长、叶馆长和市文物考古鉴定所的李海荣副所长先后参加或主持了各次的发掘，而且都发表了发掘简报和论文。在第五次发掘时由于采取了固沙的办法，地层划分得比较清楚，发现至少有五个时期的堆积，被归纳为三期五段。各层文化堆积之间还有两个间歇层，大概是大台风或海啸把人赶走了，以后的人又搬了回来。用咸头岭的分期作为标尺，不但可以把深圳其他遗址的年代划分清楚，整个珠江三角洲同一阶段的遗址的年代也可以一目了然。可见咸头岭乃是珠江三角洲同一时期的最有代表性的遗址。把珠江三角洲

---

[*]　本文为 2008 年 12 月 26 日在深圳博物馆新馆开馆学术报告会上的发言。

这个时期的文化遗存划分为一个考古学文化，理所当然地被称为咸头岭文化。

这个文化有些什么特点呢？一是喜欢居住在海边或海岛上，所以整个珠江三角洲都有分布，也只分布在珠江三角洲地区。这样的自然环境决定了这个文化的居民比较习惯于水上交通，从事捕鱼或采集水生动物。沙岗的后面有潟湖淡水和小山岗，可以狩猎和采集植物性食物。在大黄沙发现过粮食标本，说明也有少量的种植业。

二是在这个文化中没有发现纺轮，但时常发现一种刻槽的石拍。香港中文大学的邓聪认为是制作树皮布的拍子。树皮布曾经广泛地流行于东南亚，海南岛不久以前还有人穿树皮布做的衣服。

三是普遍使用陶器，而且在造型和花纹上都很有特色。这个文化的陶器主要有三种，一是炊器，有釜和支脚，以釜为主；二是饮食器，有圈足盘、豆和杯等，以圈足盘为主；三是盛储器，盛放食物或水，主要是罐，数量不多。釜多用夹砂陶，一可以加快传热，二可以防止烧裂。釜的外面多饰绳纹，一方面在拍印绳纹时可起一定的加固作用，另一方面又可以增加受热面积。饮食器多用泥质或细泥质，大多为米黄色，也有少量白陶和黑陶。上面常有美丽的刻划纹和压印纹，米黄陶上还有红色彩纹。

这个文化是怎么起源的，学术界有不同的看法。有的学者根据某些陶器的形制和花纹的比较，认为是从湖南西部的高庙文化或洞庭湖滨的汤家岗文化与大溪文化传播过来的，或至少是受到这几个文化的强烈影响；有的学者强调文化的特殊性，主张本地起源说。如果是本地起源，在当地至今没有找到更早的文化遗存，只能是一种猜想。如果是湖南西部或洞庭湖滨传来的，中间缺乏合理的路线。汤家岗文化与大溪文化是以种植水稻为主的农业文化，已经学会纺纱织布，为什么要抛弃本业，不远千里来到海边。成天与海水打交道，以海产为主食，穿树皮布的衣服，过一种完全不熟悉的生活。这怎么也说不通。高庙文化尽管是以采集和狩猎经济为主，但所在的自然环境主要是山区的小河旁边。如果有势力向外发展，湖南西部和贵州等地有的是相似的地方，为什么要跑到遥远的海边来寻求发展呢？因此我曾经提出过另一种想法，再次提出向大家请教。

大家知道在地质时代的更新世有一次大冰期，最冷的时候叫盛冰期，大约发生在 15000 年以前。那时全世界海平面比现在低 130 多米。中国的海平面据研究比现在低 154 米甚至更低。那时广东的海岸线要往南推进约 200 千米，珠江可能要流到现在的东沙群岛附近出海。由于天气寒冷，北方的人可能会往南迁移。原来海边的人也会跟着海岸的变迁而南移，现在的大陆架上应该有不少居民。等进入全新世，海面上升，海岸线向北退缩，海边的居民自然也要跟着退缩。所以咸头岭文化的居民，应该是从南面现在的大陆架上一代一代地逐渐迁移过来的。他们还是喜欢住在海边，过着与内陆居民不一样的生活。只不过在海里无法进行考古工作，因此也无法得到证实，也是一个猜想，我希望是一个合理的猜想。至于他们的陶器，我相信是受到湖南高庙文化—大溪文化等持续的影响而发生和发展的，但不是简单的模仿，所以还有很多自己的特点，我就不细说了。

在下一阶段，彩陶基本消失了，出现了以曲折纹为代表的几何形印纹软陶，但仍然以绳纹为主，一般认为属于新石器时代晚期，时间大约在四千多年以前，晚的可能到夏代。这类遗存在珠江三角洲有非常广泛的分布，对周围地区的影响范围远比咸头岭文化为大。多数为贝丘遗址，在深圳则多为山岗遗址和沙岗遗址。贝丘遗址多在河口或河旁小岗子上，居民的生业应该以淡水或咸水与淡水交接区的水产为主，兼及陆生动植物的狩猎与采集，食物资源显然有所扩大。从陶器的基本形态来看，大多是继承咸头岭文化而加以改造，同时出现了一些新的因素，如各种炉箅等。出现了纺轮而基本不见石拍，证明服饰有了改变。

到商周时期，华南进入了青铜时代。深圳在这个时期的遗址甚多，其中经过大面积发掘的有屋背岭遗址。2001～2002 年在那里发掘了 94 座墓葬，还有更多的墓葬没有发掘，可见那是一个很大的墓地，居民人数一定不少。虽然没有出土铜器，但其他地方同时期的遗址中已经有少量铜器出土。从离深圳不远的博罗横岭山西周墓地来看，青铜业已经比较发达了，这是早期越人的土著文化。越人继承了其祖先善于水性的特点，又跟长江流域乃至中原腹地同一时期的文化有着密切的关系。所以到秦汉时期统一南越，从文化层面来说也是水到渠成的事。

从前面的分析可以看出，深圳的远古居民具有很强的开拓精神，从一开始就不畏艰难险阻向海洋发展，在那里生生不息。有些学者甚至认为，从东南亚到整个太平洋上的所谓南岛语系的居民，应该是从中国的东南沿海迁移过去的，其中当然包括深圳地区。这虽然还不能成为定论，但咸头岭文化和相关文化的发现与研究，一定会对这个问题的进一步深化有所推进。二是深圳远古居民性格开放，善于吸纳优秀文化的成果。深圳远古文化的发展离不开整个华南地区史前文化的发展，也离不开长江流域远古文化的支持，这从陶器上可以看得非常清楚。这种文化上的密切联系，到古越人文化时期得到进一步发展，以至于成为中华古代文明的有机组成部分。这两点对于现代深圳的开发不是很有启发的意义吗？

（原载《丹霞集——考古学拾零》，文物出版社，2019 年）

咸头岭遗址与咸头岭文化

　　深圳咸头岭遗址是1981年发现的，从1985～2006年起先后进行了五次发掘。前四次由深圳市博物馆负责，第五次由深圳市文物考古鉴定所负责并联合深圳市博物馆共同发掘。从第四次起开始改进发掘方法，第五次则完全按照新的方法进行发掘，解决了沙堤遗址地层容易崩塌的难题，从而获得了足以明确进行文化分期的重要成果。本书的上篇就是2006年进行的第五次发掘的考古报告，下篇则是若干专题研究和相关问题的讨论。

　　咸头岭遗址位于大鹏湾东北部的迭福湾，那里有三道与海岸平行的沙堤，一级比一级高。其中第三道也是最高的一道沙堤是在七千多年以前全球大暖期形成的。那时海平面比现在高2～3米（一说高3～5米），海浪潮汐和台风把海沙涌到岸上，就形成了沙堤。以后海平面略有下降，又形成了第二道和第一道沙堤。最早的人只能住在第三道沙堤上，等第二道沙堤形成后，大部分人搬到了接近海边的第二道沙堤，一部分人还留在第三道沙堤上，从而在两道沙堤上都留下了丰富的史前文化遗存。

　　第一至第三次发掘都在第二道沙堤上，第四和第五次发掘移到了第三道沙堤上。由于采取了固沙的办法，地层划分得比较清楚，发现至少有五个时期的堆积，被归纳为三期五段。各层文化堆积之间还有两个间歇层，大概是大台风或海啸把人赶走了，形成了短期的自然堆积层，直到以后的人搬回来居住，才又形成新的文化层。用咸头岭的分期作为标尺，大致可以将整个珠江三角洲同一时期遗址的相对年代划分清楚。

　　在珠江三角洲和附近岛屿上的史前遗址中，最接近咸头岭的是香港龙鼓洲遗址。那里出土的陶器大致可以分为五组。前四组分别相当于咸头岭的一至四段，第五组不出彩陶，年代应晚于咸头岭第五段，已不属于咸头岭文化的范围。只是这个遗址的地层并没有咸头岭划分得那么清楚，将来或可再度发掘以进行验证。可以对咸头岭地层进行部分验证的是东莞蚝岗。那里的文化遗存可以分为三期，其中第二、三期分别相当于咸头岭的第四、五段，第一期早于咸头岭第四段而晚于咸头岭第三段，正好填补了咸头岭遗址的一个缺环。与蚝岗第一期特征相同的还有珠海后沙湾和中山龙穴等若干遗址。其他大多数遗址的文化层比较单纯，多只相当于咸头岭遗址的某一段或两段。因此咸头岭遗址乃是整个咸头岭文化中最有代表性的遗址。把珠江三角洲这个时期的文化遗存划分为一个考古学文化，理所当然地被称为咸头岭文化。关于咸头岭文化的年代，根据大量碳－14测量的年代数据进行综合分析，大致在距今7000~6000年。

这个文化有些什么特点呢？一是喜欢居住在海边或海岛上，所以整个珠江三角洲都有分布，也只分布在珠江三角洲地区和珠江口外的岛屿上。这样的自然环境决定了这个文化的居民比较习惯于水上交通，从事捕鱼或采集水生动物。沙堤的后面有潟湖和小河，可以提供充足的淡水，旁边依偎着有浓密植被的小山岗，可以狩猎和采集植物性食物。离咸头岭不远的大黄沙遗址还发现过粮食标本，说明也有少量的种植业。

二是在这个文化中没有发现纺轮，却时常发现一种刻槽的石拍。早期的石拍两面都有刻槽，而且较粗；晚期的石拍只有一面刻槽，却比较细密。香港中文大学的邓聪认为这种石拍是制作树皮布用的。树皮布曾经广泛地流行于东南亚和华南地区，海南岛不久以前还有人穿树皮布做的衣服。

三是普遍使用陶器，而且在造型和花纹上都很有特色。这个文化的陶器主要有三种，一是炊器，有釜和支脚，以釜为主，支脚有时以石块代替；二是饮食器，有圈足盘、豆和杯等，以圈足盘为主；三是盛储器，盛放食物或水，主要是罐，数量不多。釜多用夹砂陶，夹砂可以加快传热，并可以防止烧裂。釜的外面多饰绳纹，一方面在拍印绳纹时可起一定的加固作用；另一方面又可以增加受热面积，加快炊煮的速度。饮食器多用泥质或细泥陶，大多为米黄色，也有少量白陶和黑陶。上面常有美丽的刻划纹和压印纹，米黄陶上还有红色彩纹。

这个文化是怎么起源的，学术界有不同的看法。有的学者根据某些陶器的形制和花纹的比较，认为是从湖南西部的高庙文化或洞庭湖滨的汤家岗文化与大溪文化传播过来的，或至少是受到这几个文化的强烈影响；有的学者强调文化的特殊性，其中比较突出的是彩陶。咸头岭文化的彩陶花纹是红色的，彩带中常有刻划纹。而大溪文化的彩陶花纹是黑色的，彩带中不见刻划纹，花纹的样式也大不相同，因此主张本地起源说。如果是本地起源，在当地至今没有找到更早的文化遗存，只能是一种猜想。如果是湖南西部或洞庭湖滨传来的，中间缺乏合理的路线。汤家岗文化与大溪文化是以种植水稻为主的农业文化，已经学会纺纱织布，为什么要抛弃本业，不远千里来到海边，成天与海水打交道，以海产为主食，穿树皮布的衣服，过一种完全不熟悉的生活呢？这怎么也说不通。高庙文化尽管是以采集和狩猎经济为主，但所在的自然环境主要是山区的小河旁边。如果有势力向外发展，湖南西部和贵州等地有的是相似的地方，为什么要跑到遥远的海边来寻求发展呢？因此我曾经提出过另一种想法，再次提出来向学界请教。

大家知道在地质时代的更新世有一次大冰期，最冷的时候叫盛冰期，大约发生在 15000 年以前。那时全世界海平面比现在低 130 多米。中国的海平面据研究比现在低 154 米甚至更低。那时广东的海岸线要往南推进约 200 千米，珠江可能要流到现在的东沙群岛附近出海。由于天气寒冷，北方的人可能会往南迁移。原来海边的人也会跟着海岸的变迁而南移，现在的大陆架上应该有不少居民。等进入全新世，海面上升，海岸线向北退缩，海边的居民自然也要跟着退缩。所以咸头岭文化的居民，如果不是全部，也应该有相当部分是从南面现在的大陆架上一代一代地逐渐迁移过来的。他们还是喜欢住在海边，过着与内陆居民不一样的生活。只不过在海里无法进行考古工作（水下考古很难发现新石器时代的遗址），因此也无法得到证实，也是一种猜想，我希望是一个合理的猜想。至于他们的陶器，我相信是受到湖南高庙文化—大溪文化等持续的影响而发生和发展的，但不是简单的模仿，所以还有很多自己的特点，彩陶花纹就是一例。这问题自然还需要有进一步的发现与研究。

咸头岭遗址的第五次发掘规模并不很大但获得了比较丰硕的成果，受到学术界和公众的普遍关注，被评为 2006 年度全国十大考古新发现之一，并获得 2006～2007 年度国家文物局田野考古二等奖。在发掘工作结束后及时进行了资料整理，拼对复原了一大批陶器。对陶器的形制、纹饰、制作工艺和陶土来源等都进行了深入的研究。对石器的类别、形制和使用痕迹也进行了认真的观察和分析，特别是对石锛等使用—破损—再制作（主要是刃部）过程的研究是很精彩的。由于咸头岭遗址和整个咸头岭文化所处的特殊地理位置，所以对当时的生态环境、经济形态和人们的谋生方式的研究显得非常重要和必要，下篇的第五章在这方面也做了不少努力。由此可知本书是一部资料翔实而又有较深入研究的田野考古报告，是对华南史前考古研究的重要贡献。这样的报告能够在发掘后不到三年的时间内完成并付梓，实在是值得称道的。

（原载《深圳咸头岭——2006 年发掘报告》，文物出版社，2013 年。后收录在《丹霞集——考古学拾零》，文物出版社，2019 年）

关于《石峡遗址发掘报告》整理编写工作的谈话

　　石峡遗址的发掘，不仅是在广东，就是在全国来说也是非常重要的。我最早得知石峡遗址发掘的一些情况，一个是从我的同窗杨式挺那儿，他给了我不少原始资料；一个是从苏秉琦先生那儿，他从广东回到北京，跟我相当详细地讲了石峡的情况。石峡遗址发掘后，他在杨式挺陪同下在当地住了一段时间，仔细揣摩了石峡的资料，写出了《石峡文化初论》，而且提出石峡文化的命名，这是他第一次命名一个新石器时代的考古学文化。这一方面说明苏先生对广东的工作非常关注，给予了很大的帮助；但从另一个角度看，这次工作对形成苏先生的区系类型思想也起了一定的作用。苏先生重视石峡，因为他认为这里是内地通向南方的一个窗口。由于你们成功的发掘工作，也由于苏先生的影响，石峡遗址和石峡文化在全国也就有很高的知名度了。时间不等人，一晃就是二十多年了，大家还是很惦记着这事，光是看到一个简报不够，希望发掘报告能早点出来。我每次到广东来，差不多都要问这事，跟式挺、非素、运泉都说过这样的意思：要尽早安排来石峡整理，把这个报告写出来。各位这次终于下了决心，两位老同学再加上子文、善德，在这里待了这么长的时间，那么认真地整理资料，我看到了很感动。最近我抓了好几个考古发掘报告，有些还比较好，有些报告的编写者就没有像你们这么认真，没有花这么多功夫，写出来的东西当然就不是很理想。

　　石峡遗址发掘材料由于搁的时间长了，你们对自己的要求又非常高，这样困难就会多一些。这两天我看了东西以后，觉得比我原来了解的那些知识更清楚了一点。昨天，我特意到遗址转了一次，知道这个遗址有几万平方米，而且发掘面积也不少，有 4000 多平方米，就是遗址东面的一块。但从遗迹和墓葬的分布来看，它好像自成单元。就是说它在遗址中不是一个随便的旮旯儿。我特别注意到这种迹象：发掘区的北面是房子，西边也有房子，南面好像也有房子，都是石峡文化时期的房子。而石峡文化时期的墓葬基本分布在被房子围成的长方形框子里面，但也有个别的墓挖到房子里来了。墓葬有早有晚，房子好像是一个时期的，究竟是相当于墓葬的哪一期不太清楚。因此，个别墓葬不一定就是挖到房子里边，而是被房子叠压或者是打破房子。从发掘区所看到的布局大体是这样：三面有房子，中间是墓地。这太有意思了，原来压根没有想到过！而且这个墓地还是个比较完整的墓地，因为它的周围没有什么墓了，已经是到了墓地的边界了。我们平常研究埋葬制度，墓地是一个非常重要的内容。但是发掘的很多墓葬都只是墓地的一部分，比如一个墓地有 100 座墓，如果只挖了其中的 30 座或 40 座，那么这些墓是一个什么单位呢？这就说不清楚了。因为一个墓地之所以成为墓地，它总是有一个人群或社群，虽然不好说是一个什么群体，是部落或是一个氏族我们不知道，反正是有那么一个群体，他们把自己的祖先埋在这个地方，埋葬的时候也不是随便把这儿的人埋这里，那儿的人也埋在这里的。因此，我们可以透过墓地研究它背后的人群。假如挖的墓地不是一个完整的墓地，你怎么去研究它背后的人群呢？所以把遗迹和墓葬两者结合起来看还是很重要的。整个遗址的更大布局我们不清楚，往西边是个什么样？年代上是否跟东边衔接？都不清楚。遗址尽管是那么大，作为一个聚落也不一定跟它一般大。一个聚落，在不同时期的位置可能有些变动，形成的遗址就会比实际的聚落大。了解整个遗址的布局那是更进一步的事情，我们现在的工作还没做到这一步，还没法说。我只是就现在已发掘的这一块来说，我觉得很幸运挖的是一个大体上自成一个单元的地方，这非常难得。

石峡遗址内涵很丰富，有好几期文化。我刚才讲的主要是第二期文化，即现在所说的"石峡文化"。但遗址又不只有石峡文化这一阶段的东西，在式挺摆出整理的遗址材料中看得很清楚，共有四个阶段的遗存。

第一阶段遗存以前也注意到了，但因材料很少，而现在所说的"汤家岗文化""石门皂市下层遗存"这些东西都还没出来，你们这儿的东西则是比较早发现的，当时也没法给他一个正确的评价。现在因为湖南的工作做出来了，我们也可以看得比较清楚了，第一阶段遗存大体上它相当于"汤家岗文化"或"石门皂市下层遗存"（杨式挺：我们说过"前石峡文化"）。那么提也可以，认真说又不十分恰当，因为第一阶段遗存也在石峡，你怎么叫"前石峡文化"呢？我 1985 年来粤北的时候，好像就只看过几块陶片，这次看还真有不少东西呢！完全可以够得上一期文化。所以第一阶段遗存，我们说它在年代上，或者说文化性质上相当于湖南的汤家岗一类遗存，湖南有人称为"汤家岗文化"，我们这儿把它叫"石峡第一期文化"，然后说它相当于哪一类遗存。因为第一阶段遗存跟第二阶段遗存不能搁到一个文化里面，两个差别太大了。现在也看不出来石峡文化是不是从它直接发展过来的，这中间还有缺环。这个阶段划出来以后，对珠江三角洲有些类似的遗存也更好理解了，不是跳过去的了。我觉得你们可以叫"石峡第一期文化"，首先以它来命名，再来谈它的文化性质、文化关系。就是说，你不要说相当于汤家岗遗存的东西就是汤家岗遗存。它跟汤家岗遗存还是有差别的。至于这个差别是怎么来的，那是另外一个层次讨论的问题，报告里不一定要讨论这些问题。

第二阶段遗存就是石峡文化遗存。我看了一下遗址里第二阶段的东西，作为一个阶段，当然跟前后阶段的东西差别很大，也非常明确，但是资料不是很丰富，跟墓葬材料比差得很远。这可能与粘对陶片不够有点关系，如果陶片都尽量拼对起来，也许成形的器物会多一些。但是现在要把那么多探方的陶片一袋袋拿出来拼对，我觉得也不现实。如果你能找到那么几个坑，陶片比较集中，倒是应该用心拼对一下。

在石峡文化这个阶段，我们很幸运地从平面图上可以看得出来，这里全是房子，而不可能是别的东西。但是，当时发掘是把墙壁的基槽当灰沟挖的。当时没有辨认出房子就不会注意居住面，里面发现的墓葬究竟是打破房子还是被房子压着？这就不好说了。房子的层位也是一个问题，现在了解房子的层位就是灰沟即基槽的层位，讲清楚灰沟被哪一个压着，或者谁打破它，它又打破哪一个就行了。因为没有居住面，你不好按居住面来处理。现在既然认出了房子，写报告的时候就得把房子编号，叫作某号房子，它是个什么结构，而不能完全按照原始资料和当时的判断来写了。写报告的时候，就应该根据房屋、墓葬来谈布局，要有一个聚落的布局。至于其他的东西，比如柱子洞，这说不清楚了，有一个平面图就行了。因为这些柱子洞究竟是属于房子还是仓库，还是别的什么建筑，都没法说清楚。这里顺带说一下在写报告的时候，要先说地层，接着进行分期，按刚才说的四个阶段，把遗址分成四大期，先不分小期，小期讲不清楚。四大期不能糅在一起。每一期都要有一个整体的介绍。特别是第二期的整体布局非常重要，要花点篇幅把整体布局说一说。讲完布局以后，后面就得讲遗迹、墓葬。墓葬中属于石峡文化的有多少座？晚于石峡文化的有多少座？（朱非素：有107座是石峡文化的墓葬，包括1985年发掘的4座。其中二次葬57座，一次葬33座；夏商时期墓葬有29座。）

遗址部分除了房子外，还有好些灰坑。假如有些灰坑里面器物也还比较集中，那也可以公布几个。在讲灰坑的时候，把成组的器物放在一起说。这一做法，对于早年的发掘工作尤为重要。因为早年的工作往往不如我们现在这种发掘水平，早年工作的资料不可能每一项都做得非常好。但是，有些重点的地方我们是可以把它弄清楚的。所以我强调要抓典型，抓重点。比如涉及石峡文化的遗迹方面的一些遗物，如果能够成组成单位的话，最好有几组公布出来，灰坑等遗迹中的器物比地层出土的器物价值更高。因为当时对地层的判断，不会有现在的水平，但是当时是作为一个灰坑来挖的话，一般不会挖错，再低的水平也不会挖错。

　　关于墓葬，我有下面一些看法。石峡文化的墓葬大体上属于一个墓地。至于遗址的西边还有没有别的墓地我们还不清楚，但这个墓地好像是比较完整的，因为它的四界都还比较清楚。墓地不仅有布局的问题，而且还有一次葬、二次葬的问题。这里的二次葬跟别处的二次葬很不同。比如仰韶文化的二次葬，里边没有一次葬的东西，只是把一次葬的人骨捡回来，没有把一次葬的随葬器物搬过来，只有二次葬的一套器物。石峡有很多墓是两套器物，就是把一次葬的随葬器物搬过来，在二次葬时再给一套器物，两套器物都能复原，这在别的地方很少见。所以我想在写典型墓例的时候，可以选一些一座墓两套随葬器物的，两套器物都要发表。

　　墓葬还有一个分期的问题。你们现在正在排队，花这么多时间，就是要把分期搞清楚。这批墓葬有不少打破关系，但真正对分期能起作用的却不太多。尽管如此，有几组打破关系还是不错。昨天我们排的几个墓，器物都挺多，仔细分辨还是有一些差别，这就构成了我们认识早晚关系的基础。开始入手最好拿整座墓的器物来比，比较容易看出器物变化的趋势。从整座墓的器物排比中看出某些变化趋势以后，再一个一个器物来排。你们做的器物排比，我觉得挺好。就是要抓主要的器物，数量最多的、变化清楚的器物。不一定把每一类器物都分型分式。假如有几十种器物，不一定把这几十种器物都分型分式。我发现很多的发掘报告，只要器形不一样，就把它分一式，哪怕只有两件器物，也要分成Ⅰ式、Ⅱ式。这种划分没有多大意思。我们之所以要分型分式，是想了解这类器物的发展规律，探究它比较早的形态是什么样子，以后变成什么形态，再往后又变成什么形态。一种器物是这样认识，整体器物还有一个组合变化的问题。比较早的时候，它喜欢哪几种器物在一起，过一段时间，它又喜欢哪几种器物在一起。我们进行分期排队，第一步是了解器物演变的规律。了解器物的演变规律以后，就可以把它分成几段，然后再回到墓葬里去，我们就可以把墓葬的分期弄清楚。墓葬的分期弄清楚以后，就可以进一步研究墓地的布局，看看开始从哪儿埋起，以后往哪儿埋，有没有一个规律？这规律反映什么问题？大墓和小墓的排列是不是有所不同？一次葬和二次葬的排列是不是有所不同？一步一步深入。在这个过程中，我建议你们把器物排出一个顺序后，再回到墓地里去看看，比如先分两期或三期，就把墓地的每一座墓都打上期别记号，然后看看它的分布规律。如果这个规律里面有不顺的地方，就得回过头来看器物排比是不是有问题。如果器物排队没有问题，那就要琢磨，在墓地的布局上为什么会这样不顺，这里头就会琢磨出一些问题来。有时候确实会有这样一种情况，在排队时就这么排下来了，但回到墓地后一看，不顺，再回过头看那个器物，就可能会发现排队时确实有点问题。所以，我一直是这种主张，即类型学的研究经常是一种反复认识的过程，不是一次就能完成的。就我们对器物的认识来说，总是看了一些东西之后得到一种认识，然后根据这种认识拿来排一排，看顺不顺，能不能都讲得通。如果有的地方讲不通，回过头去再理一遍，理它几次就清楚了。所以，墓地的布局在整个类型学研究中，也是可以帮助考虑的一个方面。

我昨天看了你们的器物排队，大体顺序差不太多。给我的初步印象是，从早到晚变化不是特别大。作为一个文化的分期，要做到分出期以后给人一看，这就是早期，那就是晚期；拿器物一看，这就是早期的，那就是晚期的，应该比较明确。要是分得连自己都看不太明确的话，就先别那么分，可以在报告的一个适当地方做一些讨论，说明尽管这些遗存都是一期的，根据哪些变化来看，可能还是有些早晚差别。总之石峡有四个文化期，有的文化期还可以分几个小期，或者叫"段"也可以，但不宜分得太多。

谈墓地的布局要涉及一次葬、二次葬的问题。为什么要实行二次葬？二次葬的墓有些什么特点？有些一次葬的墓是不是以后还要迁葬，还是别的原因？这个问题要琢磨一下。也许琢磨不出什么道理来，但不管是琢磨得出来还是琢磨不出来，都要把这些材料比较充分地发表。因此在选择典型墓例时不妨多选一些，不要只挑几座。石峡文化有100多座墓，挑一二十座典型墓例不为多。现在有好些发掘报告在讲墓葬的时候，讲了墓地、墓葬形制和随葬品，后面只是举几个墓例，接着就是讲器物。把随葬器物全部都排了，但在墓葬里这些器物究竟是怎么组合的？不能给人一个非常清晰的印象。特别是在一些发掘报告里面，器物型式分得不好，又没有较多的典型墓例，只是在报告后面有一个附表的话，研究者根据附表就很难把它复原起来。

石峡遗址这批墓葬，你们还是琢磨得相当仔细，分型定式标准也把握得比较好。但不管分得怎么精确，还是不如把一些墓的整个器物都端出来给人家的印象更深。把整座墓的器物端出来，过若干年其他资料多了以后，还可以有些新的想法。我这里举一个例子，过去在讨论仰韶文化的分期、早晚关系方面有很多的文章，但可以说没有什么用处。这完全不在于他的文章说对了抑或说错了。为什么呢？因为这些文章是把整个遗址的东西不分地层也不分早晚地做总括性概括，说这个仰韶文化有些什么特点。但到现在呢，我们从里面往往可以看出一些并不是一个时期的东西，如果是给一个灰坑的材料，把这个灰坑能成形的器物全部发表，图也排在一起的话，现在拿这个灰坑的材料还可以重新排。比如说，以前把仰韶文化只分成"半坡类型"和"庙底沟类型"，但这个灰坑既不属于半坡类型，也不属于庙底沟类型，那么可再划出一个"秦王寨类型"或是"王湾二期"。王湾二期还可以分四段，但不管分多少段，这个灰坑都可以归到某一个段里面去。所以成单位地公布资料，对一个考古发掘报告来讲是非常重要的。因为对发掘材料无论怎么概括，都只是我们现在的认识水平，而以后的人再来研究的时候，他是研究你现在的概括水平还是研究发掘资料呢？我认为作为发掘报告，应该提供尽可能接近原始的真实资料给以后的人去研究。如果有些墓地的墓葬不是太多的话，我主张一个个墓全部发表。过去在写元君庙墓地发掘报告的时候，根据苏秉琦先生的意见，在第一稿的时候有《墓葬各论》一章，一个墓一个墓的全部介绍。后来稿子拿到考古所，有的先生不赞成，把报告压了很长时间，出版的时候把它放在《附录》里边了，但还保留了相当一部分的内容。石峡这个墓地有 100 多座墓，不一定全部都作个案发表，我是主张墓例要多一点。要有大的小的，有一次葬二次葬的，有石箭头特别多的或陶器特别多的等各种各样的典型墓例。这样的发掘报告还是很有特色的。

　　无论是石峡文化的墓葬还是遗址，出土器物都很特殊，"石峡文化"是叫出去了。不仅陶器，石器也非常特别。石器丰富，制作也好，在别的遗址中，可以稍微与之媲美的只有安徽的薛家岗遗址。薛家岗有些石器虽然比石峡的好，但从整体看还是不如石峡。石峡文化不仅石器做得好，而且有许多特殊的东西，有些石器还可能是玉器。所以在石器上要多花点功夫。石器的质料是否已经鉴定过了？好像以前是做过鉴定（杨式挺：鉴定那些石器都是次要的、残的，真正的石器鉴定还没做）。这些石器的种类、形制很有特点。还有制法、功用等，这些以后可以做专题研究。发掘报告中要做这些研究可能会把时间拖得太长，能做到哪一步就尽量做到哪一步，材料尽量多公布一些。石峡文化的石器如果做一个专题，可以相当深入地进行研究。中国现在对石器的研究还很不够。石峡文化不仅遗址出的石器多，墓葬出的石器也很多。但墓葬出的石器好些可能没怎么使用，如果做使用痕迹的微痕研究，可能没什么用；而遗址出的石器，一般都会有使用痕迹。

　　石峡遗址的第三期、第四期遗存，原来称作"石峡中层""石峡上层"，我看干脆就叫"石峡第三期文化""石峡第四期文化"更合适一点。原来说的那个"层"实际上不是一层，它有好多单位和层位呢！发掘报告讲的是整理资料的结论，不是在田野工作划地层时的那种概念。是已经将资料整理以后端出来的东西，就不要讲某某层了。比如在商周考古研究中，用"二里岗上层""二里岗下层"这种概念，我觉得很不合适。但已经用开了，没办法。像"二里岗上层""二里岗下层"难道只是一层吗？有好多层呢，连"期"都不是一期了！现在有"二里岗上层早期""二里岗上层晚期"等等，都乱套了。我的意思是，石峡遗址的四期遗存不是"期",是"文化",可以叫"石峡第一期文化""石峡第二期文化""石峡第三期文化""石峡第四期文化";石峡第二期文化简称"石峡文化"。能不能这样?我只是建议,你们琢磨琢磨。这四期文化如果有联系的话,你可以去讨论。比如开始讲"庙底沟二期文化",是指庙底沟遗址第二期的那个"文化",后来是用来指其他所有与庙底沟遗址第二期一样的文化遗存。石峡遗址早晚四期该怎么叫?如果前面的叫"前石峡文化",前到什么时候?不好界定。"石峡文化"是从石峡这个遗址叫出来的,没有这个遗址的发掘就没有石峡文化,你怎么弄个"前石峡文化"出来了呢?后面的就更不好办,如果叫"层",更不合适;如果叫"夏商文化",年代倒是相当于夏商,但它不是夏文化,也不是商文化,这个叫法不好。但又得给它一个名称,所以我觉得还是以这个遗址的名字作为命名的前提,叫"石峡第一期""石峡第二期""石峡第三期""石峡第四期"。然而这四期又不是一般的分期,不是一个文化的四期,而是四个独立的"文化"。至于以后相当于石峡各期文化的遗存,人家想取别的名字,那得看看有没有更好的遗址,那是以后的事情。就目前而言,如果在粤北有一个类似石峡第三期的遗存,叫"石峡第三期文化"就行了。

　　石峡第三期里面还能不能再分期呢?我粗粗地看了一下,估计你那些材料要分期很困难,可以不分。但你可以说在第三期文化里面,根据哪些地层关系有哪些单位比较早,哪些器物可能稍微早一点,在以后材料积累到一定程度也许可以对它进行分期。写报告时要把窑里的东西整体端出来。窑里出的东西挺多,要单独把它发表出来,这样永远可以作为一个共存单位来进行比较研究。以后人家可以把它单独挑出来,说这个窑里的东西是属于第三期文化的第一期或第二期的都可以,可以整体去排队。但如果不是这样的话,全部都是作为第三期的遗物去分型分式,那以后人家只能在第三期的框架内进行研究,不能获得新的认识。而这个第三期是在我们当前的认识水平上确定的。除窑之外还有灰坑,如果有些器物比较集中,最好是全部发表,整个单位地发表。发掘报告就要这么写,第四期文化也是这么写,但遗迹好像没有第三期文化丰富。我觉得第三期的重要性不仅在于材料比较丰富,还在于它跟广东其他地方的文化遗存可以拉上关系。而在石峡文化那个阶段,跟其他地方,跟珠江三角洲的关系就不十分密切。因为第三期里面有些单位,比如1号窑,器物很多,在比较的时候是个很重要的基点。此外,在第三期里面还有一批墓葬的材料。

　　根据以上一些很粗浅的认识,我觉得石峡遗址的发掘报告写出来以后,还是一个分量很大、很有特色的重要报告。现在资料整理工作基本可以告一段落了,再适当作些调整就行,不必花太多的工夫去搞排队了。接着就应该着手拟提纲、写报告了。你们打算把遗址和墓葬分开写，我觉得也很好。但是整个报告的大纲还是首先要分文化期，每一期文化写一章。开头当然还是要有地理环境、文化背景、工作经过和地层关系的叙述。叙述地层关系，要落实到分四期文化，不要只找几个典型地层，说某层是什么土，出些什么就算完了。而是要讲这些地层或这些单位出些什么器物，它的特征跟上面的层位有什么不同，跟下面层位又有什么不同；然后把这几个方面综合起来，说四个不同的文化遗存在遗址里的分布情况怎么样，因此把它划分为四个阶段，也就是分成四期文化。写每一期文化的时候，还是分遗址、墓葬两部分来写，第二期、第三期文化都有墓葬。比如第二期即石峡文化那一期，遗址部分式挺负责，他写了房子、灰坑、柱子洞以后，接着写出土的遗物；然后墓葬部分是非素负责，把墓葬的一些情况介绍以后，接着写墓葬的遗物。写两个部分的遗物时，不一定统一型式，也不一定统一分期。我提这个建议你们看合适不合适？因为我想你们如果要把两个部分的东西统一型式、统一分期的话，那太难了。两部分的情况也不一样，遗址的资料不如墓葬的丰富、完整。一般来说，墓葬里的遗物可以分得比较细，遗址的遗物很难做到这一点。比如河南的新石器文化就没有山东分得那么细，为什么？因为河南发掘的大部分是遗址，山东发掘的大部分是墓葬。所以，你们这样写就容易处理了。否则，两个人老是在讨论，那种器物你这儿分几型几式，我那边好像不能这么分，还应该分些别的。讨论来讨论去，到什么时候也不一定有明确的结果。但是在器物的命名方面，如果同样一种器物，你叫"鼎"，他叫"盘"或别的什么，这不好。所以，器物的命名要尽量取得一致，分型分式则不一定一致。这样处理报告才好写。第三期文化同样也涉及这些问题，是不是也可以这么处理。这样的话，前面的工作由式挺、非素负责的还是一个报告，1985 年的工作由子文写的是另外一个报告。你们原来是不是这么安排的？（朱：是这样安排的。李：我是想把 1985 年的材料单独写成一个报告，标上《1985 年东部发掘报告》，放在书的后面）我想这样写也可以，省得糅在一起，操作上会发生很多不好处理的地方。但是也要尽可能在器物命名、文化分期等大的方面取得一致。这样做，你们会比较容易协商（朱：要这样来写，我统起稿来就好办多了）。对！这样的话，你们这个报告不久就可以着手写了，也得写几个月呢！你们说三月份拿出初稿来，我看没那么容易呀！在写的过程中，你们还要再看看东西，反复肯定会有的，谁写报告都有这么一个过程。另外，报告的图准备得怎么样了？好像器物图以前就画了是吗？（朱非素：图基本可以了，但还没有上墨）如果这样，那么图方面只是涉及原来没有打算这样写的，但现在想这样写了，可能要补充一些器物图、遗迹图和方位图等。照片是不是都有了？（杨式挺：过去拍了一些，现在好些都已经发霉了）你们这里的照相水平怎么样？（古运泉：前段时间我们想请文物出版社的人来拍照，但邓柄权馆长说省博物馆有专门照相的人，技术没问题，可由他们负责。去年年底他们安排了两天时间来这儿照相，只照了一部分，墓葬器物大部分没照）我想这么重要的报告还是可以找文物出版社来拍照的。

我衷心希望石峡这个报告能尽早写出来。你们不要在细节上再费太多的时间了，要抓大的方面，大的方面控制好了，报告的质量就保住了。细的方面尽管会有些弄不清楚的，不清楚的就让它不清楚，不要硬说清楚，这样就好处理了。我就说这些，如果有不对的地方，请你们批评，提意见。

1999 年 1 月 24 日于马坝石峡

（原载《广东文物》千年特刊，2000 年 8 月。后收录在《中华文明的始原》，文物出版社，2011 年）

《石峡遗址——1973～1978 年
考古发掘报告》序

　　学术界期望已久的石峡报告就要出版了，它是石峡考古的一个总结，是华南考古的重要收获。

　　所谓石峡，是指两座岩石山之间的峡谷地带。这两座岩石山连起来像一头雄狮，所以又称为狮子岩，或者分别称为狮头岩和狮尾岩。在前者的岩壁上有商承祚先生题写的"狮头岩"三个大字。在题壁的旁边有一个石灰岩洞，著名的马坝人就是在这个洞穴里挖出来的。我在多年以前曾经爬到那个洞穴里看过，发现有一些新石器时代和青铜时代的陶片，说明那时的人也熟悉那个洞穴。但他们不像旧石器时代的人只会狩猎和采集食物，也不会盖房，只好住在山洞里。他们则要从事种田养猪等生业，还要建立村舍，主要活动的地方就移到了狮子岩的腰部，也就是称为石峡的地方，那里有适合建村盖房的小块平地。

　　石峡这个遗址从新石器时代到青铜时代都有人居住，东周以后就长期废弃并开辟为农田。年长日久，在耕土层下逐渐形成了一个坚硬的铁锰淋滤层。这一层硬面的作用很大，可以防止水田渗漏，又保护了下面的文化层。

　　石峡的文化遗存可以分为四大期。第一期文化的陶器多圜底釜罐和圈足盘，釜罐上多施绳纹直至领部，圈足盘则饰镂孔和刻划纹等，未见彩陶，与珠江三角洲的草堂湾等遗址的陶器比较接近，两地之间应该有一定的文化关系。年代估计距今五千多年。

　　第二期文化即石峡文化，资料丰富，本身又可以分为三小期。陶器的总体特点是多圜底器、圈足器和三足器，形制复杂多样，其中以各种型式的三足盘和圈足盘最富特征。子母口和器盖特别发达。以素面为多，还有绳纹、刻划纹、镂孔和几何形印纹等。石器中最富特征的是弓背形石镬，样子有点像十字镐，是专门挖土的工具。还有大量的石锛（包括有段石锛和有肩石锛）和石镞。这类遗存广泛分布于粤北地区，以北江上游为主，东到东江上游的和平，西到西江流域的封开，都有石峡文化的分布，其中心则是石峡遗址。从文化内容看，跟江西赣江流

域的樊城堆文化有非常密切的关系，也受到良渚文化的一些影响。跟珠江三角洲
虽有一些关系但不甚密切，可能是与两地经济形态不同有关。石峡文化本身又可
以分为三期，前后相互衔接，基本上没有缺环。本期文化的年代，据碳-14 测定
大约在距今四千三四百年到四千七八百年之间。

　　本期文化遗存的重要还在于发现了成组的居址和墓葬。三面盖房，中间建墓
地的布局，提供了华南地区新石器时代聚落形态的一种模式。从墓葬的分化还可
以看出粤北地区走上文明化的进程很接近长江流域。

　　第三期文化资料也比较丰富，而且可以划分为若干小期。报告将其分为前后
两组，第二组又分为前段墓、居址和后段墓，年代大致相当于夏商时期。

　　第四期文化遗存较少，夔纹陶发达，有少量原始青瓷器，还有少量青铜器，
如钺、矛、镞、锥等。年代大致在西周晚期到春秋早期。

　　石峡遗址的四期文化及各期文化的分段与分组，第一次给粤北地区建立了一
个比较细致的考古学年代标尺，相当于提出了一个颇为详细的年表。各期段之间
虽然还有某些缺环，但发展脉络仍然十分清楚。这在华南地区的考古遗址中是少
见的。

　　石峡遗址的文化内容既具有自身的明显特点，又与长江流域和珠江三角洲有
不同程度的联系。如果将各期段的文化遗存同周邻地区的相关文化进行比较，便
可发现有一个逐渐接近和趋同的现象。第一期文化仅跟珠江三角洲地区的草堂湾
等少数遗址有一些相似之处。第二期文化即石峡文化不但有较大的分布范围，而
且与南岭以北的樊城堆文化有非常密切的关系，与江浙地区的良渚文化和珠江三
角洲地区的同期文化也有一定的联系。第三期文化同珠江三角洲和东江流域的同
期文化都有比较密切的关系，同江西的吴城文化等也多有联系。第四期文化几乎
分布于广东全境，应该是南越先民的文化，同古称百越地区的诸多文化也有相当
的联系。几千年间，各地文化的联系和交流逐渐加强，甚至逐渐走向融合的过程
可以看得非常清楚。

　　以上发现自然是非常重要的，所以在发掘结束之后不久，苏秉琦先生就亲自
到工地研究那些资料，发表了《石峡文化初论》，指出石峡遗址的发现，"为我们
进一步探索岭南地区从原始社会到秦汉以前的社会文化的发展找到了一把重要的
钥匙；还为我们探索这一地区社会发展诸阶段与我国其他诸文化发达地区之间的
关系找到了一个重要的环节。不言而喻，它也是我们进一步探索我国与东南亚各
国人民自古以来相互关系的一个出发点。"[1]

---

　　[1]　苏秉琦：《石峡文化初论》，《文物》1978 年第 7 期，16 页。

　　石峡资料的整理花费了比较长的时间。这是因为资料都是新的，又很丰富。要正确认识需要有一个逐步消化的过程。还不要忘记发掘的时候正值"文化大革命"的后期和刚结束的时候，能够进行考古发掘就不容易了，发掘的质量自然会受到影响，整理起来就比较费事。后来因为各种原因，使整理工作不得不时断时续。现在这些条件都已大为改善，可作比较的资料也多了起来。两位当年参加和主持发掘的业务掌门人杨式挺和朱非素都很热心和执着，虽然年事已高，仍毅然担任了发掘报告的编写任务。两位是我先后的同学，都有丰富的田野考古经验和研究能力。特别是朱非素，在健康欠佳的情况下一直坚持工作，一人到曲江库房整理那已积满尘垢的资料，报告的大部分任务都落在了她的肩上，令人十分感动。相信石峡报告的出版将是对华南考古的一大贡献。谨书数言，以表示对他们由衷的感谢。

　　　　　　（原为广东省文物考古研究所、广东省博物馆、广东省韶关市曲江区博物馆编著《石峡遗址——1973～1978 年考古发掘报告》序，文物出版社，2014 年。当时未刊，先收录在《中华文明的始原》，文物出版社，2011 年）

珠海考古散记

　　对于一个考古工作者来说，广东是一个十分诱人的地方，珠江三角洲尤其引人入胜。因为那里背靠五岭，面朝浩瀚的南海，地理上自成单元，文化上也有诸多特色。那里地处南疆，气候湿热，终年无冬，独特的自然景观和生态环境也给史前和古代文化带来深刻影响。在新石器时代，那里是洞穴遗址和贝丘遗址最多的地方，山区文化和三角洲文化的面貌虽有很大的差别，但又都跟长江流域保持密切的联系。往后曾建立过南越王朝，同内地和海外都有许多经济文化交流，秦汉建南海郡后更成为中国通往西洋的主要通道和港口。广东的考古工作起步相当早，但中华人民共和国成立前几乎限于调查，发展缓慢。中华人民共和国成立后虽有许多令人瞩目的成就，但是也提出了许多新的问题有待解决。例如广东已发现不少新石器时代早期遗址，这有利于探索从旧石器时代向新石器时代过渡的问题，需要进一步做些工作；广东有十分丰富的野生稻和其他动植物资源，但那里的新石器早期文化至今没有发现农业痕迹。不少人推测华南应是稻作农业的起源地区之一，具体情况究竟如何，也是有待于研究的问题。广东新石器文化的主要特征是什么？石峡文化是否可以作为广东新石器文化的主要代表？广东新石器时代是怎样向青铜时代过渡的？广东青铜文化的主要特征是什么？南越文化又是怎样发生的？凡此等等，都是学术界所普遍关心的问题。职是之故，很早就想到广东走走看看；如果有可能，最好能做点考古工作。这已成为我酝酿很久的一个夙愿。

　　感谢广东省博物馆文物工作队和有关方面的努力与盛情邀请，到1985年，我的愿望终于有了一个实现的机会。那时我们初步决定派研究生和部分本科毕业班学生到珠江三角洲进行田野考古实习。为确定实习地点，我同朱非素、李子文同志一道，于3月19日考察了南海县西樵山附近属百西乡的鱿鱼岗贝丘遗址，初步商定了发掘计划。3月20日即转赴粤北，先后考察了曲江、始兴、翁源和英德的许多新石器时代遗址；然后又折返回来，会同暨南大学历史系的赵善德同志一起到珠江口的深圳、珠海等地调查。目的是想对粤北和珠江三角洲的史前文化遗存有一个概略的、对比性的了解，为往后北京大学考古系学生的实习和同省方的进一步合作探探路子。一路上受到了各县市有关部门的欢迎和热情帮助，使我们能够在不到 20 天的时间内就踏遍了广东南北八个县、市的山山水水，考察了数十处史前遗址，详细参观了当地收藏的文物标本，收获十分丰富。我们一行人非常高兴，自称这是一次旋风式的高效率考古调查。其中珠海是我们考察的最后一站，只有短短的两天工夫，却给我留下了深刻的印象。

我们这次调查的遗址大体可以分为四类，即洞穴遗址、山岗或山坡遗址、贝丘遗址和沙岗遗址。洞穴遗址、贝丘遗址和沙岗遗址之多，可说是广东新石器时代聚落形态的一大特色。不同形态的遗址首先反映了人们对不同环境的适应方式和经济模式的差异，在田野考古作业上自然也有许多值得研究的地方。例如洞穴遗址，人们往往只注意到洞内的堆积，却忽视了洞口外面的活动场所。我们调查的好几处洞穴遗址的洞外都有文化堆积。如果能做点发掘工作，我们将对洞穴遗址的利用方式获得许多新的认识。又如贝丘遗址，中心部位并不是贝壳堆积丰富的地方，须知居住区是很少有贝壳堆积的，而贝壳堆积丰富的地方则应是遗址边缘的垃圾区。明了了这一点，对于规划发掘方案具有十分重要的意义。我们在珠海只调查了沙岗遗址，研究的重点自然就是沙岗遗址的性质。

我们是 4 月 2 日从深圳乘气垫船到珠海的。为了抓紧时间，随即拜访市文化局，大致了解了珠海市文物考古工作的情况，参观了从各类遗址中采集的标本。第二天一早就到唐家区淇澳岛进行调查。

淇澳岛位于珠海市东北，呈一不规则的椭圆形，长轴为东北—西南走向，面积约 16 平方千米。西北面地势较高，海岸线较平直；东北及东南面略低，有许多小海湾，从东北往西南分别为牛婆湾、后沙湾、东澳湾、亚婆湾和南芒湾，后四处的沙岗上都发现有史前遗址。

我们乘船从唐家驶抵东澳湾，它是岛上最大的海湾，有较宽的沙滩，滩涂纵长约 1 千米，背海的一侧隆起一个沙岗，遗址即位于沙岗上，紧贴遗址的西面是淇澳村。

这个遗址是 1984 年发现的，当时还开了两个探方。我们踏查了整个遗址的范围，从陶片散布的情况来看，大约不到 1 万平方米。探方尚未完全回填，四壁剖面从上至下均为黄褐色沙层，只是出土遗物的地层颜色稍深，沙粒黏结成稍紧的块，可算是文化层。此下的沙粒较松散纯净，无任何文化遗物，当属自然层。由于文化层中的有机质被雨水淋滤，大部分已经走失，少部分渗透到了下面的自然层。从而使文化层和自然层的界线不十分清晰，文化层本身的划分也很困难。我们看到文化层中有红烧土块排成一定形状，当是灶址所在。灶旁有许多陶釜等的碎片。以此为标识仔细观察当时的活动地面，虽不十分明显，但还是可以大致区分开来。从现地面到灶址附近的活动地面，深度大致有1米左右。史前文化层厚度不到半米，其上大部分应是唐宋以后的堆积。形成的原因除人类活动外，许多黄褐色海沙当是由海风从较低海滩上吹扬上去的。有人以为是海浪卷上去的，如果是那样，人们将无法在沙岗上居住，这与遗址的情况不相符合。

我们在灶址旁边采集到一些陶片，一般比较大，碴口比较新，显然是没有被后期扰动的。如果是经过海浪冲洗，就不会有那样的碴口。这些陶片多灰褐色，多夹石英砂粒，泥质陶数量甚少。器类十分简单，主要是侈口圜底釜，其中有些可能是罐；其次是圈足盘或豆，此外还有少量陶支脚和算形器。釜罐类多饰拍印的交错绳纹，也有少量方格纹和曲折纹，圈足盘或豆类则多为素面。其总体文化特征与高要茅岗比较接近，与佛山河宕和南海灶岗、鱿鱼岗等也相去不远。我推测它可能是新石器时代末期或青铜时代早期的遗存。

东澳湾考察告一段落后即沿海岸西南行至亚婆湾，那里也是一个新月形海滩，靠陆地的一侧隆起为弧形沙岗。沙岗上现已长满荒草、仙人掌、剑麻和小树等，遗址偏于西南端，因不久前挖沙而遭到一定程度的破坏。这里的文化层比东澳湾更难辨认，到处散布着大块的陶片，有些陶片可复原成器，它们也许是墓葬中的随葬器物。陶片中除一些与东澳湾相同者外，还有较多的圈足罐，以及个别的带流和把手的圈足壶等，年代应与东澳湾接近而略偏晚。

最后我们又考察了南芒湾，地形与前两湾基本相同。由于在沙岗上修建公路，遗址已遭受一定程度的破坏。这里的文化层也很难辨认，只见在黄褐色沙层中有很多陶片，其特征与亚婆湾的基本一致。

由于时间关系，也由于下雨路上有些泥泞，这次没有到后沙湾去调查，只是到市文化局的文物标本室参观了那里出土的遗物。据介绍，后沙湾的地形同东澳湾等基本相同，也是新月形海滩，西面和南面依傍矮山，东面邻海，北面隔一小山埂与牛婆湾相邻。由于多年在此挖取建筑用沙，遗址大部分已经破坏，只有很小的一部分保留原来的文化层。这里出土的器物很明显地分为两群，一群与东澳湾所出基本相同。另一群则是以彩陶圈足盘和细绳纹圜底釜为代表的文化遗存。这次我们看到的陶片较碎，火候也比前一群为低。其中泥质陶大部分为圈足盘，橙黄色或黄灰色，常在盘或圈足的外壁画赭红或深红色彩，有的圈足内壁也有彩。少数圈足盘饰刻划纹，或者彩纹和刻划纹同饰于一个器物上。两种纹饰的母题则都以水波纹为主，有些陶片太小难以判断整个纹样的母题。泥质陶中有少量素面陶片似为碗或钵者。夹砂陶大抵都是灰褐色或黑褐色，不甚均匀，能辨器形的可能都是侈口圜底釜，外面饰较整齐的细绳纹。据说在后沙湾这两群器物分别出土在不同的文化层中，类似东澳湾的遗存在上面，彩陶圈足盘一类遗存在下面，后者的年代显然要早些，也许它才是珠江三角洲及沿海地带的真正属于新石器时代的遗存。

有趣的是在后沙湾的两类遗存的地层之间，还夹着一层质地纯净的浅黄色沙层，说明两类文化遗存在年代上并不连续。问题在于这纯净的黄色沙层到底是怎样形成的，是风卷海沙逐渐积聚而成的呢，还是那个时期海平面升高了以至高潮时海浪携带细沙冲上去的，这是很值得认真研究的一个问题。

4 月 4 日，我们先看珠海市博物馆所藏文物，主要是在各沙岗遗址采集的陶片。然后又驱车到前山区造贝乡水涌遗址进行调查。遗址在前山镇西约 3.5 千米，南依小山，西部不远是鹅槽山，周围是一片平野。推测史前时期这里是珠江口外的小岛，平野地带当属浅海。而水涌遗址所在则是小岛岸边的沙岗。这沙岗地形与淇澳岛上的几处沙湾略有不同，不是新月形而比较平直，岗身除海沙外还含有一定的黏土，是一种沙质土。文化层一般仅厚半米左右，且不甚集中。采集陶片似有两类，一类有细绳纹釜、泥质圈足盘、夹砂罐等，比较接近于后沙湾的早期遗存，但未见彩陶，年代也许要晚一些，但比东澳湾等处的文化遗存要早。另一类遗物较多，有粗绳纹釜、席纹尊、曲折纹带流罐、箅形器、支脚和器座等，年代应同亚婆湾和南芒湾相当而比东澳湾略晚。

通过珠海几处沙岗遗址的调查，以及此前于 4 月 1 日对深圳市大梅沙、小梅沙等海湾沙岗遗址的调查，我有几点粗浅的认识：

一是珠江三角洲史前文化的编年。过去在珠江三角洲发现过不少史前遗址，一般都说是属于新石器时代。过去深圳小梅沙等地出土的彩陶圈足盘，总觉得比河宕、灶岗等一类贝丘遗址的年代要早，但缺乏地层根据，不敢贸然确定。这次通过几个遗址资料的对比，特别是淇澳岛后沙湾的地层关系，不但可确证彩陶圈足盘比灶岗等一类遗存早，还可以稍微划分得细致一点。即最早的是后沙湾一期以彩陶圈足盘和细绳纹圜底釜为代表的一类遗存，包括深圳大黄沙、小梅沙等遗址。大黄沙彩陶与小梅沙和后沙湾的彩陶不尽相同，也许它们之间还有年代上的差别。第二期可以水涌一期为代表，包括最近发掘的珠海三灶岛草堂湾一期和香港南丫岛深湾 F 层等。这一期陶器的制法、类别和造型都和第一期接近，但缺乏彩陶，某些器物形制和纹饰的细部也不尽相同。第三期可以东澳湾为代表，包括后沙湾二期、灶岗、鱿鱼岗等，年代也许已进入新石器时代末期或青铜时代早期。第四期以亚婆湾遗址为代表，包括水涌二期及高要茅岗等，当是青铜时代早期的遗存。日后如果选些典型遗址进行发掘，这个编年肯定会更细致和准确一些。

二是珠江三角洲史前文化同粤北史前文化的关系和各自的地位问题。珠江三角洲和粤北的自然地理和生态环境很不相同，在文化上自然造成很大差异；同时两地史前文化的编年都还不够完善，难以全面地进行同期的比较研究。初步的印象是在石峡的第 4 层所出有戳印纹和镂孔的白陶圈足盘、细绳纹圜底釜（均是残片）等均与草堂湾一期等所出同类器物相似，说明二者年代相若，文化上也有一些关系。而与后沙湾一期出彩陶圈足盘那样阶段的遗存在粤北还没有发现，与粤北石峡文化相应阶段的遗存在珠江三角洲也还不大清楚，因而这两个阶段有什么样的关系也就无从谈起。到石峡中层文化时期，则与东澳湾或灶岗等遗存有不少共同之处，推测在青铜时代早期两地文化交流已较为密切，但是否已形成一个统一的考古学文化则还不能确定。粤北的石峡文化同江西的樊城堆文化关系太密切了，在广东的分布也并不广泛，似乎不能成为广东青铜文化的主要基础。珠江三角洲各期的史前文化地域性也很强，且因受自然环境的制约一直没有得到高度的发展，似乎也难以成为往后广东青铜文化的主要基础。广东青铜文化的中心何在？高度发达的南越文化究竟是在怎样的基础上发展起来的？应该成为广东考古学今后研究的首要课题。

三是沙岗遗址的性质及其形成的环境问题。人们很早就在珠江口诸多海湾的沙滩或沙岗上发现过陶片和石器等物，由于没有发现确定的文化层，不相信沙岗上可以住人，故曾有人以为那些陶片或石器是渔民扔到海里或渔船失事一些器物掉进海里，然后由海浪卷到陆上来的。现在由于多处文化层和灶址等遗迹的发现，以及陶片多新碴等情况，大家都承认沙岗上确实为人所居住过，因而形成了许多遗址。但人们究竟为什么要住在沙岗上，又是怎样住在沙岗上的呢？

分析一下珠江三角洲的贝丘遗址和沙岗遗址的地理位置，就不难发现贝丘遗址多靠北边，应是古珠江口入海的岸边，那时贝类食物特别丰富，因而出现了一大批贝丘遗址；而沙岗遗址多靠南边，有的现仍在海岛上，有的靠小山脚下，古代应是海岛所在，离大陆都有一段距离。遗址所在总有一个新月形小海湾，一般是向南或面向东南，有利于停泊小船；前面有浅海滩，落潮时可以在滩上捡到许多可食的浅海生物。背后有小山环抱。遗址在海滩内侧的沙岗或沙堤上，高出海面五六米。这种沙岗可把山上流下的淡水储集起来形成池沼或潟湖，又可阻挡海水盐分的侵入，从而满足人们经常的淡水供应。沙岗本体虽为海沙构成，但因当地湿热多雨，地面易生杂草、仙人掌、剑麻和灌木等，起到了很好的固沙作用，在上面构筑简易房子是没有问题的。东澳湾发现的灶址、大黄沙发现的红烧土地面以及咸头岭等地发现的排列有序的柱洞等都说明在沙岗上曾营建居室。遗址所在地理位置和生态环境，以及遗址中所出生产工具多斧、锛等木作器具并有网坠、箭头等而没有明确的农具，都说明当时的经济活动主要是渔猎和采集。遗址范围很小，文化层堆积很薄，说明聚落规模很小，居住的时间也比较短。考虑到当时每年夏秋有多次台风袭击，沙岗上的小房很难顶住这种袭击。因而这种沙岗遗址很可能是冬春季节性聚落的遗留。每当台风季节过后，人们分成小股乘船进入珠江口外各个小岛，各自找到自己的海湾停靠，开始长达半年的新生活，等台风季节到来又回到大陆的大本营。所以我们在考察遗址的文化性质以及人们的社会状况时，都应同较北边的贝丘遗址以及普通岗地遗址联系起来考虑。

四是沙岗遗址的兴废与全新世海面变迁的关系问题。第四纪地质研究表明，更新世晚期海平面比现在低许多，进入全新世，海面逐渐升高，形成海侵。大约在中全新世早期进入大西洋期，也就是所谓气候最适宜期，海平面甚至可以比现海面高出数米。现在广东海岸边及近岸小岛上的许多海湾内的沙岗，大约就是在那个时候形成的。之后海水稍退，沙岗上成为稳定地面，并且由于各种植物的生长而相对固定，人们才可能在上面营建聚落，这大概就是第一期和第二期文化形成之时，其时应相当于北方期。以后气候再次转暖，进入晚全新世的亚大西洋期，此时海潮之高足以把海沙卷起覆盖于沙岗原先的遗址之上，这就是我们在后沙湾和草堂湾遗址中往往发现一层不含任何遗物的纯净沙层之所以形成的原因。往后气候再次变冷，海平面降低，沙岗地面又进入稳定时期，因而又有人在上面营建新居。这是我的初步印象，是否确实如此还要对海沙颗粒的排列等作深入观察分析，还要对考古学文化的变迁进行宏观的考察和准确的分期研究，然后把两方面的研究成果结合起来。这无论对于第四纪地质研究或考古学文化研究来说都是十分有价值的。

（原载《珠海考古发现与研究》，广东人民出版社，1991年。后收录在《农业发生与文明起源》，科学出版社，2000年）

沙下考古的收获

　　香港古物古迹办事处拟于 2005 年 10 月举办西贡沙下遗址发掘展览，随展将出一本介绍发掘与研究成果和出土文物的图录，让公众了解考古发掘和文物保护的重要性，这事情是很有意义的。

　　前些年香港工程建设比较多，涉及许多文物古迹的保护问题。古物古迹办事处组织人力进行了多次调查和少量发掘，虽然有一些成绩，仍然苦感人力不足，考古工作赶不上工程建设的步伐，于是先后邀请大陆许多考古研究机构和高等学校有关系科到香港进行考古发掘与研究，其中包括中国社会科学院考古研究所，广东、湖南、陕西、河南、河北等省以及广州市的文物考古研究所，中山大学人类学系和北京大学考古文博学院等具有丰富田野工作经验和研究能力的人员。一方面解决了在工程建设中有效保护文物的问题，同时也在一定程度上提高了香港地区的田野考古水平。其中因修建青马大桥而组织发掘的湾仔北遗址还获得了当年全国十大考古发现之一的荣誉。其他遗址的发掘也颇有收获，从而基本上建立起了香港史前和先秦考古的文化发展谱系。在众多遗址的发掘中，西贡沙下遗址的发掘乃是规模比较大收获也比较多的一处。观众和读者从展览和图录中可以略窥一斑。

　　沙下遗址位于西贡墟镇和沙下村之间的海滨地带，由于河口泥沙的淤积和海潮的冲积，形成了一块不太平的小平地。东南邻西贡海湾，西北是木棉山等小山丘，有小河从遗址中部穿过流入西贡海。自然资源丰富，又有日常生活必需的淡水，为定居生活提供了较好的条件。

　　据调查沙下遗址总面积约 20 万平方米，在香港来说是比较大的，由于修建公路而面临破坏。为了有效保护和提取必要的历史信息，在古物古迹办事处的主持下，先后有湖南、河南、河北、陕西和广州市的文物考古研究所进行发掘，发掘的总面积超过 3000 平方米，在香港也是空前的。期间又请香港和大陆的有关专家对沙下遗址的景观考古、环境变迁、历史植被和生计形态等进行了研究，对出土石器进行了鉴定并对石器产地的地质背景进行了考察，对出土宋元明时期的陶瓷器也进行了专题研究。这是一个汇集多所研究机构、多种学科的学者进行合作并取得重要成果的考古工作。

沙下考古的主要收获大致有以下几条。

（1）基本上弄清了遗址的范围和形成过程。依据地层关系和出土遗物大体上可以分为新石器时代晚期早段和晚段、商周、春秋和宋元明五个时期。其中新石器时代晚期的分段和商周与春秋的分期细化了以前新石器时代与青铜时代的分期体系，对当地史前和先秦时期的考古年代学是一个贡献。

（2）发现了新石器时代晚期和春秋时期两个石器制造场。其中新石器时代晚期石器制造场的面积约500平方米，有多处加工石器的工作面。每个工作面有石砧、石锤、砺石等制造石器的工具，以及制造石器过程中留下的大量石料、粗坯、半成品和废弃的石片、石屑等。各工作面的情况有所不同，有的地方以制造石锛为主，有的地方则多石斧和尖状石啄，说明制造场里面还有一定的分工。此石器制造场可能部分地延续使用到商周，到春秋时期转移到了旁边不远的 C 区。因为制造石器的原料大部分采自当地的砾石，只有少量燧石页岩与粉砂岩可能采自桥嘴岛等地，距离沙下遗址也不远，获取并不困难。所以沙下长期成为制造石器的中心并不是偶然的。

（3）在史前和先秦时期，沙下遗址的聚落基本上是围绕石器制造场而建立起来的。这次发现有多座房屋基址，对房屋的大小、形状和结构有所了解，这在香港也还是第一次。有房子有墓葬，说明人们是相对定居的。定居下来就必须有基本的生活保障。沙下遗址的滨海地带和西北小山丘上不乏可供采集的植物性食物和可供狩猎的多种动物，海滨还有水生的食物资源。人们的生计必然是以采集—狩猎为主，这是谁都可以想象得到的。有趣的是这次考古竟然发现了几粒炭化稻米。在新石器时代晚期的地层中至少发现有一粒稻米和大量稻属植物硅酸体，还有栽培的葫芦科植物硅酸体。既然有大量稻属植物硅酸体，说明稻属植物就是在当地生长的。至于是野生的还是栽培的，暂时还难以做出确切的判断。不过也可以考虑一下：既然当时已经学会了栽培葫芦科植物，自然也不能排除栽培稻谷的可能性。这是一个重要的信息。因为直到目前为止，在珠江三角洲的史前遗存中还没有发现过稻米的痕迹。一般认为在史前时期的珠江三角洲是不会栽种水稻的。这次的发现自然会引起人们的反思，促使人们在今后加强这方面的研究工作。

（4）这次发掘中没有发现纺轮，本是意料中事。过去邓聪根据珠江三角洲史前遗址多次出土刻槽石拍的情况，认为这些石拍是加工树皮布的工具，是所谓树皮布打棒。人们既然穿无纺的树皮布，自然不需要纺轮。这次似乎也没有发现刻槽石拍，今后考古时应该特别注意。

（5）这次考古提供了多个研究单位和多种学科的学者进行合作的成功经验，应该珍惜和好好总结。过去我曾经提出，香港应该在田野考古方法上进行探索并有所突破。因为香港有些学者有西方考古的经历，熟悉西方的田野考古方法，有些学者对大陆的考古方法更为熟悉。加上近年来有不少大陆的考古机构到香港进行考古调查和发掘，完全可以根据香港遗址的特点，参考各方考古方法的优点而整理出一套适合于香港的新的田野考古方法。这次发掘采用大陆比较习惯的探方法，而记录采用西方常用的所谓 Context 法，两张皮结合得不算太好。如果能够进一步研究一下，多做一些试验，我想是可以在田野考古方法上做出新的贡献的。

香港的考古人员不少，有资深的著名学者，也有许多具有丰富田野工作经验和研究成果的中青年考古学家。大家如果能够协力同心，再适当吸收内地和国外的经验，香港的文物保护和考古研究就一定会取得更大的成果。谨祝展览成功！

2005 年 8 月 8 日于蓝旗营

（原载《丹霞集——考古学拾零》，文物出版社，2019 年）

香港考古的展望（提要）*

　　香港考古历史悠久，但长期都是业余性质。对香港远古以来的历史只提供了一些零星的不甚准确的信息。1976 年成立古物古迹办事处，才把香港的文物保护和考古工作纳入政府管理之下。组织人力对各类遗址和纪念性建筑进行了比较普遍的调查，对一些与建筑工程有关的遗址进行了小型的发掘。1989 年开始因修建大屿山机场而进行了比较大规模的发掘。一些大陆的考古机构也应邀参加了多处遗址的发掘工作。到 1997 年香港回归祖国的时候，正好是中国社会科学院考古研究所配合青马大桥工程在北湾仔发掘取得重要成果，被评为当年十大考古发现之一。1999 年 9～10 月，古物古迹办事处曾经办过一个考古成果的展览，叫作"一脉相承——香港与华南地区历史文物展"，同时在香港大学召开了一个名为"从历史文物看香港与祖国的文化渊源"的研讨会。可以说是对以前香港考古工作的一个历史总结。从那以后在香港又做了不少考古工作，包括许多单位参加的沙下遗址的发掘和北京大学参加的扫管笏遗址的发掘等，香港本地的考古学者也做了许多文物保护和考古发掘工作。

　　现在香港考古从新石器时代、青铜时代到汉唐以来各个时期的文化发展序列已经基本建立起来，各个时期的文化特征也已经有了初步的认识，沙下遗址的发掘更注重了环境考古等多学科的合作。这是一个很好的基础。但我想还应该有进一步的发展，提出更高的要求。

　　（1）香港的考古多是配合工程建设进行的，似乎有些被动。要变被动为主动，就要加强课题意识。要把香港的遗址分类排比一下，选择重点进行精细的全面的揭露。把各个时期不同类别的聚落遗址研究清楚。

　　（2）要加强多学科合作和新技术的运用。

　　（3）要研究香港田野考古的特点，设法总结出一套在香港乃至华南地区进行田野考古的有效的方法。

---

　　*　本文为 1999 年 9 月 25 日在香港大学的学术报告。

（4）研究香港考古要拓宽视野，不但要放在整个珠江三角洲范围来考虑，还要与华南和东南亚联系起来考虑。

（5）香港的考古学者人才济济，要尽量协调和适当组织起来。如果古物古迹办事处能够成立一个专家组作为咨询机构，也许对香港的文物保护和考古研究会有所帮助。

（6）香港田野考古做得不少，但没有什么正式考古报告，希望加强资料整理和出版工作。

以上意见仅供参考。

（原载《丹霞集——考古学拾零》，文物出版社，2019 年）

香港考古印象

　　几次经过香港，都是短暂停留。除了会会朋友、看看街景，剩下的时间就不多了。但出于职业的癖好，总是要抽出时间参观那里的古遗址和文物考古机构，对香港考古多少留下了一点印象。

　　香港的考古可追溯到 20 世纪 20 年代。从那时起，一些业余爱好者在各岛调查了许多古代遗址。我最初读到的一篇关于香港考古的文章乃是翦伯赞师的《舶寮岛史前遗迹访问记》[1]。那篇文章中谈到英人芬神父于 1932 年至 1936 年间在舶寮岛即南丫岛大湾等处的发现以及他自己调查后的认识，我读了很感兴趣。没想到在那样一个小岛子上老早就有人住，并且有鲜明特色的文化。现在这地点已被香港中文大学的邓聪先生作为珠江三角洲新石器文化的代表性遗址而提出了大湾文化的命名。

　　1994 年 1 月 26 日，我在访问台湾后回到香港，应香港中文大学中国文化研究所陈方正所长之邀请访问了该所，并于 27 日上午作了题为《中国文明起源的几个问题》的学术报告。下午就由邓聪带我仔细地看了大湾和其他遗址出土的石器和陶器等遗物，并把他的大作《大湾文化试论》[2]送给我，问我对大湾遗址文化特征的印象和看法。邓聪把大湾同珠江三角洲许多有彩陶、白陶和树皮布石拍的遗址联系在一起，认为它们是一个整体，代表华南新石器时代的一个地方性文化。其中的彩陶和饰戳印纹的白陶受到长江中游的大溪文化的影响，而树皮布石拍则是东南亚南岛语系各民族常用的工具。从而说明这个文化与长江流域和东南亚都有广泛的文化联系。这个观点无疑是正确的，但他关于大湾文化命名的意见则容有商榷的余地。

　　我急于想看看香港的史前遗址，最好是正在发掘的考古工地。正好当时位于

〔1〕　香港《文汇报》1948 年 10 月 1 日《史地周刊》第 4 期。

〔2〕　邓聪：《大湾文化试论》，《南中国及邻近地区古文化研究》，香港中文大学出版社，1994 年。

大屿山南边的长洲岛有一个工地，于是决定到那里去看看。第二天我和张忠培（我们是一同从台湾返回香港的）由老友杨建芳（他在中文大学任教）和香港古物古迹办事处招绍缵馆长等陪同，乘霍丽娜的游艇从香港游艇俱乐部出发西行，经过南丫岛北端拖西时，隐约可以见到大湾的位置。一会儿船到长洲，登岸后直奔西湾考古工地。

西湾遗址位于海岸沙堤上，是珠江口各岛屿上史前遗址的典型地貌。因为当地道路及污水管道施工影响遗址而进行抢救性发掘。发掘队长是香港博物馆的考古及地方史名誉顾问白尔德先生。当时他已 77 岁高龄，是一位香港通，对当地的考古、历史、地理非常熟悉。参加发掘的队员则多是一些业余考古爱好者，其中除中国人外，还有加拿大、荷兰、比利时和英国人，真可算是一个国际考古队。这遗址过去曾多次发掘过，出土不少与大湾相似的文化遗物。这次发掘规模甚小，只开了几个不相连续的小探方，上面有较深的后代扰乱层，新石器时代的文化层所剩不多，也没有看到明显的遗迹现象。但大家还是很细心地进行发掘和记录，给我们留下了深刻的印象。之后白尔德领我们参观了他设在工地的临时工作室和库房，仔细介绍了出土文物，使我们对他的田野考古工作有了一个较全面的认识。

香港考古在过去几十年中都是一些业余爱好者自发的行动。1956 年香港大学成立考古队，不久就散摊了。1967 年成立香港考古学会，试图把分散的活动组织起来，却仍然是业余活动的性质，很少有受过正规专业教育的学者参加。直到1976 年香港特区政府成立古物古迹办事处，随后陆续派遣人员到伦敦大学考古学院学习，加上大陆一些考古学家迁居香港并在有关部门任职，香港的考古工作才逐步走上正轨。现在在香港从事田野考古工作的有古物古迹办事处、香港博物馆、中文大学中国文化研究所和香港考古学会等机构。在香港这么一个小地方，有这么多机构和从业人员，应该说是很不错的。

从 1989 年起，香港开始修建大屿山新机场。由于施工范围甚大，涉及的古遗址非常多，于是有关部门组织人力进行了大规模的考古调查和抢救性发掘，其间大陆的中山大学人类学系、广东省文物考古研究所、陕西省考古研究所和中国社会科学院考古研究所等也先后派人参加工作，这在香港考古的历史上可以说是空前的盛举。这个时期比较重要的成果，一是初步建立了当地从新石器时代到青铜时代的文化发展谱系；二是发现了一些重要的遗迹和遗物。例如在大屿山扒头鼓和沙螺湾岬角都发现了新石器时代的居住遗址和房屋遗迹，在大湾的一座墓葬中出土具有中原商文化特点的牙璋和玉璧等文物，在赤腊角过路湾发现有铸造青铜斧的石范，证明当地在两三千年以前就可以铸造青铜器具了。此外还发现有汉代遗址、唐代的蜃灰窑、元代的炼铁炉和明代大批的外销青花瓷器等。可以说，通过考古已经能够谱写出一部从公元前三四千年的史前时期直到近代的相当完整的香港历史。重要的是这么一部历史还相当明确地证明了香港与珠江三角洲的居民和文化一直是一个不可分割的整体，而且一直同长江流域乃至黄河流域的核心文化保持着连绵不断的联系。我虽然是第一次看到那些遗迹和遗物，却有一种似曾相识、倍觉亲切之感。我想香港考古学者的这一成就，不啻对九七回归所奉献的一份厚礼。

香港考古虽然只是在近几年才有比较大的发展，许多问题还需要继续进行工作和深入的研究，管理制度也还有待于进一步完善。但我深信在九七回归后，香港考古将会得到更加健康的发展。因为那时可以得到大陆更直接的关心与帮助，从而更有利于发挥香港自己的优势。这至少有两个方面：一是考古人员来自不同的地方，经受过不同的训练。如果组织得好，可以相互合作，取长补短，发展出一套适合于当地特点的比较先进的田野考古方法。它不但会促进香港的考古工作，也将对华南地区和东南亚的考古发挥良好的作用。二是由于香港的特殊位置，历来同东南亚各国联系比较多，信息比较灵通。而中国南方同东南亚在古代有不少文化上的联系，在考古研究方面有不少共同或相关的课题，需要各国学者加强合作，共同研究。香港则可以起桥梁和纽带的作用。例如中文大学于 1994 年主办的"南中国及邻近地区古文化研究"国际研讨会就开得很好。今后这类事情还可以多做一些，香港在考古上的地位就必定会日益重要起来。我谨盼望那一天早日来临！

（原载《中国文物报》1997 年 7 月 13 日。后收录在《农业发生与文明起源》，科学出版社，2000 年）

甑皮岩遗址与华南地区史前考古[*]

　　这次会开得很好，对甑皮岩遗址的分期和各期文化的特征有了比较明确的认识，对华南及东南亚史前考古的相关问题展开了广泛的交流与讨论。现在会议即将闭幕，我只讲三点意见。

　　首先讲一点感想，对甑皮岩遗址考古工作的感想。

　　这个遗址的考古工作在某种意义上可说是华南史前考古的一个缩影。华南地区史前考古进行了很多年，做了不少工作，调查和发掘了不少遗址，但是发表的资料很少，发表的形式也不尽如人意，研究难以深入。这种状况直到20世纪八十乃至九十年代以后才有所改变。甑皮岩遗址从第一次正式发掘到现在整整有三十个年头，如果从1965年的试掘算起就还要长些，有三十八年了。在这么长的时期里，先后进行过多次发掘和清理，大部分文化遗存都已经被揭示出来，可是发掘资料一直没有很好地整理，当然也不可能发表正式发掘报告。1976年发表了一个简报，仅仅报道了1973年发掘的部分资料，就引发了大量的所谓研究和讨论的文章。这说明甑皮岩遗址确实重要，涉及华南史前考古的一些关键性问题。可是资料没有整理和正式发表就这么讨论来讨论去，能够得出什么结果来呢？一个地区的考古研究，第一步的工作就是要做好文化遗存的年代分期，理清文化发展的谱系。这是一项打基础的工作，做得好后面的工作就比较顺利，做得不好，进一步的研究就失去了依托。就广西来说，也是因为这项工作没有做好，所以长期进展不大。直到中国社会科学院考古研究所傅宪国主持南宁顶蛳山遗址的发掘，才有了明显的转变。那个遗址的史前文化分了四期，基本上代表了南宁地区乃至广西南部新石器时代文化发展的序列。这项工作以后还应该继续。

　　广西北部的工作是从桂林地区大岩遗址的发掘以后才有一个比较清楚的认识。这个遗址的文化序列比甑皮岩更长、更完整，但是资料不是很丰富。甑皮岩遗址过去发掘过的资料比较丰富，但是文化的分期和发展的线索不太清楚。记得我看

---

　　*　　本文为2003年12月14日在甑皮岩遗址研讨会闭幕式上的发言。

了大岩和甑皮岩遗址过去发掘的资料后，觉得甑皮岩可以参照大岩的地层把资料整理出来。当然最好是把甑皮岩再挖一下，工作尽量做细一些，用重新确定的地层来甄别过去的地层，把资料统一整理通盘发表。这件事做起来很麻烦，比新挖一个遗址要麻烦得多。但是对华南考古来说又确实是一件积功德的事情。我琢磨能够担当此项任务的最合适的人选是傅宪国，但不知道他是不是愿意。我把这个意思跟宪国谈，想探探他的口气。他说他已经有这个计划，并且跟地方有关方面谈过了。我听了真是感动。现在这个艰难的工作已经圆满完成，到会的朋友每人都拿到了一本沉甸甸的发掘报告。我注意到这次发掘还充分考虑到遗址的保护，所以发掘面积很小，仅仅挖了十多平方米。目的主要是搞清楚地层关系，而不在于获取更多的遗迹和遗物。他们的发掘工作做得很细致，器物整理也一丝不苟，这样就能提供一个明确的参照系，借以把过去的资料一并整理出来。资料整理好了，再把它与大岩的资料联系起来，便可以对桂林地区乃至广西北部的新石器时代文化发展的序列有一个基本认识。多少年的迷雾一下子拨开了。因此我想，要把我们的考古学研究和田野考古工作切实提高一步，首先不是要大规模地发掘，不是发掘得越多越好，而是把工作做得越细越好。在我们中国正在进行大规模的经济建设，致使考古发掘的规模被迫变得非常庞大。在这个过程中，免不了有些工作做得很粗糙，这对我国考古工作水平的提高是不利的。1986 年在昆明召开的全国考古工作汇报会上，苏秉琦先生提出来，在同基本建设相关的考古发掘工作中要树立课题意识，要有重点，要按照田野考古操作规程办事，不要总是追求面积、追求规模。与工程建设相关的考古工作尚且如此，主动性的考古发掘就更应该做得认真细致。这样做，无论是对于学科发展来说，还是对于从事这个工作的考古人员的素质培养来说，都是非常必要的。

第二点，关于华南史前考古的田野工作方面，要拓宽思路，改进方法。

华南地区史前时代有各种类型的遗址，有洞穴遗址、山坡遗址、河旁阶地遗址、贝丘遗址和沙岗遗址等很多种，形成一个很大的特色。不同类型的遗址在考古方法上会多少有一些不同，我们应该在工作中逐步总结和积累发掘各种遗址的经验。但是，我更注意华南新石器时代之所以出现多种类型遗址的原因，我想主要是两条：一是华南的自然环境复杂，小环境多种多样；二是新石器时代人们认识和利用自然环境能力的提高。不同的环境固然可以居住不同的人群，同一人群也未尝不可以利用不同的环境和自然资源，因此需要进行小区的研究。在一个小区内可能居住同一人群，也可能居住不同的人群。即使是后一种情况，因为比邻而居，相互之间也会发生密切的关系。因此，如果在小区内发现不同类型的遗址，绝对不要分割对待，而要研究它们之间的关系。这是第一层意思。第二层意思，即使是一个遗址，比如洞穴遗址，人们是不是只住在洞穴里，而不在洞穴外边活动的呢？我说的活动不是指打野兽或采集食物等那一类远离住地的生产性活动，而是生活起居一类的活动。洞穴固然有许多优点，遮风避雨，冬暖夏凉。如果没有风雨，住在外面是不是更开阔舒适一些呢？我注意到近代还有人住在洞穴旁边，只在洞穴内存放杂物或圈养家畜。洞穴和非洞穴的建筑是连在一起的。新石器时代有没有类似的情况，需要做工作才能证实，至少不要预先就排除这种可能性。第三层意思，如果发掘洞穴遗址，不仅需要分清地层、分清文化的早晚，还必须在分期的基础上对洞穴里面各个部分的功能进行研究。这次甑皮岩发掘重点放在了文化分期的方面是不得已而为之，因为这个遗址是国家级保护单位，不能全面地发掘。再说过去已经挖了很多，剩下的遗存已难以进行全面的空间分析。但是我想，今后挖任何洞穴遗址，都应该在分期的基础上进行空间分析，这应该是我们追求的一个目标。洞穴有大有小，里面究竟有哪些功能部门，人在哪里居住，在哪里烧火做饭，在哪里存放杂物，在哪里举行宗教活动等。还有石器和陶器等是在哪里制作的，是不是有一部分工序在洞穴里面做，而大部分工序要在洞外完成？有的洞穴里有墓葬，是在住人的同时埋的，还是搬出洞穴以后才埋人的？这些问题都应该研究清楚。因此我建议以后在发掘洞穴遗址的时候，除了要进行文化分期这样的研究以外，还需要努力弄清楚每一期文化遗存的布局，最好能够做出当时的生活面来，分析这个生活面上各个部位的功能，这样才可能对当时人们的生活有比较实际的了解。我想如果从这三个层次来思考和部署我们的工作，我们的田野考古水平就一定会有很大的提高。

第三点，要注意环境考古研究，充分把握华南地区考古学文化的特点。

华南地区的自然环境有两个显著特点，一是纬度较低，二是地形复杂，这两点对考古学文化造成了非常大的影响。由于纬度比较低，大部分在北回归线以南，加上南岭山脉阻挡了冬季从北方吹来的寒风，所以冬夏的温差比较小，不像北方地区那样冬寒夏热、四季分明。更重要的是历史上气候的变率也比较小，第四纪几次大冰期对华南的影响就很小。从更新世向全新世转变的时候，华北和长江流域都是从异常寒冷而转向暖和，变化非常显著，对人类文化的影响极大，正如王幼平先生所说简直是一种突变。华南则一直比较暖和以至炎热，虽然也有一些变化，但很不明显。人们没有感受到重新适应变化了的环境的压力，老的生活方式仍然可以继续维持而只需要缓慢地发展。因而华南地区文化发展的连续性比较强，旧石器时代晚期和新石器时代早期的遗存几乎难以区别。即使到了新石器时代，打制石器延续的时间还特别长，采集—渔猎经济也一直占据重要地位，而农业的发生就比较晚。这都是连续性比较强的表现。另一个特点就是华南地区地形复杂，不但可以分成多个小区，而且遗址的类型多种多样，因此我们在这个地区做考古工作的时候，会跟在长江流域或黄河流域的做法上有很多不同，考古学文化的划分也可能有一些特点。我希望在这里工作的学者能够逐步积累起一套在华南地区进行考古工作的经验，在这个基础上还要进一步研究华南地区文化发展的特点。

华南地区和东南亚地区相邻，气候、地形都有很多相似的地方，考古学文化上自然会有许多相同或相似的地方。比如这次阮文好先生提供的论文中谈到越南的多笔文化与广西顶蛳山文化几乎是一样的，就是一个很好的例子。因此我们的研究不能局限于中国境内。在史前时期并没有国界，我们有必要把华南地区与东南亚地区的考古工作联系起来进行研究，开展合作。华南有很长的海岸线和众多的岛屿，我们的先民很早就在那里生息劳作，开辟海上资源。所以华南的史前文化也是一种海洋文化，同太平洋上所谓南岛语系的考古学文化也是有联系的。出席这次会议的贝尔伍德先生对这个问题有很好的研究。因此我们要拓宽思路，把华南和东南亚乃至太平洋地区的考古学研究联系起来，开展广泛的国际合作。很高兴这次会议的主题就体现了这种精神，并且有许多国外的学者参加，是一次名副其实的国际学术研讨会。但是我们要有一个出发点。作为中国的学者首先要把华南地区的考古工作做好，沿着这条路走下去，我们的史前考古学必定会有更好的发展。

（原载《华南及东南亚地区史前考古：纪念甑皮岩遗址发掘 30 周年国际学术研讨会论文集》，文物出版社，2006 年。后收录在《中华文明的始原》，文物出版社，2011 年）

世界罕见的海门口水滨干栏式建筑聚落遗址*

刚才，好几位先生讲的，我都非常赞同。我觉得这个遗址太重要了，可以说让我惊呆了。有这么大规模，这么密集的木构件，我是头一次看到。在我们中国，过去发现木构建筑的有好几个地方，我记得一个是湖北的奇圈宜家山，那个遗址是一个商周至晋的遗址，当时发现非常多的木桩，估计有两个较大的房子，但是非常遗憾，就是发了一个简报，以后再也没有结果，遗址也没有保护好，那些木桩也就不知踪迹了；再一个就是广东高要的茅岗，在一条河的边上，发现了非常多的木桩，估计这个木桩是一种建筑，但是当时也就是发了一个简报，也没有采取什么保护措施，这个遗址虽不能说完全报废，但是剩下的也不多了。那么，比较多的、比较好的，年代比较早的就是浙江余姚的河姆渡，是新石器时代比较早的一个遗址，年代比这个早得多了。它就是因为地势比较低，在它的晚期曾经有海侵，所以海底的淤泥把它盖上，那些木材都保存下来了，发现的木料也有几千根，有柱子、桩、板子，还有铺地板的这些机口板，还有地板上的柱子、栏杆等。那个一看比较明白，是一种干栏式的建筑。但是它有几幢房子，这也是非常难弄的。这次看后更难，这个木桩比那个密集得多。闵锐好不容易画了两个长方形的房子，但这个看不清楚。但是从一个大的范围看，有这么多的木构件，还保存得这样好，规模比河姆渡要大得多，在世界上也许只有瑞士的湖上居才可以相比。瑞士的湖上居是在 20 世纪发现的，很多专家多年一直在做研究工作。我想到，我们要进一步研究，特别是在如何保护上，能不能到那里去考察一下，那是一个世界著名的考古项目。海门口遗址，前面发掘过两次，没有打下好的基础。这次发掘注意了地层，木桩是怎么埋的，木桩之间的联系，从地层看，区分了三期，我看三期的区分是明确的。我觉得最重要的是这个聚落遗址的发现，作为一个聚落，能够几万平方米，这么多的木构件，少见、少见。就单从这条来讲，我觉得申报国家保护单位没问题，因为有这种保护条件的并不是太多，这种聚落一直保持下

---

*　本文为 2008 年 6 月 18 日在海门口遗址考古发掘成果论证会上的发言。

来的，非常难得。下面就跟文物保护的先生提出一个尖锐的问题，人家是几千年都保护下来，你现在有什么法子保护下去。你得研究以前的保护办法，如果尽搞化学保护，效果不会太好，花很多的钱，你也保护不了。

保护与研究，是一个完全相关的东西。如果保护不了，那么下一步我们的研究就很难说了。研究本身，也会为保护不断提供信息条件，这是相辅相成的。现在有一个紧急的任务，采取措施，保证不能让太阳暴晒，这里紫外线这么厉害，起码得搭个棚子。近期的保护措施得赶快采取，长久地保护，再仔细来琢磨。我想一个基本的原则是，就如张先生说的，不要周围隔水、底下隔水，那个造价可不得了，势必破坏周围的文物，况且那样做以后，能不能保护也还是一个大问号。研究原来的保护条件，这是第一点；第二点，对这个聚落的性质，究竟是建在水里、陆地上，还是沼泽地上（现在闵锐他们估计建在沼泽地上），这个要得出一个结论，要靠进一步的研究。研究什么，下面发现许多例如稻、小麦、粟，有编织物，还有动物的骨骼。在水的环境下，能不能一次存在？如果完全是陆地上，有没有必要栽那么多的木桩？还有船桨，跟水有关的这些东西。再说剑湖的水位是有变化的，一年可以涨水，可以落水。在这个聚落存在的这段时间里，湖面也应该是有变化的。这就要求不但对这个聚落周围的环境，剑湖的变化，都应该好好地研究。后续的科研，不光是考古学者研究这些文物，还必须有环境学家、植物学家、动物学家，共同研究。

桩子，是可以穿过几个地层的。究竟当时是从哪个地层打下去，这个地层就没有弄清楚。但是这个桩什么时候打的，只能找打桩时候的地面。一个桩打下去，一部分在地下，一部分在地上，这一定是不一样的，会有两个界面，在桩上会有反映。目前挖出来的已经很大了，够清楚的了，所以我很同意，至少在短期内，不要考虑再扩大、再发掘，就现有的资料进行研究。要进一步研究，可进行勘探。具有一定规模的发掘，在近期，研究没到位时，不必做。

保护的问题，李伯谦提的，我比较赞成。采取比较简易的方式，一次性投入很多钱，对遗址的保护可能更不利，国家文物局有很多项目是破坏性修复，结果事与愿违。像这样几千年的遗址，采用很现代的博物馆，景观就变了。不是光保护已发掘的这一块，而是要把整个遗址保护下来，千万不能有新的建筑。那怎么办呢？剑川县要做个规划，我看有两个办法：一个就是像现在这样，现有的烤烟苗圃，不会破坏农田。再一个是要建遗址公园，现在也不是很理想。考古遗址，就怕有新建筑。特别提出，这个遗址太难得，现在发掘的中心区有5万多平方米，是世界级的。如果把这个保护好，另外的破坏了，那这个价值就是另外一回事了。这个遗址要研究的问题很多，比如从聚落来讲，一个聚落，有经济性的建筑，有宗教性的建筑，有烧窑的地方，做石器的地方，单体建筑，这样才是人活动的一个整体。总体的遗址要保护，研究到一定的阶段，保护的技术已经成熟了，该发掘的再发掘。像这么大规模的遗址，我想不出是不是一定要一次做完？做了一段工作以后，你得研究，提出新问题，需要解决了你才去挖掘，应该是这么一个过程。我们现在要创造条件，一个是保护的条件，一个是研究的条件。因为很关心这个，很多人也想来看一看，那当然也会跟旅游有一些关系。在一个短时期以内，在没有研究透彻的情况下，让人家去看，不用说人家看不懂，连解说员怎么解说也是一个问题。像这种考古遗址，你要讲旅游，首先讲是社会效益、研究价值，其次才是其他的社会效益、经济效益。如果把这个关系摆好了，才可以更好地发掘，否则会搞出一些事与愿违的事。

（原载《中国剑川海门口遗址》，云南民族出版社，2010 年）

中国古代的陶支脚

　　在中国古代文化中，用作炊事的器皿常有三足，诸如鼎、鬲、甗、斝、鬶等均是。其中尤以鼎鬲为最，形成一个鲜明的特色，曾被称为鼎鬲文化[1]。其实陶鼎的出现远比鬲早，分布范围也比鬲广大得多；而在陶鼎发展的早期及其以前，还有一个使用陶支脚的时期。这个问题过去并不清楚，只是由于近年来的许多考古发现，才得以逐步地明确起来。

　　所谓支脚，就是在烧饭时支在釜、锅等一类炊器底下的三个分开的物体，其作用是为了在炊器下面形成一定的空间以便于烧火。最早的支脚可能是采用天然的石头。在新石器时代早期的河姆渡文化中，曾经发现过一些与陶支脚形状类似的石块，其一侧有烟熏痕迹，即明显的证据[2]。这种石头的支脚以后在许多地方仍被使用，例如云南的基诺族常在火塘上立三块石头，名曰锅庄，上面架着铜锅做饭[3]。台湾的土著民族也有用这种石支脚的，如《彰化县志·风俗志》载当地番俗："栽三足于地，搁木扣于上以炊。或支以三石块，若鼎峙然。木扣，陶土为之，圆底缩口，微有唇起以承甑。"木扣是当地土语，实际上是一种圜底陶釜。在日本的弥生文化中，还有用石头加工成角形的支脚，被称为长帽形石器[4]。

　　要使烧火方便和获得较好的传热效果，必须在釜、锅一类的炊器底下造成较大的空间。用天然石头不容易做到这一点，对石头加工又过于费事，所以人们在使用石支脚的同时，又广泛地应用陶支脚。

　　陶支脚的优越性在于其原料黏土有可塑性，能够很容易地按照实际需要做成

---

[1]　翦伯赞：《诸夏的分布与鼎鬲文化》，《中国史论集》（第一册），上海文风书局，1947 年。

[2]　浙江省文物管理委员会：《河姆渡遗址第一期发掘报告》，《考古学报》1978 年第 1 期，70 页。

[3]　刘家志：《景洪县基诺公社曼雅寨的父系大家庭公社》，《研究集刊》1980 年第 2 期，60 页。

[4]　小林行雄：《土制支脚》，《考古学杂志》第 31 卷，1941 年。

合适的形状。大多数陶支脚的底面积较大，易于保持稳定；上身细高，并常有一个歪头，以便把釜锅举到适当高度，又使其下部比较宽敞，这样容易把火烧旺，达到较好的传热效果。

陶支脚发现之初，由于不明确它的用途，常依其形状而名为角形器、坠形器、长帽形器或猪嘴形器等。其实直到近代，居住在越南和老挝边界的摩依族人民仍在制造和使用陶支脚[1]。其形状为方体、大平底、歪头，与古代的角形支脚相似。考古发现的陶支脚中，许多都有烟熏或粉红色等长久烧过的痕迹，更是说明其用途的一个直接证据。

在考古著作中，对于陶支脚的称呼颇不统一，有的称为釜支子，有的则称为支座、支垫、支架或支脚。考虑到它所支承的炊器不限于釜，有时也有罐、盂之类，似不宜笼统地称为釜支子。再则，作为釜、罐之类的承托物还有许多种类。有的是圈足形；有的像浅盘豆，只是盘部又小又浅，且多系夹砂陶制；在山东半岛的邱家庄类型的遗存中，更发现有一个泥圈下安三个扁足的，很像近代农村中使用的铁火架子。所有这些器物都应各有专名，每个名称又都应反映其支承器物的共同特点，当以分别命名为支圈、支座和支架为宜。至于本文所述的每三个一组才能起到支承作用的物体，则应称之为支脚，以免相互发生混淆。

陶支脚在我国古代文化中有着广泛的分布，其范围包括河北、山东、湖北、湖南、江苏、浙江、台湾和广东等（图一）。由于考古工作的深入开展，今后发现支脚的地区可能增加，但大体上不超出燕山山脉以南、黄土高原和云贵高原以东的平原和丘陵地区。有趣的是，在我国新石器时代乃至商周时代，陶鼎的分布大体也限于这片地区，其他地方为数极少或者根本没有，于此可以看出这两种器物具有一定的渊源关系。

各地陶支脚出现的年代有早有晚，延续的时间有长有短，形制特征也互有差异。具体分析这些情况并作一番排比，对于探索它的源流和发展谱系必将获得有益的启示。

现知最早的陶支脚出自新石器时代早期的磁山文化。据报道，在这个文化的典型遗址河北武安磁山第一次发掘时，曾经出土11件陶支脚[2]。这个数目大概仅指完整器物而言，实际数目可能更多。再者，这个遗址的第二层和第三层都属于磁山文化，而文化面貌并不完全一致。第三层陶片较少，特点是厚重，火候低

---

　〔1〕　梅原末治：《安南清化省東山出土の土製支脚》，《人類学雑誌》第59卷，1944年。

　〔2〕　邯郸市文物保管所、邯郸地区磁山考古队短训班：《河北磁山新石器遗址试掘》，《考古》1977年第6期。

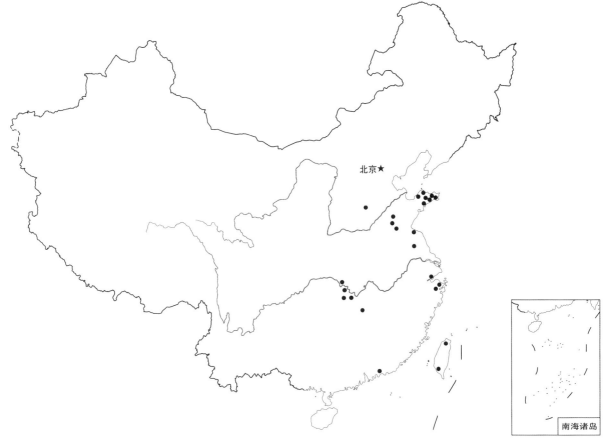

图一　中国古代陶支脚的分布示意图

而粗糙，泥质陶少见，器形以盂和支脚较多，还有罐等，种类比较单纯。第二层以夹砂红褐陶为主，泥质红陶较第三层为多，器形也比较复杂，包括碗、钵、盂、罐、三足钵、盘、豆、双耳壶和支脚等。有些器物虽与第三层的属于同一种类，但具体形制仍然有所不同。如果将资料全部发表并进行仔细的分类排队，很可能分为不同的文化期，在早晚不同的文化期中都有不少陶支脚出土。

　　磁山的支脚均为夹砂红褐陶制，除一件上有一对蛾眉形凸饰外，其余均素面无纹。器形比较别致，很像一只倒置的马靴，本文暂定为 A 型支脚。根据细部的不同可分四式（图二）。

　　Ⅰ 式实心，顶面略如蛋形；Ⅱ 式空心，顶面亦如蛋形，头部横出，末端侧视渐薄；Ⅲ 式空心，顶面如宽楔，头部末端侧视甚厚；Ⅳ 式空心，顶面如窄楔，头部末端侧视也甚厚。

　　这些支脚最显著的特点是顶部基本保持水平。其所以如此，很可能与它所承托的炊器是平底而非圜底有关。根据试掘报告，磁山第三层的陶器以盂和支脚为多，它们往往同时伴生。例如在 H15 中发现一个无足石磨盘上放置陶盂和支脚；H17 底部一坑，正中放一大石块，旁边也放着陶盂和支脚等；H32 可能是一所半地穴的房子，其中也出土大型陶盂和支脚等。这些陶盂都是夹砂陶制，底部常有席纹或绳纹。不像是食器而应该是炊器，实际上是一种平底釜。

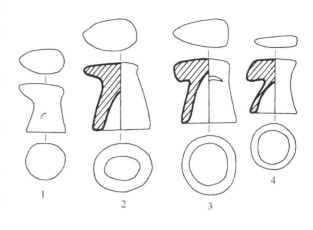

图二　磁山文化的陶支脚
1. A 型Ⅰ式（H67：479）　　2. A 型Ⅱ式（T6②：71）
3. A 型Ⅲ式（H12：73）　　4. A 型Ⅳ式（T14②：236）

在磁山文化中可能用作炊器的还有夹砂罐，但这种器物一般都是瘦高的，通高与底径多数为三比一左右，放在陶支脚上不易保持稳定，故其使用法应同盂有所不同。至于第二层出土的一些三足钵，形状虽和鼎基本相同，但均系泥质红陶，胎壁较薄，足部又矮，是不宜做炊器的，因之，磁山遗址的主要炊器就是陶盂（平底釜）和陶支脚，二者配合使用的方式如图三所示。

值得注意的是，同属磁山文化的新郑裴李岗和密县峨沟等处都没有发现陶支脚，也没有像磁山出土的那种陶盂，反之却有少量陶鼎出现。这些遗址的炊器应是夹砂罐和陶鼎。磁山和裴李岗虽有许多共同或相似的地方，据此可以划为一个考古学文化；但是又有明显的差别，炊器的不同就是一个重要的方面。其所以出现这种差别，可能有地区性的原因，也应有时代性的原因。裴李岗没有陶支脚，在它以后的后冈类型也没有陶支脚，陶鼎则得到了非常广泛的应用。可见，在中原地区，陶鼎取代陶支脚的过程，是在磁山文化的后期和后冈类型之前完成的。

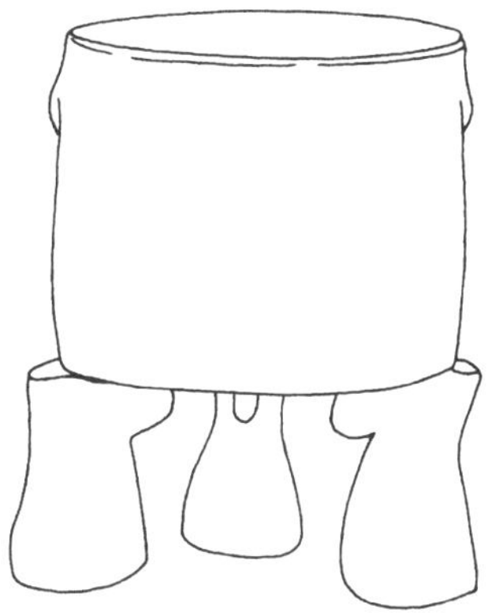

图三　平底釜和支脚
使用方法示意图

从形制方面来看，裴李岗以及后冈类型的鼎并不是承袭盂（平底釜）和支脚的特点，而基本上是从三足钵演化出来的。这种功用和形制演化相互交错的矛盾现象，在古器物演变中并不是唯一的例子。

磁山文化的年代，已有不少碳－14 测量的数据可资推测。如磁山的 H48 和

H145 分别为 5285±105BC 和 5405±100BC；裴李岗的 H1 等为 5935±480BC，H11 等为 5195±300BC，T31①等为 7350±1000BC；峨沟 H27 为 5290±80BC。其中除裴李岗 T31①等因标本出自几个地层，年代误差较大外，其他五个数据都还是比较接近的。由于超出了树轮校正的范围，其真实年代只能根据碳－14 年代与树轮年代差距的带有规律性的趋势进行推测，得知大致落在公元前 6000 年[1]。

磁山文化以东的鲁中南和苏北地区，也曾不止一次地发现了陶支脚。那里新石器文化发展的序列大体是北辛类型—青莲岗文化—大汶口文化—龙山文化，陶支脚只是出于北辛类型和青莲岗期，以后就被陶鼎取代了。

北辛类型以滕县北辛遗址得名[2]，同类遗存还见于兖州西桑园和滕县孟家庄等处，是山东境内新石器时代的早期遗存。北辛遗址中已有深腹圜底鼎，同时也有陶支脚。这些支脚的形状多是歪头，顶面倾斜，通身有刻划纹或镂孔，当为猪嘴形（B 型）支脚的祖型，是适于承托圜底釜的一种形制。

青莲岗期的支脚见于淮安青莲岗[3]、兖州王因第五层[4]和泰安大汶口第六、七层[5]。形状可大致为猪嘴形（B 型）、馒头形（C 型）、角形（D 型）和圆柱形（E 型）等各种，而以前者为多，上面常有刻划、凸饰或镂孔。后三者多为素面。

北辛类型的年代，已知有四个碳－14 数据，分别为 4775±200BC、4020±120BC、3860±100BC、3695±140BC[6]，青莲岗期的碳－14 年代有三个数据：邳县大墩子下层为 3835±105BC[7]，泰安大汶口第六层为 3860±90BC 和 3760±

〔1〕 严文明：《黄河流域新石器时代早期文化的新发现》，《考古》1979 年第 1 期，45 页。

〔2〕 中国社会科学院考古研究所山东队、滕县博物馆：《山东滕县古遗址调查简报》，《考古》1980 年第 1 期。

〔3〕 南京博物院：《江苏淮安青莲岗古遗址古墓葬清理简报》，《考古通讯》1958 年第 10 期，47 页器物登记表中有一件"范形陶器"，为"砂陶，形似牛角，底方柱形，中空，旁有一洞"，当是角形支脚；又该遗址中所出圆柱形"陶杵"11 件，其中有些可能是柱形支脚。

〔4〕 中国社会科学院考古研究所山东工作队、济宁地区文化局：《山东兖州王因新石器时代遗址发掘简报》，《考古》1979 年第 1 期，7 页。

〔5〕 山东省博物馆：《谈谈大汶口文化》，《考古》1978 年第 4 期。

〔6〕 中国社会科学院考古研究所实验室：《放射性碳素测定年代报告（七）》，《考古》1980 年第 4 期。

〔7〕 中国社会科学院考古研究所实验室：《放射性碳素测定年代报告（三）》，《考古》1974 年第 5 期。

130BC[1]。如果用树轮校正,再考虑到紧接以后的刘林期的年代而加以调整,则北辛类型和青莲岗期的真实年代大体上应落在公元前5500～前4500年和公元前4500～前4000年。前者和磁山文化接近而略晚,后者与后冈类型基本相同,因此,鲁中南陶支脚的出现和延续的年代都比中原地区为晚,加上地理位置邻近,很像是受中原陶支脚影响而产生的。但若从形制加以比较,则一个是倒靴形,一个是猪嘴形和馒头形,差别十分明显,不能简单地认为后者是承袭前者才发展起来的。

山东出土陶支脚的另一地区在胶东半岛,那里是我国发现陶支脚最多的地方。据我们调查,在蓬莱大仲家、烟台白石村、福山邱家庄下层、牟平姜格庄、威海姜南庄、栖霞古镇都、黄县唐家、莱阳泉水头、乳山翁家埠、即墨南阡、荣城北兰格、东初家和河口等遗址中或多或少都可见到。这些遗址的文化面貌基本一致,以泥质红陶和夹砂褐陶为主,手制,主要器形有圜底圆锥形足鼎、圜底或三足钵、小口双耳壶、带圆柱形或蘑菇形把手的夹砂罐或釜和支脚等。这些陶器多为素面,少数有附加堆纹和划纹,也有个别的彩陶。基本面貌与大汶口的一至三期接近,同时又具有明显的地方特色,故暂称之为邱家庄类型。其绝对年代可能在公元前4500～前3500年之间。而白石村一期的年代更早,是胶东地区至今所知的最早的新石器文化。

邱家庄类型的支脚绝大部分为竖直的塔形(F型),中间穿孔,颇似灯塔;其次为歪头的角形,此外还有少量馒头形和圆柱形者(图四)。

F型支脚可分三式:Ⅰ式为方塔形,实心,素面,数量较少;Ⅱ式为圆塔形,实心,多为素面,有的腰部有两三个孔,容易折断。断后稍磨顶部又继续使用,故成为窝头形,有的顶部还残留半边穿孔的痕迹。这式支脚的数量颇多;Ⅲ式亦为圆塔形、空心,一般有镂孔,表面常有刻划纹,内壁多有清晰的泥条盘筑痕迹。数量甚多,有的顶部折断后又被磨平成为窝头形。

角形支脚均为实心,腰部有时

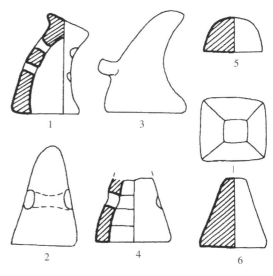

图四　山东的陶支脚
1. 泰安大汶口　2、3. 牟平姜格庄　4～6. 福山邱家庄

〔1〕 北京大学历史系考古专业碳十四实验室:《碳十四年代测定报告(三)》,《文物》1979年第12期。

有一柱形把手。荣城河口的一件，上端分叉成为两个角尖，是比较特殊的例子。

胶东的支脚可能都是同釜配合使用的。牟平姜格庄曾发现完整的圜底釜和角形支脚，釜上有四个柱形把手，底部有烟熏和红黑不均的多次烧烤的痕迹，无疑是实用的炊器，放在支脚上也是很相宜的。

长江中游新石器文化的序列大体是从大溪文化到屈家岭文化，再到龙山时代的桂花树三期文化等。属于大溪文化的四川巫山大溪、湖北宜昌杨家湾和宜都红花套都曾发现过支脚。红花套的陶支脚一般为歪头，顶面倾斜，通身有凸饰和镂孔，很像是猪头形的 B 型。杨家湾的支脚有两类（图五，1～4），一类竖直，略似塔形，唯顶部圆平，有时束颈，并有实心和空心之别。外面多施黄衣，有的有菱形刻划纹和点纹。另一类为角形，实心，表面有许多点纹[1]。这两类支脚在原调查报告中称为"坠形器"和"角状器"，张光直在引用时指出其形制类似于台湾圆山文化和印度支那的陶支脚，是很对的；但他认为其年代不会早于屈家岭文化则估计太晚了[2]。

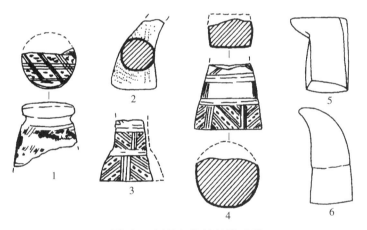

图五　大溪文化等的陶支脚
1～4. 宜昌杨家湾　5、6. 浏阳樟树塘

现在已有多处地层关系证明大溪文化早于屈家岭文化，碳－14 年代也获得了同样的结果。据宜都红花套和枝江关庙山所测的六个标本，除 ZK683 一例偏高外，其余五个经树轮校正和适当调整，当在公元前 4000～前 3000 年之间，比屈家岭文

〔1〕 中国科学院考古研究所长江队三峡工作组：《长江西陵峡考古调查与试掘》，《考古》1961 年第 5 期。

〔2〕 Kwang-Chih Chang，1977. *The Archaeology of Ancient China*，Third edition，New Haven Conn.，p. 201.

化整整早了一个发展阶段，是长江中游较早的一支新石器文化。

陶支脚在湖北只见于大溪文化，在湖南则延续了较长的时期[1]。在相当于大溪文化的安乡汤家岗遗址中已有圆锥台形的支脚，为红陶，素面；之后约在屈家岭文化晚期乃至龙山时代，于华容三郎堰和浏阳樟树塘下层都有陶支脚，前者为塔形，夹砂褐陶，素面，后者为倒靴形。樟树塘上层的年代已相当于中原的二里头文化甚或更晚，那里仍有陶支脚出土，为角形，夹砂红陶制，上饰绳纹（图五，5、6）。

浙江北部看来是陶支脚发生的中心地区之一。在那里，从新石器时代早期的河姆渡第四文化层中便已出现了数量可观的陶支脚和石支脚，其后在河姆渡第二文化层（年代相当于马家浜期）和第一文化层（年代相当于崧泽期）都有不少陶支脚[2]，可见其传统保持的时间相当长久。再以后，在杭州水田畈的几何形印纹陶文化层中又发现了一件歪头空心的标本[3]，那已经是一种残余的形态了（图六）。

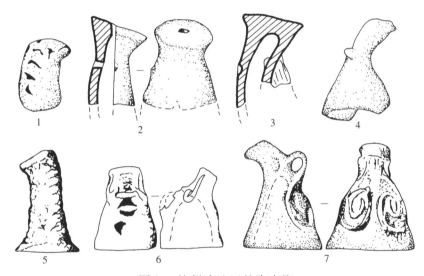

图六　杭州湾地区的陶支脚

1~3、5~7. 余姚河姆渡（T29④：39、T27②：3、T40②：218、T23①：2、T17①：92、T18②：85）　4. 杭州水田畈

河姆渡第三、四层的支脚数量颇多，但多残破。一般制作粗糙，陶胎灰黄色，器表为灰色，内侧常有烟熏痕迹。形状为歪头的方形或圆柱形的块状体，顶面呈圆弧状，实心，可定为G型。

〔1〕 周世荣：《湖南古代文化初探》，《中国考古学会第一次年会论文集》，文物出版社，1980年。

〔2〕 浙江省文物管理委员会：《河姆渡遗址第一期发掘报告》，《考古学报》1978年第1期，70页。

〔3〕 浙江省文管会：《杭州水田畈遗址发掘报告》，《考古学报》1960年第2期。

　　河姆渡三、四层没有任何三足器，它的炊器主要是圜底釜和支脚。釜一般为黑陶，胎壁较厚。口沿和肩部常饰刻划纹和压印纹，底部饰绳纹。有些釜底留有浓厚的烟熏痕迹，器内则残存食物烧结的焦渣。由于 G 型支脚的底面不像其他型式那样膨大，支承陶釜将不大稳固，故使用时可能把根部埋入地下。

　　河姆渡第二文化层已出现圆锥形足或扁足鼎，同时还继续使用陶支脚，其数量之多与鼎足相当。这些支脚全为夹砂灰红陶，有的有红色陶衣，造型从总体上看像猪嘴形，当可归入 B 型。可分二式：Ⅰ式体形较大，空心，顶面为一倾斜的大圆面，通身镂孔或饰印捺和划纹；Ⅱ式较少，顶面较小，空心，但颈部为实心，上背有一拱形把手，有的有螺旋凸饰，做工讲究。

　　河姆渡第一文化层仍有较多的陶支脚，其形制可大致为两类。一类圆柱形，实心，顶面倾斜，近顶有一圆孔，底面扩大并稍稍内凹，数量甚多，应是早期 G 型支脚的发展。另一类略如第二文化层的 BⅠ式，亦为空心，颈部实心，背部有拱形耳及凸饰，唯通体显得矮胖一些。

　　水田畈的支脚亦当为 B 型之发展，唯颈部加长，背面的拱形把变为柱状把。原报告将其倒置并称为角形器，应予改正。

　　河姆渡第三、四层的年代，大约在公元前 5000～前 4200 年之间[1]；河姆渡二层和一层的年代则可能为公元前 4200～前 3700 年和公元前 3700～前 3200 年。至于水田畈印纹陶层的年代就更晚得多了，可见杭州湾地区陶支脚使用年限之长。值得注意的是，在杭州湾以北和太湖周围地区，年代相当于河姆渡二层和一层的马家浜期和崧泽期地层中至今还没有发现陶支脚。那里虽然有很多鼎，但同时也有不少圜底釜，马家浜期的腰沿釜还是很富特色的一种器物，不可能设想没有支脚。意者那里也许用天然石块为之，也许有少量陶支脚而尚未发现，都未可知。

　　福建的新石器时代遗存发现较少，至今未闻有陶支脚的出现，不过那也只是时日的问题。相邻的台湾则很早就发现陶支脚了[2]。台北圆山出土的支脚为夹砂褐陶，内胎土灰色，实心，底稍内凹，圆座歪头，顶面倾斜，中有一道小沟槽，背面靠下方有拱形把手，通体素面无纹，形状介于 B 型与 D 型之间。台南乌山头所出支脚与圆山者也很相像，系夹砂红陶制，内胎土灰色，素面，平底或稍内凹，

<hr />

〔1〕　北京大学历史系考古专业碳十四实验室：《碳十四年代测定报告（四）——河姆渡遗址年代的测定与讨论》，《文物》1979 年第 12 期。

〔2〕　金关丈夫、国分直一：《关于台湾先史时代人类生活复原图》，《公论报》副刊《台湾风土》第 24 期，1948 年。

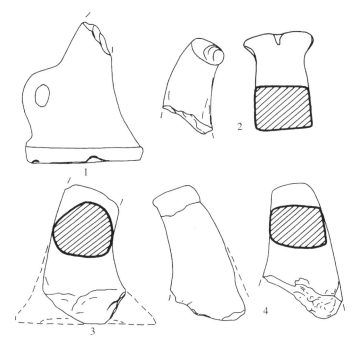

图七　台湾的陶支脚
1、2. 台北圆山　3、4. 台南乌山头

实心歪头，顶面倾斜，因皆为残件，未知是否有把（图七）。有些支脚局部呈粉红色或灰色，乃是长期烧烤所致，也是它曾作为炊器的一个证据[1]。

圆山的一件支脚出于黄土贝层，属圆山文化。该层的碳－14 年代分别为1910±80BC、1590±80BC 和 1240±80BC[2]，其文化面貌和福建的昙石山文化十分相似，估计其年代也应相当[3]，较杭州湾地区的陶支脚晚得多了。

最后，我们在广东东部地区新石器时代遗址的调查报告中发现有一件"双足器"，出自海丰拔子园沙丘遗址[4]。为红陶制，顶部有一横穿，一端内凹而残。须知像那样叉开而又不等长的"双足"是不可能立稳的，如果倒过来看，就成为一种空心歪头支脚的上部，其长足应视为颈而短足则为柱形把手，残端内凹者当是空心之体部，其形状复原起来当与杭州水田畈的支脚相似，可见广东也是有陶支脚的。同一遗址中还出土粗砂红陶镫（实为豆形支座）和勺等，也许已进入青铜时代。

〔1〕　宋文薰：《台湾史前遗址出土的陶支脚》，台湾大学《考古人类学刊》九、十期合刊，1957年。

〔2〕　*Radiocarbon*，Vol. 11，p. 639，1969.

〔3〕　昙石山中层的两个碳－14 年代分别为1140±90BC 和 1055±90BC，一般认为太晚了。

〔4〕　广东省博物馆：《广东东部地区新石器时代遗存》，《考古》1961 年第 12 期，659 页图六，3。

我国陶支脚发展的情况已如前述。有趣的是在越南和日本的古代文化中也有这种东西，但时代都比较晚。

越南的陶支脚主要出于北方清化省的东山、绍阳和富寿省的安兴、越进、清亭等地，形制比较复杂，有猪嘴形、变体倒靴形、变体角形和两头分叉者。其中猪嘴形的有大头者，接近于河姆渡的BⅠ式；有小头、颈部实心、背部带把者，与杭州水田畈和海丰拔子园者别无二致（图八）。黎文兰等在其研究越南青铜时代遗存的著作中依其形状称为"陶叉"（?），并将其全部倒置，显然有误[1]。越南的陶支脚约皆出于东山文化，属青铜时代。该文化中同时还有许多圜底釜而未见任何三足炊器，可见那些支脚也是配合圜底釜使用的。

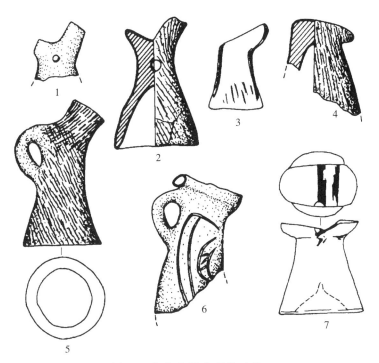

图八　广东和越南的陶支脚
1. 广东海丰拔子园　2. 清化绍阳　3、7. 清化东山　4～6. 富寿省
安兴、清亭、越进（2～6为越南东山文化）

日本的陶支脚发现于九州和本州等地，形状也很复杂，有塔形、角形、圆锥台带歪头和犬形各种，所属时代也有早晚。根据小林行雄的研究，角形者可追溯到弥生时代的早期，即相当于我国的战国时代；犬形者又称犬形埴轮，可以晚到

〔1〕 黎文兰、范文耿、阮灵：《越南青铜时代的第一批遗迹》（越文），河内，1963年，226～228页。本文参阅了梁志明同志的译稿，特此致谢。

古坟时代的晚期，相当于我国的南北朝时期[1]。故知日本陶支脚的年代比越南东山文化的还要晚些。

综合前面的叙述，我们可以知道陶支脚在新石器时代和历史时代曾经有过广泛的分布，其范围大体在蒙古高原以南，黄土高原和云贵高原以东的广大平原和丘陵地区，以及相邻的越南北方和日本部分地区。在我国范围内，它和新石器时代陶鼎的分布基本一致，形成一个陶支脚—陶鼎文化圈。

陶支脚在我国都是在当地最早的新石器文化中开始出现的，如河北南部是磁山文化，鲁中南是北辛类型，山东半岛是白石村一期，长江中游是大溪文化，浙江北部是河姆渡文化等。广东和台湾较早的新石器文化中还没有发现陶支脚，可能与当地考古发掘工作较少有关。在上述各文化中，磁山文化、北辛类型、白石村一期和河姆渡文化（主要指河姆渡第四层）属于新石器时代早期的偏晚阶段，其余则

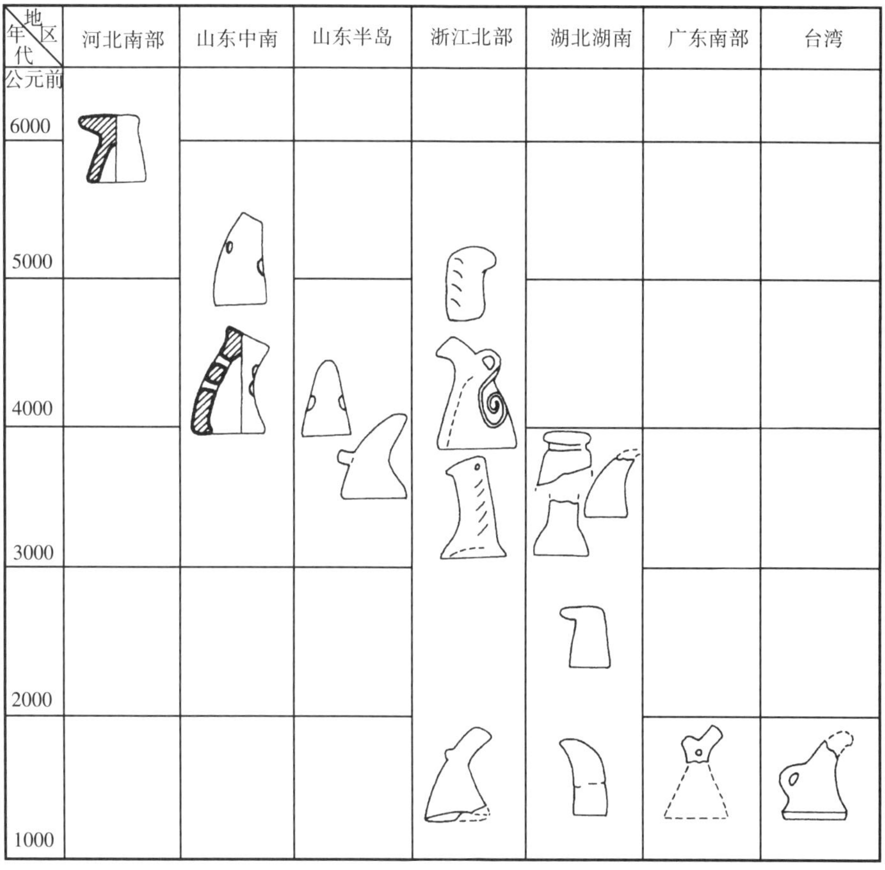

年代 地区	河北南部	山东中南	山东半岛	浙江北部	湖北湖南	广东南部	台湾
公元前 6000	〔图〕						
5000		〔图〕		〔图〕			
4000		〔图〕	〔图〕	〔图〕	〔图〕		
3000				〔图〕	〔图〕		
2000					〔图〕		
1000				〔图〕	〔图〕	〔图〕	〔图〕

图九　陶支脚的分区和年代表

〔1〕 小林行雄：《土制支脚》，《考古学杂志》第 31 卷，1941 年。

已进入新石器时代晚期。河姆渡第三、四层没有鼎，磁山文化的磁山遗址也没有做炊器用的鼎。可见在陶鼎产生以前，曾经有一个用陶釜和支脚作为主要炊器的时代；在陶鼎发明后，陶支脚仍然被使用一个时期，最后才完全被陶鼎所取代。

我国陶支脚的形制可大致分为七型，即倒靴形（A 型）、猪嘴形（B 型）、馒头形（C 型）、角形（D 型）、圆柱形（E 型）、塔形（F 型）和歪头柱形（G 型），此外还有若干变体的形态。每种形制最初往往只限于很小的范围，以后才分布到别的地方。如倒靴形最初只见于磁山文化，猪嘴形最初只见于北辛类型，尖塔形最初只见于邱家庄类型，歪头柱形只见于河姆渡文化等，这说明陶支脚的发生不是一元的。

任何文化都不是孤立发展的，当某种陶支脚发生后，往往会传播到一定的范围，影响别的文化，以至较晚的一些遗址常常同时存在好几种形态。如邱家庄类型既有塔形，又有角形和馒头形；大溪文化既有圆头塔形，又有角形；河姆渡第一文化层既有歪头柱形，又有猪嘴形等等。台湾、广东等地陶支脚的年代更晚，形制上也缺乏自身的特点，应是从别处传播过去的。

由于我国新石器时代早期文化发现尚少，一些地区至今还只有晚期的遗存，故究竟什么时候才开始使用陶支脚并不清楚。支脚的分型分式及其可能的传播路线也有待于进一步的研究。本文只是根据现有材料作一粗略的排比和分析，最后归纳为一张图表（图九），其中难免有失，希望今后会有更多的资料来加以补充和修正。

（原载《考古》1982 年第 6 期。后收录在《史前考古论集》，科学出版社，1998 年）

石斧研究

一　前言

石斧是一种复合工具，除斧体本身外，还必须安柄才好使用。旧石器时代的打制石斧是不安柄的，所以称为手斧。实际上，它既可以砍树枝，也可以用来挖野菜或打野兽，打来野兽也只有用石斧才可以宰杀切割。换言之，在当时极其原始的狩猎—采集经济条件下，那种打制的手斧乃是一种通用的工具，而不是后来才有的那种专门化的手工工具。作为手工工具的斧头主要是对木材进行加工的。其功用包括砍、劈、削等项目，是新石器时代最主要的手工工具。英国著名的考古学家柴尔德指出，尽管有报道说在欧洲波罗的海岸边的中石器时代遗址中发现过磨制石斧，还有人说在俄罗斯的旧石器时代遗址中也发现过磨制石斧，实际上只有到新石器时代早期的遗址中才得到普遍证实，显然应该看作是新石器时代的一种发明[1]。这是有道理的，因为只有到新石器时代才开始有农业，开始有相对稳定的定居生活。人们开垦荒地做农田，有时需要砍伐树木；盖房子也需要准备各种木材，制造农具、家具和其他木制器具也离不开石斧等加工工具。

最初出现的石斧类型简单，个体变异较大，加工技术也比较原始。一般是经过选料、选形、打坯、琢坯、磨平、作孔等几道工序。最后要安上木柄才好使用。后来逐渐发明了石材切割和管钻技术，石斧的类型也逐渐分化。有专门担任砍劈的，有主要用于劈削的。后来更分化出一种专门用于战争的扁斧即钺。到了铜石并用时代出现了铜斧，数量很少。到青铜时代出现了青铜斧。由于铜斧过于昂贵，硬度有限，无法代替石斧。我国商周时代虽然有青铜斧，但数量很少，主要木工工具仍然是石斧。直到东周时期的村落遗址中还经常发现石斧。只有当铁器大量出现之时，石斧才逐渐被铁斧所取代，最后完成了它的历史使命。

马克思在《资本论》一书中说："动物遗骸的结构对于认识已经绝迹的动物

---

〔1〕　V. G. Childe, 1953. Old World Prehistory: Neolithic, *Anthropology Today*, Chicago, pp. 200 – 201.

的机体有重要的意义，各种经济时代的区别，不在于生产什么，而在于怎样生产，用什么劳动资料生产。劳动资料不仅是人类劳动力发展的测量器，而且是劳动借以进行的社会关系的指示器。在劳动资料中，机械性的劳动资料（其总和可称为生产的骨骼系统和肌肉系统）比只是充当劳动对象的容器的劳动资料更能显示一个社会生产时代的具有决定意义的特征。"[1]石斧即新石器时代乃至青铜时代的重要工具，如果能够弄清楚它的发生和发展演变的情况，它的制作工艺和功效的演变情况，它与其他相关工具的鉴别与各自功能的研究等，对于这个时期社会历史的研究应该是十分必要的。

二　石斧的鉴别

要研究石斧，首先要弄清楚究竟什么是石斧。表面看起来，这好像是不成问题的问题。其实不然。因为我们今天能够看到的，除极个别的情况以外，并不是同斧柄连在一起的。单靠石斧本身来判断究竟是不是斧子，固然在多数情况下是做得到的，但也有不少标本容易混淆。例如错把某些特殊形状的斧子当作锛子或铲子的，或者把楔子当斧子的，实在是经常发生的情况。因此，确定一件工具究竟是不是斧子，应该有一套科学的标准，不要仅仅凭形状进行揣测。

任何一把斧子，总是要安柄才好用的。安柄的方式各种各样，有时是斧体插入柄端的穿孔，有时是斧柄插入斧体的穿孔，有时是用绳索将两者捆绑在一起。不论是怎样的方式，斧体的长轴总是同斧柄相交成直角。从斧体的底视图看，斧刃同斧柄的纵轴总是互相重合，其正投影为一条直线。斧子的功用是砍、劈、削，加工对象一般是木料。加工过程中留下的痕迹，是鉴定其使用方式和区别于其他工具的重要证据。

首先谈谈斧与锛的鉴别问题。古代称锛为斤。锛字是后起的，直到宋代丁度的《集韵》中才出现锛字。甲骨文和金文中都有斤字。是个半象形半象意的字。山东莒县陵阳河出土一件大汶口文化的大陶尊上有两个刻划的象形文字，一个像钺，一个像锛，唐兰先生隶定为斤字。斧是形声字，斤形父声，甲骨文和金文中也都有。斧的重要功能之一是砍伐树木的。《诗·齐风·南山》篇云："析薪如之何？匪斧不克。"斤也可以砍伐树木。《孟子·告子上》有"斧斤以时入山林"之语。同篇还说"中山之木尝美矣……斧斤伐之，可以为美乎"？现代巴布亚新几内亚的土著居民还常用有段石锛砍伐树木。

---

[1]　《马克思恩格斯全集》（第 23 卷），人民出版社，1973 年，204 页。

　　石斧与石锛多数在形体上有明显的区别，但也有一些比较接近。通常把双面刃即正锋的叫作斧，把单面刃即偏锋的叫作锛。不错，几乎所有的石锛都是偏锋的，但不是所有偏锋的都是锛子。看看现代木工用的铁斧，有正锋的，多数却是偏锋的。史前的劳动者要将木料砍断，就必须用正锋的石斧。而在劈、削木材时，偏锋的石斧就好用得多。

　　实际上斧和锛的安柄和使用方式是完全不同的。斧既然要砍、劈、削，斧刃和斧柄就必须在一条直线上。锛虽然可以伐木，但主要是刨平木料。《康熙字典》明确指出"锛，平木器"。锛刃则要与锛柄垂直。同时锛刃总是平直而不会有石斧常有的弧刃。锛刃与锛体纵轴也是垂直的而不会有斜刃。再者锛刃总是偏锋而不会有正锋。根据这些特点，斧与锛的区别是容易掌握的。

　　斧与铲的鉴别也不是很困难的。斧是木工工具，铲是铲土工具，使用痕迹就大不相同。铲也是安柄才能使用的。铲体的长轴与铲柄必须在一条直线上，使用的方式是握柄向前推。所以铲可以有直刃，也可以有弧刃。铲土要能省力，铲体就必须扁薄。但扁薄的不一定都是铲。过去有误把钺当铲的，简直是风马牛不相及了！

　　石斧跟石楔形状相似，过去往往不加区分，把石楔当成了石斧。但石楔较厚，也不安柄，正刃正锋，顶端往往有被锤击的疤痕，刃部倒不易破损。

三　计测和分类

（一）石斧各部位的名称

　　为了对石斧进行正确的描述和计测，有必要给器身各部位以适当的名称。石斧有六面，即六个正投影面：正面、背面、左侧面、右侧面、顶面、底面或底视面。在安柄的情况下，右手握柄，斧体的左面即正面，右面即背面。但一般石斧仅有斧体而没有柄，在这种情况下如何确定正面和背面呢？

　　在多数情况下，石斧的两边是不对称的。前边略长于后边。使用中有时刃部会有破损，破损的部位多在右侧。使用时刃部正面左边的摩擦力要大于右侧，摩擦的光面比右侧大。按这三条即可辨别正面和背面。但在很少的情况下，石斧的两边是对称的，破损部位不确定，磨损光面也没有明显的区别，就难以区分正面和背面。在这种情况下勉强区分也没有多大意义了。

　　一件石斧从上至下可分为顶部、体部和刃部三个部位，合起来称为通体。体部有宽扁形、窄长形以及厚重与扁薄之分。体部的横剖面多椭圆形，也有梭形和圆角长方形者。刃部从正面看，对称的称为正刃，倾斜的称斜刃。刃部平直的称平刃，弧曲的称弧刃。刃部从侧面看，两边对称的称正锋，两边不对称，一边稍平直而另一边有明显的坡口者称偏锋。一些考古著作中把正锋称双面刃，偏锋称单面刃是不确切的。

（二）石斧的计测

为了分析石斧的功能，有必要进行正确的形制分类，就要进行必要的计测。包括通体计测、中剖面计测和重量计测（图一）。

1）通体计测：在正面图上取顶角和刃角的 $ABCD$ 四顶点，作 AC 和 BD 的延长线在上方相交的夹角称为斧角。斧角越大表示刃部越宽，反之亦然。个别的石斧刃部比顶部窄，两边的延长线会相交于刃端之下，可称为窄刃斧，两边平行也属于窄刃斧。

2）中剖面计测：取 AB 中点和 CD 中点作连线 EF，又取 EF 中点作垂直剖面 $x-x'$ 和 $y-y'$，$y-y'/x-x'$ 数值越大则表示斧体越厚，数值越小则表示斧体越薄，即可称为扁斧。

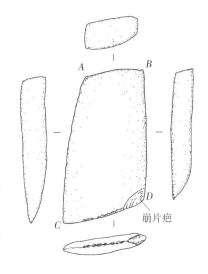

图一　石斧计测示意图

四　制法和复原

湖北宜都红花套遗址在长江岸边有一个大溪文化时期的石器制造场，规模极大。那里是三峡出口不远的地方，水流稍缓，从三峡冲出来的大量河卵石积聚在岸边，为石器制造场提供了充足的原料。那些河卵石大的像冬瓜，我们戏称为冬瓜石；小的跟拳头大小差不多。在石器制造场留下的遗物和遗迹充分地反映出制造石器各道工序的全过程。如果要制造石斧，首先要选料，即选择跟石斧形状接近的卵石，接着要开坯。用一个拳头大的石锤将坯体在冬瓜石上打成石斧的形状。第三步是琢坯成型，用一个长条形的卵石当琢具不断地敲打坯体，石斧的形状就基本形成了。最后才是磨光。大部分石斧只是磨光刃部，斧身保持琢打的麻面。由于石斧是当时最主要的工具，红花套有大量石斧的半成品和残次品，更有一件特大型的石斧王。该石斧长43、宽14.5~17.5、厚4.7厘米，重7250克，全身琢制，刃部磨光，实际上无法使用而只是一种象征，是石工们膜拜的圣物（图二，1）。

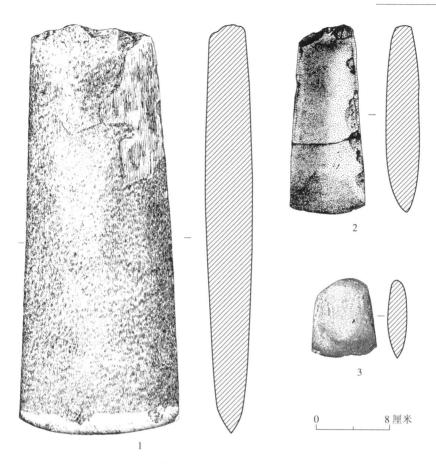

图二　红花套遗址石斧王与普通石斧大小对比
1. 石斧王（采集：615）　2. H375：53　3. T76⑤：151

在江苏吴县澄湖曾发现一件陶制带柄的钺，装柄的方法非常清楚。是将钺背半纳入柄端，柄上有三孔，钺上一孔，以便穿绳捆绑（图三，1）。苏州吴县还有一口良渚文化的水井出土一件带木柄的石斧，斧背纳入木柄，估计还要用木楔加固。这些都有助于石斧安柄方法的复原。在那个井里还出土一件子母口的黑陶罐，上面有五个刻划的图画文字。第一个像有长胡须的老人，第二、三个像对谈的两只鸟，第四个像龙，第五个像另一种鸟。可能讲述一个与老人相关的故事，但不知道跟那把陶钺有什么关系（图三，2）。

五　使用的痕迹

实际使用过的石斧，总是会留下相关的痕迹。最明显的是崩疤。那是在用力砍伐树木时偶尔会造成的损伤。伐木时着力最猛的是斧刃的后角。如果用力过猛，

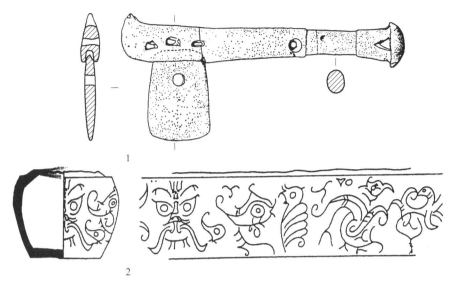

图三　良渚文化的陶钺模型和刻划纹陶罐
1. 陶钺模型　2. 刻划纹陶罐（均为江苏吴县澄湖良渚文化水井出土）

而木质又特别坚硬，就可能崩坏斧刃而留下疤痕即崩疤。其大小则视木质的硬度和砍伐的力度而异。砍伐坚硬的木料时，整个刃部还可能有些细碎的破碴。而最重要的使用痕迹则是擦痕。有时肉眼看不大清楚，需要用显微镜观察和描述。根据擦痕的方向可以了解砍、劈或削的用力方向。磨制的时候也会产生类似擦痕的细纹，但方向较乱，纹路也较重，是容易区别的。

六　功效的考察

有人不相信石斧也能砍树，其实这是常识，完全可以实测。最好是对不同硬度和不同直径的树木做砍伐实验，并做记录。甚至可以同铁斧或青铜斧做对比实验。这样可以对新石器时代的技术水平有一个实际的了解。

1975 年 5 月初稿，2020 年 4 月修订

（原载《耕耘记——流水年华》，文物出版社，2021 年）

中国古代的二次葬风俗

　　二次葬又称为洗骨葬或捡骨葬，是在人的尸体腐烂后，再把骨骼捡拾起来，有的还要清洗一下后再次进行埋葬的一种风俗，在世界上是十分普遍的，我国古代也颇为流行。最早记载二次葬的见于《孟子·滕文公上》，其中写道"盖上世尝有不葬其亲者，其亲死，则举而委之于壑。他日过之，狐狸食之，蝇蚋姑嘬之，其颡有泚，睨而不视……盖归返虆梩而掩之"，说明二次葬之前还要实行天葬。现代东北地区的索伦族也还有类似的葬法。他们把冬天的死者抬到山林间实行天葬，让禽兽唼食肉体。开春后才收拾骨头实行土葬即二次葬。

　　《隋书·地理志下》比较详细地记述了今湖北、湖南和江西等地的非华夏族人民实行二次葬的风俗。书中写道："南郡、夷陵、竟陵、沔阳、沅陵、清江、襄阳、春陵、汉东、安陆、永安、义阳、九江、江夏诸郡多杂蛮左，其与夏人杂居者则与诸华不别，其僻处山谷者则言语不通，嗜好居处全异，颇与巴渝同俗，诸蛮本其所出……始死，即出尸于中庭，不留室内，敛毕送至山中。以十三年为限，先择吉日，改入小棺，谓之拾骨。拾骨必须女婿，蛮重女婿，故以委之。拾骨者除肉取骨，弃小取大。当葬之夕，女婿或三数十人集会于宗长之宅，着芒心接篱，名曰茅绥。各执竹竿，长一丈许，上三四尺许犹带枝叶。其行伍前却皆有节奏。歌吟叫呼亦有章曲。传云：盘瓠初死，置之于树，乃以竹木刺而下之，故相承至今以为风俗。"书中既云与巴渝同俗，可见今重庆地区的先人也有这种风俗。清代云南的普马族也有这种风俗，据乾隆《开化府志·卷九·风俗》记载："普马……人死，不论男女，俱埋于堂房之下常行走处，每日以滚水浇之，俟腐时取出，以肉另埋，骨则洗净，用缎袋盛之……藏于家，三年乃葬。"现代广东、福建的沿海和西部地区也还有二次葬风俗。亲人死后先将尸体存放在特设的厝屋内或埋在地下，等到来年清明前后再收集尸骨集中埋到一定的茔地中去。湖南也有类似的情况。早年在我的老家开了一个槽坊，负责酿酒的张师傅原是岳阳地区的巴陵人，早年迁居华容后不幸丧偶，只好就近埋葬。多年后他要回老家去，就发冢取出骨骼，盛放在一个布袋里，在自家屋檐下挂了半年，才带回岳阳老家重新埋葬，这不就是二次葬吗？

我国田野考古规模之大是世界少有的，发现的墓葬数以万计，其中就有不少二次葬。不过南方地区因为炎热多雨，土地潮湿，大多数墓葬中的骨骼难以长期保存，自然也难以区分葬式。黄河流域则因为文化发达，人口众多，墓葬自然就特别多。半干旱的气候和质地疏松的黄土都有利于人体骨骼的长期保存，因而是发现二次葬最多的地方。不过到夏商周及以后各代，由于盛行厚葬，棺椁里面的空气和衣衾等有机物不利于骨骼的保存，因而也难以分辨是否有二次葬。唯有新石器时代葬具简单，尸体几乎直接贴土，尸体经腐烂分解后多已不存，仅仅剩下骨骼，不论是一次葬还是二次葬都很容易区分，是发现二次葬最多的时期，分布范围几乎遍及全国[1]。

现知最早的二次葬发现于广西和黑龙江。广西桂林甑皮岩新石器时代早期 18 座墓葬中有 2 座为二次葬。广西扶绥敢造新石器时代早期墓葬中骨骼凌乱，也多为二次葬。黑龙江密山市新开流的 47 座墓葬中，有 29 座为二次葬。

中原地区最早的二次葬发现于白家文化期，包括陕西临潼白家、南郑龙岗寺、宝鸡北首岭和关桃园。白家早期 M19 中的少年骨架和 M22 七人合葬墓中左边两人明显是二次葬；晚期的 M4、M6 和 M21 据图版看也应该是二次葬。宝鸡北首岭 M10 为五人合葬，其中三人为仰身直肢的一次葬，二次葬的两人也摆成仰身直肢葬的样子，但骨骼位置错乱，明显是二次葬。发掘报告认为属于仰韶文化，但从出土器物看应属于白家文化。关桃园的前仰韶二期实际是白家文化，其 M24 和 M25 骨骼凌乱，应为二次葬。南郑龙岗寺的 7 座墓葬，有 5 座单人葬，骨骼按仰身直肢摆放，但位置错乱。另两座骨骼零碎，保存不好，都应当是二次葬。白家文化的绝对年代，据碳 -14 测定大约在距今 7330～7050 年，属新石器时代中期。

继白家文化发展起来的是新石器时代晚期的仰韶文化。仰韶文化早期为半坡期，二次葬有所发展。北首岭 349 个单人葬中有 31 个二次葬。西安半坡和临潼姜寨均有少量发现，而大多数则见于华县元君庙和华阴横阵村。半坡的 118 座墓葬中有两座合葬墓，其中的 M38 是 4 个年轻女性的合葬，2 人为仰身直肢的一次葬，2 人为二次葬。M39 为两个男人合葬，均为仰身直肢的一次葬。116 座单人葬中有 5 座为二次葬。半坡还有两座成人的瓮棺葬，明显是在尸体腐烂后捡拾骨骼才可能放入瓮棺的。姜寨一期 174 座墓葬中，有 9 座单人二次葬，1 座为二人二次葬。

---

〔1〕　本文初稿草成后，看到了日本横田祯昭的相关文章：《关于中国史前时代的二次葬》，载樋口隆康主编，蔡凤书译：《中国考古学研究论文集》，日本东方书店于香港出版，1990 年。该文收集资料缺乏仰韶文化的史家期和庙底沟期的大批资料。

元君庙共发现 57 座合葬墓，有的墓兼有一次葬和二次葬，有的墓全部为二次葬。总计 200 个人骨中有 180 个二次葬。横阵村有 3 座复式合葬墓和 1 座合葬墓，全部是二次葬。其后的史家期过去曾称为半坡类型晚期，是二次葬大流行的时期。其中渭南史家 40 座墓 727 个个体几乎全部是二次葬。同属史家期的临潼姜寨二期绝大多数墓葬也是二次葬。该期 189 座土坑墓中就有 154 座二次葬墓。其中单人 25 座，合葬墓中的 M75 有 69 人，分层埋葬。M205 有 82 人，而且在大墓坑中有几个小墓坑分层埋葬。M358 是一个椭圆坑，其中有 84 人的骨骼堆放在一起。所有合葬墓中的二次葬人骨共有 2195 具。此外在 103 座瓮棺葬中有成人二次葬 27 人，两者合计达 2222 人！是二次葬最为集中的墓地。此外与史家期大致同时的山西芮城东庄村、山东长岛北庄、兖州王因和湖北郧县大寺也都发现有多人合葬的二次葬。

继史家期之后发展起来的是仰韶文化的庙底沟期，那是一个文化大发展的时期，也是二次葬流行的时期。不过重心有所转移，从陕西关中转移到河南西南部，而且除多人合葬的土坑墓外，还有大量的成人瓮棺葬。如前所述，二次葬本来是一种特别的风俗，但是在多人合葬风俗大流行的情况下，二次葬却是不得不采用的一种方式。

河南三门峡南交口仰韶二期即庙底沟期，有一座圆角方形的土坑墓 M2，墓中 24 人均为二次葬，包括 8 男 10 女和 6 个儿童。河南邓州八里岗有多座合葬墓，每座墓合葬的个体数量多少不等。其中一座墓 M13 合葬的人骨，按头骨计算 126 个个体，还随葬 140 个猪下颌骨。用放射性碳素测年方法对每个人骨的骨胶原进行测定，知道各人死亡的时间均不相同，最大差距达 200 年。据用 DNA 检测，可知基本上属于两个母系继嗣群。猪下颌骨以母猪为多，还有少量野猪，年代相差达 400 年之久。这么长时间先后死亡的人骨和猪骨怎么保存的？什么人保存的？其中有的可能还不止二次葬，也许是第三次或四次埋葬。其中蕴含的社会问题可能不是一下子就能够说清楚的。

河南西南部的成人瓮棺葬应该都是二次葬。葬具是一个直筒形平底缸，底部有一个穿孔，是专门做葬具用的。有的缸口沿外有一圈泥突，配套的缸盖上也有一圈对应的泥突。尸骨放好后盖上盖，用绳索将缸和盖绑在一起，然后埋在一个土坑里。这样的瓮棺因为较早发现于河南伊川土门等地，习惯称之为伊川缸。迄今发现伊川缸的墓地有十几处，以河南汝州最为集中。河南鲁山邱公城也有五个瓮棺成梅花状合葬在一起。汝州中山寨村北则有两行排列整齐的伊川缸葬。汝州洪山庙 1 号墓是一个长方形土坑，虽然有一角早年已被破坏，仍发现有 136 个瓮棺，估计原先应该有 200 个。据尸骨观察，死者男女老少和儿童都有。据当地老乡说，同样的合葬坑在旁边还有一个，早年就被完全破坏了。1 号墓的瓮棺都没有盖，外壁多饰彩画，内容有日、月、人、鸟、鹿、龟、蜥蜴，还有面具、男根和多种几何图形。这座合葬坑中的死者，恐怕也不都是二次葬，而可能是三次、四次的埋葬。这墓近旁的临汝阎村更有一个较大的瓮棺，上面画了一个白鹳，嘴里叼了一条似为白鲢的鱼，明显是表现一个故事。很可能是一位首领的特殊埋葬。我写了一篇《〈鹳鱼石斧图〉跋》（《文物》1981 年第 12 期）的短文进行揣测。

在江苏金坛三星村马家浜墓地有数以千计的墓葬，其中不少是二次葬。东台蒋庄相当于仰韶文化晚期的良渚文化墓地中，更有大量二次葬。在总数 284 座墓葬中，二次葬占 52%，包括拾骨二次葬和烧骨二次葬两种。

仰韶文化之后的龙山时代已很少发现二次葬，只是在湖北天门等地的肖家屋脊文化中有随葬精美玉器的成人瓮棺葬。在广东曲江石峡更有一种非常特殊的烧骨二次葬。墓中有前后两套陶器，推测是原先一次葬有一套陶器，等尸体腐烂后，把人骨取出来烧成碎末再埋入墓穴的一角，同时再随葬一套陶器。是一种非常特殊的二次葬风俗。在甘肃武威皇娘娘台齐家文化 28 座墓葬中有 2 座二次葬。洛阳东马沟 9 座二里头文化墓葬中，有 2 座二次葬。

1978 年 5 月初稿，2020 年 5 月修改

（原载《耕耘记——流水年华》，文物出版社，2021 年）

大汶口文化居民的拔牙风俗和族属问题

一

关于大汶口文化的居民曾经有过拔牙风俗的事实，最初是从山东泰安大汶口墓地的发现才得以知道的[1]。之后在江苏邳县大墩子[2]、山东曲阜西夏侯[3]、胶县三里河[4]和诸城呈子[5]等多处大汶口文化的墓地中，又发现了许多曾被拔牙的人骨标本[6]，从而知道在大汶口文化的居民中，确实流行过一种拔牙风俗。

世界各地的考古学和民族学资料表明，拔牙风俗并非到处流行，主要是分布在东亚和太平洋地区，其他地方比较少见。就是在东亚地区，也有不少民族并不拔牙。具体考察那些存在着拔牙风俗的各族人民，便知他们拔牙的部位、拔牙的颗数、拔牙的方法和拔牙的原因，也是不尽相同的。对这些问题进行研究，对于探索族源将是一个有效的途径。现在让我们来分析一下，看看大汶口文化居民的拔牙风俗究竟具有哪些特点，进而结合他们的其他文化因素和有关历史传说的研究，对他们的族属问题作一个初步的探讨，附带谈谈其他文化的拔牙风俗问题。

---

〔1〕　颜訚：《大汶口新石器时代人骨的研究报告》，《考古学报》1972 年第 1 期。

〔2〕　韩康信、陆庆伍、张振标：《江苏邳县大墩子新石器时代人骨的研究》，《考古学报》1974 年第 2 期。

〔3〕　颜訚：《西夏侯新石器时代人骨的研究报告》，《考古学报》1973 年第 2 期。

〔4〕　昌潍地区艺术馆、考古研究所山东队：《山东胶县三里河遗址发掘简报》，《考古》1977 年第 4 期。

〔5〕　据昌潍地区文物管理组和诸城县博物馆 1976～1977 年发掘资料。

〔6〕　上述五处墓地中，除属于大汶口文化的墓葬外，在大墩子还有属于青莲岗文化的墓葬，三里河和呈子还有龙山文化的墓葬。目前关于三个文化的划分方法不大一致，作者曾试图探讨这个问题，见《论青莲岗文化和大汶口文化的关系》，《文物集刊·1》，文物出版社，1980 年。

二

在大汶口文化的拔牙资料中，目前还只有大墩子、大汶口和西夏侯三处经过仔细研究，并有正式鉴定报告发表。其他遗址的情况根据初步观察大同小异，因此三处墓地的资料在一定程度上可以作为整个大汶口文化的代表。兹将其拔牙情况统计如下表。

地点	大墩子		大汶口		西夏侯		合计		
性别	男	女	男	女	男	女	男	女	总计
统计人数	46	19	11	20	10	9	67	48	115
拔牙人数	29	13	7	16	6	3	42	32	74
拔牙率（%）	63.0	68.4	63.6	80	60	33.3	62.7	66.7	64.3

表中的统计人数比实际人数少得多，是因为有些骨骼腐烂或临时处理了，无法得出正确的判断，只好弃置不用。从这个统计中可以看出，三个地点的情况虽略有不同，但都有许多人实行拔牙，男女皆然，其总比率达到三分之二左右，这是一个显著的特点。

几处墓地的资料还表明，当时拔牙的部位和数目都是严格一致的，即拔除上颌两颗侧门齿。当然，也还有极个别的例外情况，如大墩子有一人拔除上左中门齿，一人拔去上左犬齿，还有一人拔去上左第一前臼齿，西夏侯 M22 也只拔去上左侧门齿。鉴于这种情况极为罕见而部位又不固定，很可能是由于牙病或偶然性损伤所致。

世界上许多具有拔牙风俗的人民，拔牙的部位和数目是很不相同的，像大汶口文化的居民那样严格一致地拔去两颗上侧门齿的情况并不多见。例如日本绳文文化的居民有拔去上犬齿和第一前臼齿的，也有只拔下颌四个门齿的，还有上下部都拔，包括门齿、犬齿和第一前臼齿的；数目从两个、四个、六个、八个、十个乃至十一个不等。总之部位和数目都很不固定，而绝大多数是偶数[1]。印尼苏拉威西中部托·巴达（To-Bada）等部落的居民拔牙数目最多，无论男女都要拔去 12 个牙齿，包括上下颌的全部门齿和犬齿，使得吻部后缩而下颏飞出。由于拔牙时伤口易受感染而使许多人罹患疾病，且因失去那么多牙齿使得发音很不清晰，根本无法发出齿音。当地政府曾三令五申禁止这种愚蠢的行为，但却无法根绝。

---

[1]　日本《世界考古学大系》第一卷，东京，1963 年。

原因是他（她）们觉得那是传统的习惯，是很好看的[1]。

我国贵州等地的仡佬族及其前身的僚人，也曾通行拔牙风俗，他们一般是拔除一个或两个上门齿。如晋张华《博物志·异俗》条中，就讲到僚人"皆拔除上齿牙各一"。日本东京大学理学部人类学教室所藏《诸苗图说记事》，记述我国贵州西部清溪、平越等地的仡佬族，在女子出嫁时必先拔除两颗门牙。田雯《黔书》等也有类似的记载。台湾的高山族也多是拔除两颗门牙[2]。因此，单是从拔牙的部位和数目来说，我国古今的风俗可能具有一定的联系。但僚人—仡佬和高山族的拔牙风俗与大汶口文化居民的风俗相比，毕竟还是不完全相同的，无论从拔牙的原因、方法、部位、数目和男女的比率等各方面来看，都存在着一些差别。其所以然者，一部分原因可能是时代不同，风俗本身发生了某些变化；而更重要的原因应当是文化传统不同。僚人—仡佬的拔牙风俗可能是继承古荆蛮而来，高山族的可能是继承古越族而来，而大汶口文化的拔牙风俗到秦汉时期便已全然消失。这涉及我国拔牙风俗的几个系统和拔牙人民的族属变迁问题，本文后面还要讨论。

三

大汶口文化居民拔牙的年龄不早于青年时期。例如在大汶口墓地所见许多拔牙的人骨标本中，年龄最小的男性是 19～21 岁（M97），女性是 18～19 岁（M120）；西夏侯最小的男性是 16～20 岁（M8），女性是 21～22 岁（M10）；大墩子最小的男女都在 15～20 岁之间。古代人们比现代人成熟期稍早，到十五六岁便已进入青春期。因此，大汶口文化居民实行拔牙，可以认为是进入青春期的一种表现。别的民族拔牙的起始年岁绝大多数也是在青春期，只有云南的濮人和台湾某些高山族居民似乎更早一些[3]。

牙齿是第一道消化器官，又是一个发音器官，为什么一定要把它拔掉呢？究竟是什么动机促使人们采取这种愚昧的举动呢？长谷部言人认为："拔齿是一种牺牲身体末梢部位以祈求生命安全的一种风俗。"[4]这个说法可能是根据沙拉辛兄弟的见解，他们认为远古时代曾经广泛地流行着用人作为牺牲的风俗，后来人们

---

[1]　グルーバウエル：《セレベス民俗誌》，東京，1945 年。

[2]　野谷昌俊：《台灣に於ける拔歯の風習に就いて》，《人類学雑誌》1936 年第 51 卷第 1 期。

[3]　据调查，高山族拔牙的起始年岁在 12～13 岁到 17～18 岁之间，见野谷昌俊：《台灣に於ける拔歯風習に就いて》，《人類学雑誌》1936 年第 51 卷第 1 期。

[4]　《日本文化史大系》第一卷，东京，1956 年。

进步了，就设法用身体的一部分来替代，其中的一种方式就是拔牙〔1〕。这种理论虽然在民族学研究中曾经颇为流行，但它赖以立论的前提并不可靠，也没有得到任何事实的证明，显然是难以成立的。实际上，在不同的民族那里，拔牙的原因也往往不同；即便是同一个民族，其原因也不见得都是单一的。根据历史记载和近代的民族调查，大致可以归纳为以下六种说法。

（1）成丁礼说：是一种比较流行的说法。如澳大利亚约克角的土人在举行成丁礼时，一面旋舞，一面挥动吼声器，随后就是拔牙。拔牙之后必须漱口，漱口水必须吐在一个用植物叶子编成的小篮子里。有经验的老年人察看其中所带血液凝结的形状，看它和哪一种自然物体相像，就以那种物体作为个人图腾授予被拔去牙齿的那个青年。这种仪式只有成年男子参加，妇女和儿童都是不允许观看的，所以那里拔牙的人限于男子〔2〕。

（2）忌夫说：如我国贵州仡佬族的少女，在即将出嫁时要拔去两颗牙齿，说是怕它妨害夫家〔3〕。

（3）殉葬说：也是仡佬族的一种解释。陆次云《峒溪纤志》记载："有打牙仡佬者，父母既死，子妇各折二齿投棺中。"

（4）装饰说：古代居住在湖北和四川交界的僚人，到成年时即拔除牙齿，并把它佩戴在身上作为装饰〔4〕。

（5）防病说：也是僚人的一种说法。唐房千里《异物志》讲到渝州地区（今四川东部）的风俗时说："又有乌武僚，地多瘴毒，中者不能饮药，故自凿齿。"

（6）爱美说：这也是很流行的一种说法，其具体内容在不同民族中也不尽相同。例如印尼苏拉威西中部居民一到青春期就要拔牙，以表现女性的妩媚和男性的美。剩下的牙齿也要为了好看而染黑。看到欧洲殖民者既不拔牙又不染齿，就觉得很难看，说他们的牙齿白得跟野兽的一样〔5〕。台湾的高山族除拔牙外，也有染黑牙齿的习惯，则是为了使牙齿更加牢固〔6〕。非洲巴托克（Batoka）部落模

---

〔1〕 Paulund Fritz Sarasin, Paul and Fritz, 1905. *Reisen in Celebes*, 2Bde. Wiesbaden.

〔2〕 A. C. Haddon, *Head Hunters：Black，White，and Brown.* 有中译本，即海顿：《南洋猎头民族考察记》，1937 年。

〔3〕 田雯：《黔书》上卷：谓仡佬族"女子将嫁，必折其二齿，恐妨害夫家也"。

〔4〕 张华：《博物志·异俗》："荆州极西南至蜀界诸民曰僚子……既长，皆拔去上齿牙各一，以为身饰。"

〔5〕 グルーバウエル：《セレベス民俗誌》，東京，1945 年。

〔6〕 1888 年《续修台湾府志·番社风俗》载：武洛诸社番"每日取草擦齿，愈黑愈固"。又傀儡诸社番也"以野草黑齿"。

仿牛而拔去上门牙，认为只有那样才是美丽的。普列汉诺夫曾经对这种观念产生的原因进行了分析。他说："在三比西河上游地区的巴托克部落那里，没有拔掉上门牙的人被认为是丑的。这种奇特的美的概念从何而来呢？它也是由于观念的十分复杂的联想而形成的。巴托克人拔掉自己的上门牙，是竭力想模仿反刍动物。在我们看来，这种愿望有点不可理解。但是巴托克人是一个游牧部落，他们把自己的母牛和公牛几乎当神来崇拜。"[1]

倘若将以上各种说法同大汶口文化的实际情况进行比照，便可得到有益的启发。正如前面已经介绍的那样，大汶口文化的居民不分男女都有拔牙的习惯，因而不能单纯用免使女人忌夫或男子举行成丁礼的需要来解释。同时，由于墓中至今没有发现随葬人牙的情况，殉葬说和装饰说（大汶口文化常常用装饰品随葬）也就没有成立的依据。山东不大可能有瘴毒，不会害怕得病喝不了药。由此可见，前五种原因都可以排除，只有最后一种爱美说才是需要认真考虑的。

当然，也还可以从另外的角度来考虑。例如，是否有可能出于某种宗教信仰，或者像约克角土人那样，作为取得个人图腾的一种方式呢？在原始社会，宗教信仰对每个人的精神的制约是很大的。如果是出于某种信仰或宗教仪式的需要，那就必须是每个人都要施行的，或者是由宗教所规定的一定范围的人所必须遵奉的。但是大汶口文化的居民只有三分之二拔牙，也看不出这些人属于何种特殊的集团，很明显不是一种宗教性质的强制行为。

再者，考虑到大汶口文化已经有了明显的贫富分化，拔牙是否与人们的社会地位或财产状况有任何联系呢？但实际情况是无论较富的人（如大汶口 M9、西夏侯 M2 等）还是较穷的人（如大汶口 M57、M120 等）都有实行拔牙的，看来社会的分化对这种风俗并没有带来重大的影响。

由此可见，根据大汶口文化本身的资料，只能认为拔牙在当时是无论男女，也无论贫富，大多数人都热烈追求的社会风尚，是一种完全自愿的行为。并且这种风尚极有可能是与审美观念联系在一起的，否则就很难理解为什么一定要到青春期才实行。既然是一种社会风尚，当然会有许多人参加，也一定会有人不愿去赶那个时髦。有些人觉得拔牙之后虽然美丽，但又不愿单纯为了好看而忍受手术的痛苦。这两点足以说明为什么还有三分之一的人没有拔牙。年代较大汶口文化稍早而文化内容一脉相承的兖州王因墓地中，有少数标本只拔除了一个上侧门齿，西夏侯 M22 的一位四五十岁的女人也是如此，可能因为太痛而不愿拔第二个了。尽管看起来不如拔两个的那样美丽，也就宁愿比别人差一点，反正不是带强制

---

〔1〕　普列汉诺夫：《论艺术》，生活·读书·新知三联书店，1973 年。

性的。

爱美的风尚本身是一种观念形态，产生这种观念形态还应该有更深刻的社会根源，但单凭目前的资料还很难作出适当的解释。要之总不会像巴托克部落那样模仿反刍动物。因为大汶口文化的居民是以原始农业为主要经济的，他们饲养的家畜主要是猪。牛在那里不会像巴托克部落一样看得那么神圣，以牛牙为美的观念也就难以产生了。

四

根据对大墩子、大汶口和西夏侯等墓地人骨的鉴定，凡属被拔去了牙齿的，齿槽部分凹陷都特别深，说明当时是经过了反复敲打，致使牙齿完全松动之后才连根拔去的。大墩子有两个齿根折断在齿槽内的标本：一个左侧门齿已被拔去，右侧门齿牙根折断，大部分断裂面暴露在齿槽外面。另一个 M224 右侧门齿已被拔去，左侧门齿齿根也被折断，折断面几乎全被愈合的齿槽骨遮盖，研究报告的作者认为：“这两个侧门齿的牙根显然不是死后折断的，它们必定是生前使用了某种器具在水平方向敲打牙齿的结果，因而推想大墩子新石器时代人们拔牙的方法主要是敲打法。”[1]同地 M272 上右侧门齿齿冠及舌面齿根的一小部分生前折断，断裂方向从前下方向后上方倾斜，圆形齿髓腔暴露，其根端部齿槽骨成圆形瘘管。这显然是敲打折断的，而且因感染而引起了根尖炎症。根据对大汶口文化其他墓地资料的观察，其拔牙方法大约也是离不开敲打，如西夏侯 M11 上左侧门齿就有敲打痕迹。

许多民族拔牙也使用敲打法。例如约克角土人在拔牙时仰卧地上，头部枕在施手术者的膝上；后者左手拿袋鼠骨棒垫于牙上，右手拿石头敲打，打了左边再打右边，如此来回用力，牙齿逐渐松动。然后轻击牙齿，每击一次都念一个被拔牙的青年的母亲、父亲或其他亲属的氏族名字，而最后念的往往即青年所属的氏族，此时才将牙齿拔去[2]。苏拉威西中部居民拔牙的方法与此基本相同，不过是用铁凿代替袋鼠骨，用锤子代替石头。手术由专门的巫医施行，他们一面敲打

---

〔1〕　韩康信、陆庆伍、张振标：《江苏邳县大墩子新石器时代人骨的研究》，《考古学报》1974 年第 2 期。

〔2〕　A. C. Haddon, *Head Hunters: Black, White, and Brown.* 有中译本，即海顿：《南洋猎头民族考察记》，1937 年。

一面说："一点儿也不痛，只当是做个游戏。"〔1〕我国的仡佬族也用这种方法拔牙，因而获得了"打牙仡佬"的称号。高山族除用弓弦锯断外，也有用敲打法拔牙的。

用敲打方法拔牙，必须有一个凿子，否则不便着力，也难保不伤别的牙齿。因此"打牙"有时又被称为"凿牙"或"凿齿"，如前提《异物志》讲僚人拔牙就说是"故自凿齿"。而具有拔牙风俗的人民就被称为"凿齿"或"凿齿民"〔2〕。

在我国古代文献中，最早记载"凿齿"事迹的一部书就是《山海经》。《海外南经》写道：

> "昆仑虚在其东，虚四方。一曰在歧舌东，为虚四方。羿与凿齿战于寿华之野，羿射杀之，在昆仑虚东。羿持弓矢，凿齿持盾戟。"〔3〕

又《大荒南经》也有一条记载：

> "大荒之中，有山名曰融天，海水南入焉。有人曰凿齿，羿杀之。"

这两条都是讲凿齿同羿打仗，被羿打败了。同样的故事在稍后的《淮南子》吕也曾讲到，并且更详细些，也更富有神话的色彩。如《本经训》说：

> "逮至尧之时，十日并出。焦禾稼，杀草木，而民无所食，猰貐、凿齿、九婴、大风、封豨、修蛇皆为民害。尧乃使羿诛凿齿于畴华之野，杀九婴于凶水之上，缴大风于青丘之泽，上射十日而下杀猰貐，断修蛇于洞庭，禽封豨于桑林，万民皆喜。"

同书《坠形训》中也有"反舌民""凿齿民"和"黑齿民"等的记载，只是语焉不详。这两部书中所说的凿齿，有时称"凿齿民"，有时则说："有人曰凿齿。"他们能够拿着盾戟，同当时最著名的射手打仗，很明显是指具有拔牙风俗的人民，而绝不是什么怪物。可是到东汉末年高诱注《淮南子》和东晋人郭璞注《山海经》时，已经完全不能理解其本来的意义。高诱说："凿齿，兽名，齿长三

---

〔1〕　グルーバウエル：《セレベス民俗誌》，東京，1945 年。

〔2〕　（宋）范成大《桂海虞衡志》："旧传僚有飞头、凿齿、鼻饮、白衫、花面、赤裈之属二十一种。"显然是按各部落在发式、服饰、文面、拔牙等方面的不同特点来划分的，而这里所讲的凿齿当是指具有拔牙风俗的人民。

〔3〕　今本《山海经》的最后一句为"凿齿持盾，一曰戈"。此据《太平御览》三五七卷引文校改。

尺，其状如凿。"把原本作动词用的凿字误认作形容词，闹出了很大的笑话。郭璞注意到《大荒南经》中说"有人曰凿齿"，所以他没有说凿齿是兽名，而说"凿齿，亦人也，齿如凿，长五、六尺，因以名云"。尽管还说是人，却仍然重复着高诱对于凿字的错误解释，并且把牙齿长度又夸张了差不多一倍，不是野兽也是个怪物。李善注扬雄的《长杨赋》，曾经引服虔的话说："凿齿，齿长五尺，似凿，亦食人。"更把凿齿说成了吃人的恶兽，这种越来越夸张，越来越神话化，甚至完全歪曲了原意的演变过程，正好说明当时的汉族地区早已不存在拔牙风俗，一般的学者无法理解。这个经历两千年之久都未能解开的历史之谜，直到今天才获得了澄清的可能。

　　既然凿齿是具有拔牙风俗的人民，同他们打仗的羿又是有穷部落的酋长，指挥羿的尧也是原始社会晚期的著名领袖，那么所谓羿与凿齿之战就绝不是什么个人之争，而应当是一场部落之间的斗争。同样，羿与争猰貐、九婴、大风、封豨、修蛇的战争，也应是氏族—部落之间的斗争。这些名字看起来很怪，实际应当是一些氏族或部落的图腾。猰貐是一种野兽的图腾，九婴是水火之怪的图腾；大风即大凤，也即风夷，当是以凤鸟为图腾的氏族名号；封豨又名封豕，是以大猪为图腾的氏族名号；修蛇则是以长蛇为图腾的氏族名号。他们被尧（通过羿）打败，而尧后来被尊为上古的圣人，本来是普通部落间的斗争就被后人赋予了诛恶的性质。《山海经》成书在战国，其中有些故事的辑录可能还要早些，所以它的记载比较接近实际情况。到汉代以后，尧的圣人形象已牢固地树立起来，同尧打仗的当然不能视为好人，所以《淮南子》讲尧使羿杀凿齿等就成了为民除害的性质。后来扬雄、服虔、刘孝标等把凿齿等视为恶人或恶兽的说法[1]，也就是这样被引申出来的。

<h2 style="text-align:center">五</h2>

　　现在需要进一步研究，《山海经》和《淮南子》等书中所说的凿齿或凿齿民究竟住在什么地方，属于什么族系，和大汶口文化的居民是否有什么关系呢？虽然限于资料和自己的水平，要解决这个问题是有很大困难的。倘若仔细推敲，也还可以找出一些线索。

---

　　〔1〕（西汉）扬雄《长杨赋》说："昔有强秦，封豕其土，窦窳其民，凿齿之徒，相与磨牙而争之。"（梁）刘孝标《辨命论》也说："虽大风立于青丘，凿齿奋于华野，比于狼戾，曾何足喻。"都是把凿齿、封豕、大风等当作恶人的典型加以比赋。

根据《山海经》的记载，至少可以确定两条：

（1）凿齿住在融天山，山南有海水侵入。

（2）他们与羿打仗的地方名叫寿华，那是在昆仑墟或歧舌以东的一块低平的原野。

融天山不可考，但山南有海水侵入则是一个重要的提示。按照今本《山海经》的编次，凿齿居融天山的一条在《大荒南经》之中，这是很值得怀疑的。全面考察《山海经》的地理范围，可知作者的地理知识在南方不越出湖南和江西，不大可能知道在更远的南方还有南海。经中既明言"海水南入"，就不应属于《大荒南经》。看来原书简册可能有些错乱。类似的情况在经中还不止一处。例如少昊原是东方的部落酋长，《大荒东经》说得很明白，《左传》等先秦古籍也都有明确记载[1]。可是《西山经》和《大荒南经》又都有"少昊居之"和"少昊生倍伐，倍伐降处缗渊"的记载。《史记·吴太伯世家》集解引贾逵曰："缗，有仍之姓也。"有仍即古任国，在今山东济宁县境。可见这两条记载原来是属于东方的，后来因为简编散乱，错植到西方和南方去了。经中每条所记都很简单，有些可以一简一条，一旦发生散乱，很难用文义排比进行校正。因此，要考证《山海经》中所记事物的方位，不能单是看它编在何方的经文中，而应首先考虑简文所记具体方位。从这一认识出发来考虑问题，那么在《山海经》作者地理知识所允许的范围内，南面有海水侵入的山，很可能是指山东半岛上的某个山脉，而融天山南边的海，则应指山东半岛南边的黄海。

关于昆仑墟的位置，过去曾有各种说法，大多偏于遥远的西北，有时甚至超出了《山海经》作者地理知识的范围。其实细考经文，并不难作出正确的判断。《海内西经》有云：

> "昆仑之墟，方八百里，高万仞……河水出东北隅，以行其北，西南又入渤海。"

这段话谈到河水的流向与实际情况相反，可能有误。除此之外，它给我们指明了一些重要情况：第一，它指明黄河围绕昆仑墟的两边，宛然形成一个直角；第二，它讲的是昆仑墟，而不是山。郭注："墟，山下基也。"也就是一块较高的地方。经文既谓其面积"方八百里"，也足以说明它是高原而不是山；第三，经中讲昆仑墟不止一处，许多重要故事都和它发生关系，可见它绝不会处在偏僻的远方。通观我国的地形，符合这三个条件的只有黄土高原。从华北平原看黄土高原，

---

[1]　见《左传》昭公十七年、二十九年和定公四年诸条。

首先看到的是很高的太行山，所以说它"高万仞"。经中讲昆仑墟是"墟四方"或"为墟四方"，亦即四方较高；黄土高原东有太行山，南有秦岭，西有贺兰山，北为阴山，恰好是一块四方较高的高原。如果昆仑墟确实是指黄土高原，那么它东边的寿华之野就应当是指华北大平原了。

前面谈到大汶口文化主要是分布在山东和苏北地区的，那里是拔牙风俗的一个故乡。除大汶口文化外，在它之前的青莲岗文化，如兖州王因墓地、大墩子较早的墓葬和大汶口第二、三次发掘的早期墓地，都曾发现许多具有拔牙特征的人骨标本。在继大汶口文化之后发展起来的龙山文化中，如胶县三里河和诸城呈子的部分墓葬，也有拔牙的人骨标本。假如《山海经》中记载的凿齿确实住在山东的话，那么他们同青莲岗文化、大汶口文化和龙山文化中具有拔牙风俗的人民应当是一回事情。

山东和苏北这个地方，在商代称为人方，在周代称为东夷。夷在铜器铭文中写作尸，是侧身蹲踞的人形；人字则为侧身站立的人形，所以人方也就是夷方。《说文》："夷，从弓从大，东方之人也。"郭璞注《山海经》引此，并谓"东夷从大，大人也"。而大汶口文化的男子平均身长 1.72 米，比仰韶文化的男子（平均 1.68 米）高得多，确乎是大人也。由此看来，《山海经》等书中记载的凿齿和大汶口文化系统的居民，都应当属于夷人。

夷人不是单一的部落或部落联盟，而是一个很大的族系。史称"夷有九种"，言其多也。见于记载的，有畎夷、淮夷、于夷、方夷、白夷、赤夷、玄夷、黄夷、风夷、阳夷、乌夷、岛夷、嵎夷、莱夷等许多种。同凿齿打仗的羿是有穷部落的酋长，古书中有时称之为"夷羿"；同羿打仗的大风实即风夷，都应当属于夷人的族系。在《淮南子》书中，羿、凿齿和大风是并列的，可见凿齿只不过是夷人中的一个支派，并不是所有夷人都有拔牙风俗。就考古学文化来说，也存在着一定的地域差别。例如胶东地区同鲁中南就有所不同，同山东西部更有比较明显的差别，无论在青莲岗—大汶口文化时期还是龙山文化时期都是如此。今后工作更深入一些，将有可能划分出若干文化类型，也将会知道拔牙风俗波及的确切范围。

关于羿和凿齿的斗争，表面看起来是夷人内部的斗争。但有穷部落地处今山东西部，比较接近于华夏族。羿杀凿齿是受命于华夏族的首领尧的，应属夷夏斗争的一部分。尧居平阳，在黄土高原的东南隅；凿齿在山东，他们打仗的地方恰在两者之间的华北平原，也是情理中事。《逸周书·尝麦解》《山海经·大荒北经》和《史记·五帝本纪》所讲的蚩尤与黄帝的斗争也是一次夷夏斗争。打仗的地方各书说法不一，或曰中冀——绝辔之野，或曰冀州之野，或曰涿鹿之野，总之也都在华北平原。斗争的结果也以夷人失败告终。两个故事如此相似，应当说是反映了一部分历史事实。

六

拔牙风俗虽是夷人区别于华夏族的一个重要方面，但不是唯一的一个方面。根据文献记载和考古资料，夷人的风俗习惯至少还有以下一些：

（1）披发左衽：《论语·宪问》引述孔子赞扬管仲的一段话后说："微管仲，吾其披发左衽矣！"说明他在帮助齐桓公建立霸业的同时，对于制服夷人以维护华夏族的统治也是有功劳的。否则夷人一占上风，就将由束发改为披发，衣服也将由右边开襟改为左边开襟。这对于一向鄙薄夷狄、坚决维护华夏统治的孔夫子来说，简直是一幅十分可怕的图景。

（2）杀人祭社：《左传·僖公十九年》载："宋公使邾文公用鄫子于次睢之社，欲以属东夷。"杜预注曰："睢水……水次有妖神，东夷皆社祠之，盖杀人而用祭。"可知杀人祭社本是东夷的风俗。

（3）黑齿墨脸：《山海经·海外东经》讲到有一个黑齿国，"其人黑齿"，住在汤谷之南。而"汤谷上有扶桑，十日所浴"，地在山东半岛。他们不但将牙齿染黑，还将颜面涂墨，大概就是《竹书纪年》上讲的玄夷吧！

（4）口含小珠：在兖州王因的新石器时代墓葬中，发现有些人骨嘴里放着石珠或陶珠，有的还因长期挤压而使牙床发生了变形，说明是在骨质尚未充分硬化的儿童时期就一直含着的。嘴里含着珠子，影响发音，可能使人误以为他们的舌头有问题。《山海经》中的"歧舌"和《淮南子》中的"反舌民"，可能就是因此而得名的。

（5）身佩玄龟：刘林和大墩子等处有些墓用龟甲随葬，每龟都用全甲，上穿小孔，可以佩戴，有的还有磨刮的痕迹。这种东西可能是《山海经》中讲的玄龟或旋龟，据说是"佩之不聋，可以为底"。为训治，底通疧，义为病。为底即治病。意思是佩戴玄龟可以治耳病，是一种原始的巫术行为。

（6）手执獐牙：山东和苏北的许多新石器时代墓葬中，人骨手部往往放着獐牙。有时握于右手，有时两手都拿着。有的獐牙安柄，成为很别致的钩形器；有的就是原来的牙齿，并不加工，未知何用。

夷人的风俗习惯很可能不止这些，这些风俗也不见得全是整个夷人族系所通用的，即便这样，也可以看出夷人的风俗习惯的确是与华夏各族很不相同的。西周初年大封建，在山东封了齐、鲁等国，那里夷人的势力还相当雄厚。吕尚初到营丘，就与莱夷发生了一场遭遇战。他鉴于这种情况，采取了一个聪明的做法，就是"因其俗，简其礼"。即让夷人暂时保持他们的风俗习惯，以后逐步简化而加以适当的改革。所以他能较快地站住脚跟，只过了五个月就能向周王朝报告政绩。伯禽封鲁，完全是另一种做法，费了很大精力去"变其俗，革其礼"，过了三年才报告政绩，足见所遇阻力之大。他的父亲周公旦很不满意，叹息鲁以后将会成为齐的附庸[1]。这两个故事说明在西周初年，夷夏的民族矛盾还很尖锐。作为一个统治民族的当权者，如何对待夷人的风俗习惯，是检验其施政得失的一个重要方面。尽管如此，终有周一代，夷人并未消灭，也未被完全同化。相反，夷人的风俗习惯对华夏族也产生了很大影响。前举宋襄公使邾文公用鄫子于次睢之社是一个例子，杞桓公用夷礼又是一个例子[2]。但是在华夏族的统治者看来，"夷化"是一件很不光彩的事，总是想方设法保持华夏文化的纯洁，而对夷人实行"华夏化"。这样，从原始社会即已开始的夷夏融合过程，到阶级社会就以加速度进行着，并且越来越带有同化于华夏文化的性质。即如拔牙风俗，最盛行的时期是青莲岗文化和大汶口文化，其后逐渐减少。到了商代，不少夷人进入统治集团，这种风俗也被带到首都。在安阳小屯的一座殷墓中，就曾发现过拔除两个上侧门齿的人骨标本[3]。及至春秋战国，夷人已被排挤到比较偏僻的地方，这种风俗已大为衰败，仅在少数地方仍然以残余的形态保存着，如历城城子崖上层发现的五具拔牙人骨标本[4]。再往后，夷人已不复作为一个民族而存在，全部被融合或同化为汉族，风俗习惯也发生了根本的变化。再也看不到杀人祭社的记录了，更没有人单是为了好看而去拔牙、黑齿了，人们对于夷人的回忆也逐渐地淡薄了。封建历史学家们总是宣传中华民族都是炎黄裔胄，忘记了自己还有别的祖宗。但是一切有关的史实和考古资料都表明，汉族的前身是多元的，而历史上的夷人正是汉族人民的直接祖先之一。

七

在我国古代历史上，除了以大汶口文化居民为代表的古夷人族系以外，至少

---

[1]　事见《史记·齐世家》和《鲁世家》。

[2]　《左传·僖公二十七年》讲到杞桓公用夷礼，杜预注曰："杞，先代之后，而迫于东夷，风俗杂坏，言语衣服有时而夷。"

[3]　T. Kanazeki, *The Custom of Teeth Extraction in Ancient China*.《第六届国际人类学与民族学会议报告文集》第一卷，巴黎，1960 年。

[4]　T. Kanazeki, *The Custom of Teeth Extraction in Ancient China*.《第六届国际人类学与民族学会议报告文集》第一卷，巴黎，1960 年。

还有三个族系流行拔牙风俗，那就是长江中游的古荆蛮族系及其部分后裔，东南地区的古越人族系及其部分后裔，以及云南边境大约属于孟高棉语族的濮人，顺便在此作一简单的叙述。

荆蛮又称蛮荆[1]，居江汉之间，正是大溪文化和屈家岭文化分布的地域。近年在湖北房县相当于屈家岭文化的墓葬中发现了拔牙的人骨标本[2]，故知荆蛮也有拔牙风俗。

关于湖北地区曾经存在过拔牙风俗的事实也屡见于文献记载，不过涉及的年代要晚得多。《晋书·习凿齿传》谓有习凿齿者，襄阳人氏，宗族富荣，世为乡豪。"时有桑门释道安，俊辩有高才，自北至荆州，与凿齿初相见。道安曰：'弥天释道安'；凿齿曰：'四海习凿齿'。时人以为佳对。"从这段故事看来，道安是以介绍自己的名字来宣扬佛道，凿齿则用自我介绍的方式赞美家乡的风俗。如果当地没有拔牙风俗，就很难理解怎么会取那样古怪的名字，乃至不假思索地说出那样的对联来。

湖北的西部曾经是古僚人居住的地方，后来移居四川东部和湖南西部，最后有一支迁到贵州，发展为后来的仡佬族。关于僚人拔牙风俗的记载甚多，分别见于晋张华《博物志》、唐房千里《异物志》和《新唐书·南蛮传》、宋范成大《桂海虞衡志》及郑樵《文献通考》等书中。关于仡佬族的拔牙风俗的记载也不少。宋朱辅的《溪蛮丛笑》中讲到，仡佬妻女年十五六即拔去右上部一齿。田雯《黔书》和陆次云《峒溪纤志》也都有类似的说法。他们拔牙的数目（一或二齿）、部位和拔牙原因（忌夫说、殉葬说、装饰说等）和古夷人的不尽相同，应是由当地的古荆蛮族系传承下来的。

古越人居住在我国东南地区，史称"百越"或"百粤"。《汉书》颜师古注："自交趾至会稽七、八千里，百粤杂处，各有种姓。"其较著者有闽越（东越）、扬越、南越、东瓯、瓯骆等各族。《说文》："闽，东越蛇种也。"大概是以蛇为图腾的。《楚辞·招魂》："魂兮归来，南方不可以止些；雕题墨齿，得人肉以祀，以其骨为醢些。"就中所说的南方大体是指古南越的地方，那里的风俗和荆蛮所在的楚地不同：脸上刺花纹（雕题），牙齿被染黑，还用人肉来上祭，所以楚人叫他们祖先的魂灵都不要在那里停留。近年的考古发现，证明越人也流行拔牙风俗。如广东增城金兰寺二号墓一位二十五岁左右的男子就曾拔牙；佛山河宕的 77 座墓

---

[1]　《国语·晋语》："楚为荆蛮。"《诗·小雅·采芑》："蠢尔蛮荆……蛮荆来威。"
[2]　据湖北省博物馆资料。

中，就有 19 个成年男女拔牙[1]，其中多数是拔上侧门齿，也有少数拔中门齿的，拔牙的数目从一个到三个不等。福建闽侯当属闽越之地，那里的昙石山第 13 号墓一位五十岁左右的老年男人被拔去了上颌左右侧门齿[2]。台湾最南端的恒春垦丁寮和鹅銮鼻等地，也发现过拔牙的人骨标本[3]。台湾高山族直到近代还保留着拔牙、染黑牙齿和面刺花纹的风俗[4]，这些风俗很可能是继承了古越人的文化传统。

云南边境曾居住着赤口濮，他们很可能属于孟高棉语族。唐杜佑《通典》一八七卷《南蛮》上："赤口濮在永昌南，其俗折其齿，劗其唇使赤。"《新唐书·南蛮传》也有类似的记载[5]。据说那里七八岁的小孩就开始拔牙，由于这样早地使牙齿排列稀松，发育反而强壮，犬齿长得像豹牙，他们欣赏这种风貌[6]。不过濮人的拔牙风俗最早只能追溯到唐代，由于考古资料无证，不知道最早是在什么时候发生的。

夷人、蛮人和越人居住的地方相互毗邻，有些风俗习惯比较相近。拔牙风俗在三个族系中也是大同小异，一方面反映出本族的特点，另一方面又反映出相互之间的联系和影响，总之都与华夏族很不相同。但在历史上，这三大族系都先后同华夏族相融合，在文化上往往是被华夏族所同化，最后形成今日中华民族的主体——汉族，一部分则分化为今日的某些少数民族。至于濮人同汉族的关系，是在晚得多的时期才发展起来的。

（原载《大汶口文化讨论文集》，齐鲁书社，1979 年。后收录在《史前考古论集》，科学出版社，1998 年）

---

〔1〕 杨式挺、陈志杰：《谈谈佛山河宕遗址的重要发现》，《文物集刊（3）——江南地区印纹陶问题学术讨论会文集》，文物出版社，1981 年。

〔2〕 韩康信、张振标、曾凡：《闽侯昙石山遗址的人骨》，《考古学报》1976 年第 1 期。

〔3〕 《垦丁寮石器时代之遗迹》，《科学之台湾》第 314 号，1935 年。

〔4〕 《番社风俗》："水沙连所属北港女，嫁时两颊用针刺如网巾纹，名刺嘴箍；不刺则男不娶。"

〔5〕 《新唐书》222 卷《南蛮传》云南徼外五千里，有"赤口濮，裸身而折齿，划其唇使赤"。

〔6〕 江上波夫：《中国中南部の欠歯风习》，《アジア文化史研究·論考篇》，1967 年。

洞沟的头盖杯和剥头皮风俗

　　1957 年秋，北京大学考古实习队和河北省文化局文物工作队在邯郸西郊的洞沟村进行考古发掘时，发现在两个相当于龙山文化时期的灰坑中，分别放置了三个人头盖骨[1]。两个灰坑都略呈圆形，甚浅，底部稍平，其中一个还有进出的台阶，原先可能是一种半地穴式的窝棚建筑。人头盖骨就在窝棚底部的中间部位，发现时已部分地为后期钙质所遮盖。清除钙质层，就清楚地显露出斧子砍过的伤痕和剥头皮时留下的刀痕。兹将各个标本的情况分述如下。

　　(1) 编号 T39⑥B：2，头骨完整，骨质很薄，额部较高而光滑，骨缝尚未完全密合，可能是一个青年女性的。断口是从眉弓经颞骨到枕后砍下来的。边缘不甚整齐，看来所用的斧子并不锋利。在枕尖下偏左方有横向的斧痕八条，每条痕迹长 3～6 毫米，大多呈楔形，当是砍头时因偏离了位置而留下来的。在头盖骨的正中部位，从额部经头顶直至枕部有一道很直的刀割痕迹，较浅而宽，并有来回错动的现象，当是剥头皮时遗留下来的。看来所用的刀子也不锐利，很像是石刀所为 (图一，1、3；图二，1)。

　　(2) 编号 T39⑥B：3，是一个完整的头盖骨，厚薄中等，可能也是一个青年女性的。断口系用斧子砍成。枕骨上遗留斧痕二十余条，方向从右上至左下，长短和深浅颇不一致，有的略呈楔形，楔端宽 2～5 毫米，长 5～20 毫米，当是由不甚锋利的斧子砍成 (图一，2)。从斧痕的方向推测，应是在死者扑倒在地时砍下来的。顶骨中央从前到后有大量来回错动的细刀痕，其中有两条一直延伸到额部，向后隔了一段，到枕骨上方又有同方向的刀痕十条。这些刀痕显然也是剥头皮时遗留下来的。

　　(3) 编号 T39⑥B：9，仅剩下头骨左侧一块，厚薄中等。上方有一条斧子痕迹，左方 (即前方) 有六条斧子痕迹，均宽而浅，长 5～15 毫米不等。右方 (即后方)

---

　　[1]　原发掘简报说"在房内发现人头骨 4 具"，经核对应为四具完整头盖骨，另有两具残缺的，分别发现在两个半地穴式的窝棚里。见《1957 年邯郸发掘简报》，《考古》1959 年第 10 期，531 页。

图一　涧沟头盖杯

1. 头盖杯（T39⑥B：2）顶视（注意正中有一道刀割痕）　2. T39⑥B：3 枕部被石斧砍伤的痕迹
3. T39⑥B：2 顶部刀割痕局部

有密集的刀割痕迹十余道，很细很短，长仅 5 毫米，也应是一种割头皮的痕迹。

（4）编号 H13：3（原号 T18④B：3），仅有顶骨及枕骨，缺少额部。骨壁较厚。顶骨近额处有楔形斧痕四条，长 10 毫米，楔根宽 2.5 毫米，楔尖朝后偏右，当是将死者踩在地上并从右后方砍下来的。

（5）编号 H13：7，是一个完整的头盖骨，较厚，可能属男性。断口是用斧子砍下来的，边缘不太整齐。额部偏右有两条斧痕，正前后方向，长 6 毫米（图二，2）。

（6）编号 H13：120，骨壁特厚，全部密合无接缝，像是一个男性的完整头盖骨。也是用斧子砍下来的，边缘不整齐，额部遗留一道斧子痕迹，呈楔形，尖端朝上。

综观上述六个标本，有一些颇值得注意的现象。

第一，从斧痕的方向和部位来看，当是在被砍者扑倒在地，甚至被他人踩在脚下时砍去头盖的。砍时有的人可能还在挣扎，因而个别的斧痕砍偏了，有的甚至砍到头顶上去了。如果是拿着骷髅来砍，就不会出现这些现象。

第二，刀痕和斧痕大都较浅而宽，显然并不十分锋利。看来所用的武器都是石器而没有用金属兵器。

第三，两个窝棚中放置的头盖骨都是两整一残，而且一边是男性，另一边是女性。当然，因为仅剩头盖，性别的鉴定容有不甚准确之处，但两组有明显的差别，则是一个事实。这究竟是有意识的安排，还是一种偶然的巧合呢？

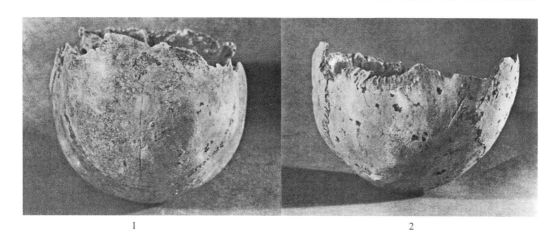

1　　　　　　　　　　　　2

图二　涧沟头盖杯

1. 头盖杯（T39⑥B：2）前视（注意正中有一道刀割痕）　　2. 头盖杯（H13：7）侧视

第四，从头盖骨的长势来看，都应是青年或中年，而没有老人和小孩，并且女性的年岁较男性更小一些。

第五，从剥头皮的痕迹来看，只有在女性头盖骨上看得明显，男性的则没有。或者说一个窝棚中的头盖有，另一个窝棚中的没有。这里存在着两种可能性。一种可能性是只有女子才剥头皮，男子的不剥，仅仅做成头盖杯。另一种可能性是两性的剥头皮方式不同：女性把头皮从中切开，向两边剥；男性把头盖砍下后，揪着头皮整个儿地剥下来，因而可以不留下任何刀痕。

这一发现无疑是非常重要的，全面地评价它的意义在现时也还是很困难的。有些同志推测这些头盖骨是猎头的标本，但从民族学的角度考察，猎头的风俗主要是在南方流行。例如东南亚和大洋洲的许多民族都曾有过猎头风俗，我国云南的佤族也曾有过这种风俗，而北方各族是没有的。况且猎头都是齐颈部砍下来的，所得标本应该是整个的人头而不仅仅是一个头盖骨，通常也不剥去头皮。所以涧沟的头盖骨应与猎头风俗无关。

明斯在其所著《斯基泰人与希腊人》一书中，曾经发表了一件从西伯利亚托木斯克出土的头盖骨标本[1]，也是齐眉弓经耳际到枕骨砍下来的，断口颇不整齐，其形状和做法都和涧沟的头盖骨基本相同。作者认为那是古代北方游牧民族所使用的头盖杯，看来涧沟的头盖骨标本也应当是一种作为饮器的头盖杯。

历史上流行头盖杯风俗的主要是欧亚大陆北方草原的游牧民族，诸如斯基泰人、匈奴、蠕蠕、伯子勒克和党项等都是，西藏、乌浒、古宗等也有这种习惯，

---

〔1〕　E. H. Minns，1913. *Scythian and Greeks*. London，Fig. 26.

《史记·大宛列传》中大月氏条记载："及冒顿立，攻破月氏；至匈奴老上单于，杀月氏王，以其头为饮器。"《汉书》卷九六上也有类似的记载。这里所谓以其头者，当然是以其头盖骨，否则是不好做饮器的。至于斯基泰人，古代希腊的历史之父希罗多德曾经相当详细地记述了他们的风俗，对于我们了解制作头盖杯的动机、方法和头盖杯本身的功用很有帮助。他在有名的巨著《历史》第四卷第六十五节写道：

> "斯基泰人 '只是对自己最痛恨的敌人才这样作：每个人都把首级齐眉毛以下的各部分锯去，并把剩下的部分弄干净。如果这个人是一个穷人，那么他只是把外部包上生牛皮就使用；如果他是一个富人，则外面包上牛皮之后，里面还要贴上金箔，再把它当作杯子来用。有的人也用本族人的头来做这样的杯子，但那人必须是同他不和，并且被他在国王面前打败过的。如果他所敬重的客人来访问时，他便用这些头盖杯来款待。并且告诉客人，他的这些死去的族人曾经怎样地向他挑战而又被他打败，以此来证明自己的勇武。'"

涧沟头盖杯所属的时期大体相当于龙山文化的较早时期，距离现在约有4300年，估计还没有出现真正意义上的国王，但至少应有部落联盟的军事酋长。我们在同一遗址同一时期的遗存中，还发现一个灰坑里杂乱地扔置十具人骨，其中有的作挣扎的姿态，有的头部有击伤的痕迹，另有一个水井废弃后也扔进去了许多死者。骨骼叠压达五层之多，而且相当凌乱。这种情况在龙山时代是屡见不鲜的，当是社会进入军事民主时期之后，部落间经常发生掠夺性战争的一种反映。在这一时代背景之下，某些特别英勇的战士是有可能把敌人的头盖揭下来做饮器的。涧沟头盖骨所代表的个体全系中年和青年男女这一事实，也许正好说明他（她）们自己生前就是战士，只不过最后被打败了，才落得了这般厄运。

涧沟所在的位置属于历史上中原地区的范围，历来是华夏民族活动的重要历史舞台，由于这批头盖杯的发现，可知古代的华夏民族也有此种风俗习惯。不但如此，在龙山时代后的商周时代，仍然不时有做头盖杯的事例，因而对于华夏民族来说，涧沟的发现并不是一个孤立的事件，而是一种风俗传统的开始。

就我们所知，商代前期继续存在着做头盖杯的风俗。1973年，当河南省博物馆的业务人员在郑州商城进行考古发掘时，在其东北部发现了大片宫殿基址和壕沟等。其中有一条南北向的壕沟就堆积了近百个人头盖骨，有八十多个层层叠压成两大堆。一般是从眉弓和耳际的上端横截锯开的，断口比较整齐，不少标本上还留有明显的锯切痕迹〔1〕。这是在我国发现头盖杯最多的一次。在此以前，曾在商城以北的一处制骨作坊中发现一个窖穴，出土许多骨镞、骨簪及其半成品和骨料等，总数达一千多件，大多用人的肢骨或肋骨制成〔2〕。可见商代用人骨做器具并非偶然事例，它既是奴隶制时代的阶级压迫和民族斗争的产物，也当是从龙山时代开始的头盖杯风俗的一个发展。

到商代晚期，虽然还没有发现完整的头盖杯，但刻着文字的人头骨碎片则不止发现一例。其中有的刻着"□□伐人方白（伯）"，有的刻着"……方白（伯），用……"〔3〕。它们很可能是商王朝向各方国举行征伐时，砍下敌人的首级做头盖杯，并在其上刻辞以志战功的遗物。只是现在已成碎片，看不出原来器物的模样了。

华夏民族做头盖杯的风俗直到战国初年还见于记载。《战国策·赵策一》写道："及三晋分知（智）氏，赵襄子最怨知（智）伯，而将其头以为饮器。"这正如斯基泰人将其最痛恨的敌人的首级取下来做饮器是一样的。

头盖杯风俗虽然曾经在许多民族中流行，但从分布的范围来看毕竟只限于欧亚大陆的一部分地区，而且彼此之间是相互邻接的。这使人们有理由相信各族的头盖杯风俗也许存在着一定的联系，甚至可能有一个共同的发源地。白鸟清吉认为，这种风俗是以西藏为中心发源地而向东西两方面传播开来的〔4〕。但西藏做头盖杯的历史比其他地方要晚，直到民主改革以前，西藏的农奴主不但用人头做杯子，而且还有把人皮剥下来晒干，或把手脚砍下来腊制的。那是某些残酷的农奴主对敢于反抗或逃亡的农奴的一种惩罚行为，同匈奴人和斯基泰人等主要表现为民族斗争和尚武精神的情况不尽相同，所以白鸟清吉的说法是令人怀疑的。如果就时间的先后来排比，涧沟的头盖杯是目前所知最早的标本。不妨认为古代的华夏是首先流行这种风俗的民族之一，如果不是唯一的起源中心的话。

至于剥头皮的风俗，世界上最盛行的莫过于美洲印第安人。例如北美东部的易洛魁人和马斯科基人在作战时，总是设法用尖刀割取敌人不大的一块带发头皮，晒干以后加上装饰并保存起来。一个战士拥有敌人头皮的多少，乃是他的英勇程

〔1〕　河南省博物馆：《郑州商城遗址内发现商代夯土台基和奴隶头骨》，《文物》1974 年第 9 期。

〔2〕　河南省文化局文物工作队第一队：《郑州商代遗址的发掘》，《考古学报》1957 年第 1 期。

〔3〕　陈梦家：《殷虚卜辞综述》，科学出版社，1956 年，图版拾叁。

〔4〕　白鳥清吉：《髑髏飲器使用の風習と其の応伝播》，《東洋学報》第 20 卷第 34 期。

度和军事功绩的重要标志[1]。但这类关于印第安人剥取头皮的记录都是近代的事，究竟从什么时候才开始有这种风俗不得而知。至于斯基泰人的剥头皮风俗，则同他们的头盖杯一样古老。希罗多德在前引同一著作的第六十四节写道：

> "斯基泰人喝他在战场上杀死的第一个人的血。并把他杀死的所有人的首级带到国王那里去……他齐着耳朵在头上割一圈，揪着头皮把头盖摇出来。随后再用牛肋骨把头肉刮掉，并用手把头皮揉软，用它当作手巾，吊在自己所骑的马的马勒上以示夸耀；凡是拥有用头皮制成的手巾最多的人，便被认为是最勇武的。"

斯基泰人和印第安人地理悬隔，时代相差很远，社会发展阶段也不相同，两者的风俗自然不可能完全一样。例如剥头皮的方法就不相同，一个是剥取不大的一块带发头皮，一个是把整张头皮剥下来作为手巾。但奇怪的是二者的动机和效用基本相同，都是要剥取敌人的头皮做成纪念品，都是作为战士英勇顽强的标志，这一点有助于我们理解其他地区剥头皮风俗的意义。

关于古代剥头皮的实物标本，首先是在阿尔泰地区的巴泽雷克发现的。当 20 世纪 40 年代末期，苏联的考古学家曾经在那里发掘了一系列巨大的古冢，其中第二号冢墓埋葬了一位年约六十岁的男性老人，尸体因在永冻层中而被长期保存下来，体质特征属蒙古人种。他的头部有三处用斧子砍伤的痕迹，头皮也被剥去了，换上了一块假头皮，那是用马鬃将牦牛皮缝上去的[2]。推测他是一位在战场上不幸丧命的首领，因被敌人剥了头皮，族人夺回他的尸体之后，只好补上假头皮而安葬。该墓的年代约当公元前 3～前 2 世纪，正值斯基泰人发展的晚期阶段，其随葬器物有不少具有浓厚的斯基泰作风，看来其剥头皮风俗也可能是在斯基泰人的影响下发生的。

从头盖骨上的痕迹来看，涧沟的剥头皮方法具有自己的特点，这就是强调性别的差异：女性的从头顶剖开，将头皮一分为二，这样比较容易剥取下来；男性头盖骨上因未发现刀割痕迹，也许根本就不剥头皮，也许是像斯基泰人那样齐断口摇取整张头皮，不论属于何者，总之对两性的处置方法是有差异的，这与斯基泰人和印第安人等都不相同。

世界上具有剥头皮风俗的民族也是很多的。根据江上波夫的研究，除上面提

---

〔1〕 Ю. П. 阿维尔基华，N. A. 佐洛塔列夫斯卡娅：《大草原印第安人》，《美洲印第安人》文集，苏联，1960 年。

〔2〕 С. И. Руденко, 1948. Второй Пазырыкский Курган, Л. Изд. Гос. Эриитажа.

到的斯基泰人、美洲印第安人和巴泽雷克古冢所属的居民外，还有埃兰、回鹘、俄斯恰克和鲜卑等[1]，他们多是北方游牧民族。不过从总的分布范围看，与头盖杯风俗并不一致。两种风俗兼而有之的，斯基泰人是一例，涧沟的发现是第二例，可见这两种风俗并没有必然的联系。至于剥头皮风俗流行的年代，各地区间是参差不齐的，其中还是以涧沟为最早。如果探索这种风俗的起源，不论其结果是多元的还是单元的，涧沟的资料是不能不加以考虑的。

（原载《考古与文物》1982 年第 2 期。后收录在《史前考古论集》，科学出版社，1998 年）

---

〔1〕 江上波夫：《歐亞大陸的剥頭皮風習》，《アジア文化史研究·論考篇》，1967 年。